GEDDES

DICT

SPELLING

LUCEM LIBRIS DISSEMINAMUS

This edition published 2001 by Geddes & Grosset, an imprint of Children's Leisure Products Limited

First Printed 1997, reprinted 1997,1999, 2001

Cover photography courtesy of The Stock Market

ISBN 1 85534 739 3

Printed and bound in the UK.

A

aard'vark
aard'wolf
aard'wolves
Aaron'ic
abaci
aback
abac'ti'n'al
abac'ti'na'l'ly
aba'cus
aba'cus'es
abaft
ab'a'lo'ne
ab'am'pere
aban'don
aban'doned
aban'doned'ly
aban'don'ee
aban'don'ment
abase
abased
abase'ment
abash
abashed
aba'shed'ly
abash'ment
abas'ing
abate
abat'ed
abate'ment
abat'er
abat'ing
abat'or
abat'tis
ab'at'toir
ab'axial
ab'ba'cy
ab'ba'cies
ab'bé
ab'bess
ab'bey
ab'bot
ab'bot'cy
ab'bot'ship
ab'bre'vi'ate
ab'bre'vi'at'ed
ab'bre'vi'at'ing
ab'bre'vi'a'tion
ab'bre'vi'a't'or
ab'cou'l'omb
ab'di'c'able
ab'di'cate
ab'di'cat'ed
ab'di'cat'ing
ab'di'ca'tion
ab'di'ca't'or
ab'do'men
ab'dom'i'nal
ab'dom'i'na'l'ly
ab'du'cent
ab'duct
ab'duc'tion
ab'duc'tor
abeam
ab'e'ceda'rian
abed
ab'er'nethy
ab'er'rance
ab'er'ran'cy
ab'er'rant
ab'er'ra'tion
abet
abet'ting
abet'ment
abet'ted
abet'ter
abet'tor
abey'ance
abey'ant
ab'hor
ab'horred
ab'hor'rence
ab'hor'rent
ab'hor'ring
abide
abid'ed
abid'ing
abid'ing'ly
abi'gail
abil'i'ties
abil'i'ty
ab ini'tio
ab'ject
ab'ject'ly
ab'ject'ness
ab'ju'ra'tion
ab'jure
ab'jured
ab'jur'ing
ab'late
ab'lat'ed
ab'lat'ing
ab'la'tion
ab'la'tive
abla'ze
able
able-bod'ied
abled
able'ism
ab'lu'tion
ab'ne'gate
ab'ne'gat'ed
ab'ne'gat'ing
ab'ne'ga'tion
ab'nor'mal
ab'nor'mal'i'ties
ab'nor'mal'i'ty
ab'nor'mal'ly
aboard
abode
abol'ish
abol'ish'able
abol'ish'ment
ab'o'li'tion
ab'o'li'tion'ism
ab'o'li'tion'ist
abom'i'na'ble
abom'i'na'bly
abom'i'nate
abom'i'nated
abom'i'nat'ing
abom'i'na'tion
ab'orig'i'nal
ab'orig'i'ne
abort
abort'ed
abor'ti'fa'cient
abor'tion
abor'tion'ist
abort'ive'ly
abor'tive
abound
about
above
above'board
ab'ra'ca'dab'ra
abrade
abrad'ed
abrad'ing
abra'sion
abra'sive
abreast
abridge
abridged
abridge'ment
abridg'ing
abroad
ab'ro'gate
ab'ro'gat'ed
ab'ro'gat'ing
ab'ro'ga'tion

abrupt
abrupt'ly
abrupt'ness
ab'scess
ab'scessed
ab'scis'sa
absciss'ae
ab'scis'sas
ab'scis'sion
ab'scond
ab'seil
ab'seil'ing
ab'sence
ab'sent
ab'sen'tee
ab'sen'tee'ism
ab'sent'ly
ab'sent-mind'ed
ab'sinth
ab'sinthe
ab'so'lute
ab'so'lute'ly
ab'so'lu'tion
ab'so'lut'ism
ab'solve
ab'solved
ab'solv'ing
ab'sorb
ab'sorb'able
ab'sorb'en'cy
ab'sorb'ent
ab'sorb'ing'ly
ab'sorp'tion
ab'sorp'tive
ab'stain
ab'stain'er
ab'ste'mi'ous
ab'ste'mi'ous'ness
ab'sten'tion
ab'sti'nence
ab'sti'nent
ab'stract
ab'stract'ed
ab'stract'ed'ly
ab'strac'tion
ab'stract'ly
ab'struse
ab'surd
ab'sur'di'ties
ab'sur'di'ty
ab'surd'ly
ab'surd'ness
abun'dance
abun'dant
abun'dant'ly
abuse
abused
abus'er
abus'ing
abu'sive
abu'sive'ly
abu'sive'ness
abut
abut'ment
abut'ted
abut'ting
abys'mal
abys'mal'ly
abyss
a cap'pel'la
aca'cia
ac'a'dem'ic
ac'a'dem'i'cal
aca'demi'cal'ly
ac'a'de'mi'cian
acad'e'mies
acad'e'my
acan'thi
acan'thus
a cap'pel'la
ac'cede
ac'ced'ed
ac'ced'ing
ac'ce'le'ran'do
ac'cel'er'ant
ac'cel'er'ate
ac'cel'er'at'ed
ac'cel'er'at'ing
ac'cel'er'a'tion
ac'cel'er'a'tor
ac'cent
ac'cen'tu'ate
ac'cen'tu'at'ed
ac'cen'tu'at'ing
ac'cen'tu'a'tion
ac'cept
ac'cept'abil'ity
ac'cept'able
ac'cept'ably
ac'cep'tance
ac'cept'ed
ac'cept'er
ac'cept'or
ac'cess
ac'cessed
ac'ces'si'bil'i'ty
ac'ces'si'ble
ac'ces'si'bly
ac'ces'sing
ac'ces'sion
ac'ces'so'ry
ac'ci'dence
ac'ci'dent
ac'ci'den'tal
ac'ci'den'tal'ly
ac'cident-prone
ac'claim
ac'cla'ma'tion
ac'clai'm'ing
ac'cli'mate
ac'cli'mat'ed
ac'cli'ma'ti'za'tion
ac'cli'ma'tize
ac'cli'ma'tized
ac'cli'ma'tiz'ing
ac'cli'ma'tion
ac'cliv'i'ties
ac'cliv'i'ty
ac'co'lade
ac'com'mo'date
ac'com'mo'dat'ed
ac'com'mo'dat'ing
ac'com'mo'da'tion
ac'com'mo'da'tive
ac'com'pa'nied
ac'com'pa'ni'ment
ac'com'pa'nist
ac'com'pa'ny
ac'com'pa'ny'ing
ac'com'plice
ac'com'plish
ac'com'plished
ac'com'plish'ing
ac'com'plish'ment
ac'cord
ac'cor'dance
ac'cord'ing
ac'cord'ing'ly
ac'cor'di'on
ac'cor'di'on'ist
ac'cost
ac'couche'ment
ac'count
ac'count'abil'i'ty
ac'count'able
ac'count'ably
ac'coun'tan'cy
ac'coun'tant
ac'count'ing
ac'cou'tre'ments
ac'cred'it
ac'cred'i'ta'tion
ac'cred'it'ed
ac'cred'it'ing
ac'cre'tion
ac'cre'tive
ac'cru'al
ac'crue
ac'crued
ac'cru'ing
ac'cul'tur'a'tion
ac'cu'mu'late
ac'cu'mu'lat'ed
ac'cu'mu'lat'ing
ac'cu'mu'la'tion
ac'cu'mu'la'tive
ac'cu'ra'cy
ac'cu'rate
ac'cu'rate'ly
ac'cu'rate'ness

ac'curs'ed
ac'curst
ac'cu'sa'tion
ac'cu'sa'tive
ac'cu'sa'to'ry
ac'cuse
ac'cused
ac'cus'er
ac'cus'ing
ac'cus'ing'ly
ac'cus'tom
ac'cus'tomed
ace
aceph'a'lous
acer'bic
acer'bi'ty
ac'e'tate
ace'tic
acet'i'fy
ac'e'tone
acet'y'lene
ache
ached
achiev'able
achieve
achieved
achieve'ment
achiev'er
achiev'ing
ach'ing
ach'ro'mat'ic
ac'id
acid'ic
acid'i'fied
acid'i'fy
acid'i'fy'ing
acid'i'ty
ac'i'do'sis
acid'u'late
acid'u'la'tion
acid'u'lous
ac'knowl'edge
ac'knowl'edge'able
ac'knowl'edged
ac'knowl'edg'ing
ac'knowl'edge'ment
ac'me
ac'ne
ac'o'lyte
ac'o'nite
acorn
acous'tic
acous'ti'cal
acous'tics
ac'quaint
ac'quain'tance
ac'quain'tance'ship
ac'quaint'ed
ac'qui'esce
ac'qui'esced
ac'qui'es'cence
ac'qui'es'cent
ac'qui'es'cing
ac'quire
ac'quired
ac'quire'ment
ac'quir'ing
ac'qui'si'tion
ac'quis'i'tive
ac'quit
ac'quit'ting
ac'quit'tal
ac'quit'tance
ac'quit'ted
acre
acre'age
ac'rid
acrid'i'ty
Ac'ri'lan
ac'ri'mo'ni'ous
ac'ri'mo'ny
ac'ro'bat
ac'ro'bat'ic
ac'ro'bat'ics
ac'ro'nym
ac'ro'pho'bia
acrop'o'lis
across
acros'tic
acryl'ic
act'ing
ac'ti'nide
ac'tin'i'um
ac'tion
ac'tion'able
ac'tion'ably
ac'tioned
ac'tion'ing
ac'ti'vate
ac'ti'vat'ed
ac'ti'vat'ing
ac'ti'va'tion
ac'ti'va'tor
ac'tive
ac'tive'ly
ac'tive'ness
ac'tiv'ism
ac'tiv'ist
ac'tiv'i'ties
ac'tiv'i'ty
ac'tor
ac'tress
ac'tu'al
ac'tu'al'i'ties
ac'tu'al'i'ty
ac'tu'al'iza'tion
ac'tu'al'ize
ac'tu'al'ly
ac'tu'ar'i'al
ac'tu'ar'ies
ac'tu'ary
ac'tu'ate
ac'tu'at'ed
ac'tu'at'ing
ac'tu'a'tion
ac'tu'a'tor
acu'ity
acu'men
acu'pres'sure
acu'punc'ture
acute
acute'ly
acute'ness
ad'age
ada'gio
ad'a'mant
ad'a'man'tine
adapt
adapt'abil'i'ty
adapt'able
ad'ap'ta'tion
adapt'er
adap'tive
adapt'or
ad'dend
ad'den'da
ad'den'dum
ad'der
ad'dict
ad'dic'ted
ad'dic'tion
ad'dic'tive
ad'di'tion
ad'di'tion'al
ad'di'tive
ad'dle
ad'dress
ad'dress'ee
ad'duce
ad'e'noid
ad'e'noi'dal
adept
adept'ly
ad'e'qua'cy
ad'e'quate
ad'e'quate'ly
ad'here
ad'hered
ad'her'ence
ad'her'ent
ad'her'ing
ad'he'sion
ad'he'sive
ad'he'sive'ness
ad hoc
adi'a'bat'ic
adieu
adieus
adieux
ad in'fi'ni'tum

adi'os
ad'i'pose
ad'i'pos'i'ty
ad'ja'cen'cies
ad'ja'cent
ad'ja'cent'ly
ad'jec'ti'val
ad'jec'ti'val'ly
ad'jec'tive
ad'join
ad'join'ing
ad'journ
ad'journ'ment
ad'judge
ad'judged
ad'judg'ing
ad'ju'di'cate
ad'ju'di'cat'ed
ad'ju'di'cat'ing
ad'ju'di'ca'tion
ad'ju'di'ca'tive
ad'ju'di'ca'tor
ad'junct
ad'junc'tive
ad'ju'ra'tion
ad'jure
ad'jured
ad'jur'ing
ad'just
ad'just'able
ad'just'er
ad'just'ment
ad'jus'tor
ad'ju'tan'cy
ad'ju'tant
ad-lib
ad-libbed
ad-lib'bing
ad'min'is'ter
ad'min'is'trate
ad'min'is'tra'tion
ad'min'is'tra'tive
ad'min'is'tra'tor
ad'mir'a'ble
ad'mi'ra'bly
ad'mi'ral
ad'mi'ral'ty
ad'mi'ra'tion
ad'mire
ad'mired
ad'mir'er
ad'mir'ing
ad'mir'ing'ly
ad'mis'si'bil'i'ty
ad'mis'si'ble
ad'mis'sion
ad'mit
ad'mit'tance
ad'mit'ted
ad'mit'ted'ly
ad'mit'ting
ad'mix'ture
ad'mon'ish
ad'mo'ni'tion
ad'mon'i'to'ry
ad nau'se'am
ado
ado'be
ad'o'les'cence
ad'o'les'cent
adopt
adopt'able
adopt'er
adop'tion
adop'tive
ador'able
ador'ably
ad'o'ra'tion
adore
adored
ador'ing
ador'ing'ly
adorn
adorn'ment
ad're'nal
adren'a'line
adrift
adroit
adroit'ly
adroit'ness
ad'sorb
ad'sor'bent
ad'sorp'tion
ad'u'late
ad'u'lat'ing
ad'u'la'tion
ad'u'la'to'ry
adult
adul'ter'ant
adul'ter'ate
adul'ter'at'ed
adul'ter'at'ing
adul'ter'a'tion
adul'ter'er
adul'ter'ess
adul'ter'ous
adul'tery
adult'hood
ad va'lo'rem
ad'vance
ad'vanced
ad'vance'ment
ad'vanc'ing
ad'van'tage
ad'van'taged
ad'van'ta'geous
ad'van'ta'geous'ly
ad'van'tag'ing
ad'vent
ad'ven'ti'tious
ad'ven'ture
ad'ven'tur'er
ad'ven'ture'some
ad'ven'tur'ing
ad'ven'tur'ous
ad'ven'tur'ous'ly
ad'verb
ad'ver'bi'al
ad'ver'bi'al'ly
ad'ver'sar'ies
ad'ver'sary
ad'verse
ad'verse'ly
ad'verse'ness
ad'ver'si'ties
ad'ver'si'ty
ad'vert
ad'ver'tence
ad'ver'tent
ad'ver'tise
ad'ver'tised
ad'ver'tise'ment
ad'ver'tis'er
ad'ver'tis'ing
ad'ver'tor'i'al
ad'vice
ad'vis'abil'i'ty
ad'vis'able
ad'vis'ably
ad'vise
ad'vised
ad'vis'ed'ly
ad'vise'ment
ad'vis'er
ad'vis'ing
ad'vi'so'ry
ad'vo'caat
ad'vo'ca'cy
ad'vo'cate
ad'vo'cat'ed
ad'vo'cat'ing
ad'vo'ca'tion
aegis
aeo'lian
ae'on
ae'o'ni'an
aer'ate
aer'at'ed
aer'at'ing
aer'a'tion
aer'a'tor
ae'ri'al
ae'ri'al'ist
ae'rie
ae'ries
aer'o'bat'ics
aer'obe
aer'o'bic
aer'o'bi'cal'ly
aer'o'bics

aero'dy'nam'ic
aero'dy'nam'i'cal'ly
aero'dy'nam'ics
aer'o'log'i'cal
aer'ol'o'gist
aero'nau'ti'cal
aero'naut'ics
aero'plane
aero'sol
aero'space
ae'ry
aes'thete
aes'thet'ic
aes'thet'i'cal'ly
aes'thet'i'cism
aes'thet'ics
aes'ti'vate
aes'ti'vated
aes'ti'vat'ing
aes'ti'va'tion
afar
af'fa'bil'i'ty
af'fa'ble
af'fa'bly
af'fair
af'fect
af'fec'ta'tion
af'fect'ed
af'fect'ed'ly
af'fect'ed'ness
af'fect'ing
af'fect'ing'ly
af'fec'tion
af'fec'tion'ate
af'fec'tion'ate'ly
af'fec'tive
af'fen'pin'scher
af'fer'ent
af'fi'ance
af'fi'da'vit
af'fil'i'ate
af'fil'i'at'ed
af'fil'i'at'ing
af'fil'i'a'tion
af'fin'i'ties
af'fin'i'ty
af'firm
af'fir'ma'tion
af'fir'ma'tive
af'fir'ma'tive'ly
af'fix
af'fla'tus
af'flict
af'flic'tion
af'flu'ence
af'flu'ent
af'ford
af'for'es'ta'tion
af'fray
af'fright
af'front
Af'ghan
af'gha'ni
afi'cio'na'do
afield
aflame
afloat
afoot
afore'men'tioned
afore'said
afore'thought
afraid
afresh
Af'ri'can
Af'ri'kaans
Af'ro-Amer'i'can
af'ter
af'ter'birth
af'ter'burn'er
af'ter'care
af'ter'ef'fect
af'ter'glow
af'ter'life
af'ter'math
af'ter'most
af'ter'noon
af'ter'shave
af'ter'taste
af'ter'thought
af'ter'ward
af'ter'wards
again
against
agape
agar
ag'ate
aga've
aged
age'ing
age'ism
age'ist
age'less
agen'cies
agen'cy
agen'da
agent
ag'glom'er'ate
ag'glom'er'at'ing
ag'glom'er'a'tion
ag'glu'ti'nate
ag'glu'ti'nat'ing
ag'glu'ti'na'tion
ag'glu'ti'na'tive
ag'gran'dize
ag'gran'dized
ag'gran'dize'ment
ag'gran'diz'ing
ag'gra'vate
ag'gra'vat'ed
ag'gra'vat'ing
ag'gra'va'tion
ag'gre'gate
ag'gre'gat'ed
ag'gre'gat'ing
ag'gre'ga'tion
ag'gre'ga'tive
ag'gress
ag'gres'sion
ag'gres'sive
ag'gres'sive'ly
ag'gres'sive'ness
ag'gres'sor
ag'grieve
ag'grieved
ag'griev'ing
ag'gro
aghast
ag'ile
ag'ile'ly
agil'i'ty
ag'i'tate
ag'i'tat'ed
ag'i'tat'ing
ag'i'ta'tion
ag'i'ta'tor
ag'it'prop
agleam
ag'nos'tic
ag'nos'ti'cism
agog
ag'o'nies
ag'o'nize
ag'o'nized
ag'o'niz'ing
ag'o'niz'ing'ly
ag'o'ny
ag'o'ra'pho'bia
ag'o'ra'pho'bic
agor'ot
agrar'i'an
agrar'i'an'ism
agree
agree'abil'i'ty
agree'able
agree'ably
agreed
agree'ing
agree'ment
ag'ri'cul'tur'al
ag'ri'cul'tur'al'ist
ag'ri'cul'ture
ag'ri'cul'tur'ist
ag'ro'nom'ic
ag'ro'nom'i'cal
agron'o'mist
agron'o'my
aground
ague
ahead
ahoy

aide-de-camp
aide-me'moire
ai'grette
ai'le'ron
ail'ing
ail'ment
aimed
aim'less
aim'less'ly
aï'o'li
air'bag
air'borne
air'brush
air'bus
air-con'di'tion
air-con'di'tioned
air con'di'tion'er
air con'di'tion'ing
air-cooled
air'craft
air'crew
air'drop
air'dropped
air'drop'ping
Aire'dale
air'field
air'flow
air'foil
air'head
air'i'est
air'i'er
air'i'ly
air'i'ness
air'ing
air'less
air'lift
air'line
air'lin'er
air'mail
air'man
air miss
air'play
air'port
air pres'sure
air'ship
air'sick
air'sick'ness
air'side
air'space
air'strip
air'tight
air'wave
air'way
air'wor'thi'ness
air'wor'thy
airy
aisle
ajar
akim'bo
akin
al'a'bas'ter
à la carte
alac'ri'ty
à la King
à la mode
alarm
alarm'ing
alarm'ist
alas
Alas'kan
al'ba'core
al'ba'tross
al'be'it
al'bi'nism
al'bi'no
al'bi'nos
al'bum
al'bu'men
al'bu'min
al'bu'min'ous
al'che'mist
al'che'my
al'co'hol
al'co'hol'ic
al'co'hol'ism
al'cove
al'der
al'der'man
al'ea'tor'ic
alert
alert'ness
alex'ia
al'fal'fa
al'fres'co
al'ga
al'gae
al'ge'bra
al'ge'bra'ic
al'ge'bra'i'cal
al'ge'bra'ist
Al'gol
al'go'rithm
alias
alia'ses
al'i'bi
alien
alien'able
alien'ate
alien'at'ed
alien'at'ing
alien'ation
alien'ism
alien'ist
alight
alight'ed
alight'ing
align
align'ment
alike
al'i'ment
al'i'men'tal
al'i'men'ta'ry
al'i'men'ta'tion
al'i'mo'ny
al'i'phat'ic
al'i'quant
al'i'quot
alit
alit'er'ate
alive
al'ka'li
al'ka'lies
al'ka'line
al'ka'lin'i'ty
al'ka'lis
al'ka'li'za'tion
al'ka'lize
al'ka'lized
al'ka'liz'ing
al'ka'loid
al'ka'loi'dal
all-around
al'lay
al'layed
al'lay'ing
al'le'ga'tion
al'lege
al'leged
al'leg'ed'ly
al'le'giance
al'leg'ing
al'le'gor'ic
al'le'gor'i'cal
al'le'gor'i'cal'ly
al'le'go'ries
al'le'go'ry
al'le'gret'to
al'le'gret'tos
al'le'gro
al'le'gros
al'le'lu'ia
al'ler'gen
al'ler'gic
al'ler'gies
al'ler'gist
al'ler'gy
al'le'vi'ate
al'le'vi'at'ed
al'le'vi'at'ing
al'le'vi'a'tion
al'le'vi'a'tive
al'le'vi'a'to'ry
al'ley
al'leys
al'ley'way
al'li'ance
al'lied
al'lied
al'lies
al'li'ga'tor

al'lit'er'ate
al'lit'er'at'ed
al'lit'er'at'ing
al'lit'er'a'tion
al'lit'er'a'tive
al'lo'cate
al'lo'cat'ed
al'lo'cat'ing
al'lo'ca'tion
al'lo'path'ic
al'lo'pa'thy
al'lot
al'lot'ment
al'lot'ta'ble
al'lot'ted
al'lot'ting
all-over
al'low
al'low'able
al'low'ably
al'low'ance
al'low'ed'ly
al'low'ing
al'loy
all-round
all-right
all'spice
all-star
all-time
al'lude
al'lud'ed
al'lud'ing
al'lure
al'lured
al'lure'ment
al'lur'ing
al'lur'ing'ly
al'lu'sion
al'lu'sive
al'lu'sive'ly
al'lu'via
al'lu'vi'al
al'lu'vi'um
al'ly
al'ly'ing
al'ma ma'ter
al'ma'nac
al'mighty
al'mond
al'most
alms
al'oe
aloft
alo'ha
alone
alone'ness
along
along'side
aloof
aloof'ness
alo'pe'cia
aloud
al'paca
al'pen'stock
al'pha
al'pha'bet
al'pha'bet'ic
al'pha'bet'i'cal
al'pha'bet'i'cal'ly
al'pha'bet'ize
al'pha'bet'iz'ing
al'pha'nu'mer'ic
al'pine
al'ready
al'right
Al'sa'tian
al'so
al'so-ran
al'tar
al'tar'piece
al'ter
al'ter'abil'i'ty
al'ter'able
al'ter'ation
al'ter'ative
al'ter'cate
al'ter'ca'tion
al'tered
al'ter ego
al'ter'ing
al'ter'nate
al'ter'nat'ed
al'ter'nate'ly
al'ter'nat'ing
al'ter'na'tion
al'ter'na'tive
al'ter'na'tive'ly
al'ter'na'tor
al'though
al'tim'e'ter
al'ti'tude
al'to
al'to'geth'er
al'tru'ism
al'tru'ist
al'tru'is'tic
al'um
alu'mi'na
alu'mi'nium
alu'mi'nous
alum'na
alum'nae
alum'ni
alum'nus
al've'o'lar
al'ways
alys'sum
Alz'heim'er's
amal'gam
amal'gam'ate
amal'gam'ation
aman'u'en'ses
aman'u'en'sis
am'a'ryl'lis
amass
amass'ment
am'a'teur
am'a'teur'ish
am'a'teur'ism
am'a'to'ry
amaze
amazed
amaze'ment
amaz'ing
amaz'ing'ly
am'bas'sa'dor
am'bas'sa'do'ri'al
am'bas'sa'dress
am'ber
am'ber'gris
am'bi'ance
am'bi'dex'ter'i'ty
am'bi'dex'trous
am'bi'ence
am'bi'ent
am'bi'gu'ities
am'bi'gu'ity
am'big'u'ous
am'big'u'ous'ly
am'bi'tion
am'bi'tious
am'bi'tious'ly
am'bi'tious'ness
am'biv'a'lence
am'biv'a'lent
am'ble
am'bled
am'bling
am'bro'sia
am'bro'sial
am'bu'lance
am'bu'lant
am'bu'late
am'bu'lat'ed
am'bu'lat'ing
am'bu'la'to'ry
am'bus'cade
am'bush
am'bush'ment
ame'lio'ra'ble
ame'lio'rate
ame'lio'rat'ed
ame'lio'rat'ing
ame'lio'ra'tion
ame'lio'ra'tive
ame'lio'ra'tor
amen
ame'na'bil'i'ty
ame'na'ble
ame'na'ble'ness

ame'na'bly
amend
amend'able
amend'ment
ame'ni'ty
amen'or'rhoea
amerce
amerce'ment
amer'cea'ble
Amer'i'can
Amer'i'ca'na
Amer'i'can'ism
Amer'i'can'iza'tion
Amer'i'can'ize
Amer'i'can'ized
Amer'i'can'iz'ing
am'er'i'ci'um
am'e'thyst
ami'a'bil'i'ty
ami'a'ble
ami'a'bly
am'i'ca'bil'i'ty
am'i'ca'ble
am'i'ca'bly
amid
amid-ships
amidst
ami'go
ami'gos
ami'no acid
amiss
am'i'ty
am'me'ter
am'mo'nia
am'mo'ni'ac
am'mo'ni'um
am'mu'ni'tion
am'ne'sia
am'ne'si'ac
am'ne'sic
am'nes'ties
am'nes'ty
am'ni'o'cen'te'ses
am'ni'o'cen'te'sis
am'ni'on
am'ni'ot'ic
amoe'ba
amoe'bae
amoe'bas
amoe'bic
amoe'boid
amok
among
amongst
amor'al
am'o'rous
am'o'rous'ly
am'o'rous'ness
amor'phous
am'or'ti'za'tion
am'or'tize
am'or'tized
am'or'tiz'ing
amount
amour
amour prop're
am'per'age
am'pere
am'per'sand
am'phet'amine
am'phib'i'an
am'phib'i'ous
am'phi'the'atre
am'pho'ra
am'pho'rae
am'ple
am'ple'ness
am'pli'fi'ca'tion
am'pli'fied
am'pli'fi'er
am'pli'fy
am'pli'fy'ing
am'pli'tude
am'ply
am'poule
am'pule
am'pu'tate
am'pu'tat'ed
am'pu'tat'ing
am'pu'ta'tion
am'pu'tee
amuck
am'u'let
amuse
amused
amuse'ment
amus'ing
amus'ing'ly
an'a'bol'ic
anach'ro'nism
anach'ro'nis'tic
anach'ro'nous
an'a'con'da
anaemia
anaemic
an'aes'the'sia
an'aes'the'si'ol'o'gist
an'aes'thet'ic
an'aes'the'tist
an'aes'the'tize
an'aes'the'tiz'ing
an'a'gram
an'a'gram'mat'ic
an'a'gram'mat'i'cal
anal
ana'lep'tic
an'al'ge'sia
an'al'ge'sic
an'a'log
an'a'log'i'cal
anal'o'gies
anal'o'gize
anal'o'gous
an'a'logue
anal'o'gy
anal'y'ses
anal'y'sis
an'a'lyst
an'a'lyt'ic
an'a'ly'sa'tion
an'a'lyse
an'a'lysed
an'a'lys'ing
an'a'paest
an'ar'chic
an'ar'chi'cal
an'ar'chism
an'ar'chist
an'ar'chis'tic
an'ar'chy
anath'e'ma
anath'e'ma'tize
an'a'tom'i'cal
an'a'tom'i'cal'ly
anat'o'mies
anat'o'mist
anat'o'mi'za'tion
anat'o'mize
anat'o'mized
anat'o'mizing
anat'o'my
an'ces'tor
an'ces'tral
an'ces'tress
an'ces'tries
an'ces'try
an'chor
an'chor'age
an'cho'rite
an'chor'man
an'cho'vies
an'chovy
an'cient
an'cient'ness
an'cil'lary
an'dan'te
an'dan'ti'no
and'i'ron
an'dro'gen
an'drog'y'nous
an'drog'y'ny
an'droid
an'ec'do'tal
an'ec'dote
an'ec'dot'i'cal
an'e'mom'e'ter
anem'o'ne
an'er'oid
an'eu'rism
an'eu'rysm

anew
an'gel
an'gel'ic
an'gel'i'ca
an'gel'i'cal'ly
an'ger
an'gi'na
an'gi'nal
an'gi'na pec'to'ris
an'gio'gram
an'gle
angler
An'gli'can
An'gli'can'ism
An'gli'cism
an'gli'ci'za'tion
An'gli'cize
an'gling
An'glo-Irish
An'glo-Catholic
An'glo-ma'nia
An'glo'phile
An'glo'phobe
An'glo'pho'bia
An'glo-Sax'on
an'go'ra
an'gos'tu'ra
an'gri'ly
an'gri'ness
an'gry
angst
ang'strom
ang'strom unit
an'guish
an'guished
an'gu'lar
an'gu'lar'i'ty
an'gu'la'tion
an'hy'dride
an'hy'drous
an'i'line
an'i'mad'ver'sion
an'i'mad'vert
an'i'mal
an'i'mal'ism
an'i'mal'ist
an'i'mal'i'ty
an'i'mal'ize
an'i'mato
an'i'mat'ed
an'i'mat'ing
an'i'ma'tion
an'i'ma'tor
an'i'mism
an'i'mis'tic
an'i'mos'ities
an'i'mos'i'ty
an'i'mus
an'ion
an'ise
ani'seed
an'i'sette
ankh
an'kle
an'klet
an'ky'lose
an'ky'lo'ses
an'ky'lo'sis
anna
an'nal
an'nal'ist
an'nal'is'tic
an'nals
an'neal
an'ne'lid
an'nex
an'nex'a'tion
an'ni'hi'late
an'ni'hi'lat'ed
an'ni'hi'lat'ing
an'ni'hi'la'tion
an'ni'hi'la'tor
an'ni'ver'sa'ries
an'ni'ver'sa'ry
an'no Do'mi'ni
an'no'tate
an'no'tat'ed
an'no'tat'ing
an'no'ta'tion
an'no'ta'tor
an'nounce
an'nounced
an'nounce'ment
an'nounc'er
an'nounc'ing
an'noy
an'noy'ance
an'nu'al
an'nu'al'ly
an'nu'i'tant
an'nu'i'ty
an'nul
an'nu'lar
an'nulled
an'nul'ling
an'nul'ment
an'nun'ci'ate
an'nun'ci'at'ing
an'nun'ci'a'tion
an'nun'ci'a'tor
an'ode
an'od'ize
an'o'dyne
anoint
anoint'ment
anom'a'lies
anom'a'lism
anom'a'lis'tic
anom'a'lous
anom'a'ly
anon
an'o'nym'i'ty
anon'y'mous
anony'mously
an'o'rak
an'orex'ia
ner'vo'sa
an'orex'ic
an'oth'er
an'ser'ine
an'swer
an'swer'able
an'swer'phone
ant'ac'id
an'tag'o'nism
an'tag'o'nist
an'tag'o'nis'tic
an'tag'o'nize
an'tag'o'niz'ing
Ant'arc'tic
an'te
ant'eat'er
an'te-bel'lum
an'te'cede
an'te'ced'ed
an'te'ced'ence
an'te'ced'ent
an'te'ced'ing
an'te'cham'ber
an'te'date
an'te'di'lu'vi'an
an'te'lope
an'te me'ri'di'em
an'te'na'tal
an'ten'na
an'ten'nae
an'ten'nas
an'te'pe'nult
an'te'ri'or
an'te'room
an'them
an'ther
ant'hill
an'thol'o'gies
an'thol'o'gist
an'thol'o'gy
an'thra'cite
an'thrax
an'thro'po'cen'tric
an'thro'poid
an'thro'po'log'ic
an'thro'po'log'i'cal
an'thro'pol'o'gist
an'thro'pol'o'gy
an'thro'pom'e'try
an'thro'po'mor'phic
an'ti'bac'te'ri'al
an'ti'bal'lis'tic
an'ti'bi'ot'ic
an'ti'bod'ies

an'ti'body
an'tic
An'ti'christ
an'tic'i'pate
an'tic'i'pat'ed
an'tic'i'pat'ing
an'tic'i'pa'tion
an'tic'i'pa'tive
an'tic'i'pa'to'ry
an'ti'cler'i'cal
an'ti'cli'mac'tic
an'ti'cli'max
an'ti'clock'wise
an'ti'co'ag'u'lant
an'ti'cy'clone
an'ti'dot'al
an'ti'dote
an'ti'freeze
an'ti'gen
an'ti'grav'i'ty
an'ti'he'ro
an'ti'he'roes
an'ti'his'ta'mine
an'ti'log
an'ti'log'a'rithm
an'ti'ma'cas'sar
an'ti'mat'ter
an'ti'mis'sile
an'ti'mo'ny
an'ti'pas'to
an'ti'pa'thet'ic
an'tip'a'thies
an'tip'a'thy
an'ti'per'son'nel
an'ti'per'spi'rant
an'ti'pode
an'tip'o'des
an'tip'o'de'an
an'ti'pope
an'ti'quar'i'an
an'ti'quar'ies
an'ti'quary
an'ti'quate
an'ti'quat'ed
an'ti'quat'ing
an'tique
an'tiqued
an'tique'ness
an'tiqu'ing
an'tiq'ui'ty
an'tir'rhi'num
an'ti-Se'mit'ic
an'ti-Sem'i'tism
an'ti'sep'sis
an'ti'sep'tic
an'ti'sep'ti'cal'ly
an'ti'se'rum
an'ti'slav'ery
an'ti'so'cial
an'ti'stat'ic
an'tith'e'ses
an'tith'e'sis
an'ti'thet'i'cal
an'ti'tox'ic
an'ti'tox'in
an'ti'trust
an'ti'viv'i'sec'tion'ism
an'ti'viv'i'sec'tion'ist
ant'ler
ant'lered
an'to'nym
anus
an'vil
anx'i'e'ties
anx'i'e'ty
anx'ious
anx'ious'ly
anx'ious'ness
any'bod'ies
any'body
any'how
any'more
any'one
any'place
any'thing
any'way
any'where
any'wise
aor'ta
aor'tal
aor'tic
apace
apart
apart'heid
apart'ment
ap'a'thet'ic
ap'a'thet'i'cal'ly
ap'a'thy
ape'ri'ent
aper'i'tif
ap'er'ture
apex
apex'es
apha'sia
aphid
aphi'des
aphis
aph'o'rism
aph'o'rist
aph'o'ris'tic
aph'ro'dis'i'ac
api'ar'i'an
api'ar'ies
api'a'rist
api'ary
ap'i'cal
api'ces
api'cul'tur'al
api'cul'ture
api'cul'tur'ist
apiece
ap'ish
aplen'ty
aplomb
apoc'a'lypse
apoc'a'lyp'tic
apoc'o'pe
apoc'ry'pha
ap'o'deic'tic
ap'o'dic'tic
ap'o'gee
apo'lit'i'cal
apol'o'get'ic
apol'o'get'i'cal
apol'o'get'i'cal'ly
apol'o'get'ics
apol'o'gies
apol'o'gist
apol'o'gize
apol'o'gized
apol'o'giz'ing
apol'o'gy
ap'o'plec'tic
ap'o'plexy
apos'ta'sies
apos'ta'sy
apos'tate
apos'ta'tize
a pos'te'ri'o'ri
apos'tle
apos'to'late
ap'os'tol'ic
ap'os'tol'i'cal
apos'trophe
apoth'e'car'ies
apoth'e'cary
ap'o'thegm
apo'them
apo'the'o'ses
apoth'e'o'sis
apoth'e'o'size
ap'pal
ap'palled
ap'pal'ling
ap'pa'rat'us
ap'pa'rat'us'es
ap'par'el
ap'par'ent
ap'par'ent'ly
ap'pa'ri'tion
ap'peal
ap'peal'able
ap'peal'ing'ly
ap'pear
ap'pear'ance
ap'pease
ap'peased
ap'pease'ment
ap'peas'er
ap'peasing

ap'pel'lant
ap'pel'late
ap'pel'la'tion
ap'pel'la'tive
ap'pend
ap'pen'dage
ap'pen'dant
ap'pen'dec'to'my
ap'pen'di'ces
ap'pen'di'ci'tis
ap'pen'dix
ap'pen'dix'es
ap'per'cep'tion
ap'per'tain
ap'pe'tite
ap'pe'tiz'er
ap'pe'tiz'ing
ap'plaud
ap'plause
ap'ple
ap'ple'cart
ap'ple'jack
ap'ple'sauce
ap'pli'ance
ap'pli'ca'bil'i'ty
ap'pli'ca'ble
ap'pli'cant
ap'pli'ca'tion
ap'pli'ca'tor
ap'pli'ca'to'ry
ap'plied
ap'pli'qué
ap'ply
ap'ply'ing
ap'pog'gia'tu'ra
ap'point
ap'poin'tee
ap'point'ive
ap'point'ment
ap'por'tion
ap'por'tion'ment
ap'pose
ap'posed
ap'pos'ing
ap'po'site
ap'po'si'tion
ap'pos'i'tive
ap'prais'al
ap'praise
ap'praised
ap'prais'er
ap'prais'ing
ap'pre'ci'a'ble
ap'pre'ci'a'bly
ap'pre'ci'ate
ap'pre'ci'at'ing
ap'pre'ci'a'tion
ap'pre'ci'a'tive
ap'pre'hend
ap'pre'hen'si'ble
ap'pre'hen'sion
ap'pre'hen'sive
ap'pren'tice
ap'pren'tice'ship
ap'prise
ap'prised
ap'pris'ing
ap'proach
ap'proach'able
ap'pro'ba'tion
ap'pro'ba'to'ry
ap'pro'pri'ate
ap'pro'pri'at'ed
ap'pro'pri'ate'ly
ap'pro'pri'ate'ness
ap'pro'pri'at'ing
ap'pro'pri'a'tion
ap'prov'al
ap'prove
ap'proved
ap'prov'ing
ap'prov'ing'ly
ap'prox'i'mate
ap'prox'i'mate'ly
ap'prox'i'ma'tion
ap'pur'te'nance
ap'pur'te'nant
après-ski
ap'ri'cot
a pri'o'ri
apron
ap'ro'pos
apse
apt
ap'ti'tude
apt'ly
apt'ness
aqua
aqua'cul'ture
aqua'lung
aqua'ma'rine
aqua'naut
aqua'plane
aqua'r'elle
aqua'r'el'list
aqua'ro'bics
aquar'ia
aqua'r'ist
aquar'i'um
Aquar'i'us
aquat'ic
aqua vi'tae
aq'ue'duct
aque'ous
aq'ui'line
Ar'ab
ar'a'besque
Ara'bi'an
ar'a'ble
arach'nid
ar'ba'lest
ar'bi'ter
ar'bi'trage
ar'bit'ra'ment
ar'bi'trari'ly
ar'bi'trary
ar'bi'trate
ar'bi'trat'ed
ar'bi'trat'ing
ar'bi'tra'tion
ar'bi'tra'tor
ar'bo're'al
ar'bo're'ta
ar'bo're'tum
ar'bour
ar'bu'tus
arc
ar'cade
ar'cane
arced
ar'chae'o'log'i'cal
ar'chae'o'log'i'cal'ly
ar'chae'ol'o'gist
ar'chae'ol'o'gy
ar'cha'ic
ar'cha'ism
arch'an'gel
arch'bish'op
arch'dea'con
arch'di'oc'e'san
arch'di'o'cese
arch'du'cal
arch'duch'ess
arch'duke
arch'en'e'mies
arch'en'e'my
arch'er
ar'chery
ar'che'typ'al
ar'che'type
arch'fiend
ar'chi'epis'co'pal
ar'chi'pel'a'go
ar'chi'pel'a'gos
ar'chi'tect
ar'chi'tec'ton'ic
ar'chi'tec'tur'al
ar'chi'tec'tur'al'ly
ar'chi'tec'ture
ar'chi'val
ar'chive
ar'chi'vist
arch'ly
arch'way
arc'ing
Arc'tic
ar'cu'ate
ar'dent
ar'dent'ly
ar'dour

ar'du'ous
ar'ea
are'na
Ar'gen'tin'i'an
ar'go'sy
ar'got
ar'gu'able
ar'gu'ably
ar'gue
ar'gued
ar'gu'ing
ar'gu'ment
ar'gu'men'ta'tion
ar'gu'men'ta'tive
aria
Ar'i'an
ar'id
arid'i'ty
Ar'i'es
aright
arise
aris'en
aris'ing
ar'is'toc'ra'cies
ar'is'toc'ra'cy
aris'to'crat
aris'to'crat'ic
arith'me'tic
ar'ith'met'i'cal
ar'ith'met'i'cal'ly
arith'me'ti'cian
arm
ar'ma'da
ar'ma'dil'lo
ar'ma'ment
ar'ma'ture
arm'chair
armed
Ar'me'nian
arm'ful
arm'hole
ar'mies
arm'ing
ar'mi'stice
ar'moire
ar'mour
ar'moured
ar'mour'ies
ar'moury
arm'pit
ar'my
aro'ma
aro'ma'ther'a'pist
aro'ma'ther'a'py
ar'o'mat'ic
ar'o'mat'i'cal
arose
around
arous'al
arouse
aroused
arous'ing
ar'peg'gio
ar'raign
ar'raign'ment
ar'range
ar'ranged
ar'range'ment
ar'rang'ing
ar'rant
ar'ras
ar'ray
ar'ray'al
ar'rears
ar'rear'age
ar'rest
ar'rest'er
ar'ri'val
ar'rive
ar'rived
ar'riv'ing
ar'ri'viste
ar'ro'gance
ar'ro'gant
ar'ro'gant'ly
ar'ro'gate
ar'ro'gat'ed
ar'ro'ga'tion
ar'ron'disse'ment
ar'row
ar'row'head
ar'row'root
ar'royo
ar'se'nal
ar'se'nic
ar'son
ar'son'ist
ar'te'fact
ar'te'ri'al
ar'ter'ies
ar'te'ri'o'scle'ro'sis
ar'tery
ar'te'sian
art'ful
art'ful'ly
ar'thrit'ic
ar'thri'tis
ar'thro'pod
ar'ti'choke
ar'ti'cle
ar'tic'u'lar
ar'tic'u'late
ar'tic'u'lat'ed
ar'tic'u'late'ly
ar'tic'u'late'ness
ar'tic'u'lat'ing
ar'tic'u'la'tion
ar'tic'u'la'tor
ar'ti'fact
ar'ti'fice
ar'ti'fi'cial
ar'ti'fi'ci'al'i'ty
ar'ti'fi'cial'ly
ar'til'lery
ar'til'lery'man
ar'ti'ness
ar'ti'san
art'ist
ar'tiste
ar'tis'tic
ar'tis'ti'cal'ly
art'ist'ry
art'less
art'less'ly
art'less'ness
art'work
arty
as'bes'tos
as'bes'to'sis
as'cend
as'cend'ance
as'cend'an'cy
as'cend'ant
as'cend'ence
as'cend'en'cy
as'cend'ent
as'cen'sion
as'cent
as'cer'tain
as'cer'tain'able
as'cer'tain'ment
as'cet'ic
as'cet'i'cism
as'cot
as'crib'able
as'cribe
as'cribed
as'crib'ing
as'crip'tion
asep'sis
asep'tic
asex'u'al
asex'u'al'i'ty
ash
ashamed
asham'ed'ly
A-share
ash'en
ash'es
ash'i'er
ash'i'est
ashore
ash'ram
ash'tray
ashy
Asian
Asi'at'ic
aside
A-side
as'i'nine

as'i'nin'i'ty
askance
askew
asleep
aso'cial
as'par'a'gus
as'pect
as'pen
as'per'i'ty
as'perse
as'persed
as'pers'ing
as'per'sion
as'phalt
as'phyx'ia
as'phyx'i'ate
as'phyx'i'at'ed
as'phyx'i'at'ing
as'phyx'i'a'tion
as'pic
as'pi'dis'tra
as'pi'rant
as'pi'rate
as'pi'rat'ed
as'pi'rat'ing
as'pi'ra'tion
as'pi'ra'tor
as'pire
as'pi'rin
as'pir'ing
as'sail
as'sail'able
as'sail'ant
as'sas'sin
as'sas'si'nate
as'sas'si'nat'ed
as'sas'si'nat'ing
as'sas'si'na'tion
as'sault
as'say
as'say'er
as'se'gai
as'sem'blage
as'sem'ble
as'sem'bled
as'sem'bler
as'sem'blies
as'sem'bling
as'sem'bly
as'sem'bly'man
as'sent
as'sen'ta'tion
as'sert
as'ser'tion
as'ser'tive
as'ser'tive'ness
as'sess
as'sess'able
as'sess'ment
as'sess'or
as'set
as'sev'er'ate
as'sev'er'at'ed
as'sev'er'at'ing
as'sev'er'a'tion
as'si'du'i'ty
as'sid'u'ous
as'sid'u'ous'ly
as'sid'u'ous'ness
as'sign
as'sign'able
as'sign'ably
as'sig'na'tion
as'sign'ment
as'sim'i'la'ble
as'sim'i'late
as'sim'i'lat'ed
as'sim'i'lat'ing
as'sim'i'la'tion
as'sist
as'sis'tance
as'sis'tant
as'size
as'so'ci'ate
as'so'ci'at'ed
as'so'ci'at'ing
as'so'ci'a'tion
as'so'ci'a'tive
as'so'nance
as'so'nant
as'sort
as'sor'ted
as'sort'ment
as'suage
as'suaged
as'suage'ment
as'suag'ing
as'sua'sive
as'sume
as'sumed
as'sum'ing
as'sump'tion
as'sur'ance
as'sure
as'sured
as'sur'ed'ly
as'sur'ed'ness
as'sur'ing
as'ter
as'ter'isk
astern
as'ter'oid
asth'ma
asth'mat'ic
asth'mat'i'cal'ly
as'tig'mat'ic
astig'ma'tism
astir
as'ton'ish
as'ton'ish'ing
as'ton'ish'ing'ly
as'ton'ish'ment
as'tound
as'tound'ed
as'tound'ing
astrad'dle
as'tra'khan
as'tral
astray
astride
as'trin'gen'cy
as'trin'gent
as'tro'dome
as'tro'labe
as'trol'o'ger
as'tro'log'ic
as'tro'log'i'cal
as'tro'log'i'cal'ly
as'trol'o'gy
as'tro'naut
as'tro'nau'ti'cal
as'tro'nau'tics
as'tron'o'mer
as'tro'nom'ic
as'tro'nom'i'cal
as'tro'nom'i'cal'ly
as'tron'o'my
as'tro'phys'i'cist
as'tro'phys'ics
As'tro'turf
as'tu'cious
as'tute
as'tute'ly
as'tute'ness
asun'der
asy'lum
asym'met'ric
asym'met'ri'cal
asym'me'try
at
at'a'vism
at'a'vis'tic
ate
at'el'ier
athe'ism
athe'ist
athe'is'tic
athe'is'ti'cal
ath'ero'scle'ro'sis
athirst
ath'lete
ath'let'ic
ath'let'i'cal'ly
ath'let'i'cism
ath'let'ics
athwart
at'las
at'las'es
at'mos'phere
at'mos'pher'ic

at'mos'pher'i'cal
at'mos'pher'ics
at'oll
at'om
atom'ic
atom'i'cal
at'om'ism
at'om'ize
at'om'ized
at'om'iz'er
at'om'iz'ing
atonal
ato'nal'i'ty
atone
atoned
atone'ment
aton'ing
atria
atri'um
atro'cious
atro'cious'ly
atroc'i'ties
atroc'i'ty
atro'phic
at'ro'phied
at'ro'phies
at'ro'phy
at'ro'phy'ing
at'tach
at'ta'ché
at'tached
at'tach'ment
at'tack
at'tack'er
at'tain
at'tain'able
at'tain'der
at'tain'ment
at'taint
at'tar
at'tempt
at'tend
at'tend'ance
at'tend'ant
at'ten'tion
at'ten'tive
at'ten'tive'ly
at'ten'u'ate
at'ten'u'at'ed
at'ten'u'at'ing
at'ten'u'a'tion
at'test
at'tes'ta'tion
at'tic
at'tire
at'tired
at'tire'ment
at'tir'ing
at'ti'tude
at'ti'tu'di'nize
at'tract
at'trac'tion
at'trac'tive
at'trac'tive'ly
at'trac'tive'ness
at'tri'but'able
at'tri'bute
at'tri'but'ed
at'tri'but'ing
at'trib'u'tive
at'tri'bu'tion
at'trit'ed
at'tri'tion
at'tune
at'tuned
at'tun'ing
atyp'i'cal
au'ber'gine
au'burn
auc'tion
auc'tion'eer
au'da'cious
au'da'cious'ly
au'dac'i'ty
au'di'bil'i'ty
au'di'ble
au'di'bly
au'di'ence
au'dio
au'dio'phile
au'di'ovi'su'al
au'dio'vi'su'als
au'dit
au'di'tion
au'dit'or
au'di'to'ri'um
au'di'to'ry
aught
aug'ment
aug'men'ta'tion
au grat'in
au'gur
au'gured
au'gur'ing
au'gust
au'gust'ly
au na'tu'rel
aunt
au pair
au'ra
au'ral
au'ral'ly
aur'ar
au're'ate
au're'ole
au're'o'my'cin
au re'voir
au'ri'cle
au'ric'u'lar
au'ro'ra
au'ro'ras
au'ro'ra aus'tra'lis
au'ro'ra bo're'al'is
au'ro'rae
aus'pice
aus'pic'es
aus'pi'cious
aus'pi'cious'ly
aus'tere
aus'tere'ly
aus'ter'i'ties
aus'ter'i'ty
Aus'tra'lian
Aus'tri'an
au'teur
au'then'tic
au'then'ti'cate
au'then'ti'cat'ed
au'then'ti'cat'ing
au'then'ti'ca'tion
au'then'tic'i'ty
au'thor
au'thor'ess
au'thor'i'tar'i'an
au'thor'i'ta'tive
au'thor'i'ta'tive'ly
au'thor'i'ta'tive'ness
au'thor'i'ties
au'thor'i'ty
au'thor'i'za'tion
au'thor'ize
au'thor'ized
au'thor'iz'ing
au'thor'ship
au'tism
au'tis'tic
au'to'bahn
au'to'bi'og'ra'pher
au'to'bio'graph'ic
au'to'bio'graph'i'cal
au'to'bi'og'ra'phies
au'to'bi'og'ra'phy
au'toc'ra'cies
au'toc'ra'cy
au'to'crat
au'to'crat'ic
au'to'crat'i'cal'ly
au'to'cross
au'to-da-fé
au'to'de'struct
au'to'de'struc'tive
au'to'gen'ic
au'to'graph
au'tom'a'ta
au'to'mate
au'to'mat'ed
au'to'mat'ic
au'to'mat'i'cal
au'to'mat'i'cal'ly
au'to'mat'ing

au'to'ma'tion
au'tom'a'tism
au'tom'a'ton
au'to'mo'bile
au'to'mo'tive
au'to'nom'ic
au'ton'o'mies
au'ton'o'mous
au'ton'o'my
au'to'pi'lot
au'top'sies
au'top'sy
au'tos-da-fe
au'to'sug'ges'tion
au'tumn
au'tum'nal
aux'il'ia'ries
aux'il'ia'ry
avail
avail'abil'i'ty
avail'able
avail'ably
av'a'lanche
av'a'lanch'ing
avant-garde
av'a'rice
av'a'ri'cious
av'a'ri'cious'ly
avast
avenge
avenged
aveng'er
aveng'ing
av'e'nue
aver
av'er'age
av'er'aged
av'er'ag'ing
aver'ment
averred
aver'ring
averse
averse'ly
aver'sion
aver'sive
aver'sively
avert
avert'able
avi'ar'ies
avi'ary
avi'ate
avi'a'tion
avi'a'tor
avi'a'trix
av'id
avid'i'ty
av'id'ly
av'id'ness
avo
av'o'ca'do
av'o'ca'tion
avoid
avoid'able
avoid'ance
av'oir'du'pois
avow
avow'al
avowed
avow'ed'ly
avun'cu'lar
await
awake
awaked
awak'en
awak'en'ing
awak'ing
award
aware
aware'ness
awash
away
awe
awed
aweigh
awe'some
awe-strick'en
awe-struck
aw'ful
aw'ful'ly
aw'ful'ness
awhile
aw'ing
awk'ward
awk'ward'ly
awk'ward'ness
awn'ing
awoke
awry
axe
ax'es
ax'i'al
ax'ile
ax'il'lary
ax'i'om
ax'i'o'mat'ic
ax'i'o'mat'i'cal
ax'i'om'at'i'cal'ly
ax'is
ax'le
aya'tol'lah
azal'ea
az'i'muth
Az'tec
az'ure

B

bab'bitt
bab'ble
bab'bled
bab'bling
babe
ba'bel
ba'bied
ba'bies
ba'boon
ba'bush'ka
ba'by
ba'by'hood
ba'by'ing
ba'by'ish
ba'by-sat
ba'by-sit
ba'by-sit'ter
ba'by-sit'ting
bac'ca'lau're'ate
bac'ca'rat
bac'cha'nal
bac'cha'na'lia
bac'cha'na'li'an
bach'e'lor
bach'e'lor'hood
ba'cil'li
ba'cil'lus
back
back'ache
back'bite
back'board
back'bone
back'break'ing
back'cloth
back'comb
back'date
back'dat'ed
back'dat'ing
back'door
back'drop
back'er
back'field
back'fire
back'fired

back'fir'ing
back'gam'mon
back'ground
back'hand
back'hand'ed
back'hand'er
back'ing
back'lash
back'less
back'list
back'log
back'most
back'pack
back-pedal
back-ped'alled
back-ped'al'ling
back'rest
back'sent
back'side
back'slap'ping
back'slid'den
back'slide
back'slid'er
back'space
back'spaced
back'spac'ing
back'spin
back'stage
back'stairs
back'stitch
back'stop
back'stroke
back'talk
back'track
back-up
back'up
back'ward
back'war'da'tion
back'ward'ness
back'wards
back'wash
back'water
back'woods
back'woods'man
back'yard
ba'con
bac'ter'ia
bac'te'ri'al
bac'te'ri'ci'dal
bac'te'ri'cide
bac'te'ri'o'log'i'cal
bac'te'ri'ol'o'gist
bac'te'ri'ol'o'gy
bac'ter'i'um
bade
badge
bad'ger
bad'i'nage
bad'lands
bad'ly
bad'min'ton
bad'mouth
bad'ness
baf'fle
baf'fled
baf'fling
bag
bag'a'telle
ba'gel
bag'ful
bag'gage
bagged
bag'gi'er
bag'ging
bag'ging
bag'gy
bag'man
ba'gnio
bag'pipe
ba'guette
baht
bail
bail'able
bail'iff
bail'i'wick
bait
bai'za
baize
bake
baked
bak'er
bak'er'ies
bak'er'y
bak'ing
bak'sheesh
bal'a'lai'ka
bal'ance
bal'anced
bal'anc'er
bal'anc'ing
bal'boa
bal'co'nies
bal'co'ny
bald
bal'der'dash
bald'headed
bald'ing
bald'ly
bald'ness
bale
baled
ba'leen
bale'ful
bale'ful'ly
bal'ing
balk
balk'i'est
balky
bal'lad
bal'last
ball'boy
ball'cock
bal'le'ri'na
bal'let
bal'let'ic
bal'let'o'mane
bal'lis'tic
bal'lis'ti'cian
bal'lis'tics
bal'loon
bal'lot
bal'lot'ed
bal'lot'ing
ball'park
ball'point
ball'room
bal'ly'hoo
balm
balm'i'er
balmy
bal'sa
bal'sam
bal'us'ter
bal'us'trade
bam'bi'no
bam'boo
bam'boo'zle
bam'boo'zled
bam'boo'zling
ban
ba'nal
ba'nal'i'ty
ba'nana
band'age
band'aged
band'ag'ing
ban'dana
ban'dan'na
band'box
ban'deaux
ban'de'role
ban'di'coot
ban'died
ban'dit
ban'dit'ry
band'lead'er
band'mas'ter
ban'do'leer
ban'do'lier
bands'man
band'stand
band'wag'on
ban'dy
ban'dy'ing
ban'dy-legged
bane
bane'ful
ban'gle
ban'ish
ban'ish'ment

ban'is'ter
ban'jo
bank'able
bank'book
bank'er
bank'ing
bank'roll
bank'rupt
bank'rupt'cies
bank'rupt'cy
banned
ban'ner
ban'ning
ban'nis'ter
banns
ban'quet
ban'quet'ed
banq'uet'ing
ban'quette
ban'shee
ban'tam
ban'tam'weight
ban'ter
ban'ter'ing'ly
ban'yan
ban'zai
bao'bab
bap'tism
bap'tis'mal
Bap'tist
bap'tis'tery
bap'tise
bap'tised
bap'tis'ing
bar
bar'a'thea
bar'bar'i'an
bar'bar'ic
bar'ba'rism
bar'bar'i'ties
bar'bar'i'ty
bar'ba'rous
bar'be'cue
bar'be'cued
bar'be'cu'ing
barbed
bar'bel
bar'bell
bar'ber
bar'ber'shop
bar'bi'can
bar'bi'tal
bar'bi'tu'rate
Bar'bour
bar'ca'role
bar code
bare
bare'back
bare'faced
bare'foot
bare'head'ed
bare'ly
bare'ness
bar'gain
barge
barged
barg'ing
barite
bar'i'tone
bar'i'um
bar'keeper
bar'ley
bar'maid
bar'man
bar mitz'vah
bar'na'cle
barn'storm
barn'yard
bar'o'graph
ba'rom'et'er
baro'met'ric
baro'met'ri'cal'ly
bar'on
bar'on'age
bar'on'ess
bar'on'et
bar'on'et'cies
bar'on'et'cy
ba'ro'ni'al
bar'on'ies
bar'ony
ba'roque
bar'rack
bar'ra'cou'ta
bar'ra'cu'da
bar'rage
barred
bar'rel
bar'relled
bar'rel'ling
bar'rel-or'gan
bar'ren
bar'ren'ly
bar'ren'ness
bar'rette
bar'ri'cade
bar'ri'cad'ed
bar'ri'cad'ing
bar'ri'er
bar'ring
bar'ris'ter
bar'room
bar'row
bar'ten'der
bar'ter
bar'ter'er
bary'on
ba'ry'ta
ba'ry'tes
ba'sal
bas'al'ly
ba'salt
ba'sal'tic
base
base'ball
base'born
based
base'less
base'line
base'man
base'ment
base'ness
ba'ses
bash'ful
bash'ful'ly
bash'ful'ness
ba'sic
ba'si'cal'ly
ba'sil
ba'sil'i'ca
bas'i'lisk
ba'sin
bas'ing
ba'sis
bask
bas'ket
bas'ket'ball
bas'ket'ful
bas'ket'ry
bas'ket'work
bas-re'lief
bass
bas'set hound
bas'si'net
bas'so
bas'soon
bas'soon'ist
bas'sos
bas'tard
bas'tard'ize
bas'tard'ly
baste
bast'ed
bast'ing
bat
batch
bate
bat'ed
bath
bathe
bathed
bath'er
ba'thet'ic
bath'ing
ba'thos
bath'robe
bath'room
bath'tub
bathy'scaph
bathy'sphere

ba'tik
bat'ing
ba'tiste
bat'man
bat'on
bat'tal'ion
bat'ted
bat'ten
bat'ter
bat'ter
bat'tery
bat'ti'er
bat'ti'est
bat'ting
bat'tle
bat'tle-axe
bat'tled
bat'tle'dress
bat'tle'field
bat'tle'ment
bat'tle'ship
bat'tling
bat'ty
bau'ble
baud
baux'ite
bawd
bawd'i'er
bawd'i'est
bawd'i'ly
bawdy
bawl
bay'ber'ries
bay'ber'ry
bay'o'net
bay'o'net'ing
bay'o'net'ed
bay'ou
ba'zaar
ba'zoo'ka
bdel'li'um
beach
beach'comb'er
beach'head
bea'con
bead'ed
bead'i'er
bead'i'est
bead'ing
bead'like
beady
bea'gle
beak'er
beamed
bean'bag
bear
bear'able
bear'ably
bear'bait'ing
beard
beard'ed
beard'less
bear'er
bear'ing
bear'ish
bear'ish'ness
bear'skin
beast
beast'li'ness
beast'ly
beat
beat'box
beat'en
beat'er
be'atif'ic
be'at'i'fi'ca'tion
be'at'i'fied
be'at'i'fy
be'at'i'fy'ing
beat'ing
be'at'i'tude
beat'nik
beat up
beat-up
beau
beau geste
beau monde
beaus
beau'te'ous
beau'ti'cian
beau'ties
beau'ti'fi'ca'tion
beau'ti'fied
beau'ti'ful
beau'ti'ful'ly
beau'ti'fy
beauty
beaux
beaux-arts
bea'ver
be'bop
be'calm
be'came
be'cause
bé'cham'el
beck'on
be'cloud
be'come
be'com'ing
bed
be'daz'zle
be'daz'zled
be'daz'zle'ment
be'daz'zling
bed'bug
bed'cham'ber
bed'clothes
bed'ded
bed'ding
be'decked
be-dev'il
be'dev'illed
be'dev'il'ling
be'dev'il'ment
bed'fel'low
be'dim
be'dimmed
be'dim'ming
bed'lam
Bed'ou'in
bed'pan
bed'post
be'drag'gle
be'drag'gling
bed'rid'den
bed'rock
bed'roll
bed'room
bed'side
bed'sore
bed'spread
bed'stead
bed'time
beech
beech'nut
bedew
beef
beef'cake
beef'eat'er
beef'i'er
beef'i'est
beef'steak
beefy
bee'hive
bee'keep'er
bee'keep'ing
bee'line
beep
beer
bees'wax
beet
bee'tle
beeves
be'fall
be'fall'en
be'fall'ing
be'fell
be'fit
be'fit'ted
be'fit'ting
be'fog
be'fogged
be'fog'ging
be'fore
be'fore'hand
be'friend
be'fud'dle
be'fud'dled
be'fud'dling
be'gan

be'gat
be'get
be'get'ting
beg'gar
beg'gar'ly
begged
beg'ging
be'gin
be'gin'ner
be'gin'ning
be'gone
be'go'nia
be'got
be'got'ten
be'got'ten
be'grime
be'grudge
be'grudged
be'grudg'ing
be'guile
be'guiled
be'guil'ing
be'guine
be'gun
be'half
be'have
be'haved
be'hav'ing
be'hav'iour
be'hav'iour'al
be'hav'iour'ism
be'hav'iour'ist
be'hav'iour'is'tic
be'head
be'head'ing
be'held
be'he'moth
be'hest
be'hind
be'hind'hand
be'hold
be'hold'en
be'hold'er
be'hold'ing
be'hoove
be'hove
be'hoved
be'hov'ing
beige
be'ing
be'la'bour
be'lat'ed
be'lat'ed'ly
be'lay
be'layed
be'lay'ing
belch
be'lea'guer
bel'fries
bel'fry
Bel'gian
be'lie
be'lied
be'lief
be'liev'able
be'lieve
be'lieved
be'liev'er
be'liev'ing
be'lit'tle
be'lit'tled
be'lit'tling
bel'la'don'na
belle
belles let'tres
bell'hop
bel'li'cose
bel'li'cos'i'ty
bel'lied
bel'lies
bel'lig'er'ence
bel'lig'er'en'cy
bel'lig'er'ent
bel'lig'er'ent'ly
bel'low
bel'lows
bell'tow'er
bel'ly
bel'ly'ache
bel'ly'ach'ing
bel'ly'ful
bel'ly'ing
be'long
be'long'ings
be'loved
be'low
belt'ed
belt'way
be'ly'ing
be'mire
be'mired
be'mir'ing
be'moan
be'muse
be'mused
be'mus'ing
bench'mark
bench'mark'ing
bend
bend'ing
be'neath
ben'e'dict
bene'dic'tion
bene'dic'to'ry
bene'fac'tion
bene'fac'tor
bene'fac'tress
ben'e'fice
ben'e'ficed
be'nef'i'cence
be'nef'i'cent
ben'e'fi'cial
ben'e'fi'cial'ly
ben'e'fi'ci'a'ries
ben'e'fi'ci'a'ry
ben'e'fic'ing
ben'e'fit
ben'e'fit'ed
ben'e'fit'ing
be'nev'o'lence
be'nev'o'lent
be'nev'o'lent'ly
Ben'gali
be'night'ed
be'nign
be'nig'nan'cy
be'nig'nant
be'nig'ni'ty
be'nign'ly
bent
be'numb
ben'zene
ben'zine
ben'zol
be'queath
be'quest
be'rate
be'rat'ed
be'rat'ing
be'reave
be'reaved
be'reave'ment
be'reav'ing
be'reft
be'ret
ber'ga'mot
ber'i'beri
ber'ke'li'um
ber'ret'ta
ber'ries
ber'ry
ber'serk
berth
ber'yl
be'ryl'li'um
be'seech
be'seeched
be'seech'ing
be'seech'ing'ly
be'set
be'set'ting
be'side
be'sides
be'siege
be'sieged
be'sieg'er
be'sieg'ing
be'smear
be'smirch
be'sot'ted

be'sought
be'speak
be'speak'ing
be'spoke
be'spok'en
best
bes'tial
bes'ti'al'i'ty
bes'tial'ly
be'stir
be'stirred
be'stir'ring
best-look'ing
be'stow
be'stow'al
be'strid'den
be'stride
be'strid'ing
be'strode
best-sell'er
bet
be'ta
be'ta-block'er
be'take
be'tak'en
be'tak'ing
be'ta'tron
be'tel
bête noir
beth'el
be'tide
be'tid'ed
be'tid'ing
be'to'ken
be'took
be'tray
be'tray'al
be'tray'er
be'troth
be'troth'al
be'trothed
bet'ted
bet'ter
bet'ter-look'ing
bet'ter'ment
bet'ting
bet'tor
be'tween
be'twixt
bev'el
bev'elled
bev'el'ling
bev'er'age
bev'ies
bevy
be'wail
be'ware
be'wil'der
be'wil'der'ing'ly
be'wil'der'ment
be'witch
be'witch'ing
be'witch'ment
be'yond
be'zique
bhang
bi'an'nu'al
bi'an'nual'ly
bi'as
bi'ased
bi'as'ing
bi'ath'lon
bi'ax'i'al
bi'be'lot
Bi'ble
Bib'li'cal
bib'li'cal'ly
bib'li'og'ra'pher
bib'lio'graph'ic
bib'li'og'ra'phies
bib'li'og'ra'phy
bib'lio'ma'nia
bib'lio'ma'ni'ac
bib'li'o'phile
bib'u'lous
bi'cam'er'al
bi'car'bon'ate
bi'cen'te'na'ries
bi'cen'te'n'ary
bi'cen'ten'ni'al
bi'ceps
bi'chlo'ride
bick'er
bi'cus'pid
bi'cy'cle
bi'cy'cled
bi'cy'cler
bi'cy'cling
bi'cy'clist
bid
bid'da'ble
bid'den
bid'der
bid'ding
bide
bid'ed
bi'det
bid'ing
bi'en'ni'al
bi'en'ni'al'ly
bi'en'ni'um
bier
bi'fo'cal
bi'fo'cals
bi'fur'cate
bi'fur'cat'ed
bi'fur'cat'ing
bi'fur'ca'tion
big
big'a'mist
big'a'mous
big'a'mous'ly
big'a'my
big'ger
big'gest
big'gish
big-heart'ed
bight
big'ot
big'ot'ed
big'ot'ry
big'wig
bi'jou
bi'joux
bike
bik'er
bi'ki'ni
bi'la'bi'al
bi'lat'er'al
bi'lat'er'al'ly
bil'ber'ries
bil'ber'ry
bile
bilge
bil'har'zia
bi'lin'gual
bil'ious
bil'ious'ness
bill'board
billed
bil'let
bil'let-doux
bil'let'ed
bil'let'ing
bil'lets-doux
bil'liards
bill'ing
bil'lion
bil'lion'aire
bil'lionth
bil'low
bil'lowed
bil'lowy
bil'ly goat
bim'bo
bi'met'al'lism
bi'month'ly
bi'na'ry
bind
bind'er
bind'er'ies
bind'ery
bind'ing
bind'weed
binge
bin'go
bin'na'cle
bi'noc'u'lar
bi'no'mi'al
bio'chem'i'cal

bio'chem'ist
bio'chem'is'try
bio'de'grad'a'bi'li'ty
bio'de'grad'able
bio'deg'ra'da'tion
bio'di'ver'si'ty
bio'dot
bio'dy'nam'ic
bio'dy'nam'i'cal'ly
bio'dy'nam'ics
bio'ecol'o'gi'cal
bio'ecol'o'gi'cal'ly
bio'ecol'o'gist
bio'ecol'o'gy
bio'elec'tri'cal
bio'elec'tri'ci'ty
bio'en'gi'neer
bio'en'gi'neer'ing
bio'eth'i'cal
bio'eth'i'cist
bio'eth'ics
bio'feed'back
bio'gas
bio'gen'e'sis
bi'og'ra'pher
bio'graph'ic
bio'graph'i'cal
bio'graph'i'cal'ly
bi'og'ra'phies
bi'og'ra'phy
bio'logi'cal
bio'logi'cal'ly
bi'olo'gist
bi'ol'ogy
bio'mass
bio'met'rics
bi'om'etry
bi'on'ic
bi'on'ics
bio'nom'ics
bi'ono'mist
bio'phys'ics
bi'op'sies
bi'op'sy
bio'rhythm
bio'syn'the'sis
bio'tech'no'log'i'cal
bio'tech'no'log'i'cal'ly
bio'tech'nol'o'gist
bio'tech'nol'o'gy
bio'tin
bi'par'ti'san
bi'par'tite
bi'ped
bi'plane
bi'po'lar
bi'ra'cial
birch
bird-bath
bird-brained
bird'cage
birdie
bird'lime
bird'seed
bird's-eye
bi'ret'ta
birr
birth'day
birth'mark
birth'place
birth-rate
birth'right
birth'stone
bis'cuit
bi'sect
bi'sec'tion
bi'sec'tor
bi'sex'u'al
bi'sex'u'al'i'ty
bish'op
bish'op'ric
bis'muth
bi'son
bisque
bis'tro
bit
bitch
bitch'i'er
bitch'i'est
bitch'i'ly
bitch'i'ness
bitchy
bite
bit'ing
bit'ten
bit'ter
bit'ter'ly
bit'tern
bit'ter'ness
bit'ter'sweet
bit'ti'er
bit'ti'est
bit'ty
bi'tu'men
bi'tu'mi'nous
bi'va'lence
bi'va'lent
bi'valve
bi'val'vu'lar
biv'ouac
biv'ouacked
biv'ouack'ing
bi'week'lies
bi'week'ly
bi'zarre
bi'zarre'ness
blab
blabbed
blab'ber
blab'bing
black
black'ball
black'ber'ries
black'berry
black'bird
black'board
black'en
black-eyed
black'guard
black'head
black'jack
black'list
black'ly
black'mail
black'mail'er
black'ness
black'out
black'smith
black'thorn
black'top
blad'der
blade
blad'ed
blame'able
blame
blamed
blame'less
blame'wor'thy
blam'ing
blanch
blanc'mange
bland
blan'dish
blan'dish'ment
bland'ly
bland'ness
blank
blan'ket
blan'ket'ed
blan'ket'ing
blank'ly
blank'ness
blare
blared
blar'ing
blar'ney
bla'sé
blas'pheme
blas'phemed
blas'phem'er
blas'phe'mies
blas'phem'ing
blas'phem'ous
blas'phe'my
blast
blast'ed
blast'off
bla'tan'cy
bla'tant
bla'tant'ly

blaze
blazed
blaz'er
blaz'ing
bleach
bleach'er
bleak
bleak'ly
bleak'ness
blear'i'ness
bleary
bleat
bled
bleed
bleed'ing
bleep
bleeped
bleep'er
bleep'ing
blem'ish
blend
blend'er
bless
bless'ed
bless'ed
bles'sing
blest
blew
blight
blind
blind'er
blind'fold
blind'ing
blind'ly
blind'ness
blink
blink'er
blip
blipped
blip'ping
bliss
bliss'ful
bliss'ful'ly
blis'ter
blithe
blithe'ly
blitz
blitz'krieg
bliz'zard
bloat'ed
blob
bloc
block
block'ade
block'ad'ed
block'ad'ing
block'age
block'bus'ter
block'head
block'house
blond
blonde
blond'ness
blood
blood'bath
blood'curd'ling
blood'hound
blood'ied
blood'i'er
blood'i'est
blood'i'ly
blood'less
blood'let'ting
blood'shed
blood'shot
blood'stained
blood'stream
blood'suck'er
blood'thirst'i'ness
blood'thirsty
bloody
bloody'ing
bloom
bloom'ers
bloom'ing
bloop'er
blos'som
blot
blotch
blotch'i'er
blotch'i'est
blotchy
blot'ted
blot'ter
blot'ting
blouse
blou'son
blow
blow-dried
blow-dries
blow-dry
blow'dry'er
blow'er
blow'flies
blow'fly
blow'i'er
blow'i'est
blow'ing
blown
blow'torch
blowy
blub'ber
blud'geon
blue
blue'bell
blue'ber'ries
blue'berry
blue'bird
blue-blood'ed
blue'bot'tle
blue-col'lar
blue'grass
blue'ness
blue-nose
blue'print
blu'est
blue'stock'ing
blu'ing
blu'ish
blun'der
blun'der'buss
blun'der'ing
blunt'ly
blunt'ness
blur
blurb
blurred
blur'ring
blur'ry
blurt
blush
blushed
blush'er
blush'ing
blus'ter
blus'ter'ing'ly
blus'ter'ous
blus'tery
boa
boar
board
board'er
board'room
board'sail'ing
board'walk
boast
boast'ful
boast'ful'ly
boast'ful'ness
boast'ing'ly
boat
boat'er
boat'house
boat'ing
boat'man
boat'swain
bob
bobbed
bob'bin
bob'bing
bob'ble
bob'bled
bob'bling
bob'by pin
bob'by socks
bob'cat
bob'o'link
bob'sled
bob'white
bode

bod'ed
bo'de'ga
bod'ice
bod'ies
bodi'ly
bod'ing
bod'kin
body
body'build'er
body'build'ing
body'guard
body'suit
body'work
Boer
bog
bo'gey
bog'gle
bog'gled
bog'gling
bog'gy
bo'gus
bogy
bo'gey'man
bo'he'mi'an
boil'er
boil'er'suit
boil'ing point
bois'ter'ous
bois'ter'ous'ness
bo'la
bo'las
bold
bold'face
bold'ly
bold'ness
bo'le'ro
bo'li'var
bo'li'vi'ano
bol'lard
boll wee'vil
boll'worm
bo'lo
bo'lo'gna
bo'lo'ney
bol'ster
bol'ster'er
bolt
bolt'ed
bomb
bom'bard
bom'bar'dier
bom'bard'ment
bom'bast
bom'bas'tic
bom'bas'ti'cal'ly
bom'ba'zine
bombe
bomb'er
bomb'proof
bomb'shell
bomb'sight
bo'na fide
bo'nan'za
bon'bon
bond'age
bond'ed
bond'holder
bond'sman
bone
bone chi'na
boned
bone'head
bon'fire
bon'go
bon'ho'mie
bon'i'er
bon'ing
bonk
bonked
bonk'er
bonk'ing
bon mot
bon'net
bon'ny
bon'sai
bo'nus
bo'nus'es
bon vi'vant
bon vi'veur
bon voy'age
bony
boo-boo
boo'by
boo'dle
boo'gie-woo'gie
boo'hoo
boo'hooed
boo'hoo'ing
book'bind'er
book'bind'ing
book'case
book'end
book'ie
book'ish
book'keep'er
book'keep'ing
book'let
book-mak'er
book'mark
book'mo'bile
book'plate
book'sell'er
book'shelf
book'worm
boor
boor'ish
boost
boost'er
boot'black
boo'tee
booth
boo'tie
boot'log
boot'legged
boot'leg'ger
boot'leg'ging
boot'strap
boo'ty
booze
booz'er
booz'i'er
booz'i'est
boozy
bo'rax
bor'der
bor'dered
bor'der'land
bor'der'line
bore
bored
bore'dom
bor'er
bo'ric
bor'ing
born
borne
bor'ough
bor'row
bor'row'er
borsch
borscht
bor'zoi
bos'om
Bos'ni'an
boss'i'est
boss'i'ness
bossy
bo'sun
bo'tan'ic
bo'tan'i'cal
bot'a'nist
bot'a'nize
bot'a'ny
botch
botch'i'est
botchy
both
both'er
both'er'some
bo tree
bot'tle
bot'tled
bot'tle'ful
bot'tle'neck
bot'tling
bot'tom
bot'tom'less
bot'tom'most
bot'u'lism
bou'clé

bou'doir
bouf'fant
bou'gain'vil'laea
bough
bought
bought
bouil'lon
boul'der
bou'le'vard
bounce
bounced
bounc'er
bounc'ing
bound
bound'aries
bound'ary
bound'less
boun'te'ous
boun'ties
boun'ti'ful
boun'ty
bou'quet
bou'quet gar'ni
bou'quets gar'nis
bour'bon
bour'geois
bour'geoi'sie
bourse
bout
bou'tique
bou'ton'niere
bo'vine
bowd'ler'ize
bowd'ler'ized
bowd'ler'iz'ing
bow'el
bow'er
bow'er'ies
bow'ery
bow'ie
bow'ing
bow'knot
bowl
bow'leg
bow'legged
bowl'er
bowl'ful
bow'line
bowl'ing
bow'string
box'car
box'er
box'ful
box'ing
boy
boy'cott
boy'friend
boy'hood
boy'ish
boy'ish'ly
boy'sen'ber'ries
boy'sen'berry
bra
brace
braced
brace'let
brac'er
brac'es
brac'ing
brack'en
brack'et
brack'et'ed
brack'et'ing
brack'ish
brad
brad'ded
brad'ding
bra'd'ing
brag
brag'ga'do'cio
brag'gart
bragged
brag'ging
Brah'min
braid
brain
brain'child
brain'i'er
brain'i'est
brain'less
brain'pow'er
brain'storm
brain'storm'ing
brain'wash
brain'wash'ing
brainy
braise
braised
brais'ing
brake
brak'ing
bram'ble
bram'bly
bran
branch
branched
brand
brand'er
bran'died
bran'dies
bran'dish
brand-new
bran'dy
brass
brass'i'er
bras'siere
brassy
brat
brat'tish
brat'ty
brat'wurst
bra'va'do
brave
braved
brave'ly
brave'ness
brav'er'ies
brav'ery
brav'ing
bra'vo
bra'vu'ra
brawl
brawl'er
brawn
brawn'i'er
brawn'i'ness
brawny
braze
bra'zen
bra'zier
Bra'zil'ian
breach
bread
bread'bas'ket
bread'board
bread'ed
bread'fruit
bread'line
breadth
bread'win'ner
break
break'able
break'age
break'away
break'down
break'er
break'even
break'fast
break'ing
break'neck
break'out
break'through
break-up
break'wa'ter
bream
breast
breast'bone
breast-fed
breast-feed
breast-feed'ing
breast'plate
breast'stroke
breath
breath'a'lyse
Breath'a'lys'er
breathe
breathed
breath'er
breath'ing
breath'less

breath'less'ness
breath'tak'ing
breathy
bred
breech
breech'es
breech'load'er
breed
breed'er
breed'ing
breed'ing
breeze
breez'i'ness
breezy
breth'ren
Bre'ton
breve
bre'vet
bre'vet'ted
bre'vet'ting
bre'vi'a'ries
bre'vi'a'ry
brev'i'ty
brew
brew'er
brew'er'ies
brew'ery
bri'ar
brib'able
bribe
bribed
brib'er'ies
brib'ery
brib'ing
bric-a-brac
brick
brick'lay'er
brick'work
brick'yard
brid'al
bride
bride'groom
brides'maid
bridge
bridged
bridge'head
bridge'work
bridg'ing
bri'dle
bri'dled
bri'dling
brief
brief'case
brief'ing
brief'ly
brief'ness
bri'er
brig
bri'gade
brig'a'dier
brig'and
brig'an'tine
bright
bright'en
bright'ly
bright'ness
bril'liance
bril'lian'cy
bril'liant
bril'lian'tine
bril'liant'ly
brim
brim'ful
brimmed
brim'ming
brim'stone
brine
bring
bring'ing
brink
brink'man'ship
briny
brioche
bri'quet
bri'quette
brisk
bris'ket
brisk'ly
brisk'ness
bris'tle
bris'tled
bris'tli'er
bris'tli'est
bris'tling
bris'tly
britch'es
Brit'ish
Brit'on
brit'tle
broach
broached
broach'ing
broad-brush
broad'cast
broad'cast'ed
broad'cast'er
broad'cast'ing
broad'cloth
broad'en
broad'ly
broad'mind'ed
broad'ness
broad'side
broad'sword
bro'cade
bro'cad'ed
bro'cad'ing
broc'co'li
bro'chette
bro'chure
broil
broil'er
broke
bro'ken
bro'ken-down
bro'ken-heart'ed
bro'ker
bro'ker'age
bro'mide
bron'chi
bron'chi'al
bron'chit'ic
bron'chi'tis
bron'cho'scope
bronchus
bron'co
bron'to'sau'ri
bron'to'sau'rus
bronze
bronzed
bronz'ing
brooch
brood
brood'i'er
brood'i'est
brood'ing
broody
brook
broom
broom'stick
broque
broth
broth'el
broth'er
broth'er'hood
broth'er-in-law
broth'er'li'ness
broth'er'ly
brougham
brought
brou'ha'ha
brow
brow'beat
brow'beat'en
brown
brown'ie
browse
browsed
brows'ing
bru'cel'lo'sis
bru'in
bruise
bruised
bruis'er
bruis'ing
bruit
brunch
bru'nette
brush
brush-off

brush'wood
brush'work
brusque
brusque'ly
brusque'ness
brut
bru'tal
bru'tal'i'ties
bru'tal'i'ty
bru'tal'i'za'tion
bru'tal'ize
bru'tal'ized
bru'tal'iz'ing
bru'tal'ly
brute
brut'ish
brut'ish'ness
B-side
bub'ble
bub'bled
bub'ble'jet
bub'bli'er
bub'bli'est
bub'bling
bub'bly
bu'bon'ic
buc'ca'neer
buck
buck'a'roo
buck'board
buck'et
buck'et'ful
buck'le
buck'ram
buck'shot
buck'skin
buck'tooth
buck'wheat
bu'col'ic
bud
bud'ded
Bud'dha
Bud'dhism
Bud'dhist
bud'dies
bud'ding
bud'dy
budge
bud'ger'i'gar
budg'et
bud'get'ary
buf'fa'lo
buf'fa'loed
buf'fa'loes
buff'er
buf'fet
buf'foon
buf'foon'ery
bug
bug'bear
bugged
bug'ger
bug'gery
bug'gies
bug'ging
bug'gy
bu'gle
bu'gler
bu'gling
build
build'er
built
bulb
bul'bous
Bul'gar'i'an
bulge
bulged
bul'gi'er
bul'gi'est
bulg'ing
bul'gur
bulgy
bulk'head
bulk'i'er
bulk'i'er
bulk'i'est
bulk'i'ness
bulky
bull
bull'dog
bull'doze
bull'dozed
bull'doz'er
bull'doz'ing
bul'let
bul'le'tin
bul'let-proof
bull'fight
bull'fight'er
bull'finch
bull'frog
bull'head'ed
bul'lied
bul'lies
bul'lion
bull'ock
bull'ring
bull's-eye
bull'terrier
bul'ly
bul'ly'ing
bul'rush
bul'wark
bum
bum'ble'bee
bummed
bum'ming
bump'er
bump'i'er
bump'i'est
bump'i'ness
bump'kin
bump'tious
bumpy
bunch
bunchy
bun'co
bun'combe
bun'dle
bun'dled
bun'dling
bun'ga'low
bun'gee jump'ing
bun'gle
bun'gled
bun'gler
bun'gling
bun'ion
bun'ker
bun'kum
bun'nies
bun'ny
bun'ting
buoy
buoy'an'cy
buoy'ant
bur'ble
bur'bled
bur'bling
bur'den
bur'den'some
bu'reau
bu'reauc'ra'cies
bu'reauc'ra'cy
bu'reau'crat
bu'reau'crat'ic
bu'reaus
bu'reaux
bur'geon
bur'gess
bur'gher
bur'glar
bur'glar'ies
bur'glar'ize
bur'glar'ized
bur'glar'iz'ing
bur'glary
bur'gle
bur'gled
bur'gling
bur'go'mas'ter
buri'al
bur'ied
bu'rin
bur'lap
bur'lesque
bur'lesqued
bur'lesqu'ing
bur'li'er
bur'li'est

bur'li'ness
bur'ly
Bur'mese
burn
burned
burn'er
burn'ing
bur'nish
bur'noose
bur'nous
burn'out
burnt
burp
burr
burred
bur'ring
bur'ro
bur'row
bur'sa
bur'sar
bur'sa'ry
bur'si'tis
burst
burst'ing
bury
bury'ing
bus
bus'bies
bus'boy
bus'by
bused
bus'es
bush
bush-ba'by
bush'el
bush'i'er
bush'i'est
bush'ing
bush'man
bush'mas'ter
bush'men
bush'whack
bushy
bus'ied
busi'er
busi'ly
busi'ness
busi'ness'like
busi'ness'man
bus'ing
bussed
bus'sing
bus'tard
bus'tle
bus'tled
bus'tling
busy
busy'bod'ies
busy'body
busy'ing
bu'tane
butch
butch'er
butch'ery
but'ler
butt
butte
but'ter
but'ter'cup
but'ter'fin'gered
but'ter'fin'gers
but'ter'flies
but'ter'fly
but'ter'milk
but'ter'scotch
but'ter'wort
but'tery
but'tock
but'ton
but'ton'hole
but'ton'hol'ing
but'tress
bu'tut
bu'tyl
bux'om
buy
buy'er
buy'ing
buy'out
buzz
buz'zard
buzz'er
buzz'word
bye'law
by'gone
by'law
by-line
by'pass
bypath
by-prod'uct
by'stand'er
byte
by'way
by'word

C

ca'bal
ca'balled
ca'bal'le'ro
ca'bal'ling
ca'bana
cab'a'ret
cab'bage
cab'bie
cab'by
cab'in
cab'i'net
cable
ca'bled
ca'ble'gram
ca'bling
ca'boose
cab'ri'o'let
ca'cao
cache
cached
ca'chet
cach'ing
ca'chou
cack'le
cack'led
cack'ling
ca'coph'o'nous
ca'coph'o'ny
cac'ti
cac'tus
ca'dav'er'ous
cad'die
cad'died
cad'dies
cad'dish
cad'dy
cad'dy'ing
ca'dence
ca'den'za
ca'det
cadge
cadged
cadg'ing
cad'mi'um
cad're
ca'du'ceus
Cae'sar'e'an
cae'su'ra
cae'su'rae
ca'fé
ca'fé au lait
caf'e'te'ria
caf'feine
caf'tan
cage
caged

ca'gey
ca'gi'er
ca'gi'est
ca'gi'ly
cag'ing
ca'gy
cai'man
cais'son
cai'tiff
ca'jole
ca'joled
ca'jol'ing
Ca'jun
cake
caked
cak'ing
cal'a'bash
cal'a'boose
cal'a'mine
ca'lam'i'ties
ca'lam'i'tous
ca'lam'i'ty
cal'ci'fi'ca'tion
cal'ci'fied
cal'ci'fy
cal'ci'fy'ing
cal'ci'mine
cal'ci'um
cal'cu'la'bil'i'ty
cal'cu'la'ble
cal'cu'late
cal'cu'la'ted
cal'cu'lat'ing
cal'cu'la'tion
cal'cu'la'tor
cal'cu'li
cal'cu'lus
cal'dron
cal'en'dar
cal'ends
calf
cal'i'bre
cal'i'brate
cal'i'brat'ed
cal'i'brat'ing
cal'i'bra'tion
cal'i'co
cal'i'coes
cal'i'for'ni'um
ca'liph
call'able
Cal'lan'et'ics
cal'lig'ra'pher
cal'lig'ra'phy
call'ing
cal'li'ope
cal'li'per
cal'lis'then'ics
cal'lous
cal'lused
cal'lous'ly
cal'lous'ness
cal'low
cal'lus
calm
calm'ly
calm'ness
ca'lo'ric
cal'o'rie
cal'o'ries
cal'o'rif'ic
ca'lum'ni'ate
ca'lum'ni'at'ed
ca'lum'ni'at'ing
ca'lum'ni'a'tion
cal'um'nies
cal'um'ny
calve
calved
calves
calv'ing
ca'ly'ces
ca'lyp'so
ca'lyx
ca'ma'ra'de'rie
cam'ber
cam'bric
Cam'bo'di'an
cam'cor'der
came
cam'el
ca'mel'lia
ca'mel'o'pard
cam'eo
cam'era
cam'era ob'scu'ra
cami'knick'ers
cam'i'sole
cam'o'mile
cam'ou'flage
cam'ou'flaged
cam'ou'flag'ing
cam'paign
cam'paign'er
cam'pa'ni'le
cam'pa'ni'li
camp'er
camp'fire
cam'phor
cam'phor'a'ted
cam'pus
cam'pus'es
cam'shaft
can
Ca'na'di'an
ca'nal
can'a'pé
ca'nard
ca'nar'ies
ca'nary
ca'nas'ta
can'can
can'cel
can'cel'la'tion
can'celled
can'cel'ling
can'cer
Can'cer
can'cer'ous
can'de'la
can'de'la'bra
can'de'la'brum
can'des'cence
can'des'cent
can'did
can'di'da'cies
can'di'da'cy
can'di'date
can'did'ly
can'died
can'died
can'dies
can'dle
can'dled
can'dle'stick
can'dling
can'dour
can'dy
cane
caned
ca'nine
can'ing
can'is'ter
can'ker
can'na'bis
canned
can'ner'ies
can'nery
can'ni'bal
can'ni'bal'ism
can'ni'bal'ize
can'ni'bal'iz'ing
can'ni'ly
can'ni'ness
can'ning
can'non
can'non'ade
can'non'ball
can'not
can'ny
ca'noe
ca'noed
ca'noe'ing
ca'noe'ist
can'on
ca'non'i'cal
can'on'iza'tion
can'on'ize
can'on'iz'ing
can'o'pied

can'o'pies
can'o'py
can'o'py'ing
can'ta'bi'le
can'ta'lope
can'ta'loup
can'ta'loupe
can'tan'ker'ous
can'ta'ta
can'teen
can'ter
can'ti'le'ver
can'to
can'ton
Can'ton'ese
can'ton'ment
can'tor
can'vas
can'vass
can'vass'er
can'yon
cap
ca'pa'bil'i'ties
ca'pa'bil'i'ty
ca'pa'ble
ca'pa'bly
ca'pa'cious
ca'pac'i'tate
ca'pac'i'tat'ed
ca'pac'i'tat'ing
ca'pac'i'ties
ca'pac'i'tor
ca'pac'i'ty
ca'per
cap'ful
cap'il'lar'ies
cap'il'lar'i'ty
cap'il'lar'y
cap'i'tal
cap'i'tal'ism
cap'i'tal'ist
cap'i'tal'is'tic
cap'i'tal'iza'tion
cap'i'tal'ize
cap'i'tal'ly
cap'i'ta'tion
ca'pit'u'late
ca'pit'u'lat'ed
ca'pit'u'lat'ing
ca'pit'u'la'tion
ca'pon
capped
cap'ping
cap'puc'ci'no
ca'pric'cio
ca'price
ca'pri'cious
ca'pri'cious'ly
Cap'ri'corn
cap'ri'ole
cap'ri'oled
cap'ri'ol'ing
cap'si'cum
cap'size
cap'siz'ing
cap'stan
cap'su'lar
cap'sule
cap'tain
cap'tain'cy
cap'tion
cap'tious
cap'ti'vate
cap'ti'vat'ed
cap'ti'vat'ing
cap'ti'va'tion
cap'tive
cap'tiv'i'ty
cap'tor
cap'ture
cap'tured
cap'tur'ing
ca'pu'chin
cap'y'bara
car'a'cole
car'a'cul
ca'rafe
car'a'mel
car'a'mel'ize
car'a'mel'ized
car'a'mel'iz'ing
car'at
car'a'van
car'a'van'ca'ries
car'a'van'sa'ry
car'a'van'se'rai
car'a'way
car'bide
car'bine
car'bo'hy'drate
car'bol'ic
car'bon
car'bo'na'ceous
car'bon'ate
car'bon'at'ed
car'bon'at'ing
car'bo'na'tion
car'bon di'ox'ide
car'bon'if'er'ous
car'bon'iza'tion
car'bon'ize
car'bon'ized
car'bon mon'ox'ide
car-boot sale
Car'bo'run'dum
car'boy
car'bun'cle
car'bu're'ttor
car'ca'net
car'cass
car'cin'o'gen
car'ci'no'gen'ic
car'ci'no'ma
car'ci'no'ma'ta
car'da'mom
card'board
car'di'ac
car'di'gan
car'di'nal
car'dio'gram
car'dio'graph
car'di'og'ra'phy
car'di'ol'o'gy
car'dio'vas'cu'lar
card'phone
card'sharp
care
cared
ca'reen
ca'reer
care'free
care'ful
care'ful'ly
care'ful'ness
care'less
care'less'ly
care'less'ness
carer
ca'ress
ca'ress'ing'ly
car'et
care'tak'er
care'worn
car'go
Car'ib'be'an
car'i'bou
car'i'ca'ture
car'i'ca'tured
car'i'ca'turing
car'i'ca'tur'ist
car'ies
car'il'lon
car'ing
car-jack'ing
car'mine
car'nage
car'nal
car'nal'i'ty
car'nal'ly
car'na'tion
car'ne'lian
car'ni'val
car'ni'vore
car'niv'o'rous
car'ol
Caro'lean
Caro'line
Caro'lin'ian
car'olled

car'ol'ling
car'om
ca'rot'id
ca'rous'al
ca'rouse
ca'roused
car'ou'sel
ca'rous'ing
car'pel
car'pen'ter
car'pen'try
car'pet
car'pet'bag
car'pet'bag'ger
car'pet'ed
car'pet'ing
car'phone
car'port
car'rel
car'riage
car'ried
car'ri'er
car'ri'on
car'ob
car'rot
car'roty
car'rou'sel
car'ry
car'ry'ing
car'sick
cart'age
carte blanche
car'tel
car'te'lize
car'ti'lage
car'ti'lag'i'nous
car'tog'ra'pher
car'to'graph'ic
car'tog'ra'phy
car'ton
car'toon
car'tridge
cart'wheel
carve
carved
carv'ing
cary'at'id
cary'at'i'des
ca'sa'ba
cas'cade
cas'cad'ed
cas'cad'ing
cas'cara
case
case-book
cased
case-hard'ened
case'load
case'ment
ca'se'ous
case'work
case'work'er
cash'back
cash-book
ca'shew
cash'ier
cash'mere
cash'point
cas'ing
ca'si'no
cask
cas'ket
cas'sa'ba
cas'sa'va
cas'se'role
cas'sette
cas'sock
cas'so'war'ies
cas'so'wary
cast
cas'ta'nets
cast'away
caste
cas'tel'lat'ed
cast'er
cas'ti'gate
cas'ti'gat'ed
cas'ti'gat'ing
cas'ti'ga'tion
cast'ing
cast'off
cast off
cast-off
cast iron
cas'tle
cas'tor
cas'trate
cas'trat'ed
cas'trat'ing
cas'tra'tion
ca'su'al
ca'su'al'ly
ca'su'al'ness
ca'su'al'ties
ca'su'al'ty
ca'su'ist
ca'su'is'tic
ca'su'ist'ry
cat'a'clysm
cat'a'clys'mal
cat'a'clys'mic
cat'a'comb
cat'a'falque
cat'a'lep'sies
cat'a'lep'sy
cat'a'lep'tic
cat'a'logue
cat'a'logued
cat'a'logu'ing
ca'tal'y'sis
cat'a'lyst
cat'a'lyt'ic
cat'a'lyse
cat'a'lys'ing
cat'a'ma'ran
cat'amount
cat'a'pult
cat'a'ract
ca'tarrh
ca'tarrh'al
ca'tas'tro'phe
cat'a'stroph'ic
cat'call
catch
catch'all
catch'er
catch'i'er
catch'ing
catch'ment area
catch'phrase
catch-up
catch'word
catchy
cat'e'chism
cat'e'chist
cat'e'chi'za'tion
cat'e'chize
cat'e'chized
cat'e'chiz'ing
cat'e'gor'i'cal
cat'e'gor'i'cal'ly
cat'e'go'ries
cat'e'go'rize
cat'e'go'riz'ing
cat'e'go'ry
ca'ter
ca'ter'er
cat'er'pil'lar
cat'er'waul
cat'fish
cat'gut
ca'thar'sis
ca'thar'tic
ca'the'dral
Cath'er'ine wheel
cath'e'ter
cath'e'ter'ize
cath'e'ter'ized
cath'e'ter'iz'ing
cath'ode
Cath'o'lic
cath'o'lic
Ca'thol'i'cism
cath'o'lic'i'ty
ca'thol'i'cize
cat'kin
cat'mint
cat'nip
cat-o'-nine-tails
cat's-eye

cat'suit
cat'sup
cat'ter'ies
cat'tery
cat'ti'er
cat'ti'est
cat'ti'ness
cat'tle
cat'tle'man
cat'ty
cat'walk
Cau'ca'sian
Cau'ca'soid
cau'cus
cau'cus'es
cau'cus'ing
caught
caul
caul'dron
cau'li'flow'er
caulk
caus'al
cau'sal'i'ty
cau'sa'tion
cause
cause cé'lè'bre
caused
cause'less
cause'way
caus'ing
caus'tic
caus'ti'cal'ly
cau'ter'ies
cau'ter'iza'tion
cau'ter'ize
cau'ter'ized
cau'ter'iz'ing
cau'tery
cau'tion
cau'tion'ary
cau'tious
cau'tious'ly
cau'tious'ness
cav'al'cade
cav'a'lier
cav'al'ry
cave
ca've'at
caved
cave'man
cav'er
cav'ern
cav'ern'ous
cav'i'ar
ca'vi'are
ca'vies
cav'il
cav'illed
cav'il'ling
cav'ing
cav'i'ties
cav'i'ty
ca'vort
ca'vy
cay'enne
cay'man
cay'use
cease
ceased
cease'fire
cease'less
cease'less'ly
ceas'ing
ce'ca
ce'dar
cede
ced'ed
cedi
ce'dil'la
ced'ing
Cee'fax
ceil'ing
cel'e'brant
cel'e'brate
cel'e'brat'ing
cel'e'bra'tion
cel'e'bra'tor
ce'leb'ri'ties
ce'leb'ri'ty
ce'ler'i'ty
cel'ery
ce'les'tial
cel'i'ba'cy
cel'i'bate
cell
cel'lar
cel'list
Cell'net
cel'lo
cel'lo'phane
cell'phone
cel'lu'lar
cel'lu'loid
cel'lu'lose
Cel'sius
Celt'ic
ce'ment
cem'e'ter'ies
cem'e'tery
ceno'taph
cen'ser
cen'sor
cen'so'ri'al
cen'so'ri'ous
cen'sor'ship
cen'sur'able
cen'sure
cen'sured
cen'sur'er
cen'sur'ing
cen'sus
cen'sus'ing
cent
cen'taur
cen'ta'vo
cen'te'nar'i'an
cen'te'na'ries
cen'te'na'ry
cen'ten'ni'al
cen'tesi'mo
cen'ti'grade
cen'time
cen'ti'me'tre
cen'ti'mo
cen'ti'pede
cen'tral
cen'tral'ism
cen'tral'ist
cen'tra'li'za'tion
cen'tral'ize
cen'tral'ly
cen'tre
cen'tre'board
cen'tred
cen'tre'fold
cen'tre'piece
cen'tes'i'mal
cen'ti'grade
cen'ti'gram
cen'ti'li'tre
cen'ti'me'tre
cen'ti'pede
cen'tral
cen'tral'iza'tion
cen'tral'ize
cen'tral'ized
cen'tral'iz'ing
cen'tral'ly
cen'tric
cen'tri'cal
cen'trif'u'gal
cen'tri'fuge
cen'tr'ing
cen'trip'e'tal
cen'tro'bar'ic
cen'tu'ries
cen'tu'ri'on
cen'tu'ry
ce'phal'ic
ce'ram'ic
ce're'al
cer'e'bel'lum
ce're'bral
cer'e'bric
ce're'bro'spi'nal
ce're'bro'vas'cu'lar
cer'e'brum
cer'e'mo'ni'al
cer'e'mo'nies
cer'e'mo'ni'ous

cer'e'mo'ni'ous'ly
cer'e'mo'ny
ce'rise
ce'ri'um
cer'tain
cer'tain'ly
cer'tain'ties
cer'tain'ty
cer'ti'fi'a'ble
cer'tif'i'cate
cer'ti'fi'ca'tion
cer'ti'fied
cer'ti'fi'er
cer'ti'fy
cer'ti'fy'ing
cer'ti'tude
ce'ru'le'an
cer'vi'cal
cer'vi'ces
cer'vix
cae'sar'e'an
ces'sa'tion
cess'pit
cess'pool
cae'su'ra
cae'su'rae
ce'ta'cean
chafe
chafed
chaff
chaf'finch
chaf'ing
cha'grin
cha'grined
cha'grin'ing
chain
chain-smok'er
chair'man
chair'man'ship
chair'men
chair'per'son
chair'wom'an
chaise longue
chal'et
chal'ice
chalk
chalk'i'er
chalk'i'est
chalky
chal'lenge
chal'lenged
chal'leng'er
chal'leng'ing
chamb'er
cham'ber'lain
cham'ber'maid
cham'bray
cha'me'leon
cham'ois
cham'o'mile
cham'pagne
cham'pi'on
cham'pi'on'ship
chance
chanced
chan'cel'lor
chanc'i'er
chanc'i'est
chanc'ing
chancy
chan'de'lier
chan'dler
change
change'able
changed
change'ful
change'less
change'ling
chang'ing
chan'nel
chan'nel-hop
chan'nelled
chan'nel'ling
chan'nel-surf
chan'teuse
chan'tey
chan'ti'cleer
cha'os
cha'ot'ic
cha'ot'i'cal'ly
chap
chap'ar'ral
cha'peau
chap'el
chap'er'on
chap'er'one
chap'er'oned
chap'er'on'ing
chap'lain
chapped
chap'ping
chap'ter
char
char'a'banc
char'ac'ter
char'ac'ter'is'tic
char'ac'ter'is'ti'cal'ly
char'ac'ter'iza'tion
char'ac'ter'ize
char'ac'ter'ized
char'ac'ter'iz'ing
cha'rade
char'coal
char'don'nay
charge
charge'able
charged
char'gé d'af'faires
char'ger
char'ging
char-grilled
chari'er
chari'est
char'i'ot
char'i'o'teer
cha'ris'ma
char'is'mat'ic
char'i'ta'ble
char'i'ta'bly
char'i'ties
char'i'ty
char'la'tan
char'lotte
charm
charm'er
charm'ing
charm'ing'ly
char'nel house
charred
char'ring
char'ter
chart'ism
chart'ist
char'treuse
chary
chase
chased
chas'er
chas'ing
chasm
chas'sis
chaste
chas'ten
chaste'ness
chas'tise
chas'tise'ment
chas'tis'ing
chas'ti'ty
chat
cha'teau
cha'teaux
chat'line
chat'ted
chat'tel
chat'ter
chat'ter'box
chat'ter'er
chat'ti'er
chat'ti'est
chat'ti'ly
chat'ti'ness
chat'ting
chat'ty
chauf'feur
chau'vin'ism
chau'vin'ist
chau'vin'is'tic
cheap
cheap'en
cheap'ly

cheap'ness
cheap'skate
cheat
cheat'er
check
check'er'board
check'ers
check'list
check'mate
check'out
check'point
check'room
ched'dar
cheek
cheek'bone
cheek'i'er
cheek'i'est
cheek'i'ness
cheeky
cheep
cheer'ful
cheer'ful'ly
cheer'ful'ness
cheer'i'er
cheer'i'ly
cheer'i'ness
cheer-lead'er
cheer'less
cheery
cheese
cheese'burg'er
cheese'cake
cheese'cloth
cheese'par'ing
chee'tah
chef
chef d'oeu'vre
chem'i'cal
chem'i'cal'ly
che'mise
chem'ist
chem'is'try
che'mo'ther'a'py
che'nille
cheong'sam
cheque
cheque'book
cheque'red
cher'ish
che'root
cher'ries
cher'ry
cher'ub
che'ru'bic
cher'ubs
cher'vil
chess
chess'man
ches'ter'field
chest'i'er
chest'nut
chesty
Chet'nik
chet'rum
che'val glass
chev'ron
chew
chew'er
chew'i'er
chew'i'est
chewy
chez
chi'an'ti
chiar'oscu'ro
chic
chi'cane
chi'ca'nery
Chi'ca'no
chi'chi
chick'a'dee
chick'en
chick'en'pox
chick-pen
chick'weed
chi'cle
chic'o'ry
chide
chid'ed
chid'ing
chief
chief'ly
chief'tain
chif'fon
chif'fo'nier
chig'ger
chi'gnon
chil'blain
child
child'bear'ing
child'birth
child'hood
child'ish
child'ish'ly
child'ish'ness
child'less
child'like
child'proof
chil'dren
chill
chil'li
chill'i'er
chil'li'est
chill'i'ness
chill'ing
chilly
chi'mae'ra
chime
chi'me'ra
chim'ing
chim'ney
chim'pan'zee
chin
chi'na
chin'chil'la
Chi'nese
chink
chinned
chin'ning
chi'nos
chintz
chintzy
chin'wag
chip
chip'board
chip'munk
chipped
chip'per
chip'ping
chi'rog'ra'pher
chi'rog'ra'phy
chi'ro'man'cy
chi'rop'o'dist
chi'rop'o'dy
chi'ro'prac'tic
chi'ro'prac'tor
chirp
chirp'i'er
chirp'i'est
chirpy
chis'el
chis'elled
chis'el'ler
chis'el'ling
chit
chit'chat
chit'ter'lings
chiv'al'ric
chiv'al'rous
chiv'al'rous'ly
chiv'al'ry
chive
chiv'ied
chiv'vied
chiv'vy
chiv'vy'ing
chivy
chiv'y'ing
chlo'ride
chlo'ri'nate
chlo'ri'nat'ed
chlo'ri'nat'ing
chlo'ri'na'tion
chlo'rine
chlo'ro'fluoro'car'bon
chlo'ro'form
chlo'ro'phyll
chock-a-block
chock'full
choc'a'hol'ic
choc'o'hol'ic

choc'o'late
choice
choice'ness
choir'boy
choke
choked
chok'er
chok'ing
cho'ler
chol'era
cho'ler'ic
cho'les'ter'ol
chon
choose
choos'i'er
choos'i'est
choos'ing
choosy
chop
chopped
chop'per
chop'pi'er
chop'pi'est
chop'pi'ness
chop'ping
chop'py
chop'stick
chop su'ey
cho'ral
cho'rale
cho'ral'ly
chord
chore
cho'rea
cho'reo'graph
cho're'og'ra'pher
cho'reo'graph'ic
cho're'og'ra'phy
cho'ris'ter
chor'tle
chor'tled
chor'tling
cho'rus
cho'rus'es
cho'rus'ing
chose
cho'sen
chow
chow'der
chow mein
chris'ten
Chris'ten'dom
chris'ten'ing
Chris'tian
Chris'tian'i'ty
Chris'tian'ize
Chris'tian'ized
Christ'like
Christ'mas
Christ'mas'sy
Christ'mas'tide
chro'mat'ic
chro'mat'i'cal'ly
chro'mat'ics
chro'ma'tog'ra'phy
chrome
chro'mi'um
chro'mo'litho'graph
chro'mo'some
chron'ic
chron'i'cal'ly
chron'i'cle
chron'i'cled
chron'i'cler
chron'i'cling
chro'nol'o'ger
chro'no'log'i'cal
chro'no'log'i'cal'ly
chro'nol'o'gies
chro'nol'o'gy
chro'nom'e'ter
chry'sal'i'des
chrys'a'lis
chry'san'the'mum
chub'bi'er
chub'bi'est
chub'bi'ness
chub'by
chuck'full
chuck'le
chuck'ling
chukka
chum'my
chunk
chunk'i'er
chunk'i'est
chunky
church
church'go'er
church'li'ness
church'man
church'war'den
church'yard
chur'lish
chur'lish'ness
churn
churn'ing
chute
chut'ney
ciao
ci'ca'da
ci'ca'tri'ces
ci'ca'trix
ci'ce'ro'ne
ci'der
ci'gar
cig'a'rette
cil'ia
cil'i'ary
cel'i'ate
cil'i'um
cinch
cin'cho'na
cinc'ture
cin'der
cin'e'ma
cin'e'mat'o'graph
cin'e'ma'tog'ra'pher
cin'e'ma'tog'ra'phy
ci'né'ma vé'ri'té
cin'er'ar'i'um
cin'na'bar
cin'na'mon
ci'pher
cir'ca
cir'cle
cir'cled
cir'clet
cir'cling
cir'cuit
cir'cu'itous
cir'cuit'ry
cir'cu'lar
cir'cu'lar'iza'tion
cir'cu'lar'ize
cir'cu'lar'iz'ing
cir'cu'late
cir'cu'lat'ed
cir'cu'lat'ing
cir'cu'la'tion
cir'cu'la'tive
cir'cu'la'to'ry
cir'cum'am'bi'ent
cir'cum'cise
cir'cum'cised
cir'cum'cis'ing
cir'cum'ci'sion
cir'cum'fer'ence
cir'cum'flex
cir'cum'flu'ent
cir'cum'fuse
cir'cum'lo'cu'tion
cir'cum'loc'u'to'ry
cir'cum'nav'i'gate
cir'cum'nav'i'ga'tion
cir'cum'scribe
cir'cum'scrip'tion
cir'cum'spect
cir'cum'spec'tion
cir'cum'spect'ly
cir'cum'stance
cir'cum'stan'tial
cir'cum'stan'ti'ate
cir'cum'stan'ti'a'tion
cir'cum'vent
cir'cum'ven'tion
cir'cus
cir'cus'es
cir'rho'sis
cir'rus

cis'al'pine
cis'soid
cis'tern
cit'a'del
ci'ta'tion
cite
cit'ed
cit'ies
cit'ing
cit'i'zen
cit'i'zen'ries
cit'i'zen'ry
cit'i'zen'ship
cit're'ous
ci'tric acid
cit'ron
cit'ro'nel'la
cit'rus
city
civ'et
civ'ic
civ'ics
civ'il
ci'vil'ian
ci'vil'i'ties
ci'vil'i'ty
civ'i'li'za'tion
civ'i'lize
civ'i'lized
civ'i'liz'ing
civ'il'ly
clad
cla'dis'tics
claim
claim'able
claim'ant
clair'voy'ance
clair'voy'ant
clam
clam'bake
clam'ber
clammed
clam'mi'er
clam'mi'est
clam'mi'ness
clam'ming
clam'my
clam'our
clam'or'ous
clamp
clamp'er
clan
clan'des'tine
clang
clan'gour
clan'gour'ous
clank
clan'nish
clans'man
clap
clap'board
clapped
clap'per
clap'ping
clap-trap
claque
clar'et
clar'i'fi'ca'tion
clar'i'fied
clar'i'fy
clar'i'fy'ing
clar'i'net
clar'i'net'tist
clar'i'on
clar'i'ty
clash
clasp
clasp-knife
class
clas'sic
clas'si'cal
clas'si'cal'ly
clas'si'cism
clas'si'cist
class'i'er
clas'si'est
clas'si'fi'ca'tion
clas'si'fied
clas'si'fy
clas'si'fy'ing
clas'sist
class'less
class'mate
class-room
classy
clat'ter
claus'al
clause
claus'tro'pho'bia
claus'tro'pho'bic
clav'i'chord
clav'i'cle
claw
claw'back
clay
clay'ey
clean
clean-cut
clean'er
clean'li'ness
clean'ly
clean'ness
cleanse
cleansed
cleans'er
cleans'ing
clear
clear'ance
clear-cut
clear'ing
clear'ly
clear'ness
clear-sight'ed
cleat
cleav'age
cleave
cleaved
cleav'er
cleav'ing
clef
cleft
cle'ma'tis
clem'en'cy
clem'ent
clench
clere'sto'ries
clere'sto'ry
cler'gies
cler'gy
cler'gy'man
cler'ic
cler'i'cal
cler'i'cal'ism
clerk
clev'er
clev'er'ly
clev'er'ness
clev'is
clew
cli'ché
click
cli'ent
cli'en'tele
cliff
cliff-hang'er
cli'mac'ter'ic
cli'mac'tic
cli'mate
cli'ma'tic
cli'mat'i'cal
cli'max
climb
climb'er
clime
clinch
clinch'er
cling
cling'ing
clin'ic
clin'i'cal
clin'i'cal'ly
cli'ni'cian
clink
clink'er
clink'er-built
clin'quant
clip
clip'board
clipped
clip'per

clip'ping
clique
cliqu'ish
cli'to'ris
clo'aca
clo'acae
cloak
cloak'room
clob'ber
clock
clock'wise
clock'work
clod
clod'dish
clod'hop'per
clog
clogged
clog'ging
cloi'son'né
clois'ter
clois'tered
clois'tral
clone
cloned
clon'ing
close
closed
close'ly
close'ness
clos'est
clos'et
clos'et'ed
clos'et'ing
close-up
clos'ing
clo'sure
clot
cloth
clothe
clothed
clothes'horse
clothes'pin
cloth'ier
cloth'ing
clot'ted
clot'ting
clo'ture
cloud
cloud'burst
cloud'ed
cloud'i'er
cloud'i'est
cloud'i'ness
cloud'less
cloudy
clout
clove
clo'ven
clo'ver
clown
clown'ish
cloy
cloy'ing'ly
club
club'able
club'ba'ble
clubbed
club'bing
club'foot
club'house
cluck
clue
clump
clum'si'er
clum'si'est
clum'si'ly
clum'si'ness
clum'sy
clung
clus'ter
clutch
clut'ter
coach
coach'man
co'ag'u'late
co'ag'u'lat'ed
co'ag'u'lat'ing
co'ag'u'la'tion
coal
coa'lesce
co'alesced
co'ales'cence
co'ales'cent
co'alesc'ing
coal'field
co'ali'tion
coarse
coarse'ly
coars'en
coarse'ness
coast
coast'al
coast'er
coast'guard
coast'line
coat
coat dress
co'ati-mun'di
coat'ing
coat'tail
co-au'thor
coax
co'ax'i'al
coax'ing'ly
co'balt
cob'ble
cob'bler
cob'ble'stone
cob'nut
CO'BOL
co'bra
cob'web
co'ca
co'caine
coc'cyx
co'chi'neal
cock
cock'ade
cock-a-hoop
cock-a-leek'ie
cock'a'too
cock'a'trice
cock'crow
cock'er'el
cock'er spaniel
cock'eye
cock'eyed
cock'fight
cock'fight'ing
cock'i'er
cock'i'est
cock'i'ly
cock'i'ness
cock'le
cock'le'bur
cock'le'shell
cock'ney
cock'pit
cock'roach
cocks'comb
cock'sure
cock'tail
cock'up
cocky
co'coa
co'co'nut
co'coon
co'cooned
co'coon'ing
cod'dle
cod'dled
cod'dling
code
cod'ed
co'deine
co'dex
cod'fish
cod'ger
co'di'ces
cod'i'cil
cod'i'fi'ca'tion
cod'i'fied
cod'i'fy
cod'i'fy'ing
cod'ing
co'ed'u'ca'tion
co'ed'u'ca'tion'al
co'ef'fi'cient
co'equal
co'erce

co'erced
co'erc'ing
co'er'cion
co'er'cive
co'ex'ist
co'ex'ist'ence
co'ex'tend
cof'fee
cof'fer
cof'fin
co'gen'cy
co'gent
co'gent'ly
cog'i'tate
cog'i'tat'ed
cog'i'tat'ing
cog'i'ta'tive
co'gnac
cog'nate
cog'na'tion
cog'ni'tion
cog'ni'tive
cog'ni'zance
cog'ni'zant
co'hab'it
co'hab'i'ta'tion
co'here
co'hered
co'her'ence
co'her'en'cy
co'her'ent
co'her'ent'ly
co'her'ing
co'he'sion
co'he'sive
co'he'sive'ness
co'hort
coif
coif'feur
coif'fure
coil
coin
coin'age
co'in'cide
co'in'cid'ed
co'in'ci'dence
co'in'ci'dent
co'in'ci'den'tal
co'in'ci'den'tal'ly
co'in'cid'ing
coi'tion
coi'tus
coke
co'la
col'an'der
cold
cold-blood'ed
cold'ly
cold'ness
cole'slaw
col'ic
col'icky
col'i'se'um
co'li'tis
col'lab'o'rate
col'lab'o'rat'ed
col'lab'o'rat'ing
col'lab'o'ra'tion
col'lab'o'ra'tor
col'lage
col'lapse
col'lapsed
col'laps'ible
col'laps'ing
col'lar
col'lar'bone
col'late
col'lat'ed
col'lat'er'al
col'lat'ing
col'la'tion
col'league
col'lect
col'lect'able
col'lect'ed
col'lect'ible
col'lec'tion
col'lec'tive
col'lec'tive'ly
col'lec'ti'vism
col'lec'ti'vist
col'lec'tiv'i'ty
col'lec'tiv'iza'tion
col'lec'tiv'ize
col'lec'tor
col'leen
col'lege
col'le'gian
col'le'giate
col'lide
col'lid'ed
col'lid'ing
col'lie
col'lier'ies
col'liery
col'li'mate
col'lin'ear
col'li'sion
col'lo'cate
col'lo'ca'tion
col'loid
col'lo'qui'al
col'lo'qui'al'ism
col'lo'qui'al'ly
col'lo'quy
col'lude
col'lu'sion
col'lu'sive
co'logne
co'lon
col'o'nel
co'lo'nial
co'lo'nial'ism
co'lo'nial'ist
col'o'nies
col'o'nist
col'o'ni'za'tion
col'o'nize
col'o'niz'ing
col'on'nade
col'o'ny
col'our
col'or'ation
col'or'a'tu'ra
col'our-blind
col'oured
col'our'fast
col'our'ful
col'our'ing
col'our'ist
col'our'ize
col'our'ized
col'our'iz'ing
col'our'less
co'los'sal
co'los'sus
co'los'to'mies
co'los'to'my
colt
colt'ish
Co'lum'bi'an
col'um'bine
co'lum'bi'um
col'umn
co'lum'nar
col'um'nist
co'ma
co'ma'tose
comb
com'bat
com'bat'ant
com'bat'ed
com'bat'ing
com'bat'ive
comb'er
com'bi'na'tion
com'bi'na'tive
com'bin'a'tor'ial
com'bine
com'bined
com'bin'ing
com'bus'ti'ble
com'bus'tion
com'bus'tive
come
come'back
co'me'di'an
co'me'di'enne
com'e'dies
com'e'dy

come'li'ness
come'ly
co'mes'ti'ble
com'et
come'up'pance
com'fort
com'fort'able
com'fort'ably
com'fort'er
com'fort'less
com'ic
com'i'cal
com'i'cal'ly
com'ing
com'i'ty
com'ma
com'mand
com'man'dant
com'man'deer
com'mand'er
com'mand'ment
com'man'do
com'man'dos
com'mem'o'rate
com'mem'o'rat'ed
com'mem'o'rat'ing
com'mem'o'ra'tion
com'mem'o'ra'tive
com'mence
com'mence'ment
com'menc'ing
com'mend
com'mend'able
com'mend'ably
com'men'da'tion
com'men'su'rate
com'men'su'ra'tion
com'ment
com'men'tar'ies
com'men'tary
com'men'tate
com'men'tat'ed
com'men'tat'ing
com'men'ta'tor
com'merce
com'mer'cial
com'mer'cial'ism
com'mer'cial'ize
com'mer'cial'ly
com'min'gle
com'min'gled
com'min'gling
com'mis'er'ate
com'mis'er'at'ed
com'mis'er'at'ing
com'mis'er'a'tion
com'mis'sar
com'mis'sar'i'at
com'mis'sar'ies
com'mis'sary
com'mis'sion
com'mis'sioned
com'mis'sion'er
com'mit
com'mit'ment
com'mit'tal
com'mit'ted
com'mit'tee
com'mit'ting
com'mode
com'mo'di'ous
com'mod'i'ties
com'mod'i'ty
com'mo'dore
com'mon
com'mon'al'ty
com'mon'er
com'mon'ly
com'mon'place
com'mons
com'mon'weal
com'mon'wealth
com'mo'tion
com'mu'nal
com'mune
com'muned
com'mu'ni'ca'ble
com'mu'ni'cant
com'mu'ni'cate
com'mu'ni'cat'ed
com'mu'ni'cat'ing
com'mu'ni'ca'tion
com'mu'ni'ca'tive
com'mun'ing
com'mun'ion
com'mu'ni'qué
com'mun'ism
com'mun'ist
com'mu'nis'tic
com'mu'ni'ties
com'mu'ni'ty
com'mu'nize
com'mu'niz'ing
com'mut'able
com'mu'ta'tion
com'mute
com'mut'ed
com'mu'ter
com'mut'ing
com'pact
com'pact'ly
com'pact'ness
com'pac'tor
com'pand
com'pand'er
com'pa'nies
com'pan'ion
com'pan'ion'able
com'pan'ion'ship
com'pan'ion'way
com'pa'ny
com'pa'ra'bil'ity
com'pa'ra'ble
com'pa'ra'bly
com'par'a'tive
com'par'a'tive'ly
com'pare
com'pared
com'par'ing
com'par'i'son
com'part'ment
com'part'men'tal'ize
com'part'ment'ed
com'pass
com'pas'sion
com'pas'sion'ate
com'pat'i'bil'i'ty
com'pat'i'ble
com'pat'i'bly
com'pa'tri'ot
com'peer
com'pel
com'pelled
com'pel'ling
com'pen'dia
com'pen'di'um
compendiums
com'pen'sate
com'pen'sat'ing
com'pen'sa'tion
com'pen'sa'tive
com'pen'sa'to'ry
com'pete
com'pet'ed
com'pe'tence
com'pe'ten'cy
com'pe'tent
com'pe'tent'ly
com'pet'ing
com'pe'ti'tion
com'pet'i'tive
com'pet'i'tor
com'pi'la'tion
com'pile
com'piled
com'pil'er
com'pil'ing
com'pla'cence
com'pla'cen'cy
com'pla'cent
com'pla'cent'ly
com'plain
com'plain'ant
com'plaint
com'plai'sance
com'plai'sant
com'plai'sant'ly
com'ple'ment
com'ple'men'ta'ry
com'plete

com'plet'ed
com'plete'ly
com'plete'ness
com'plet'ing
com'ple'tion
com'plex
com'plex'ion
com'plex'i'ties
com'plex'i'ty
com'pli'ance
com'pli'an'cy
com'pli'ant
com'pli'cate
com'pli'cat'ed
com'pli'cat'ing
com'pli'ca'tion
com'plic'i'ties
com'plic'i'ty
com'plied
com'pli'ment
com'pli'men'ta'ri'ly
com'pli'men'ta'ry
com'ply
com'ply'ing
com'po'nent
com'port
com'port'ment
com'pose
com'posed
com'pos'er
com'pos'ing
com'pos'ite
com'po'si'tion
com'pos'i'tor
com'pos men'tis
com'post
com'po'sure
com'pote
com'pound
com'pre'hend
com'pre'hen'si'bil'i'ty
com'pre'hen'si'ble
com'pre'hen'si'bly
com'pre'hen'sion
com'pre'hen'sive
com'press
com'press'ible
com'press'ing
com'pres'sion
com'pres'sor
com'prise
com'prised
com'pris'ing
com'pro'mise
com'pro'mised
com'pro'mis'ing
comp'trol'ler
com'pul'sion
com'pul'sive
com'pul'sive'ly
com'pul'so'ry
com'punc'tion
com'pu'ta'tion
com'pute
com'put'ed
com'put'er
com'put'er'a'cy
com'put'er'ate
com'put'er'ese
com'put'er'ize
com'put'er'iz'ing
com'put'ing
com'rade
con
con'cat'e'na'tion
con'cave
con'cav'i'ties
con'cav'i'ty
con'ceal
con'ceal'ment
con'cede
con'ced'ed
con'ced'ing
con'ceit
con'ceit'ed
con'ceiv'able
con'ceiv'ably
con'ceive
con'ceived
con'ceiv'ing
con'cen'trate
con'cen'trat'ed
con'cen'trat'ing
con'cen'tra'tion
con'cen'tric
con'cen'tri'cal
con'cept
con'cep'tion
con'cep'tu'al
con'cep'tu'al'iza'tion
con'cep'tu'al'ize
con'cern
con'cerned
con'cern'ment
con'cert
con'cert'ed
con'cer'ti
con'cer'ti'na
con'cer'to
con'ces'sion
con'ces'sion'aire
conch
con'cierge
con'cil'i'ate
con'cil'i'at'ed
con'cil'i'at'ing
con'cil'i'a'tion
con'cil'i'a'to'ry
con'cise
con'cise'ly
con'cise'ness
con'ci'sion
con'clave
con'clude
con'clud'ed
con'clud'ing
con'clu'sion
con'clu'sive
con'clu'sive'ly
con'coct
con'coc'tion
con'com'i'tant
con'cord
con'cord'ance
con'cord'ant
con'cor'dat
con'course
con'crete
con'cret'ed
con'cret'ing
con'cre'tion
con'cu'bine
con'cu'pis'cent
con'cur
con'curred
con'cur'rence
con'cur'rent
con'cur'rent'ly
con'cur'ring
con'cuss
con'cus'sion
con'cus'sive
con'demn
con'dem'na'ble
con'dem'na'tion
con'dem'na'to'ry
con'den'sa'tion
con'dense
con'densed
con'dens'er
con'dens'ing
con'de'scend
con'de'scend'ing
con'de'scen'sion
con'dign
con'di'ment
con'di'tion
con'di'tion'al
con'di'tion'al'ly
con'di'tioned
con'di'tion'er
con'di'tion'ing
con'do
con'dole
con'doled
con'do'lence
con'dol'ing
con'dom
con'do'min'i'um
con'do'na'tion

con'done
con'doned
con'don'ing
con'dor
con'duce
con'duced
con'duc'ing
con'du'cive
con'duct
con'duct'ance
con'duc'tion
con'duc'tive
con'duc'tor
con'duc'tress
con'duit
cone
co'ney
con'fec'tion
con'fec'tion'er
con'fec'tion'ery
con'fed'er'a'cies
con'fed'er'a'cy
con'fed'er'ate
con'fed'er'a'tion
con'fer
con'fer'ence
con'ferred
con'fer'ring
con'fess
con'fessed
con'fes'sion
con'fes'sion'al
con'fes'sor
con'fet'ti
con'fi'dant
con'fi'dante
con'fide
con'fid'ed
con'fi'dence
con'fi'dent
con'fi'den'tial
con'fi'den'ti'al'i'ty
con'fi'den'tial'ly
con'fi'dent'ly
con'fid'ing
con'fig'u'ra'tion
con'fine
con'fined
con'fine'ment
con'fin'ing
con'firm
con'fir'ma'tion
con'fir'ma'tive
con'fir'ma'to'ry
con'firmed
con'fis'cate
con'fis'cat'ed
con'fis'cat'ing
con'fis'ca'tion
con'fis'ca'tor
con'fis'ca'to'ry
con'fla'gra'tion
con'flate
con'flat'ed
con'flat'ing
con'fla'tion
con'flict
con'flict'ing
con'flic'tion
con'flu'ence
con'flu'ent
con'flux
con'form
con'form'able
con'form'ance
con'for'ma'tion
con'form'ist
con'form'i'ty
con'found
con'found'ed
con'front
con'fron'ta'tion
con'fuse
con'fused
con'fused'ly
con'fus'ing
con'fu'sion
con'fu'ta'tion
con'fute
con'fut'ed
con'fut'ing
con'ga
con'geal
con'geal'ment
con'gen'ial
con'ge'ni'al'i'ty
con'gen'ial'ly
con'gen'i'tal
con'gen'i'tal'ly
con'ger eel
con'gest
con'ges'tion
con'ges'tive
con'glom'er'ate
con'glom'er'at'ed
con'glom'er'at'ing
con'glom'er'a'tion
con'grat'u'late
con'grat'u'lat'ed
con'grat'u'lat'ing
con'grat'u'la'tion
con'grat'u'la'to'ry
con'gre'gate
con'gre'gat'ed
con'gre'gat'ing
con'gre'ga'tion
con'gre'ga'tion'al
con'gress
con'gres'sion'al
con'gress'man
con'gress'wom'an
con'gru'ence
con'gru'en'cy
con'gru'ent
con'gru'ent'ly
con'gru'i'ty
con'gru'ous
con'gru'ous'ly
con'gru'ous'ness
con'ic
con'i'cal
co'nies
co'ni'fer
co'nif'er'ous
con'jec'tur'al
con'jec'ture
con'jec'tured
con'jec'tur'ing
con'join
con'joint
con'joint'ly
con'ju'gal
con'ju'gal'ly
con'ju'gate
con'ju'gat'ed
con'ju'gat'ing
con'ju'ga'tion
con'ju'ga'tive
con'junc'tion
con'junc'tive
con'junc'ti'vi'tis
con'jur'a'tion
con'jure
con'jured
con'jur'er
con'jur'ing
con'jur'or
con'nect
con'nec'tion
con'nec'tive
con'nec'tor
conned
con'ning
con'nip'tion
con'niv'ance
con'nive
con'nived
con'niv'ing
con'nois'seur
con'no'ta'tion
con'no'ta'tive
con'note
con'not'ed
con'not'ing
con'nu'bi'al
con'quer
con'quer'able
con'quer'or
con'quest
con'quis'ta'dor

con'san'guin'e'ous
con'san'guin'i'ty
con'science
con'sci'en'tious
con'sci'en'tious'ly
con'scion'able
con'scious
con'scious'ly
con'scious'ness
con'script
con'scrip'tion
con'se'crate
con'se'crat'ed
con'se'crat'ing
con'se'cra'tion
con'se'cra'tor
con'sec'u'tive
con'sec'u'tive'ly
con'sen'sus
con'sent
con'se'quence
con'se'quent
con'se'quen'tial
con'se'quent'ly
con'ser'va'tion
con'ser'va'tion'ist
con'serv'a'tism
con'serv'a'tive
con'ser'va'tive'ly
con'ser'va'toire
con'serv'a'to'ries
con'serv'a'to'ry
con'serve
con'served
con'serv'ing
con'sid'er
con'sid'er'able
con'sid'er'ably
con'sid'er'ate
con'sid'er'ate'ly
con'sid'er'a'tion
con'sid'er'ing
con'sign
con'sign'er
con'sign'ment
con'sign'or
con'sist
con'sist'ence
con'sist'en'cies
con'sist'en'cy
con'sist'ent
con'sist'ent'ly
con'sis'to'ry
con'sol'able
con'so'la'tion
con'sol'a'to'ry
con'sole
con'soled
con'sol'i'date
con'sol'i'dat'ed
con'sol'i'dat'ing
con'sol'i'da'tion
con'sol'ing
con'sols
con'som'mé
con'so'nant
con'sort
con'sor'tia
con'sor'ti'um
con'spic'u'ous
con'spic'u'ous'ly
con'spir'a'cies
con'spir'a'cy
con'spir'a'tor
con'spir'a'to'ri'al
con'spire
con'spired
con'spir'er
con'spir'ing
con'sta'ble
con'stab'u'lar'ies
con'stab'u'lary
con'stan'cy
con'stant
con'stant'ly
con'stel'la'tion
con'ster'na'tion
con'sti'pate
con'sti'pa'tion
con'stit'u'en'cies
con'stit'u'en'cy
con'stit'u'ent
con'sti'tute
con'sti'tu'tion
con'sti'tu'tion'al
con'sti'tu'tion'al'ism
con'sti'tu'tion'al'i'ty
con'sti'tu'tion'al'ly
con'strain
con'strained
con'straint
con'strict
con'stric'tion
con'stric'tive
con'stric'tor
con'stru'able
con'struct
con'struc'tion
con'struc'tive
con'struc'tive'ly
con'struc'tor
con'strue
con'strued
con'stru'ing
con'sul
con'su'lar
con'su'late
con'sul'ship
con'sult
con'sul'tan'cies
con'sul'tan'cy
con'sult'ant
con'sul'ta'tion
con'sul'ta'tive
con'sum'able
con'sume
con'sumed
con'sum'er
con'sum'er'ism
con'sum'ing
con'sum'mate
con'sum'mat'ed
con'sum'mat'ing
con'sum'ma'tion
con'sump'tion
con'sump'tive
con'tact
con'ta'gion
con'ta'gious
con'ta'gious'ness
con'tain
con'tain'er
con'tain'er'ize
con'tain'er'ized
con'tain'er'iz'ing
con'tain'ment
con'tam'i'nant
con'tam'i'nate
con'tam'i'nat'ed
con'tam'i'nat'ing
con'tam'i'na'tion
con'tem'plate
con'tem'plat'ed
con'tem'plat'ing
con'tem'pla'tion
con'tem'pla'tive
con'tem'pla'tive'ly
con'tem'po'ra'ne'ous
con'tem'po'rar'ies
con'tem'po'rary
con'tempt
con'tempt'ible
con'tempt'ibly
con'temp'tu'ous
con'temp'tu'ous'ly
con'tend
con'tend'er
con'tent
con'tent'ed
con'tent'ed'ly
con'tent'ed'ness
con'ten'tion
con'ten'tious
con'tent'ment
con'ter'mi'nous
con'test
con'test'able
con'test'ant
con'text
con'tex'tu'al

con'tex'ture
con'ti'gu'ities
con'ti'gu'ity
con'tig'u'ous
con'tig'u'ous'ly
con'ti'nence
con'ti'nen'cy
con'ti'nent
con'ti'nen'tal
con'tin'gen'cies
con'tin'gen'cy
con'tin'gent
con'tin'u'al
con'tin'u'al'ly
con'tin'u'ance
con'tin'u'a'tion
con'tin'ue
con'tin'ued
con'tin'u'ing
con'ti'nu'i'ty
con'tin'u'ous
con'tin'u'ous'ly
con'tin'u'um
con'tort
con'tor'tion
con'tor'tion'ist
con'tour
con'tra
con'tra'band
con'tra'bass
con'tra'cep'tion
con'tra'cep'tive
con'tract
con'tract'ed
con'trac'tile
con'trac'tion
con'trac'tive
con'trac'tor
con'trac'tu'al
con'tra'dict
con'tra'dic'tion
con'tra'dic'to'ry
con'tra'dis'tinc'tion
con'tra'flow
con'tral'to
con'trap'tion
con'tra'pun'tal
con'tra'ri'ly
con'tra'ri'ness
con'tra'ri'wise
con'tra'ry
con'trast
con'trast'ing'ly
con'tra'vene
con'tra'ven'ing
con'tra'ven'tion
con'tre'temps
con'trib'ut'able
con'trib'ute
con'trib'ut'ed
con'trib'ut'ing
con'tri'bu'tion
con'trib'u'tor
con'trib'u'tory
con'trite
con'trite'ly
con'trite'ness
con'tri'tion
con'triv'ance
con'trive
con'trived
con'triv'ing
con'trol
con'trol'la'ble
con'trolled
con'trol'ler
con'trol'ling
con'tro'ver'sial
con'tro'ver'sies
con'tro'ver'sy
con'tro'vert
con'tu'ma'cy
con'tu'me'ly
con'tuse
con'tused
con'tus'ing
con'tu'sion
co'nun'drum
con'ur'ba'tion
con'va'lesce
con'va'lesced
con'va'les'cence
con'va'les'cent
con'vec'tion
con'vec'tor
con'vene
con'vened
con'ven'er
con'ven'ience
con'ven'ient
con've'nient'ly
con'ven'ing
con've'nor
con'vent
con'ven'tion
con'ven'tion'al
con'ven'tion'al'ism
con'ven'tion'al'i'ty
con'ven'tion'al'ize
con'ven'tion'al'ly
con'verge
con'ver'gence
con'ver'gent
con'verg'ing
con'ver'sant
con'ver'sa'tion
con'ver'sa'tion'al
con'ver'sa'tion'a'list
con'verse
con'versed
con'verse'ly
con'vers'ing
con'ver'sion
con'vert
con'vert'er
con'vert'ibil'ity
con'vert'ible
con'ver'tor
con'vex
con'vex'i'ty
con'vey
con'vey'able
con'vey'ance
con'vey'anc'ing
con'vey'er
con'vey'or
con'vict
con'vic'tion
con'vince
con'vinced
con'vinc'i'ble
con'vinc'ing
con'vinc'ing'ly
con'viv'i'al
con'viv'i'al'ity
con'vo'cation
con'voke
con'voked
con'vok'ing
con'vo'lute
con'vo'lut'ed
con'vo'lute'ly
con'vo'lut'ing
con'vo'lu'tion
con'voy
con'vulse
con'vulsed
con'vuls'ing
con'vul'sion
con'vul'sive
con'vul'sive'ly
co'ny
cook
cook-chill
cook'er
cook'e'ry
cook'ie
cook'ing
Cook's tour
cool
cool'ant
cool'er
cool'ish
cool'ly
cool'ness
coop
coop'er'age
co'op'er'ate
co'op'er'at'ed
co'op'er'at'ing

co-op'er'a'tion
co-op'er'a'tive
co opt
co'or'di'nate
co'or'di'nat'ed
co'or'di'nat'ing
co'or'di'na'tion
co'or'di'na'tor
cop
co'part'ner
cope
coped
cop'ied
cop'i'er
cop'ies
co'pi'lot
cop'ing
co'pi'ous
co'pi'ous'ly
cop-out
cop'per
cop'per'plate
cop'pery
cop'pice
cop'ra
copse
cop'u'la
cop'u'late
cop'u'lat'ed
cop'u'lat'ing
cop'u'la'tion
oop'u'la'tive
copy
copy'book
copy'ing
copy'right
copy'writ'er
co'quet
co'quet'ry
co'quette
co'quett'ish
cor'a'cle
cor'al
cord'age
cor'dial
cor'dial'i'ty
cor'dial'ly
cord'ite
cord'less
cor'do'ba
cor'don
cor'do'van
cor'du'roy
core
cored
cor'gi
co'ri'an'der
cor'ing
cork'screw
cor'mo'rant
corn
corn'cob
cor'nea
cor'ne'al
cor'ner
cor'ner'back
cor'ner'stone
cor'net
corn'field
corn'flakes
corn'flow'er
cor'nice
corn'i'er
corn'i'est
corn'meal
corn' starch
cor'nu'co'pia
corny
co'rol'la
cor'ol'lar'ies
cor'ol'lary
co'ro'na
cor'o'nar'ies
cor'o'nary
cor'o'na'tion
cor'o'ner
cor'o'net
cor'po'ra
cor'po'ral
cor'po'rate
cor'po'rate'ly
cor'po'ra'tion
cor'po'rat'ism
cor'po'ra'tive
cor'po're'al
corps
corps de bal'let
corpse
cor'pu'lence
cor'pu'lent
cor'pus
cor'pus'cle
cor'pus'cu'lar
cor'ral
cor'ralled
cor'ral'ling
cor'rect
cor'rect'able
cor'rec'tion
cor'rec'tion'al
cor'rec'tive
cor'rect'ly
cor'rect'ness
cor're'late
cor're'lat'ed
cor're'lat'ing
cor're'la'tion
cor'rel'a'tive
cor're'spond
cor're'spond'ence
cor're'spond'ent
cor're'spond'ing
cor'ro'spond'ing'ly
cor'ri'dor
cor'ri'gen'da
cor'ri'gen'dum
cor'ri'gi'bil'i'ty
cor'ri'gi'ble
cor'rob'o'rate
cor'rob'o'rat'ed
cor'rob'o'rat'ing
cor'rob'o'ra'tion
cor'rob'o'ra'tive
cor'rob'o'ra'to'ry
cor'rode
cor'rod'ed
cor'rod'ing
cor'ro'sion
cor'ro'sive
cor'ru'gate
cor'ru'gat'ed
cor'ru'gat'ing
cor'ru'ga'tion
cor'rupt
cor'rupt'ibil'i'ty
cor'rupt'ible
cor'rup'tion
cor'rupt'ly
cor'rupt'ness
cor'sage
cor'sair
cor'set
cor'tege
cor'tex
cor'ti'cal
cor'ti'ces
cor'ti'sone
co'run'dum
cor'us'cate
cor'vette
cos
co'se'cant
co'si'er
co'sig'na'to'ry
co'si'ly
co'sine
co'si'ness
cos'met'ic
cos'met'i'cal'ly
cos'me'tol'o'gist
cos'mic
cos'mi'cal'ly
cos'mog'o'nist
cos'mog'o'ny
cos'mog'ra'pher
cos'mog'ra'phics
cos'mog'ra'phy
cos'mol'o'gist
cos'mol'o'gy
cos'mo'naut

cos'mo'pol'i'tan
cos'mop'o'lite
cos'mos
cos'mo'tron
cos'set
co-star
co-starred
co-star'ring
cos'tive
cost'li'er
cost'ly
cos'tume
cos'tumed
cos'tum'er
cos'tum'ing
co'sy
cot
co'tan'gent
cote
co'te'rie
co'til'lion
cot'tage
cot'ter
cot'ton
cot'ton'tail
cot'ton'wood
cot'tony
couch
couch'ant
couch'grass
cou'gar
cough
cou'lee
cou'lis
cou'lisse
cou'loir
cou'lomb
cou'ma
coun'cil
coun'cil'lor
coun'sel
coun'selled
coun'sel'ling
coun'sel'lor
count
count'able
count'down
coun'te'nance
coun'te'nanced
coun'te'nanc'ing
count'er
coun'ter'act
coun'ter'ac'tive
coun'ter'at'tack
coun'ter'bal'ance
coun'ter'charge
coun'ter'claim
coun'ter'claim'ant
coun'ter'clock'wise
coun'ter'cul'ture
coun'ter'es'pi'o'nage
coun'ter'feit
coun'ter'feit'er
coun'ter'foil
coun'ter'in'tel'li'gence
coun'ter'ir'ri'tant
coun'ter'mand
coun'ter'meas'ure
coun'ter'of'fen'sive
coun'ter'pane
coun'ter'part
coun'ter'point
coun'ter'poise
coun'ter'proof
coun'ter'pro'pos'al
coun'ter'sign
coun'ter'sig'na'ture
coun'ter'sink
coun'ter'spy
coun'ter'ten'or
coun'ter'trade
coun'ter'vail
coun'ter'vail'ing
coun'ter'weigh
coun'ter'weight
coun'ter'word
coun'ter'work
coun'tess
coun'ties
count'less
coun'tries
coun'tri'fied
coun'try
coun'try'fied
coun'try'man
coun'try'side
coun'try'wom'an
coun'ty
coup
coup de grâce
coup d'é'tat
coupé
cou'ple
coup'ler
coup'let
coup'ling
cou'pon
cour'age
cou'ra'geous
cou'ra'geous'ly
cour'i'er
course
coursed
cours'er
cours'ing
cour'te'ous
cour'te'ous'ly
cour'te'sies
cour'te'sy
court'house
cour'ti'er
court'li'ness
court'ly
court-mar'tial
court'room
court'ship
court'yard
cous'cous
cous'in
cou'ture
cou'tu'rier
cov'e'nant
cov'er
cov'er'age
cov'er'all
cov'ered
cov'er'ing
cov'er'less
cov'er'let
cov'er'mount
cov'ert
cov'ert'ly
cov'er-up
cov'et
cov'et'ous
cov'et'ous'ly
cov'et'ous'ness
cov'ey
cow'ard
cow'ard'ice
cow'ard'li'ness
cow'ard'ly
cow'boy
cow'er
cow'er'ing
cow'hand
cowl
co-work'er
cow'pox
cow'rie
cow'ry
cow'slip
cox'comb
cox'swain
coy
coy'ly
coy'ness
coy'o'te
coy'pu
coz'en
coz'en'er
crab
crabbed
crab'bing
crab'by
crack'down
crack'er
crack'er'jack
crack'ing
crack'le

crack'led
crack'ling
crack-up
cra'dle
cra'dled
cra'dling
craft'i'er
craft'i'est
craft'i'ly
crafts'man
crafts'man'ship
crafty
crag
crag'ged
crag'gi'ness
crag'gy
cram
crammed
cram'ming
cram'pon
cran'ber'ries
cran'ber'ry
crane
craned
crane'fly
crania
cran'ing
cra'ni'um
crank'case
crank'i'er
crank'i'est
crank'i'ly
crank'i'ness
crank'shaft
cranky
cran'nied
cran'nies
cran'ny
crash
crash-land
crass
crass'ly
crass'ness
crate
crat'ed
cra'ter
cra'tered
crat'ing
cra'vat
crave
craved
cra'ven
crav'ing
craw
crawl
cray'fish
cray'on
craze
crazed
cra'zi'er
cra'zi'est
cra'zi'ness
craz'ing
cra'zy
creak
creak'i'er
creak'i'est
creak'i'ly
creaky
cream
cream'er'ies
cream'ery
cream'i'er
cream'i'est
cream'i'ness
creamy
crease
creased
creas'ing
creasy
cre'ate
cre'at'ed
cre'at'ing
cre'a'tion
cre'a'tive
cre'ative'ly
cre'a'tiv'i'ty
cre'a'tor
crea'ture
crèche
cred
cre'dence
cre'den'tial
cre'den'za
cred'i'bil'i'ty
cred'i'ble
cred'i'bly
cred'it
cred'it'abil'i'ty
cred'it'able
cred'it'a'bly
cred'i'tor
cre'do
cre'du'li'ty
cred'u'lous
creed
creek
creel
creep
creep'er
creep'i'er
creep'i'est
creep'i'ness
creep'ing
creepy
cre'mate
cre'mat'ed
cre'mat'ing
cre'ma'tion
crem'a'to'ria
cre'ma'to'ri'um
cre'ma'to'ry
crèmo brûlée
crème de la crème
crème de menthe
crème fraîche
cren'el'ate
cren'el'at'ed
cren'el'at'ing
cren'el'la'tion
Cre'ole
cre'o'sote
crepe
crepe de Chine
crep'er'ie
crêpe su'zette
crept
cre'pus'cu'lar
cres'cen'do
cres'cent
cress
crest
crest'ed
crest'fall'en
crest'less
cre'tin
cre'tin'ism
cre'tin'ous
cre'tonne
Creutz'feldt-Jak'ob
cre'vasse
crev'ice
crew
crew'ed
crew'man
crib
crib'bage
cribbed
crib'bing
crick
crick'et
cried
cri'er
cries
crime
crim'i'nal
crim'i'nal'i'ty
crim'i'nal'iza'tion
crim'i'nal'ize
crim'i'nal'ly
crim'i'nol'o'gist
crim'i'nol'o'gy
crimp
crim'son
cringe
cringed
cring'ing
crin'kle
crin'kled
crin'kli'er

crin'kli'est
crin'kling
crin'kly
crin'o'line
crip'ple
crip'pled
crip'pling
cri'ses
cri'sis
crisp
crisp'i'er
crisp'i'est
crisp'ly
crisp'ness
crispy
criss-cross
cri'te'ria
cri'te'ri'on
crit'ic
crit'i'cal
crit'i'cal'ly
crit'i'cism
crit'i'ciz'able
crit'i'cize
crit'i'cized
crit'i'cizing
cri'tique
croak
croak'i'er
croak'i'est
croaky
Cro'at
Cro'a'tian
cro'chet
cro'cheted
cro'chet'ing
crock
crock'ery
croc'o'dile
cro'cus
crois'sant
crone
cro'nies
cro'ny
cro'ny'ism
crook
crook'ed
crook'ed'ly
croon
croon'er
crop
cropped
crop'ping
cro'quet
cro'quette
crore
cross
cross'bar
cross'bones
cross'bow
cross'breed
cross-coun'try
cross-eye
cross-eyed
cross-ex'am'ine
cross'fire
cross'hatch
cross'head
cross'ing
cross-legged
cross'ly
cross'over
cross'patch
cross-pol'li'nate
cross-pol'li'na'tion
cross-ref'er'ence
cross'wind
cross'word
crotch'et'i'ness
crotch'ety
crouch
croup
crou'pi'er
crou'ton
crow
crow'bar
crowd
crown
crow's-feet
cru'ces
cru'cial
cru'ci'al'i'ty
cru'ci'ble
cru'ci'fied
cru'ci'fix
cru'ci'fix'ion
cru'ci'form
cru'ci'fy
cru'ci'fy'ing
crude
crude'ly
crude'ness
crud'est
cru'di'tés
cru'di'ties
cru'di'ty
cru'el
cru'el'ly
cru'el'ness
cru'el'ties
cru'el'ty
cru'et
cruise
cruised
cruis'er
cruis'ing
crul'ler
crumb
crum'ble
crum'blie
crum'bli'er
crum'bli'est
crum'bling
crum'bly
crum'mi'est
crum'my
crum'pet
crum'ple
crum'pled
crum'pling
crunch
crunch'i'er
crunchy
cru'sade
cru'sad'er
crush
crush'er
crush'ing
crust
crus'ta'cean
crust'i'er
crust'i'est
crust'i'ly
crusty
crutch
crux
cru'zei'ro
cry
cry'ing
cryo'bi'olo'gist
cryo'bi'ol'ogy
cryo'gen'ic
cryo'gen'ics
cry'oni'cist
cry'on'ics
crypt
cryp'tic
cryp'ti'cal'ly
cryp'to'gram
cryp'to'graph
crys'tal
crys'tal'line
crys'tal'li'za'tion
crys'tal'lize
cube
cubed
cu'bic
cu'bi'cal
cu'bi'cle
cub'ing
cub'ism
cuck'old
cuck'oo
cu'cum'ber
cud'dle
cud'dled
cud'dle'some
cud'dling
cud'gel
cud'gelled

cud'gel'ling
cue
cued
cue'ing
cui'sine
cul-de-sac
cu'li'nary
cull
cul'mi'nate
cul'mi'nat'ed
cul'mi'nat'ing
cul'mi'na'tion
cu'lottes
cul'pa'bil'i'ty
cul'pa'ble
cul'pa'bly
cul'prit
cult
cul'tist
cul'ti'vate
cul'ti'vat'ed
cul'ti'vat'ing
cul'ti'va'tion
cul'ti'va'tor
cul'tur'al
cul'ture
cul'tured
cul'tur'ing
cul'vert
cum'ber
cum'ber'some
cum'brance
cum'brous
cum'in
cum lau'de
cum'mer'bund
cu'mu'late
cu'mu'la'tion
cu'mu'la'tive
cu'mu'li
cu'mu'lo'nim'bus
cu'mu'lous
cu'mu'lus
cu'ne'i'form
cun'ning
cun'ning'ly
cun'ning'ness
cup
cup'board
cup'ful
cu'pid'i'ty
cu'po'la
cupped
cup'ping
cur
cur'abil'i'ty
cur'able
Cu'ra'çao
cu'ra're
cu'rate
cur'a'tive
cu'ra'tor
curb
curb'ing
curb'stone
curd
cur'dle
cur'dled
cur'dling
cure
cure-all
cured
curet
curette
cur'few
cur'ing
cu'rio
cu'ri'o'sa
cu'ri'os'i'ties
cu'ri'os'i'ty
cu'ri'ous
cu'ri'ous'ly
cu'ri'ous'ness
curl
curl'er
cur'lew
curl'i'cue
curl'i'er
curl'i'est
curl'i'ness
curl'ing
curly
cur'rant
cur'ren'cies
cur'ren'cy
cur'rent
cur'rent'ly
cur'ric'u'la
cur'ric'u'lar
cur'ric'u'lum
cur'ric'u'lum vi'tae
cur'ried
cur'rish
cur'ry
cur'ry'ing
curse
curs'ed
curs'ed'ness
curs'ing
cur'sive
cur'sor
cur'so'ri'ly
cur'so'ry
curt
cur'tail
cur'tail'ment
cur'tain
curt'ly
curt'ness
curt'sied
curt'sies
curt'sy
curt'sy'ing
cur'va'ceous
cur'va'ture
curve
curved
cur'vi'lin'e'ar
curv'ing
cush'i'er
cush'i'est
cush'ion
cushy
cusp
cus'pid
cus'pi'dor
cuss
cuss'ed
cuss'ed'ness
cus'tard
cus'to'di'al
cus'to'di'an
cus'to'dy
cus'tom
cus'tom'ary
cus'tom'er
cus'to'mi'za'tion
cus'tom'ize
cus'tom'ized
cus'tom'iz'ing
cus'toms
cut
cut-and-dried
cu'ta'ne'ous
cut'back
cute
cute'ly
cute'ness
cu'ti'cle
cut'lass
cut'lery
cut'let
cut-off
cut-rate
cut-throat
cut'ting
cut'tle'fish
cy'a'nide
cy'ber'ca'fé
cy'ber'net'ics
cy'ber'pet
cy'ber'pho'bia
cy'ber'punk
cy'ber'space
cy'borg
cy'cla'mate
cy'cla'men
cy'cle
cy'cled
cyc'lic

cy'cli'cal
cy'cling
cyc'list
cy'clone
cy'clo'pe'dia
cy'clo'ra'ma
cy'clo'ram'ic
cy'clo'tron
cyg'net
cyl'in'der
cy'lin'dric
cy'lin'dri'cal
cym'bal
cyn'ic
cyn'i'cal
cyn'i'cal'ly
cyn'i'cism
cy'no'sure
cy'pher
cy'press
cyst
cys'tic
czar
czar'e'vitch
czar'ist
czar'ri'na
Czech

D

dab
dabbed
dab'bing
dab'ble
dab'bled
dab'bler
dab'bling
da ca'po
da'cha
dachs'hund
dac'tyl
dac'tyl'ic
dad'dies
dad'dy
daf'fo'dil
daf'fy
dag'ger
da'guerreo'type
dahl'ia
dai'lies
dain'ti'er
dain'ti'est
dain'ti'ly
dain'ti'ness
dain'ty
dai'qui'ri
dair'ies
dai'ry
dairy'man
da'is
dai'sies
dai'sy
dai'sy'cut'ter
dai'sy'wheel
da'la'si
dal'li'ance
dal'lied
dal'ly
dal'ly'ing
dam
dam'age
dam'aged
dam'ag'ing
dam'ask
dammed
dam'ming
damn
dam'na'ble
dam'na'bly
dam'na'tion
damned
damned'est
damp'en
damp'er
damp'ness
dam'sel
dam'son
dan
dance
danced
danc'ing
dan'de'li'on
dan'der
dan'dies
dan'di'fied
dan'di'fy
dan'di'fy'ing
dan'dle
dan'dled
dan'dling
dan'druff
dan'dy
dan'dy'ism
dan'ger
dan'ger'ous
dan'ger'ous'ly
dan'gle
dan'gled
dan'gling
Dan'ish
dank
dank'ness
dan'seur
dan'seuse
daph'nia
dap'per
dap'ple
dap'pled
dap'pling
dare
dared
dare'dev'il
dare'dev'il'ry
dar'ing
dar'ing'ly
dark
dark'en
dark'ish
dark'ling
dark'ly
dark'ness
dark'room
dar'ling
dar'ling'ness
dash'board
dash'ing
das'tard
das'tard'li'ness
das'tard'ly
da'ta
da'ta'base
dat'able
date
dat'ed
date'less
date'line
date rape
dat'ing
da'tive
da'tum
daub
daugh'ter
daugh'ter-in-law
daunt'less
dau'phin
dau'phine
dav'en'port
dav'it
daw'dle
daw'dled
daw'dler
daw'dling

dawn
dawn'ing
day'break
day'dream
Day-Glo
day'light
day'time
daze
dazed
daz'ed'ly
daz'ing
daz'zle
daz'zled
daz'zling
dea'con
dea'con'ess
de'ac'ti'vate
de'ac'ti'vat'ed
de'ac'ti'va'ting
de'ac'ti'va'tion
dead
dead'beat
dead'en
dead-end
dead-eye
dead'head
dead'li'er
dead'li'est
dead'line
dead'li'ness
dead'lock
dead'ly
dead'pan
dead-weight
dead'wood
deaf
deaf'en
deaf'en'ing
deaf'en'ing'ly
deaf-mute
deaf'ness
deal
deal'er
deal'ing
dealt
dean
dean'er'ies
dean'ery
dean'ship
dear
dear'ly
dear'ness
dearth
death
death'bed
death'blow
death'less
death'ly
de'ba'cle
de'bar
de'bark
de'bar'ka'tion
de'bar'ment
de'barred
de'bar'ring
de'base
de'based
de'base'ment
de'bas'ing
de'bat'able
de'bate
de'bat'ed
de'bat'er
de'bat'ing
de'bauch
de'bauched
de'bau'chee
de'bauch'or
de'bauch'ery
de'bauch'ment
de'ben'ture
de'bil'i'tate
de'bil'i'tat'ed
de'bil'i'tat'ing
de'bil'i'ta'tion
de'bil'i'ties
de'bil'i'ty
deb'it
deb'it'ed
deb'it'ing
deb'o'nair
de'brief
de'bris
debt
debt'or
de'bug
de'bugged
de'bug'ging
de'bunk
de'but
deb'u'tante
de'cade
dec'a'dence
dec'a'dent
dec'a'dent'ly
de'caf'fein'at'ed
dec'a'gon
dec'a'gram
deca'he'dra
dec'a'he'dron
de'cal
de'camp
de'camp'ment
de'cant
de'cant'er
de'cap'i'tate
de'cap'i'tat'ed
de'cap'i'tat'ing
de'cap'i'ta'tion
dec'a'pod
de'cath'lete
de'cath'lon
de'cay
de'cease
de'ceased
de'ce'dent
de'ceit
de'ceit'ful
de'ceit'ful'ly
de'ceit'ful'ness
de'ceive
de'ceived
de'ceiv'er
de'ceiv'ing
de'cel'er'ate
de'cel'er'at'ed
de'cel'er'at'ing
de'cel'er'a'tion
de'cen'cies
de'cen'cy
de'cen'ni'al
de'cent
de'cent'ly
de'cen'tral'iza'tion
de'cen'tral'ize
de'cen'tral'ized
de'cen'tral'iz'ing
de'cep'tion
de'cep'tive
de'cep'tive'ly
dec'i'bel
de'cide
de'cid'ed
de'cid'ed'ly
de'cid'ing
de'cid'u'ous
deci'lit'er
dec'i'mal
dec'i'mal'iza'tion
dec'i'mal'ize
dec'i'mal'ized
dec'i'mal'iz'ing
dec'i'mate
dec'i'mat'ed
dec'i'mat'ing
dec'i'ma'tion
deci'me'tre
de'ci'pher
de'ci'pher'able
de'ci'sion
de'ci'sive
de'ci'sive'ly
de'ci'sive'ness
de'claim
dec'la'ma'tion
de'clam'a'tory
dec'la'ra'tion
de'clar'a'tive
de'clar'a'to'ry
de'clare

de'clared
de'clar'ing
de'clas'si'fied
de'clas'si'fy
de'clas'si'fy'ing
de'clen'sion
de'clin'able
dec'li'na'tion
de'cline
de'clined
de'clin'ing
de'cliv'i'ties
de'cliv'i'tous
de'cliv'i'ty
de'code
de'cod'ed
de'cod'er
de'cod'ing
dé'colle'tage
dé'col'le'té
de'com'mis'sion
de'com'pose
de'com'posed
de'com'pos'ing
de'com'po'si'tion
de'com'press
de'com'pres'sion
de'con'ges'tant
de'con'tam'i'nate
de'con'tam'i'nat'ed
de'con'tam'i'nat'ing
de'con'tam'i'na'tion
de'con'trol
de'con'trolled
de'con'trol'ling
de'cor
dec'o'rate
dec'o'rat'ed
dec'o'rat'ing
dec'o'ra'tion
dec'o'ra'tive
dec'o'ra'tor
dec'o'rous
dec'o'rous'ly
de'co'rum
de'coy
de'crease
de'creased
de'creas'ing
de'creas'ing'ly
de'cree
de'creed
de'cree'ing
de'cre'ment
de'crep'it
de'crep'it'ly
de'crep'i'tude
de'cre'scen'do
de'cri'al
de'cried
de'cry
de'cry'ing
ded'i'cate
ded'i'cat'ed
ded'i'cat'ing
ded'i'ca'tion
ded'i'ca'to'ry
de'duce
de'duc'ible
de'duct
de'duct'ible
de'duc'tion
de'duc'tive
deed
deem
deep
deep'en
deep'ly
deep'ness
deep-root'ed
deep-seat'ed
deer
deer'stalk'er
de-es'ca'late
de-es'ca'lat'ed
de-es'ca'lat'ing
de-es'ca'la'tion
de'face
de'faced
de'face'ment
de'fac'ing
de fac'to
de'fal'cate
de'fal'ca'tion
def'a'ma'tion
de'fam'a'to'ry
de'fame
de'famed
de'fam'ing
de'fault
de'fault'er
de'feat
de'feat'ism
de'feat'ist
def'e'cate
def'e'cat'ed
def'e'cat'ing
def'e'ca'tion
de'fect
de'fec'tion
de'fec'tive
de'fec'tive'ly
de'fec'tor
de'fend
de'fence
de'fence'less
de'fence'less'ness
de'fend'ant
de'fend'er
de'fen'si'bil'i'ty
de'fen'si'ble
de'fen'sive
de'fens'ive'ly
de'fer
def'er'ence
def'er'en'tial
def'er'en'tial'ly
de'fer'ment
de'ferred
de'fer'ring
de'fi'ance
de'fi'ant
de'fi'ant'ly
de'fi'cien'cies
de'fi'cien'cy
de'fi'cient
def'i'cit
de'fied
de'file
de'filed
de'file'ment
de'fil'ing
de'fin'able
de'fine
de'fined
de'fin'ing
def'i'nite
def'i'nite'ly
def'i'ni'tion
de'fin'i'tive
de'fin'i'tive'ly
de'flate
de'flat'ed
de'flat'ing
de'flat'ion
de'fla'tion'ary
de'flect
de'flec'tion
de'flec'tive
de'flec'tor
de'flow'er
de'fo'li'ant
de'fo'li'ate
de'fo'li'at'ed
de'fo'li'at'ing
de'fo'li'a'tion
de'for'est
de'for'est'a'tion
de'form
de'for'ma'tion
de'formed
de'form'i'ties
de'form'i'ty
de'fraud
de'fray
de'fray'al
de'fray'ment
de'frock
de'frost
deft

deft'ly
deft'ness
de'funct
de'fuse
de'fused
de'fus'ing
de'fy
de'fy'ing
de'gauss
de'gear'ing
de'gen'er'a'cy
de'gen'er'ate
de'gen'er'at'ed
de'gen'er'ate'ly
de'gen'er'at'ing
de'gen'er'a'tion
de'gen'er'a'tive
de'grad'able
deg'ra'da'tion
de'grade
de'grad'ed
de'grad'ing
de'gree
de'his'cence
de'his'cent
de'hu'man'iza'tion
de'hu'man'ize
de'hu'man'ized
de'hu'man'iz'ing
de'hu'mid'i'fy
de'hy'drate
de'hy'drat'ed
de'hy'drat'ing
de'hy'dra'tion
de'-ice
de'-ic'er
de'i'fi'ca'tion
de'i'fied
de'i'fy
de'i'fy'ing
deign
de-ion'ize
de-ion'ized
de-ion'iz'ing
de'ism
de'ist
de'is'tic
de'is'ti'cal
de'i'ties
de'i'ty
dé'jà vu
de'ject'ed
de'jec'ted'ly
de'jec'tion
de ju're
de'lay
de'lec'ta'ble
de'lec'ta'bly
de'lec'ta'tion
del'e'gate
del'e'gat'ed
del'e'gat'ing
del'e'ga'tion
de'lete
de'let'ed
del'e'te'ri'ous
de'let'ing
de'le'tion
delft
delft'ware
de'lib'er'ate
de'lib'er'at'ed
de'lib'er'ate'ly
de'lib'er'at'ing
de'lib'er'a'tion
de'lib'er'a'tive
del'i'ca'cies
del'i'ca'cy
del'i'cate
del'i'cate'ly
del'i'ca'tes'sen
de'li'cious
de'li'cious'ly
de'li'cious'ness
de'light
de'light'ed
de'light'ed'ly
de'light'ful
de'light'ful'ly
de'lim'it
de'lim'i'ta'tion
de'lin'e'ate
de'lin'e'at'ed
de'lin'e'at'ing
de'lin'e'a'tion
de'lin'e'a'tor
de'lin'quen'cies
de'lin'quen'cy
de'lin'quent
del'i'quesce
de'lir'i'ous
de'lir'i'ous'ly
de'lir'i'um
de'li'ri'um tre'mens
de'liv'er
de'liv'er'ance
de'liv'er'er
de'liv'er'ies
de'liv'ery
de'louse
de'loused
de'lous'ing
del'phin'i'um
del'ta
del'toid
de'lude
de'lud'ed
de'lud'ing
del'uge
del'uged
del'ug'ing
de'lu'sion
de'lu'sive
de'lu'sive'ly
de'lu'so'ry
de'luxe
delve
delv'ing
de'mag'ne'ti'za'tion
de'mag'ne'tize
de'mag'ne'tized
de'mag'ne'tiz'ing
dem'a'gog'ic
dem'a'gog'i'cal
dem'a'gogue
dem'a'gogu'ery
dem'a'gogy
de'mand
de'mar'cate
de'mar'ca'tion
de'mean
de'mean'our
de'ment'ed
de'men'tia
de'mer'ger
de'mer'it
de'mesne
dem'i'god
dem'i'john
de'mil'i'tar'iza'tion
de'mil'i'ta'rize
demi'mon'daine
demi'monde
de'mise
de'mised
de'mis'ing
dem'i'tasse
demo
de'mo'bi'li'za'tion
de'mo'bi'lize
de'mo'bi'lized
de'mo'bi'liz'ing
de'moc'ra'cies
de'moc'ra'cy
dem'o'crat
dem'o'crat'ic
dem'o'crat'i'cal'ly
de'moc'ra'ti'za'tion
de'moc'ra'tize
de'moc'ra'tized
de'moc'ra'tiz'ing
de'mog'ra'pher
dem'o'graph'ic
de'mog'ra'phy
de'mol'ish
dem'o'li'tion
de'mon
de'mo'ni'ac
de'mo'ni'a'cal
de'mo'ni'a'cal'ly

de'mon'ic
de'mon'ol'o'gy
de'mon'stra'ble
de'mon'stra'bly
dem'on'strate
dem'on'strat'ed
dem'on'strat'ing
dem'on'stra'tion
de'mon'stra'tive
dem'on'strat'or
de'mor'al'iza'tion
de'mor'al'ize
de'mor'al'ized
de'mor'a'liz'ing
de'mote
de'mot'ed
de'mot'ic
de'mot'ing
de'mo'tion
de'mur
de'mure
de'mure'ly
de'mure'ness
de'murred
de'mur'ring
de'mys'ti'fied
de'mys'ti'fy
de'mys'ti'fy'ing
de'na'tion'al'iza'tion
de'na'tion'a'lize
de'na'tion'a'lized
de'na'tion'al'iz'ing
de'nat'u'ral'iza'tion
de'nat'u'ra'lize
de'nat'u'ral'ized
de'nat'u'ral'iz'ing
de'na'zi'fi'ca'tion
de'na'zi'fied
de'na'zi'fy
de'na'zi'fy'ing
den'gue
de'ni'al
de'nied
de'nier
den'i'grate
den'i'grat'ed
den'i'grat'ing
den'i'gra'tion
den'im
den'i'zen
de'nomi'na'tion
de'nomi'na'tion'al
de'nom'i'na'tor
de'no'ta'tion
de'note
de'not'ed
de'not'ing
de'noue'ment
de'nounce
de'nounced
de'nounc'ing
dense
dense'ly
den'si'ties
den'si'ty
den'ti'frice
den'tin
den'tine
den'tist'ry
den'ture
de'nude
de'nud'ed
de'nud'ing
de'nun'ci'a'tion
de'nun'ci'a'tion
de'ny
de'ny'ing
de'odor'ant,
de'odor'ize
de'odor'ized
de'odor'iz'ing
de'ox'i'dize
de'ox'i'dized
de'ox'i'diz'ing
de'ox'y'gen'at'ed
de'ox'y'gen'at'ing
de'ox'y'gen'a'tion
de'par'ture
de'pend'able
de'pend'ably
de'pen'dant
de'pen'dence
de'pen'den'cies
de'pen'den'cy
de'pen'dent
de'pict
de'pict'ed
de'pict'ing
de'pic'tion
de'pil'a'to'ry
de'plete
de'plet'ed
de'plet'ing
de'ple'tion
de'plor'able
de'plor'ably
de'plore
de'plored
de'plor'ing
de'ploy
de'ploy'ment
de'pol'ar'ize
de'pop'u'late
de'pop'u'lat'ed
de'pop'u'lat'ing
de'pop'u'la'tion
de'port
de'por'ta'tion
de'port'ment
de'pos'able
de'pose
de'posed
de'pos'ing
de'pos'it
de'pos'it'ed
de'pos'it'ing
dep'o'si'tion
de'pos'i'tor
de'pos'i'to'ry
de'pot
de'pra'va'tion
de'prave
de'praved
de'prav'ing
de'prav'i'ty
dep're'cate
dep're'cat'ed
dep're'cat'ing
dep're'ca'tion
dep're'ca'to'ry
de'pre'ci'ate
de'pre'ci'at'ed
de'pre'ci'at'ing
de'pre'ci'a'tion
de'pre'ci'a'to'ry
dep're'date
dep're'dat'ed
dep're'dat'ing
dep're'da'tion
de'press
de'pres'sant
de'pressed
de'press'ing'ly
de'pres'sion
de'pres'sive
dep'ri'va'tion
de'prive
de'prived
de'priv'ing
depth
dep'u'tate
dep'u'ta'tion
de'pute
de'put'ed
dep'u'ties
de'put'ing
dep'u'tize
dep'u'tized
dep'u'tiz'ing
dep'u'ty
de'raign
de'raign'ment
de'rail
de'rail'ment
de'range
de'ranged
de'range'ment
de'rang'ing
der'bies
der'by

de'regu'late
de'regu'la'tion
der'e'lict
der'e'lic'tion
de'ride
de'rid'ing
de ri'gueur
de'ri'sion
de'ri'sive
de'ri'sive'ly
de'ri'so'ry
de'riv'able
der'i'va'tion
de'riv'a'tive
de'rive
de'rived
de'riv'ing
der'ma'ti'tis
der'ma'to'log'i'cal
der'ma'tol'o'gist
der'ma'tol'o'gy
der'mis
der'nier cri
der'o'gate
der'o'gat'ed
der'o'gat'ing
der'o'ga'tion
de'rog'a'to'ri'ly
de'rog'a'to'ry
der'rick
der'ring-do
der'rin'ger
der'vish
de'sal'i'nate
des'cant
de'scend
de'scend'ant
de'scend'ed
de'scend'ent
de'scend'ing
de'scent
de'scrib'able
de'scribe
de'scribed
de'scrib'ing
de'scried
de'scrip'tion
de'scrip'tive
de'scrip'tive'ly
de'scry
de'scry'ing
des'e'crate
des'e'crat'ed
des'e'crat'ing
des'e'cra'tion
de'seg're'gate
de'seg're'gat'ed
de'seg're'gat'ing
de'seg're'ga'tion
de'sen'si'tize
de'sen'si'tized
de'sen'si'tiz'ing
de'sert
des'ert
de'sert'ed
de'sert'er
de'ser'tion
de'serve
de'served
de'serv'ed'ly
de'serv'ing
des'ha'bille
des'ic'cate
des'ic'cated
des'ic'cat'ing
des'ic'ca'tion
de'sid'er'a'ta
de'sid'er'a'tum
de'sign
des'ig'nate
des'ig'nat'ed
des'ig'nat'ing
des'ig'na'tion
de'signed
de'sign'ed'ly
de'signer
de'sign'ing
de'sir'abil'i'ty
de'sir'able
de'sir'ably
de'sire
de'sired
de'sir'ing
de'sir'ous
de'sist
des'o'late
des'o'lat'ed
des'o'lat'ing
des'o'la'tion
de'spair
de'spair'ing
de'spair'ing'ly
des'patch
des'per'a'do
des'per'a'does
des'per'ate
des'per'ate'ly
des'per'a'tion
des'pi'ca'ble
des'pi'ca'bly
de'spise
de'spised
de'spis'ing
de'spite
de'spoil
de'spoil'ment
de'spo'li'a'tion
de'spond
de'spond'ence
de'spond'en'cy
de'spond'ent
de'spon'dent'ly
des'pot
des'pot'ic
des'pot'i'cal'ly
des'pot'ism
des'sert
des'sert'spoon
des'ti'na'tion
des'tine
des'tined
des'ti'nies
des'tin'ing
des'ti'ny
des'ti'tute
des'ti'tu'tion
de'stroy
de'stroy'er
de'struct'i'bil'i'ty
de'struc'ti'ble
de'struc'tion
de'struc'tive
de'struc'tive'ly
de'struc'tive'ness
des'ue'tude
des'ul'to'ri'ly
des'ul'to'ry
de'tach
de'tach'able
de'tached
de'tach'ment
de'tail
de'tain
de'tain'ee
de'tain'er
de'tain'ment
de'tect
de'tect'able
de'tec'tion
de'tec'tive
de'tec'tor
dé'tente
de'ten'tion
de'ten'tion
de'ter
de'ter'gent
de'te'ri'o'rate
de'te'ri'o'rat'ed
de'te'ri'o'rat'ing
de'te'ri'o'ra'tion
de'ter'min'able
de'ter'mi'nant
de'ter'mi'nate
de'ter'mi'na'tion
de'ter'mine
de'ter'mined
de'ter'mined'ly
de'ter'min'er
de'ter'min'ing
de'ter'min'ism

de'ter'min'is'tic
de'terred
de'ter'rence
de'ter'rent
de'ter'ring
de'test
de'test'able
de'tes'ta'tion
de'throne
de'throne'ment
det'o'nate
det'o'nat'ed
det'o'nat'ing
det'o'na'tion
det'o'na'tor
de'tour
de'tox'i'fi'cation
de'tract
de'trac'tion
de'trac'tor
det'ri'ment
det'ri'men'tal
de'tri'tus
de trop
deuce
deu'te'ri'um
Deutsch'mark
de'val'u'ate
de'val'u'at'ed
de'val'u'at'ing
de'val'u'a'tion
de'value
dev'as'tate
dev'as'tat'ed
dev'as'tat'ing
dev'as'tat'ing'ly
dev'as'ta'tion
de'vel'op
de'vel'oped
de'vel'op'er
de'vel'op'ing
de'vel'op'ment
de'vel'op'men'tal
de'vi'ance
de'vi'ant
de'vi'ate
de'vi'at'ed
de'vi'at'ing
de'vi'a'tion
de'vi'a'tion'ism
de'vice
dev'il
dev'il'ish
dev'il'ish'ly
dev'illed
dev'il'ling
dev'il-may-care
dev'il'ment
dev'il'ry
dev'il'ries
dev'il'tries
dev'il'try
de'vi'ous
de'vi'ous'ness
de'vis'able
de'vis'al
de'vise
de'vised
de'vi'see
de'vis'ing
de'vi'sor
de'void
dev'o'lu'tion
de'volve
de'volved
de'volv'ing
de'vote
de'vot'ed
dev'o'tee
de'vote'ment
de'vot'ing
de'vo'tion
de'vo'tion'al
de'vour
de'vour'ing
de'vout
de'vout'ly
de'vout'ness
dew
dew'berry
dew'i'er
dew'i'est
dew'i'ness
dew'lap
dewy
dew'y-eyed
dex'ter'i'ty
dex'ter'ous
dex'ter'ous'ly
dex'trose
dex'trous
dhow
di'a'be'tes
di'a'bet'ic
di'a'bol'ic
di'a'bol'i'cal
di'a'bol'i'cal'ly
di'a'crit'ic
di'a'crit'i'cal
di'a'dem
di'ag'nose
di'ag'nosed
di'ag'no'ses
di'ag'nos'ing
di'ag'no'sis
di'ag'nos'tic
di'ag'nos'ti'cian
di'ag'o'nal
di'ag'o'nal'ly
di'a'gram
di'a'grammed
di'a'gram'ming
di'a'gram'matic
di'a'gram'mat'i'cal
di'al
di'a'lect
di'a'lec'tal
di'a'lec'tic
di'a'lec'ti'cal
di'a'lec'ti'cian
di'alled
di'al'ling
di'al'y'sis
di'a'man'té
di'am'e'ter
di'a'met'ric
di'a'met'ri'cal'ly
dia'mond
di'a'pa'son
dia'per
di'aph'a'nous
di'a'phragm
di'a'ries
di'ar'ist
di'ar'rhoea
di'a'ry
di'as'to'le
di'as'tol'ic
di'as'tro'phism
di'a'ther'my
di'a'ton'ic
di'a'tribe
dice
diced
dic'ey
di'cho'tic
di'cho'tom'ic
di'chot'o'mies
di'chot'o'mous
di'chot'o'my
dic'i'er
dic'i'est
dic'ing
dick'ey
dic'ta
dic'tate
dic'tat'ed
dic'tat'ing
dic'ta'tion
dic'ta'tor
dic'ta'to'ri'al
dic'ta'to'ri'al'ly
dic'ta'tor'ship
dic'tion
dic'tion'ar'ies
dic'tion'ary
dic'tum
did
di'dac'tic
di'dac'ti'cal

di'dac'ti'cal'ly
di'dac'ti'cism
die
died
die-hard
die'sel
di'et
di'e'tary
di'et'ed
di'et'er
di'e'tet'ic
di'e'tet'ics
di'eti'cian
di'et'ing
dif'fer
dif'fer'ence
dif'fer'ent
dif'fer'en'tial
dif'fer'en'ti'ate
dif'fer'en'ti'a'tion
dif'fer'ent'ly
dif'fi'cult
dif'fi'cul'ties
dif'fi'cul'ty
dif'fi'dence
dif'fi'dent
dif'fi'dent'ly
dif'fuse
dif'fused
dif'fuse'ly
dif'fuse'ness
dif'fus'ing
dif'fu'sion
dig
di'gest
di'gest'ibil'i'ty
di'gest'ible
di'ges'tion
di'ges'tive
dig'ger
dig'ging
dig'gings
dig'it
dig'it'al
dig'i'tal'is
dig'i'ti'za'tion
dig'i'tize
dig'i'tized
dig'i'tiz'ing
dig'ni'fied
dig'ni'fy
dig'ni'fy'ing
dig'ni'tar'ies
dig'ni'tary
dig'ni'ties
dig'ni'ty
di'gress
di'gres'sion
di'gres'sive
di'he'dral
di'lap'i'date
di'lap'i'dat'ed
di'lap'i'dat'ing
di'lap'i'da'tion
dil'a'ta'tion
di'late
di'lat'ed
di'lat'ing
di'la'tion
dil'a'to'ri'ly
dil'a'to'ry
di'lem'ma
dil'et'tan'te
dil'et'tan'ti
dil'et'tan'tism
dil'i'gence
dil'i'gent
dil'i'gent'ly
dil'ly-dal'lied
dil'ly-dal'ly
dil'ly-dal'ly'ing
di'lute
di'lut'ed
di'lut'ing
di'lu'tion
di'lu'vi'al
dim
di'men'sion
di'men'sion'al
di'min'ish
di'min'ish'ing
di'min'u'en'do
dim'i'nu'tion
di'min'u'tive
dim'i'ty
dim'ly
dimmed
dim'mer
dim'ming
dim'ness
dim'ple
dim sum
dim-wit'ted
din
di'nar
dine
dined
din'er
di'nette
din'ghies
din'ghy
din'gi'ness
din'gy
din'ing
dinkie
dinki'er
dinki'est
dinky
dinned
din'ner
din'ning
di'no'saur
di'oc'e'san
di'o'cese
di'ode
di'o'rama
di'ox'ide
dip
diph'the'ria
diph'thong
di'plo'ma
di'plo'ma'cies
di'plo'ma'cy
dip'lo'mat
dip'lo'mat'ic
dip'lo'mat'i'cal'ly
dipped
dip'ping
dip'so'ma'nia
dip'so'ma'ni'ac
dip'tych
dire
di'rect
di'rec'tion
di'rec'tion'al
di'rec'tive
di'rect'ly
di'rect'ness
di'rec'tor
di'rec'to'rate
di'rec'to'ri'al
di'rec'to'ries
di'rec'tor'ship
di'rec'to'ry
dire'ness
dirge
dir'ham
di'ri'gi'ble
dirndl
dirt'ied
dirt'i'ly
dirt'i'ness
dirty
dirty'ing
dis'abil'i'ty
dis'able
dis'abled
dis'able'ment
dis'abling
dis'abuse
dis'abused
dis'abus'ing
dis'ad'van'tage
dis'ad'van'taged
dis'ad'van'ta'geous
dis'ad'van'tag'ing
dis'af'fect
dis'af'fect'ed
dis'af'fec'tion
dis'agree

dis'agree'able
dis'agree'ably
dis'agreed
dis'agree'ing
dis'agree'ment
dis'al'low
dis'al'low'ance
dis'ap'pear
dis'ap'pear'ance
dis'ap'point
dis'ap'point'ing'ly
dis'ap'point'ment
dis'ap'pro'ba'tion
dis'ap'pro'ba'tion
dis'ap'prov'al
dis'ap'prove
dis'ap'proved
dis'ap'prov'ing
dis'ap'prov'ing'ly
dis'arm
dis'ar'ma'ment
dis'ar'range
dis'ar'ranged
dis'ar'range'ment
dis'ar'rang'ing
dis'ar'ray
dis'as'sem'ble
dis'as'so'ci'ate
dis'as'ter
dis'as'trous
dis'as'trous'ly
dis'avow
dis'avow'al
dis'band
dis'band'ment
dis'bar
dis'bar'ment
dis'barred
dis'bar'ring
dis'be'lief
dis'be'lieve
dis'be'lieved
dis'be'liev'er
dis'be'liev'ing
dis'burse
dis'bursed
dis'burse'ment
dis'burs'er
dis'burs'ing
disc
dis'card
dis'cern
dis'cern'ible
dis'cern'ibly
dis'cern'ing
dis'cern'ment
dis'charge
dis'charged
dis'char'ger
dis'charg'ing
dis'ci'ple
dis'ci'pli'nar'i'an
dis'ci'pli'nary
dis'ci'pline
dis'ci'plined
dis'ci'plin'ing
dis'claim
dis'claim'er
dis'close
dis'closed
dis'closing
dis'closure
dis'co
dis'coid
dis'col'or'a'tion
dis'col'our
dis'com'bob'u'late
dis'com'bob'u'lat'ed
dis'com'bob'u'lat'ing
dis'com'bob'u'lation
dis'com'fit
dis'com'fit'ed
dis'com'fit'ing
dis'com'fi'ture
dis'com'fort
dis'com'mode
dis'com'mod'ed
dis'com'mod'ing
dis'com'pose
dis'com'posed
dis'com'pos'ing
dis'com'po'sure
dis'con'cert
dis'con'cert'ed
dis'con'cert'ing
dis'con'cert'ing'ly
dis'con'nect
dis'con'nect'ed
dis'con'nec'tion
dis'con'so'late
dis'con'so'late'ly
dis'con'tent
dis'con'tent'ed
dis'con'tent'ed'ly
dis'con'tent'ment
dis'con'tin'u'ance
dis'con'tin'u'a'tion
dis'con'tin'ue
dis'con'tin'ued
dis'con'tin'u'ing
dis'con'ti'nu'i'ties
dis'con'ti'nu'ity
dis'con'tin'u'ous
dis'cord
dis'cord'ance
dis'cor'dan'cy
dis'cor'dant
dis'cord'ant'ly
dis'co'theque
dis'count
dis'cour'age
dis'cour'age'ment
dis'cour'ag'ing
dis'course
dis'coursed
dis'cours'ing
dis'cour'te'ous
dis'cour'te'ous'ly
dis'cour'te'sies
dis'cour'te'sy
dis'cov'er
dis'cov'er'able
dis'cov'er'er
dis'cov'er'ies
dis'cov'ery
dis'cred'it
dis'cred'it'able
dis'creet
dis'creet'ly
dis'crep'an'cies
dis'crep'an'cy
dis'crep'ant
dis'crete
dis'cre'tion
dis'cre'tion'ary
dis'crim'i'nate
dis'crim'i'nat'ed
dis'crim'i'nate'ly
dis'crim'i'nat'ing
dis'crim'i'na'tion
dis'crim'i'na'to'ry
dis'cur'sive
dis'cur'sive'ness
dis'cus
dis'cuss
dis'cus'sion
dis'dain
dis'dain'ful
dis'dain'ful'ly
dis'ease
dis'eased
dis'eas'ing
dis'em'bark
dis'em'bar'ka'tion
dis'em'bark'ment
dis'em'bod'ied
dis'em'bodi'ment
dis'em'body
dis'em'body'ing
dis'em'bow'el
dis'em'bow'elled
dis'em'bow'el'ling
dis'em'bow'el'ment
dis'en'able
dis'en'chant
dis'en'chant'ment
dis'en'cum'ber
dis'en'fran'chise
dis'en'fran'chised
dis'en'fran'chis'ing

dis'en'gage
dis'en'gaged
dis'en'gage'ment
dis'en'gag'ing
dis'en'tan'gle
dis'en'tan'gled
dis'en'tan'gle'ment
dis'en'tan'gling
dis'equi'lib'ri'um
dis'es'tab'lish
dis'es'tab'lish'ment
dis'fa'vour
dis'fig'ure
dis'fig'ured
dis'fig'ure'ment
dis'fig'ur'ing
dis'fran'chise
dis'fran'chised
dis'fran'chise'ment
dis'fran'chis'ing
dis'gorge
dis'gorged
dis'gorg'ing
dis'grace
dis'graced
dis'grace'ful
dis'grace'ful'ly
dis'grac'ing
dis'grun'tle
dis'grun'tled
dis'grun'tle'ment
dis'grun'tling
dis'guise
dis'guised
dis'guis'ing
dis'gust
dis'gust'ed
dis'gust'ed'ly
dis'gust'ing
dis'gust'ing'ly
dis'ha'bille
dis'har'mo'nies
dis'har'mo'ny
dis'heart'en
dis'heart'en'ing
di'shev'elled
dish'i'er
dish'i'est
dis'hon'est
dis'hon'es'ties
dis'hon'est'ly
dis'hon'es'ty
dis'hon'our
dis'hon'our'able
dis'hon'our'ably
dishy
dis'il'lu'sion
dis'il'lu'sion'ment
dis'in'cen'tive
dis'in'cli'na'tion
dis'in'cline
dis'in'clined
dis'in'clin'ing
dis'in'fect
dis'in'fect'ant
dis'in'fec'tion
dis'in'for'ma'tion
dis'in'gen'u'ous
dis'in'gen'u'ous'ly
dis'in'her'it
dis'in'her'i'tance
dis'in'te'grate
dis'in'te'grat'ed
dis'in'te'grat'ing
dis'in'te'gra'tion
dis'in'ter
dis'in'ter'est
dis'in'ter'es'ted
dis'in'ter'est'ed'ly
dis'in'ter'est'ed'ness
dis'in'ter'ment
dis'in'terred
dis'in'ter'ring
dis'in'vest
dis'in'vest'ment
dis'join
dis'joint
dis'joint'ed
dis'junc'tion
disk
Disk'man
dis'lik'able
dis'like
dis'liked
dis'lik'ing
dis'lo'cate
dis'lo'cat'ing
dis'lo'ca'tion
dis'lodge
dis'lodged
dis'lodg'ing
dis'lodge'ment
dis'loy'al
dis'loy'al'ly
dis'loy'al'ty
dis'mal
dis'mal'ly
dis'man'tle
dis'man'tled
dis'man'tling
dis'may
dis'mem'ber
dis'mem'ber'ment
dis'miss
dis'mis'sal
dis'mis'sive
dis'mis'sive'ly
dis'mount
dis'obe'di'ence
dis'obe'di'ent
dis'obe'di'ent'ly
dis'obey
dis'oblig'ing
dis'or'der
dis'or'dered
dis'or'der'li'ness
dis'or'der'ly
dis'or'ga'ni'za'tion
dis'or'gan'ize
dis'or'gan'ized
dis'ori'en'tate
dis'ori'en'tat'ed
dis'ori'en'ta'tion
dis'ori'ent'ed
dis'own
dis'par'age
dis'par'aged
dis'par'age'ment
dis'par'ag'ing
dis'par'ag'ing'ly
dis'pa'rate
dis'pa'rate'ly
dis'par'i'ties
dis'par'i'ty
dis'pas'sion
dis'pas'sion'ate
dis'pas'sion'ate'ly
dis'patch
dis'patch'er
dis'pel
dis'pelled
dis'pel'ling
dis'pen'sa'bil'i'ty
dis'pen'sa'ble
dis'pen'sa'ries
dis'pen'sa'ry
dis'pen'sa'tion
dis'pense
dis'pensed
dis'pens'er
dis'pens'ing
dis'pers'al
dis'perse
dis'persed
dis'pers'ing
dis'per'sion
dispir'it'ed
dispir'it'ed'ly
dispir'it'ing
dis'place
dis'placed
dis'place'ment
dis'plac'ing
dis'play
dis'please
dis'pleas'ing
dis'pleas'ure
dis'port
dis'pos'able
dis'pos'al

dis'pose
dis'pos'ing
dis'po'si'tion
dis'pos'sess
dis'pos'ses'sion
dis'pro'por'tion
dis'pro'por'tion'ate
dis'pro'por'tion'ate'ly
dis'prove
dis'prov'ing
dis'put'able
dis'pu'tant
dis'pu'ta'tion
dis'pu'ta'tious
dis'pute
dis'put'ed
dis'put'ing
dis'qual'i'fi'ca'tion
dis'qual'i'fied
dis'qual'i'fy
dis'qual'i'fy'ing
dis'qui'et
dis'qui'etude
dis'qui'si'tion
dis're'gard
dis're'pair
dis'rep'u'ta'ble
dis're'pute
dis're'spect
dis're'spect'ful
dis're'spect'ful'ly
dis'robe
dis'robed
dis'rob'ing
dis'rupt
dis'rupt'er
dis'rup'tion
dis'rup'tive
dis'sat'is'fac'tion
dis'sat'is'fac'to'ry
dis'sat'is'fied
dis'sat'is'fy
dis'sat'is'fy'ing
dis'sect
dis'sect'ed
dis'sec'tion
dis'sem'blance
dis'sem'ble
dis'sem'bled
dis'sem'bling
dis'sem'i'nate
dis'sem'i'nat'ed
dis'sem'i'nat'ing
dis'sem'i'na'tion
dis'sen'sion
dis'sent
dis'sent'er
dis'sen'tient
dis'sent'ing
dis'sen'tious
dis'ser'tate
dis'ser'ta'ted
dis'ser'ta'ting
dis'ser'ta'tion
dis'serve
dis'served
dis'serv'ice
dis'serv'ing
dis'si'dence
dis'si'dent
dis'sim'i'lar
dis'sim'i'lar'i'ty
dis'sim'i'late
dis'sim'i'lat'ed
dis'sim'i'lat'ing
dis'sim'i'la'tion
dis'si'mil'i'tude
dis'sim'u'late
dis'sim'u'lat'ed
dis'sim'u'lat'ing
dis'sim'u'la'tion
dis'si'pate
dis'si'pat'ed
dis'si'pat'ing
dis'si'pa'tion
dis'so'ci'ate
dis'so'ci'at'ed
dis'so'ci'at'ing
dis'so'ci'a'tion
dis'sol'u'ble
dis'so'lute
dis'so'lu'tion
dis'solv'a'ble
dis'solve
dis'solv'ing
dis'so'nance
dis'so'nant
dis'suade
dis'suad'ed
dis'suad'ing
dis'sua'sion
dis'sua'sive
dis'taff
dis'tal
dis'tance
dis'tanced
dis'tanc'ing
dis'tant
dis'tant'ly
dis'taste
dis'taste'ful
dis'taste'ful'ly
dis'tem'per
dis'tend
dis'ten'sion
dis'ten'tion
dis'til
dis'til'late
dis'til'la'tion
dis'tilled
dis'till'er
dis'till'er'ies
dis'till'ery
dis'till'ing
dis'tinct
dis'tinc'tion
dis'tinc'tive
dis'tinc'tive'ly
dis'tinc'tive'ness
dis'tinct'ly
dis'tin'gué
dis'tin'guish
dis'tin'guish'able
dis'tin'guished
dis'tort
dis'tor'ted
dis'tor'tion
dis'tract
dis'tract'ed'ly
dis'tract'ing
dis'trac'tion
dis'trait
dis'traught
dis'tress
dis'tress'ful
dis'tress'ing
dis'tress'ing'ly
dis'trib'ute
dis'trib'ut'ed
dis'trib'ut'ing
dis'tri'bu'tion
dis'trib'u'tor
dis'trict
dis'trust
dis'trust'ful
dis'turb
dis'turb'ance
dis'turbed
dis'un'ion
dis'u'nite
dis'u'ni'ted
dis'u'ni'ting
dis'u'ni'ty
dis'use
dis'used
dis'us'ing
ditch
dith'er
dith'y'ramb
dith'y'ram'bic
dit'ta'nies
dit'ta'ny
dit'to
dit'to'ing
dit'ty
di'u'ret'ic
di'ur'nal
di'va
di'va'gate
di'va'ga'tion

di'va'lent
di'van
dive
dived
di'verge
di'verged
di'ver'gence
di'ver'gent
di'verg'ing
di'vers
di'verse
di'ver'si'fi'ca'tion
di'ver'si'fied
di'ver'si'fy
di'ver'si'fy'ing
di'ver'sion
di'ver'sion'ary
di'ver'si'ties
di'ver'si'ty
di'vert
di'ver'ti'men'ti
di'ver'ti'men'to
di'ver'tisse'ment
di'vest
di'vest'ment
di'vide
di'vid'ed
div'i'dend
di'vid'er
di'vid'ing
div'i'na'tion
di'vine
di'vine'ly
div'ing
di'vin'i'ties
di'vin'i'ty
di'vis'i'ble
di'vi'sion
di'vi'sion'al
di'vi'sion'al'i'za'tion
di'vi'sion'al'ize
di'vi'sive
di'vi'sor
di'vorce
di'vor'cee
di'vorc'ing
div'ot
di'vulge
di'vulged
di'vul'gence
di'vulg'ing
div'vied
div'vy
div'vy'ing
diz'zied
diz'zi'est
diz'zi'ly
diz'zi'ness
diz'zy
diz'zy'ing
do
dob'ra
doc'ile
do'cile'ly
do'cil'i'ty
dock
docked
dock'et
dock'et'ed
dock'et'ing
dock'ing
doc'tor
doc'tor'al
doc'tor'ate
doc'tri'naire
doc'tri'nal
doc'trine
doc'u'dra'ma
doc'u'ment
doc'u'men'tary
doc'u'men'ta'tion
doc'u'soap
dod'der
dod'dery
dodge
dodg'ing
do'do
do'does
does
doesn't
dog
doge
dog-eared
dog'fight
dog'ged
dogged
dog'ged'ly
dog'ged'ness
dog'ger'el
dog'gie-bag
dog'ging
dog'gone
dog'gy-bag
dog'ma
dog'mat'ic
dog'mat'i'cal
dog'ma'ti'cal'ly
dog'ma'tism
dog'ma'tist
dog'ma'tize
dog'ma'tized
dog'ma'tiz'ing
do-good'er
dog'watch
doi'lies
doi'ly
do'ing
Dol'by
dol'ce
dol'drums
dole
doled
dole'ful
dole'ful'ly
do'li'cho'ce'phal'ic
dol'ing
dol'lar
dol'lies
dol'lop
dol'ly
dol'ly-bird
dol'o'mite
dol'or'ous
dol'phin
dolt
dolt'ish
do'main
dome
domed
do'mes'tic
do'mes'ti'cal'ly
do'mes'ti'cate
do'mes'ti'cat'ed
do'mes'ti'cat'ing
do'mes'ti'ca'tion
do'mes'tic'i'ties
do'mes'tic'i'ty
dom'i'cile
dom'i'ciled
dom'i'cil'ing
dom'i'nance
dom'i'nancy
dom'i'nant
dom'i'nate
dom'i'nat'ing
domi'na'tion
dom'i'neer
dom'i'neer'ing
dom'ing
do'min'ion
dom'i'no
dom'i'noes
don
do'nate
do'nat'ed
do'nat'ing
do'na'tion
do'na'tor
done
don'jon
don'key
don'key-work
donned
don'ning
do'nor
do'nut
doo'dle
doom
dooms'day
doom'watch

doom'watch'er
door
door'jamb
door'knob
door'man
door'stepping
door'stepped
door'step'ping
dope
doped
dop'ey
dop'i'ness
dop'ing
dop'pel'gäng'er
do'ries
dor'man'cy
dor'mant
dor'mer
dor'mered
dor'mice
dor'mi'to'ries
dor'mi'to'ry
dor'mouse
dor'sal
do'ry
dos'age
dose
dosed
do-si-do
dos'ing
dos'si'er
dost
dot
dot'age
dote
dot'ed
doth
dot'ing
dot-ma'trix
dot'ted
dot'ter'el
dot'tier
dot'tiest
dot'ting
dou'ble
dou'ble-breast'ed
dou'ble-cross
dou'bled
dou'ble-deck'er
dou'ble en'ten'dre
dou'ble-faced
dou'ble'head'er
dou'ble-joint'ed
dou'ble'speak
doub'let
dou'ble-time
dou'bling
dou'bloon
doub'ly
doubt
doubt'ful
doubt'ful'ly
doubt'less
douche
douched
douch'ing
dough
dough'i'er
dough'i'est
dough'nut
doughnut'ting
dough'ti'ness
dough'ty
dough'y
dour
dour'ness
douse
doused
dous'ing
dove
dove'cote
dove'tail
dow'a'ger
dowd'i'ly
dow'di'ness
dow'dy
dow'el
dow'eled
dow'el'ing
dow'er
down
down'beat
down'er
down'grade
down'grad'ed
down'grad'ing
down'heart'ed
downi'ness
down'side
down'size
down'siz'ing
down'stream
down'town
down'trod'den
downy
dow'ries
dow'ry
dowse
dowsed
dows'ing
dox'ol'o'gy
doy'en
doy'enne
doze
dozed
doz'en
doz'enth
dozing
drab
drab'ness
drachm
drach'ma
drach'mae
dra'co'ni'an
draft
draft'ee
drag
dra'gée
dragged
drag'ging
drag'net
drag'on
drag'on'flies
drag'on'fly
dra'goon
drain
drain'age
drake
dram
dra'ma
dra'ma'doc
dra'ma'tic
dra'mat'i'cal'ly
dra'mat'ics
dram'a'tist
dram'a'ti'za'tion
dram'a'tize
drank
drape
draped
draper
dra'per'ies
dra'pery
draping
dras'tic
drast'i'cal'ly
draught
draught'i'er
draughts'man
draughty
draw
draw'bridge
draw'er
draw'ing
drawl
drawn
dread
dread'ful
dread'ful'ly
dread'locks
dread'nought
dream
dreamed
dream'er
dream'i'est
dream'i'ly
dream'ing
dreamt
dreamy
drear'i'er

drear'i'ly
drear'i'ness
dreary
dredge
dredged
dredg'er
dredg'ing
dregs
dreg'gy
drench
dress
dres'sage
dressed
dress'er
dress'i'est
dres'sing
dressy
drew
drib'ble
drib'bled
drib'bling
drib'let
dried
dri'er
dri'est
drift
drift'age
drift'er
drill'ing
dri'ly
drink
drink'a'ble
drink'er
drink'ing
drip
dripped
drip'ping
drip'py
drive
drive-by
driv'el
driv'elled
driv'el'ing
driv'en
drive-in
driv'ing
driz'zle
driz'zled
driz'zling
driz'zly
droll
droll'ery
drol'ly
drom'e'dar'ies
drom'e'dary
drone
droned
dron'ing
drool
droop
droop'ing'ly
droop'y
drop
drop'let
drop'out
dropped
drop'per
drop'ping
drop'sy
dro'soph'i'la
dross
drought
drought'i'est
droughty
drove
drowned
drowse
drows'i'ly
drow'si'ness
drows'ing
drow'sy
drub
drubbed
drub'bing
drudge
drudg'ery
drudg'ing
drug
drugged
drug'gie
drug'ging
drug'gist
drug'gy
dru'id
drum
drummed
drum'mer
drum'ming
drunk
drunk'ard
drunk'en
drunk'en'ly
drunk'en'ness
dru'pa'ceous
drupe
dry
dry'ad
dry'ads
dry'a'des
dry'er
dry'est
dry'ing
dry'ly
dry'ness
du'al
du'al'ism
du'al'is'tic
du'al'i'ty
dub
dubbed
dub'bin
dub'bing
du'bi'e'ty
du'bi'ous
du'bi'ous'ly
du'cal
du'cat
duch'ess
duchy
duck'i'est
duck'ling
ducky
duc'tile
duct'less
dude
dudg'eon
du'el
du'elled
du'el'ling
du'el'list
du'en'na
du'et
duf'fel
duf'fel-bag
duff'er
duf'fle
dug
du'gong
dug'out
duke'dom
dul'cet
dul'ci'mer
dull
dull'ard
dull'ness
dul'ly
dulse
du'ly
dumb
dumb'bell
dumb'found
dumb'ness
dumb'wait'er
dum'found
dum'mies
dum'my
dump
dumped
dump'i'er
dump'i'ness
dump'ing
dump'ling
dumpy
dun
dunce
dun'der'head
dune
dun'ga'ree
dun'geon
dung'hill

dun'lin
dun'nage
dunned
dun'ning
du'o'dec'i'mal
du'o'de'nal
du'o'de'num
duo'logue
dupe
duped
dup'ing
du'ple
du'plex
du'pli'cate
du'pli'cat'ed
du'pli'cat'ing
du'pli'ca'tion
du'pli'ca'tor
du'plic'i'ties
du'plic'i'ty
du'ra'bil'i'ty
du'ra'ble
Du'ral'u'min
dur'ance
du'ra'tion
du'ress
dur'ing
durst
dusk
dusk'i'ness
dusky
dust'er
dust'i'er
dust'i'ness
dust'less
dusty
du'te'ous
du'ti'a'ble
du'ties
du'ti'ful
du'ti'ful'ly
du'ty
dwarf
dwarf'ish
dwell
dwelled
dwell'ing
dwelt
dwindle
dwin'dled
dwin'dling
dye
dyed
dye'ing
dy'er
dye'stuff
dy'ing
dyke
dy'nam'ic
dy'nam'i'cal'ly
dy'nam'ics
dy'na'mism
dy'na'mist
dy'na'mite
dy'na'mit'er
dy'na'mo
dy'na'mo'tor
dy'nast
dy'nas'tic
dy'nas'ties
dy'nas'ty
dy'na'tron
dyne
dy'node
dys'en'tery
dys'func'tion
dys'lex'ia
dys'lex'ic
dys'men'or'rhoea
dys'pep'sia
dys'pep'tic
dys'phag'ic
dys'tro'phic
dys'tro'phy
dys'uria
dys'uric

E

each
ea'ger
ea'ger'ly
ea'ger'ness
ea'gle
ea'gle-eyed
ea'glet
ear
ear'ache
ear'drum
ear'ful
earl
earl'dom
ear'li'er
ear'li'est
ear'li'ness
ear'lobe
ear'ly
ear'mark
earn
earn'er
ear'nest
ear'nest'ly
ear'nest'ness
earn'ings
ear'ring
ear'shot
ear-split'ting
earth
earth'bound
earth'en
earth'en'ware
earth'i'ness
earth'li'ness
earth'ly
earth'quake
earth'shaking
earth'work
earth'worm
earthy
ear'wig
ear'wigged
ear'wig'ging
ease
eased
ea'sel
ease'ment
eas'i'er
eas'i'est
eas'i'ly
eas'i'ness
eas'ing
east
east'bound
Eas'ter
east'er'lies
east'er'ly
east'ern
east'ern'er
east'er'nize
east'er'nized
east'er'niz'ing
east'ern'most
east'ward
easy
easy'go'ing
eat
eat'able
eat'en
eat'er'ies
eat'ery
eat'ing

eau de Co'logne
eau-de-vie
eaves
eaves'drop
eaves'dropped
eaves'drop'per
eaves'drop'ping
ebb
ebb'ing
eb'on
eb'ony
ebul'lience
ebul'lient
eb'ul'li'tion
ec'cen'tric
ec'cen'tri'cal'ly
ec'cen'tric'i'ties
ec'cen'tric'i'ty
ec'cle'si'as'tic
ec'cle'si'as'ti'cal
ech'e'lon
echid'na
echo
ech'oed
ech'oes
ech'o'ing
echo'lo'ca'tion
eclair
eclamp'sia
éclat
ec'lec'tic
ec'lec'ti'cal'ly
ec'lec'ti'cism
eclipse
eclipsed
eclips'ing
eclip'tic
ec'logue
eco'cen'tric
eco'cide
eco'friend'ly
ec'o'log'ic
ec'o'log'i'cal
ecol'o'gist
ecol'o'gy
econo'met'rics
eco'nom'ic
eco'nomi'cal
eco'nom'i'cal'ly
eco'nom'ics
econ'o'mies
econ'o'mist
econ'o'mize
econ'o'miz'ing
econ'o'my
eco'sys'tem
ec'ru
ec'sta'sies
ec'sta'sy
ec'stat'ic
ec'stat'i'cal
ec'stat'i'cal'ly
ec'to'morph
ec'top'ic
ec'to'plasm
ec'u'men'ic
ec'u'men'i'cal
ec'u'men'ism
ec'ze'ma
ec'zem'a'tous
e'da'cious
ed'died
ed'dies
ed'dy
ed'dy'ing
edel'weiss
ede'ma
eden'tate
edge
edged
edg'i'er
edg'i'est
edg'i'ness
edg'ing
edgy
ed'i'bil'i'ty
ed'i'ble
edict
ed'i'fi'ca'tion
ed'i'fice
ed'i'fied
ed'i'fy
ed'i'fy'ing
ed'it
edi'tion
ed'i'tor
ed'i'to'ri'al
ed'i'to'ri'al'ize
ed'i'to'ri'al'iz'ing
ed'i'to'ri'al'ly
ed'u'ca'ble
ed'u'cate
ed'u'cat'ed
ed'u'cat'ing
ed'u'ca'tion
ed'u'ca'tion'al
ed'u'ca'tion'al'ist
ed'u'ca'tion'al'ly
ed'u'ca'tion'ist
ed'u'ca'tive
ed'u'ca'tor
educe
educed
educ'i'ble
educ'ing
educ'tion
Ed'ward'ian
eel
eely
e'en
e'er
ee'rie
ee'ri'ly
ee'ri'ness
ef'face
ef'faced
ef'face'ment
ef'fac'ing
ef'fect
ef'fec'tive
ef'fec'tive'ly
ef'fec'tive'ness
ef'fec'tu'al
ef'fec'tu'al'ly
ef'fec'tu'ate
ef'fec'tu'at'ed
ef'fec'tu'at'ing
ef'fem'i'na'cy
ef'fem'i'nate
ef'fem'i'nate'ly
ef'fen'di
ef'fer'vesce
ef'fer'ves'cence
ef'fer'ves'cent
ef'fer'vesc'ing
ef'fete
ef'fi'ca'cies
ef'fi'ca'cious
ef'fi'ca'cious'ly
ef'fi'ca'cy
ef'fi'cien'cy
ef'fi'cient
ef'fi'cient'ly
ef'fi'gies
ef'fi'gy
ef'flo'resce
ef'flo'resced
ef'flo'res'cence
ef'flo'res'cent
ef'flo'resc'ing
ef'flu'ence
ef'flu'ent
ef'flu'vi'al
ef'flu'vi'um
ef'fort
ef'fort'less
ef'fron'ter'ies
ef'fron'tery
ef'ful'gence
ef'ful'gent
ef'fuse
ef'fused
ef'fus'ing
ef'fu'sion
ef'fu'sive
ef'fu'sive'ly
egal'i'tar'i'an
egal'i'tar'i'an'ism
egg'nog
egg'plant

egg'shell
eg'lan'tine
ego
ego'cen'tric
ego'cen'tric'i'ty
ego'ism
ego'ist
ego'is'tic
ego'ma'nia
ego'ma'ni'ac
ego'tism
ego'tist
ego'tis'tic
ego'tis'ti'cal
egre'gious
egress
egres'sion
egret
Egyp'tian
Egyp'tol'o'gist
Egyp'tol'o'gy
ei'der
ei'der'down
eight
eight'een
eight'eenth
eight'fold
eighth
eight'ies
eight'i'eth
eighty
ein'stein'i'um
ei'ther
ejac'u'late
ejac'u'lat'ed
ejac'u'lat'ing
ejac'u'la'tion
ejac'u'la'to'ry
eject
ejec'tion
eject'ment
ejec'tor
eke
eked
ek'ing
elab'o'rate
elab'o'rat'ed
elab'o'rate'ly
elab'o'rate'ness
elab'o'rat'ing
elab'o'ra'tion
élan
eland
elapse
elapsed
elaps'ing
elas'tic
elas'ti'cal
elas'tic'i'ty
elate
elat'ed
elat'ing
ela'tion
el'bow
eld'er
el'der'ber'ries
el'der'ber'ry
eld'er'li'ness
eld'er'ly
eld'est
elect
elec'tion
elec'tion'eer
elec'tive
elec'tor
elec'tor'al
elec'tor'ate
elec'tric
elec'tri'cal
elec'tri'cal'ly
elec'tri'cian
elec'tric'i'ty
elec'tri'fi'ca'tion
elec'tri'fied
elec'tri'fy
elec'tri'fy'ing
elec'tro
elec'tro'analy'sis
elec'tro'cute
elec'tro'cut'ed
elec'tro'cut'ing
elec'tro'cu'tion
elec'trode
elec'tro'dy'nam'ics
elec'trol'y'sis
elec'tro'lyte
elec'tro'lyt'ic
elec'tro'lyze
elec'tro'lyzed
elec'tro'lyz'ing
elec'tro'mag'net
elec'tro'mag'net'ic
elec'tro'mag'net'ism
elec'tro'mo'tive
elec'tron
elec'tron'ic
elec'tron'i'cal'ly
elec'tron'ics
elec'tro'plate
elec'tro'plat'ed
elec'tro'plat'ing
elec'tro'ther'a'py
elec'trum
elec'tuary
el'ee'mosy'nary
el'e'gance
el'e'gan'cy
el'e'gant
el'e'gant'ly
ele'gi'ac
el'e'gies
el'e'gize
el'e'giz'ing
el'e'gy
el'e'ment
el'e'men'tal
el'e'men'ta'ri'ly
el'e'men'ta'ry
el'e'phant
el'e'phan'ti'a'sis
el'e'phan'tine
el'e'vate
el'e'vat'ed
el'e'vat'ing
el'e'va'tion
el'e'va'tor
elev'en
elev'enth
elf
elf'in
elic'it
elide
elid'ed
elid'ing
el'i'gi'bil'i'ty
el'i'gi'ble
elim'i'nate
elim'i'nat'ed
elim'i'nat'ing
elim'i'na'tion
eli'sion
elite
elit'ism
elit'ist
elix'ir
Eliza'bethan
el'lipse
el'lip'ses
el'lip'sis
el'lip'soid
el'lip'tic
el'lip'ti'cal
el'lip'ti'cal'ly
El Ni'ño
el'o'cu'tion
el'o'cu'tion'ary
el'o'cu'tion'ist
elon'gate
elon'gat'ed
elon'gat'ing
elon'ga'tion
elope
eloped
elope'ment
elop'ing
el'o'quence
el'o'quent
elo'quent'ly
else
else'where

elu'ci'date
elu'ci'dat'ed
elu'ci'dat'ing
elu'ci'da'tion
elude
elud'ed
elud'ing
elu'sion
elu'sive
elu'sive'ly
elu'sive'ness
elu'so'ry
el'ver
elves
ema'ci'ate
ema'ci'at'ed
ema'ci'a'tion
email
em'a'nate
em'a'nat'ed
em'a'nat'ing
em'a'na'tion
eman'ci'pate
eman'ci'pat'ed
eman'ci'pat'ing
eman'ci'pa'tion
eman'ci'pa'tion'ist
eman'ci'pa'tor
emas'cu'late
emas'cu'lat'ed
emas'cu'lating
emas'cu'la'tion
em'balm
em'balm'er
em'balm'ment
em'bank'ment
em'bar'go
em'bar'goed
em'bar'goes
em'bar'go'ing
em'bark
em'bar'ka'tion
em'bark'ment
em'bar'rass
em'bar'rass'ed
em'bar'rass'ing
em'bar'ras'sing'ly
em'bar'rass'ment
em'bas'sies
em'bas'sy
em'bat'tle
em'bat'tled
em'bat'tle'ment
em'bat'tling
em'bed
em'bed'ded
em'bed'ding
em'bel'lish
em'bel'lish'ment
em'ber
em'bez'zle
em'bez'zled
em'bez'zle'ment
em'bez'zler
em'bez'zling
em'bit'ter
em'bit'ter'ment
em'bla'zon
em'blaz'on'ment
em'blem
em'blem'at'ic
em'blem'at'i'cal
em'blem'a'ti'cal'ly
em'bod'ied
em'bodi'ment
em'bod'y
em'body'ing
em'bold'en
em'bo'lism
em'bo'lus
em'boss
em'boss'ment
em'bou'chure
em'brace
em'brac'ing
em'bra'sure
em'bro'cate
em'bro'ca'tion
em'broi'der
em'broi'der'ies
em'broi'dery
em'broil
em'broil'ment
em'bryo
em'bry'o'log'i'cal
em'bry'ol'o'gist
em'bry'ol'o'gy
em'bry'on'ic
em'bry'os
em'cee
em'ceed
em'cee'ing
emend
emen'da'ble
emen'da'tion
em'er'ald
emerge
emerged
emer'gence
emer'gen'cies
emer'gen'cy
emer'gent
emerg'ing
emer'i'tus
emer'sion
em'ery
eme'sis
emet'ic
em'etine
em'i'grant
em'i'grate
em'i'grat'ing
em'i'gra'tion
émi'gré
em'i'nence
émi'nence grise
em'i'nen'cy
em'i'nent
em'i'nent do'main
em'i'nent'ly
emir'ate
em'is'sar'ies
em'is'sary
emis'sion
emis'sive
emit
emit'ted
emit'ting
emol'lient
emol'u'ment
emote
emot'ed
emot'ing
emo'tion
emo'tion'al
emo'tion'al'ism
emo'tion'al'ly
emo'tive
em'pan'el
em'pa'thet'ic
em'path'ic
em'pa'thize
em'pa'thized
em'pa'thiz'ing
em'pa'thy
em'per'or
em'pha'ses
em'pha'sis
em'pha'size
em'pha'sized
em'pha'siz'ing
em'phat'ic
em'phat'i'cal'ly
em'phy'se'ma
em'pire
em'pir'i'cal
em'pir'i'cal'ly
em'pir'i'cism
em'pir'i'cist
em'place'ment
em'plane
em'planed
em'plan'ing
em'ploy
em'ploy'able
em'ploy'ee
em'ploy'er
em'ploy'ment
em'po'ria
em'po'ri'um

em'pow'er
em'press
emp'tied
emp'ties
emp'ti'ness
emp'ty
emp'ty'ing
em'py're'al
em'py're'an
emu
em'u'late
em'u'lat'ing
em'u'la'tion
em'u'lous
emul'si'fi'ca'tion
emul'si'fied
emul'si'fi'er
emul'si'fy
emul'si'fy'ing
emul'sion
emul'sive
emul'soid
en'able
en'abled
en'abling
en'act
en'ac'tion
en'act'ment
enam'el
enam'elled
enam'el'ling
enam'el'ware
en'am'our
en'am'oured
en bloc
en'camp
en'camp'ment
en'cap'su'late
en'cap'su'lat'ing
en'cap'sule
en'cap'sul'at'ed
en'case
en'cased
en'cas'ing
en'ceinte
en'ceph'a'li'tis
en'ceph'a'lo'my'e'li'tis
en'ceph'a'lo'pa'thy
en'chain
en'chant
en'chant'ing
en'chant'ing'ly
en'chant'ment
en'chant'ress
en'chi'la'da
en'cir'cle
en'cir'cled
en'cir'cle'ment
en'cir'cling
en'clave
en'close
en'closed
en'clos'ing
en'clo'sure
en'code
en'cod'ed
en'cod'ing
en'co'mia
en'co'mi'um
en'com'pass
en'core
en'cored
en'cor'ing
en'coun'ter
en'cour'age
en'cour'aged
en'cour'age'ment
en'cour'ag'ing
en'cour'ag'ing'ly
en'croach
en'croach'ment
en'crust
en'crus'ta'tion
en'cum'ber
en'cum'brance
en'cyc'li'cal
en'cy'clo'pae'dia
en'cy'clo'pae'dic
en'cy'clo'pe'dia
en'cy'clo'pe'dic
en'dan'ger
en'dan'ger'ment
en'dear
en'dear'ing'ly
en'dear'ment
en'deav'our
en'dem'ic
en'dem'i'cal
end'ing
en'dive
end'less
end'less'ly
en'do'crine
en'do'crin'ol'o'gist
en'do'cri'nol'o'gy
en'dog'a'mous
en'dog'enous
en'do'morph
en'dor'phin
en'dorse
en'dor'see
en'dorse'ment
en'dor'ser
en'dors'ing
en'do'scope
en'dos'co'pies
en'dos'co'py
endow
en'dow'ment
en'due
en'dued
en'du'ing
en'dur'able
en'dur'ance
en'dure
en'dur'ing
en'dur'ing'ness
end-us'er
en'e'ma
en'e'mies
en'e'my
en'er'get'ic
en'er'get'i'cal'ly
en'er'gies
en'er'gize
en'er'gized
en'er'gi'zer
en'er'giz'ing
en'er'gy
en'er'vate
en'er'vat'ed
en'er'vat'ing
en'er'va'tion
en'face'ment
en'fant ter'ri'ble
en'fee'ble
en'fee'bled
en'fee'ble'ment
en'fee'bling
en'fold
en'force
en'force'able
en'forced
en'force'ment
en'forc'ing
en'fran'chise
en'fran'chised
en'fran'chise'ment
en'fran'chis'ing
en'gage
en'gaged
en'gage'ment
en'gag'ing
en'gag'ing'ly
en'gen'der
en'gine
en'gi'neer
en'gi'neer'ing
En'glish
en'gorge
en'gorged
en'gorge'ment
en'gorg'ing
en'grave
en'graved
en'grav'er
en'grav'ing
en'gross
en'grossed
en'gross'ing

en'gross'ment
en'gulf
en'gulf'ment
en'hance
en'hanced
en'hance'ment
en'hanc'ing
enig'ma
en'ig'mat'ic
en'ig'mat'i'cal
en'ig'ma'ti'cal'ly
en'join
en'join'ment
en'joy
en'joy'able
en'joy'ably
en'joy'ment
en'large
en'larged
en'large'ment
en'larg'er
en'larg'ing
en'light'en
en'light'en'ment
en'list
en'list'ed
en'list'ment
en'liv'en
en masse
en'mesh
en'mi'ties
en'mi'ty
en'no'ble
en'no'bled
en'no'ble'ment
en'no'bling
en'nui
enor'mi'ties
enor'mi'ty
enor'mous
enor'mous'ly
enough
en pas'sant
en'plane
en'planed
en'plan'ing
en plein
en'quire
en'quired
en'quir'er
en'quir'ies
en'quir'ing
en'quiry
en'rage
en'raged
en'rag'ing
en'rapt
en'rap'ture
en'rap'tured
en'rap'tur'ing
en'rich
en'rich'ment
en'rol
en'rolled
en'rol'ling
en'rol'ment
en route
en'sconce
en'sconced
en'sconc'ing
en'semble
en'shrine
en'shrined
en'shrin'ing
en'shroud
en'sign
en'si'lage
en'si'laged
en'si'lag'ing
en'slave
en'slaved
en'slave'ment
en'slav'ing
en'snare
en'snared
en'snare'ment
en'snar'ing
en'sue
en'sued
en'su'ing
en suite
en'sure
en'sured
en'sur'ing
en'tab'la'ture
en'tail
en'tail'ment
en'tan'gle
en'tan'gled
en'tan'gle'ment
en'tan'gling
en'tente
en'tente cor'diale
en'ter
en'ter'ic
en'ter'ing
en'ter'i'tis
en'ter'prise
en'ter'pris'ing
en'ter'tain
en'ter'tain'er
en'ter'tain'ing
en'ter'tain'ing'ly
en'ter'tain'ment
en'thral
en'thralled
en'thrall'ing
en'thral'ment
en'throne
en'throned
en'throne'ment
en'thron'ing
en'thuse
en'thused
en'thu'si'asm
en'thu'si'ast
en'thu'si'as'tic
en'thu'si'as'ti'cal'ly
en'thus'ing
en'tice
en'ticed
en'tice'ment
en'tic'ing
en'tic'ing'ly
en'tire
en'tire'ly
en'tire'ness
en'tire'ty
en'ti'ties
en'ti'tle
en'ti'tled
en'ti'tle'ment
en'ti'tling
en'ti'ty
en'tomb
en'tomb'ment
en'to'mo'log'i'cal
en'to'mol'o'gist
en'to'mol'o'gy
en'tou'rage
en'to'zoa
en'to'zo'an
en'tr'acte
en'trails
en'train
en'train'ment
en'trance
en'trant
en'trap
en'trap'ment
en'trapped
en'trap'ping
en'treat
en'treat'ment
en'treaty
en'tre'chat
en'trée
en'trench
en'trench'ment
en'tre'pot
en'tre'pre'neur
en'tre'pre'neur'ial
en'tries
en'tro'py
en'trust
en'trust'ment
en'try
en'try'ism
en'try'phone
en'twine

en'twined
en'twin'ing
E-num'ber
enu'mer'ate
enu'mer'at'ed
enu'mer'at'ing
enu'mer'a'tion
enu'mer'a'tor
enun'ci'ate
enun'ci'at'ed
enun'ci'at'ing
enun'ci'a'tion
en'u're'sis
en'vel'op
en've'lope
en'vel'op'ing
en'vi'a'ble
en'vi'able
en'vied
en'vies
en'vi'ous
en'vi'ous
en'vi'ous'ly
en'vi'ous'ness
en'vi'rons
en'vi'ron'ment
en'vi'ron'ment
en'vi'ron'men'tal
en'vi'ron'men'tal
en'vi'ron'men'tal'ism
en'vi'ron'men'tal'ist
en'vi'ron'men'tal'ly
en'vis'age
en'vis'ag'ing
en'vi'sion
en'voi
en'voy
en'vy
en'vy'ing
en'zy'mat'ic
en'zyme
eo'lian
eo'lith
eon
ep'au'let
ep'au'lette
epergne
ephed'rine
ephem'er'al
ep'ic
ep'i'cal
ep'i'cen'tre
ep'i'cure
Epi'cu're'an
ep'i'cu're'an'ism
ep'i'cur'ism
ep'i'cy'cle
ep'i'dem'ic
ep'i'de'mi'ol'o'gist
ep'i'de'mi'ol'o'gy
ep'ider'mal
ep'i'der'mic
ep'i'der'mis
epi'dia'scope
epi'du'ral
ep'i'glot'tis
ep'i'gram
ep'i'gram'mat'ic
ep'i'graph
ep'i'lep'sy
ep'i'lep'tic
ep'i'logue
epis'co'pa'cy
Epis'co'pal
Epis'co'pa'lian
Epis'co'pa'lian'ism
epis'co'pate
ep'i'sode
ep'i'sod'ic
ep'i'sod'i'cal
epis'te'mol'o'gy
epis'tle
epis'to'la'ry
ep'i'taph
ep'i'thet
epit'o'me
epit'o'mize
ep'och
ep'och'al
epon'y'mous
epon'y'mous'ly
ep'oxy
ep'si'lon
equa'bil'i'ty
equa'ble
equa'ble'ness
equa'bly
equal
equal'i'tar'i'an
equal'i'ties
equal'i'ty
equal'iza'tion
equal'ize
equal'ized
equal'i'zer
equal'iz'ing
equalled
equal'ling
equal'ly
equal'ness
equa'nim'i'ty
equate
equat'ed
equat'ing
equa'tion
equa'tion'al
equa'tor
equa'to'ri'al
equer'ries
equer'ry
eques'tri'an
eques'tri'enne
equi'dis'tance
equi'dis'tant
equi'lat'er'al
equil'i'brate
equil'i'brat'ed
equil'i'brat'ing
equil'i'bra'tion
equi'lib'ria
equi'lib'ri'um
equine
equi'noc'tial
equi'nox
equip
eq'ui'page
equip'ment
equi'poise
equipped
equip'ping
eq'ui'ta'ble
eq'ui'ta'bly
eq'ui'ties
eq'ui'ty
equiv'a'lence
equiv'a'lent
equiv'o'cal
equiv'o'cate
equiv'o'cat'ed
equiv'o'cat'ing
equiv'o'ca'tion
era
erad'i'ca'ble
erad'i'cate
erad'i'cat'ed
erad'i'cat'ing
erad'i'ca'tion
erad'i'ca'tor
eras'a'ble
erase
erased
eras'er
eras'ing
eras'ure
er'bi'um
ere
erect
erect'able
erec'ter
erec'tile
erec'tion
erec'tive
erect'ly
erect'ness
erec'tor
er'e'mite
er'e'mit'ic'al
er'go
er'go'nom'ic
er'go'nom'i'cal'ly

er'go'nom'ics
er'gon'o'mist
er'gos'ter'ol
er'got
er'i'ca
er'i'ca'ceous
er'mine
erne
erode
erod'ed
erod'ing
erog'e'nous
ero'sion
ero'sive
erot'ic
erot'i'ca
erot'i'cal'ly
erot'i'cism
err
er'rand
er'rant
er'rant'ry
er'ra'ta
er'rat'ic
er'rat'i'cal'ly
er'ra'tum
err'ing'ly
er'ro'ne'ous
er'ro'ne'ous'ly
er'ror
er'ror'less
er'satz
erst'while
er'u'dite
er'u'dite'ness
er'u'di'tion
erupt
erup'tion
erup'tive
ery'sip'e'las
eryth'ro'cyte
es'ca'lade
es'ca'late
es'ca'lat'ed
es'ca'lat'ing
es'ca'la'tion
es'ca'la'tor
es'cal'lop
es'ca'pade
es'cape
es'caped
es'ca'pee
es'cap'ing
es'cap'ism
es'cap'ist
es'ca'pol'o'gist
es'ca'pol'o'gy
es'car'got
es'ca'role
es'carp'ment
es'cheat
es'chew
es'chew'al
es'cort
es'cri'toire
es'crow
es'cu'do
es'cutch'eon
Es'ki'mo
es'o'ter'ic
es'o'ter'i'cal
es'pa'drille
es'pal'ier
es'par'to
es'pe'cial
es'pe'cial'ly
Es'pe'ran'to
es'pied
es'pi'o'nage
es'pla'nade
es'pous'al
es'pouse
es'poused
es'pous'ing
es'pres'so
es'prit de corps
es'py
es'py'ing
es'quire
es'say
es'say'ist
es'sence
es'sen'tial
es'sen'tial'ly
est
es'tab'lish
es'tab'lish'ment
es'tate
es'teem
es'ter
es'te'rase
es'ti'ma'ble
es'ti'ma'bly
es'ti'mate
es'ti'mat'ed
es'ti'mat'ing
es'ti'ma'tion
es'ti'ma'tor
Es'ton'ian
es'trange
es'tranged
es'trange'ment
es'trang'ing
es'tray
es'treat
es'tu'ar'ies
es'tu'ary
et cet'era
etch
etch'ing
eter'nal
eter'nal'ly
eter'ni'ties
eter'ni'ty
eter'ni'za'tion
eter'nize
eth'a'nol
ether
ethe're'al
ethe're'al'iza'tion
ethe're'al'ize
ethe're'al'ly
eth'ic
eth'i'cal
eth'i'cal'ly
eth'ics
Ethi'o'pi'an
eth'nic
eth'ni'cal
eth'ni'cal'ly
eth'no'cen'tric
eth'no'cen'tri'cal'ly
eth'no'cen'tric'i'ty
eth'no'graph'i'cal
eth'no'graph'ic
eth'no'gra'phi'cal'ly
eth'nog'ra'phy
eth'no'log'i'cal
eth'no'log'i'cal'ly
eth'nol'o'gist
eth'nol'o'gy
eth'no'mu'si'col'o'gy
ethos
eth'yl
ethyl'ic
eti'o'log'i'cal
eti'ol'o'gy
et'i'quette
étude
ety'mo'log'i'cal
ety'mo'log'i'cal'ly
ety'mol'o'gies
ety'mol'o'gist
ety'mol'o'gy
eu'ca'lyp'ti
eu'ca'lyp'tus
Eu'cha'rist
Eu'cha'ris'tic
Eu'cha'ris'ti'cal
eu'chre
eu'demon
eu'gen'ic
eu'gen'i'cal'ly
eu'gen'ics
eu'lo'gies
eu'lo'gis'tic
eu'lo'gize
eu'lo'gized
eu'lo'giz'ing
eu'lo'gy

eu'nuch
eu'phe'mism
eu'phe'mist
eu'phe'mis'tic
eu'phe'mis'ti'cal
eu'phe'mis'ti'cal'ly
eu'phe'mize
eu'phe'mized
eu'phe'miz'ing
eu'phon'ic
eu'phon'i'cal
eu'pho'ni'ous
eu'pho'ni'um
eu'pho'nies
eu'pho'ny
eu'pho'ria
eu'phor'ic
Eu'ra'sian
eu're'ka
eu'rhyth'mics
eu'rhyth'mies
eu'rhyth'my
eu'ro
eu'ro'bond
eu'ro'cheque
eu'ro'crat
eu'ro'cur'ren'cy
eu'ro'dol'lar
Eu'ro'pe'an
Eu'ro'pe'an'ize
eu'ro'pi'um
eu'tha'na'sia
evac'u'ant
evac'u'ate
evac'u'at'ed
evac'u'at'ing
evac'u'a'tion
evac'u'a'tor
evac'u'ee
evade
evad'ed
evad'ing
eval'u'ate
eval'u'at'ed
eval'u'at'ing
eval'u'a'tion
eval'u'a'tor
ev'a'nesce
ev'a'nesced
ev'a'nesc'ence
ev'a'nes'cent
ev'a'nesc'ing
evan'gel'ic
evan'gel'i'cal
evan'gel'i'cal'ism
evan'gel'i'cal'ly
evan'ge'lism
evan'ge'list
evan'ge'lis'tic
evan'ge'lis'ti'cal'ly
evan'ge'li'za'tion
evan'ge'lize
evan'ge'lized
evan'ge'liz'ing
evap'o'rate
evap'o'rat'ed
evap'o'rat'ing
evap'o'ra'tion
evap'o'ra'tor
eva'sion
eva'sive
eva'sive'ly
eva'sive'ness
even
even-hand'ed
even-hand'ed'ly
even-hand'ed'ness
eve'ning
even'ly
event'ful
event'ful'ly
even'tu'al
even'tu'al'i'ty
even'tu'al'ly
even'tu'ate
even'tu'at'ed
even'tu'at'ing
ev'er'green
ev'er'last'ing
ever'last'ing'ly
ever'sion
evert
ev'ery'body
ev'ery'day
ev'ery'one
ev'ery'thing
ev'ery'where
evict
evic'tion
evic'tor
ev'i'dence
ev'i'denced
ev'i'denc'ing
ev'i'dent
ev'i'den'tial
ev'i'dent'ly
evil
evil'do'er
evil'ly
evil-mind'ed
evil'ness
evince
evinced
evin'ci'ble
evinc'ing
evis'cer'ate
evis'cer'at'ed
evis'cer'at'ing
evis'cer'a'tion
ev'o'ca'tion
evoc'a'tive
evoc'a'tive'ly
evoke
evoked
evok'ing
ev'o'lu'tion
ev'o'lu'tion'al
ev'o'lu'tion'ary
ev'o'lu'tion'ism
ev'o'lu'tion'ist
evolve
evolved
evolve'ment
evolv'ing
ewe
ew'er
ex'ac'er'bate
ex'ac'er'bat'ed
ex'ac'er'bat'ing
ex'ac'er'ba'tion
ex'act
ex'act'able
ex'act'ing
ex'act'ing'ly
ex'act'i'tude
ex'act'ly
exact'ness
ex'ag'ger'ate
ex'ag'ger'at'ed
exag'ger'at'ed'ly
ex'ag'ger'at'ing
ex'ag'ger'a'tion
ex'alt
ex'al'ta'tion
ex'alt'ed
ex'am
ex'am'i'na'tion
ex'am'ine
ex'am'ined
ex'am'in'er
ex'am'in'ing
ex'am'ple
ex'am'pled
ex'am'pling
ex'as'per'ate
ex'as'per'at'ed
ex'as'per'at'ing
ex'as'per'a'tion
ex ca'the'dra
ex'ca'vate
ex'ca'vat'ed
ex'ca'vat'ing
ex'ca'va'tion
ex'ca'va'tor
ex'ceed
ex'ceed'ed
ex'ceed'ing
ex'ceed'ing'ly
ex'cel
ex'celled

ex'cel'lence
ex'cel'len'cies
ex'cel'len'cy
ex'cel'lent
ex'cel'lent'ly
ex'cel'ling
ex'cel'si'or
ex'cept
ex'cept'ing
ex'cep'tion
ex'cep'tion'able
ex'cep'tion'al
ex'cep'tion'al'ly
ex'cerpt
ex'cerp'tion
ex'cess
ex'ces'sive
ex'ces'sive'ly
ex'change
ex'change'abil'i'ty
ex'change'able
ex'changed
ex'chang'ing
ex'cheq'uer
ex'cis'able
ex'cise
ex'cised
ex'cis'ing
ex'ci'sion
ex'cit'abil'i'ty
ex'cit'able
ex'cit'ably
ex'ci'ta'tion
ex'cite
ex'cit'ed
ex'cit'ed'ly
ex'cite'ment
ex'cit'ing
ex'cit'ing'ly
ex'claim
ex'cla'ma'tion
ex'clam'a'to'ry
ex'clud'able
ex'clude
ex'clud'ed
ex'clud'ing
ex'clu'sion
ex'clu'sive
ex'clu'sive'ly
ex'clu'sive'ness
ex'clu'siv'i'ty
ex'com'mu'ni'ca'ble
ex'com'mu'ni'cant
ex'com'mu'ni'cate
ex'com'mu'ni'cat'ed
ex'com'mu'ni'cat'ing
ex'com'mu'ni'ca'tion
ex'co'ri'ate
ex'co'ri'at'ed
ex'co'ri'at'ing
ex'co'ri'a'tion
ex'cre'ment
ex'cre'men'tal
ex'cres'cence
ex'cres'cent
ex'cre'ta
ex'cre'tal
ex'crete
ex'cret'ed
ex'cret'ing
ex'cre'tion
ex'cre'to'ry
ex'cru'ci'ate
ex'cru'ci'at'ing
ex'cru'ci'a'ting'ly
ex'cru'ci'a'tion
ex'cul'pate
ex'cul'pat'od
ex'cul'pat'ing
ex'cul'pa'tion
ex'cul'pa'to'ry
ex'cur'sion
ex'cur'sion'al
ex'cur'sion'ary
ex'cur'sive
ex'cus'able
ex'cus'ably
ex'cus'a'to'ry
ex'cuse
ex'cused
ex'cus'ing
ex'e'cra'ble
ex'e'cra'bly
ex'e'crate
ex'e'crat'ed
ex'e'crat'ing
ex'e'cra'tion
ex'e'cra'tive
ex'e'cra'tor
ex'ec'ut'able
ex'e'cute
ex'e'cut'ed
ex'e'cut'er
ex'e'cut'ing
ex'e'cu'tion
ex'e'cu'tion'er
ex'ec'u'tive
ex'ec'u'tor
ex'ec'u'trix
ex'e'ge'ses
ex'e'ge'sis
ex'em'plar
ex'em'pla'ri'ly
ex'em'pla'ry
ex'em'pli'fi'ca'tion
ex'em'pli'fied
ex'em'pli'fy
ex'em'pli'fy'ing
ex'empt
ex'emp'tion
ex'er'cise
ex'er'cised
ex'er'cis'er
ex'er'cis'ing
ex'ert
ex'er'tion
ex'fo'li'ate
ex'fo'li'at'ed
ex'fo'li'at'ing
ex'fo'li'a'tion
ex gra'tia
ex'ha'la'tion
ex'hale
ex'haled
ex'hal'ing
ex'haust
ex'haust'ed
ex'haust'ible
ex'haust'ing
ex'haus'tion
ex'haus'tive
ex'haus'tive'ly
ex'hib'it
ex'hib'it'ed
ex'hib'it'ing
ex'hi'bi'tion
ex'hi'bi'tion'ism
ex'hi'bi'tion'ist
ex'hib'i'tor
ex'hil'a'rate
ex'hil'a'rat'ed
ex'hil'a'rat'ing
ex'hil'a'ra'tion
ex'hil'a'ra'tive
ex'hort
ex'hor'ta'tion
ex'hor'ta'tive
ex'hor'ta'to'ry
ex'hort'ing'ly
ex'hu'ma'tion
ex'hume
ex'humed
ex'hum'ing
ex'i'gen'cies
ex'i'gen'cy
ex'i'gent
ex'i'gent'ly
ex'ig'u'ous
ex'ile
ex'iled
ex'il'ing
ex'ist
ex'ist'ence
ex'ist'ent
ex'is'ten'tial
ex'is'ten'tial'ism
ex'is'ten'tial'ist
ex'it
ex li'bris
Exo'cet

ex'o'dus
ex of'fi'cio
ex'og'a'mous
ex'og'a'my
ex'og'e'nous
ex'on'er'ate
ex'on'er'at'ed
ex'on'er'at'ing
ex'on'er'a'tion
ex'on'er'a'tive
ex'or'bi'tance
ex'or'bi'tant
ex'or'bi'tant'ly
ex'or'cise
ex'or'cised
ex'or'cis'ing
ex'or'cism
ex'or'cist
ex'o'skel'e'ton
ex'o'tic
ex'ot'i'ca
ex'ot'i'cal'ly
ex'ot'i'cism
ex'pand
ex'pand'abil'ity
ex'pand'able
ex'pand'er
ex'panse
ex'pan'si'bil'i'ty
ex'pan'si'ble
ex'pan'sion
ex'pan'sion'ism
ex'pan'sion'ist
ex'pan'sive
ex'pan'sive'ly
ex'pan'sive'ness
ex'pa'ti'ate
ex'pa'ti'at'ed
ex'pa'ti'at'ing
ex'pa'ti'a'tion
ex'pa'tri'ate
ex'pa'tri'at'ed
ex'pa'tri'at'ing
ex'pa'tri'a'tion
ex'pect
ex'pect'able
ex'pect'ably
ex'pect'an'cy
ex'pect'ant
ex'pec'ta'tion
ex'pect'ing'ly
ex'pec'to'rant
ex'pec'to'rate
ex'pec'to'rat'ed
ex'pec'to'rat'ing
ex'pec'to'ra'tion
ex'pe'di'ence
ex'pe'di'en'cy
ex'pe'di'ent
ex'pe'dite
ex'pe'dit'ed
ex'pe'dit'er
ex'pe'dit'ing
ex'pe'di'tion
ex'pe'di'tion'ary
ex'pe'di'tious
ex'pe'di'tious'ly
ex'pel
ex'pelled
ex'pel'ling
ex'pend
ex'pend'abil'i'ty
ex'pend'able
ex'pend'i'ture
ex'pense
ex'pen'sive
ex'pens'ive'ly
ex'pe'ri'ence
ex'pe'ri'enced
ex'pe'ri'enc'ing
ex'pe'ri'en'tial
ex'per'i'ment
ex'per'i'men'tal
ex'per'i'men'tal'ist
ex'per'i'men'tal'ly
ex'per'i'men'ta'tion
ex'per'i'ment'er
ex'pert
ex'per'tise
ex'pert'ly
ex'pert'ness
ex'pi'ate
ex'pi'at'ed
ex'pi'at'ing
ex'pi'a'tion
ex'pi'a'to'ry
ex'pi'ra'tion
ex'pir'a'to'ry
ex'pire
ex'pired
ex'pir'ing
ex'pi'ry
ex'plain
ex'plain'able
ex'pla'na'tion
ex'plan'a'to'ry
ex'ple'tive
ex'pli'ca'ble
ex'pli'cate
ex'pli'cat'ed
ex'pli'cat'ing
ex'pli'ca'tion
ex'pli'ca'tive
ex'plic'it
ex'plic'it'ly
ex'plic'it'ness
ex'plode
ex'plod'ed
ex'plod'ing
ex'ploit
ex'ploit'able
ex'ploi'ta'tion
ex'ploit'er
ex'ploit'ive
ex'plo'ra'tion
ex'plo'ita'tive
ex'plor'a'to'ry
ex'plore
ex'plor'er
ex'plo'sion
ex'plo'sive
ex'plo'sive'ly
ex'plo'sive'ness
ex'po'nent
ex'po'nen'tial
ex'po'nen'tial'ly
ex'port
ex'port'able
ex'por'ta'tion
ex'port'er
ex'pose
ex'po'sé
ex'posed
ex'pos'er
ex'pos'ing
ex'po'si'tion
ex'pos'i'tor
ex'pos'i'to'ry
ex post fac'to
ex'pos'tu'late
ex'pos'tu'lat'ed
ex'pos'tu'lat'ing
ex'pos'tu'la'tion
ex'pos'tu'la'to'ry
ex'po'sure
ex'pound
ex'press
ex'press'ible
ex'pres'sion
ex'pres'sion'ism
ex'pres'sion'ist
ex'pres'sion'less
ex'pres'sive
ex'pres'sive'ly
ex'press'ly
ex'press'way
ex'pro'pri'ate
ex'pro'pri'at'ed
ex'pro'pri'at'ing'
ex'pro'pri'a'tion
ex'pul'sion
ex'pul'sive
ex'punge
ex'punged
ex'pung'ing
ex'pur'gate
ex'pur'gat'ed
ex'pur'gat'ing
ex'pur'ga'tion
ex'pur'ga'to'ry

ex'qui'site
ex'qui'site'ly
ex'qui'site'ness
ex'tant
ex'tem'po'ra'ne'ous
ex'tem'po're
ex'tem'po'ri'za'tion
ex'tem'po'rize
ex'tem'po'rized
ex'tem'po'riz'ing
ex'tend
ex'tend'able
ex'tend'ed
ex'tend'ible
ex'ten'si'ble
ex'ten'sion
ex'ten'sive
ex'ten'sive'ly
ex'ten'sor
ex'tent
ex'ten'u'ate
ex'ten'u'at'ed
ex'ten'u'at'ing
ex'ten'u'a'tion
ex'te'ri'or
ex'ter'mi'nate
ex'ter'mi'nat'ed
ex'ter'mi'nat'ing
ex'ter'mi'na'tion
ex'ter'mi'na'tor
ex'ter'nal
ex'ter'nal'iza'tion
ex'ter'nal'ize
ex'ter'nal'ized
ex'ter'nal'iz'ing
ex'ter'nal'ly
ex'ter'ri'to'ri'al
ex'tinct
ex'tinc'tion
ex'tin'guish
ex'tin'guish'able
ex'tin'guish'er
ex'tin'guish'ment
ex'tir'pate
ex'tir'pat'ed
ex'tir'pat'ing
ex'tir'pa'tion
ex'tol
ex'tolled
ex'tol'ling
ex'tol'ment
ex'tort
ex'tor'ter
ex'tor'tion
ex'tor'tion'ary
ex'tor'tion'ate
ex'tor'tion'er
ex'tor'tion'ist
ex'tor'tive
ex'tra
ex'tract
ex'trac'tion
ex'trac'tive
ex'trac'tor
ex'tra'cur'ric'u'lar
ex'tra'dit'able
ex'tra'dite
ex'tra'dit'ed
ex'tra'dit'ing
ex'tra'di'tion
ex'tra'mar'i'tal
ex'tra'mu'ral
ex'tra'ne'ous
ex'traor'di'nari'ly
ex'traor'di'nary
ex'trap'o'late
ex'trap'o'la'tion
ex'tra'sen'so'ry
ex'tra'ter'res'tri'al
ex'tra'ter'ri'to'ri'al
ex'trav'a'gance
ex'trav'a'gan'cy
ex'trav'a'gant
ex'trav'a'gant'ly
ex'trav'a'gan'za
ex'treme
ex'treme'ly
ex'trem'ism
ex'trem'ist
ex'trem'i'ties
ex'trem'i'ty
ex'tri'cate
ex'tri'cat'ed
ex'tri'cat'ing
ex'tri'ca'tion
ex'trin'sic
ex'tro'ver'sion
ex'tro'vert
ex'trude
ex'trud'ed
ex'trud'ing
ex'tru'sion
ex'u'ber'ance
ex'u'ber'ant
ex'u'ber'ant'ly
ex'u'da'tion
ex'ude
ex'ud'ed
ex'ud'ing
ex'ult
ex'ult'ant
ex'ul'tant'ly
ex'ul'ta'tion
ex'ult'ing'ly
ex'ur'ban'ite
ex'ur'bia
eye
eye'ball
eye'brow
eyed
eye'ful
eye'glass'es
eyeing
eye'let
eye-open'er
eye'piece
eye'sight
eye'sore
eye-teeth
eye-tooth
eye'wash
eye'wit'ness
ey'ing
ey'rie
ey'rir

F

fa'ble
fa'bled
fab'ric
fab'ri'cate
fab'ri'cat'ed
fab'ri'cat'ing
fab'ri'ca'tion
fab'ri'ca'tor
fab'u'list
fab'u'lous
fab'u'lous'ly
fa'cade
face
face cloth
faced
face'less
face'lift
face-sav'ing
fac'et
fa'ce'tious
fa'ce'tious'ly
fac'et'ted
fa'cial
fa'cial'ly

fac'ile
fac'ile'ly
fa'cil'i'tate
fa'cil'i'tat'ed
fa'cil'i'tat'ing
fa'cil'i'ties
fa'cil'i'ty
fac'ing
fac'sim'i'le
fact
fac'tion
fac'tion'al
fac'tion'al'ism
fac'ti'tious
fac'toid
fac'tor
fac'to'ries
fac'to'ry
fac'to'tum
fac'tu'al
fac'tu'al'ly
fac'ul'ty
fad
fad'di'er
fad'di'est
fad'dist
fad'dy
fade
fade-out
fad'ed
fade'less
fad'ing
fae'cal
fae'ces
fag
fagged
fag'ging
fag'got
fa'ience
fail'ing
faille
fail-safe
fail'ure
fain
faint
faint-heart'ed
faint'ly
faint'ness
fair
fair'ground
fair'ies
fair'ly
fair-mind'ed
fair'ness
fair'way
fair-weath'er
fairy
fair'y'land
fait ac'com'pli
faith'ful
faith'ful'ly
faith'ful'ness
faith'less
fake
faked
fak'er
fak'ing
fa'kir
fal'con
fal'con'er
fal'con'ry
fal'der'al
fall
fal'la'cies
fal'la'cious
fal'la'cy
fall'en
fal'li'bil'i'ty
fal'li'ble
fall'ing
Fal'lo'pi'an tube
fall'out
fal'low
false
false'hood
false'ly
false'ness
fal'set'to
fal'si'fi'ca'tion
fal'si'fied
fal'si'fy
fal'si'fy'ing
fal'si'ties
fal'si'ty
fal'ter
fal'ter'ing
fame
famed
fa'mil'ial
fa'mil'ial
fa'mil'iar
fa'mil'iar'i'ty
fa'mil'iar'iza'tion
fa'mil'iar'ize
fa'mil'iar'ized
fa'mil'iar'iz'ing
fa'mil'iar'ly
fam'i'lies
fam'i'ly
fam'ine
fam'ish
fam'ished
fa'mous
fa'mous'ly
fan
fa'nat'ic
fa'nat'i'cal
fa'nat'i'cal'ly
fa'nat'i'cism
fa'nat'i'cize
fan'cied
fan'ci'er
fan'cies
fan'ci'est
fan'ci'ful
fan'ci'ful'ly
fan'ci'ly
fan'ci'ness
fan'cy
fan'cy'ing
fan'dan'go
fan'fare
fang
fanged
fan'light
fanned
fan'ning
fan'tail
fan'ta'sia
fan'ta'sies
fan'ta'size
fan'ta'sized
fan'ta'siz'ing
fan'tas'tic
fan'tas'ti'cal
fan'tas'ti'cal'ly
fan'tas'ti'cal'ness
fan'ta'sy
far
far'ad
far'a'day
far'a'way
farce
farced
far'ci'cal
farc'ing
fare
fared
fare'well
far'fetched
fa'ri'na
far'i'na'ceous
far'ing
farm'er
farm'ing
farm'stead
faro
far-out
far'ra'go
far'ra'goes
far-reach'ing
far'ri'er
far'row
far'see'ing
far'sight'ed
far'sight'ed'ness
far'ther
far'ther'most
far'thest
far'thin'gale

fas'ces
fas'cia
fas'ci'cle
fas'ci'cled
fas'ci'nate
fas'ci'nat'ed
fas'ci'nat'ing
fas'ci'nat'ing'ly
fas'ci'na'tion
fas'cism
fas'cist
fas'cis'tic
fash'ion
fash'ion'able
fash'ion'able'ness
fash'ion'ably
fast'back
fas'ten
fas'ten'er
fas'ten'ing
fas'tid'i'ous
fas'tid'i'ous'ly
fas'tid'i'ous'ness
fast'ness
fast-track
fat
fa'tal
fa'tal'ism
fa'tal'ist
fa'tal'is'tic
fa'tal'i'ties
fa'tal'i'ty
fa'tal'ly
fate
fat'ed
fate'ful
fa'ther
fa'ther'hood
fa'ther-in-law
fa'ther'land
fa'ther'less
fa'ther'li'ness
fa'ther'ly
fa'thers-in-law
fath'om
fath'om'able
fath'om'less
fat'i'ga'bil'i'ty
fat'i'ga'ble
fa'tigue
fa'tigued
fa'tig'uing
fat'less
fat'ness
fatly
fat'ted
fat'ten
fat'ter
fat'test
fat'ti'er
fat'ties
fat'ti'est
fat'ti'ness
fat'ting
fat'ty
fa'tu'i'ties
fa'tu'i'ty
fat'u'ous
fat'u'ous'ly
fat-wa
fau'cet
fault
fault'find'ing
fault'i'er
fault'i'ly
fault'i'ness
fault'less
fault'less'ly
faulty
faun
fau'na
fau'nae
fau'nas
faute de mieux
faux pas
fa'vour
fa'vour'able
fa'vour'able'ness
fa'vour'ably
fa'voured
fa'voured'ness
fa'vour'ing
fa'vour'ite
fa'vour'it'ism
fawn
fax
faxed
fax'ing
faze
fazed
faz'ing
fe'al'ties
fe'al'ty
fear
fear'ful
fear'ful'ly
fear'ful'ness
fear'less
fear'less'ly
fear'less'ness
fear'some
fear'some'ness
fea'si'bil'i'ty
fea'si'ble
fea'si'ble'ness
fea'si'bly
feast
feat
feath'er
feath'er'bed'ding
feath'er'brain
feath'er'brained
feath'ered
feath'er'weight
feath'ery
fea'ture
fea'tured
fea'ture'less
fea'tur'ing
fe'brile
feck'less
fe'cund
fe'cun'date
fe'cun'dat'ed
fe'cun'dat'ing
fe'cun'da'tion
fe'cun'di'ty
fed
fed'er'al
fed'er'al'ism
fed'er'al'ist
fed'er'al'iza'tion
fed'er'al'ize
fed'er'al'ized
fed'er'al'iz'ing
fed'er'al'ly
fed'er'ate
fed'er'at'ed
fed'er'at'ing
fe'do'ra
fee'ble
fee'ble'mind'ed
fee'bler
fee'bly
feed
feed'back
feed'er
feed'ing
feel
feel'er
feel-good
feel'ing
feet
feign
feigned
feign'er
feign'ing
feint
feist'i'est
feisty
feld'spar
fe'lic'i'tate
fe'lic'i'tat'ed
fe'lic'i'tat'ing
fe'lic'i'ta'tion
fe'lic'i'ties
fe'lic'i'tous
fe'lic'i'ty
fe'line
fe'lin'i'ty

fell
fel'la'tio
fel'low
fel'low'ship
fel'on
fel'o'nies
fe'lo'ni'ous
fel'o'ny
felt
fe'male
fem'i'nine
fem'i'nine'ness
fem'i'nin'ity
fem'i'nism
fem'i'nist
fem'i'nis'tic
fem'i'ni'za'tion
fem'i'nize
fem'i'nized
fem'i'niz'ing
femme fa'tale
fem'o'ra
fem'o'ral
fe'mur
fen
fence
fenced
fenc'er
fenc'ing
fen'der
fen'nel
Fens
fe'ral
fer'ment
fer'men'ta'tion
fer'mi'um
fern
fe'ro'cious
fe'ro'cious'ly
fe'ro'cious'ness
fe'ro'ci'ty
fer'ret
fer'ret'ed
fer'ret'ing
fer'ried
fer'ries
fer'ro'con'crete
fer'ro'mag'net'ic
fer'rous
fer'ru'gi'nous
fer'rule
fer'ry
fer'ry'boat
fer'ry'ing
fer'tile
fer'tile'ness
fer'til'i'ty
fer'ti'li'za'tion
fer'ti'lize
fer'ti'lized
fer'ti'liz'er
fer'ti'liz'ing
fer'ule
fer'ven'cy
fer'vent
fer'vent'ly
fer'vid
fer'vid'ness
fer'vour
fes'tal
fes'ter
fes'ti'val
fes'tive
fes'tive'ness
fes'tiv'i'ties
fes'tiv'i'ty
fes'toon
fe'ta
fe'tal
fetch
fetch'ing
fetch'ing'ly
fete
fet'ed
fe'ti'cide
fet'id
fet'id'ness
fet'ing
fet'ish
fet'ish'ism
fet'ish'ist
fet'lock
fet'ter
fet'tle
feud
feu'dal
feu'dal'ism
feu'dal'is'tic
feu'dal'iza'tion
feu'dal'ize
feud'ist
fe'ver
fever'few
fe'ver'ish
fe'ver'ish'ly
fe'ver'ish'ness
fe'ver'ous
few
fey
fez
fez'zes
fi'an'cé
fi'an'cée
fi'as'co
fi'at
fib
fibbed
fib'ber
fib'bing
fi'bre
fi'bred
fi'bre'glass
fi'bril
fi'broid
fi'bro'sis
fi'bro'si'tis
fi'brous
fib'u'la
fib'u'lae
fiche
fi'chu
fick'le
fick'le'ness
fic'tion
fic'tion'al
fic'tion'al'iza'tion
fic'tion'al'ized
fic'tion'al'iz'ing
fic'ti'tious
fic'ti'tious'ness
fid'dle
fid'dled
fid'dler
fid'dle'sticks
fid'dling
fi'del'i'ty
fidg'et
fid'get'ing
fidg'ety
fi'du'ci'ary
fief
field
field'er
field mouse
field'work
fiend
fiend'ish
fierce
fierce'ly
fierce'ness
fi'er'i'er
fier'i'est
fier'i'ly
fier'i'ness
fiery
fi'es'ta
fife
fif'teen
fif'teenth
fif'ties
fif'ti'eth
fif'ty
fight
fight'er
fight'ing
fig'ment
figu'ral
fig'ur'ate
fig'u'ra'tion
fig'u'ra'tive

fig'u'ra'tive'ly
fig'ure
fig'ured
fig'ure'head
fig'ure'less
fig'ur'ine
fig'ur'ing
fil'a'ment
fil'a'men'ta'ry
fil'a'ment'ed
fil'a'men'tous
filch
file
filed
fi'let
fil'i'al
fil'i'al'ly
fil'i'bus'ter
fil'i'gree
fil'i'greed
fil'i'gree'ing
fil'ing
Fil'i'pi'no
fill'er
fil'let
fil'let'ed
fil'let'ing
fil'lies
fill'ing
fil'lip
fil'ly
film'i'er
film'i'est
film'i'ness
filmy
filo
Fi'lo'fax
fils
fil'ter
fil'ter'able
filth
filth'i'er
filth'i'est
filth'i'ness
filthy
fil'tra'tion
fin
fi'na'gle
fi'na'gled
fi'na'gler
fi'na'gling
fi'nal
fi'na'le
fi'nal'ist
fi'na'li'ties
fi'nal'i'ty
fi'nal'ize
fi'nal'ized
fi'nal'iz'ing
fi'nal'ly
fi'nance
fi'nanced
fi'nan'cial
fi'nan'cial'ly
fin'an'cier
fi'nanc'ing
finch
find
fin de siè'cle
find'ing
fine
fine'ness
fine'ly
fin'er
fin'er'ies
fin'ery
fine'spun
fi'nesse
fi'nessed
fi'nes'sing
fin'est
fin'ger
fin'ger'board
fin'ger'ing
fin'ger'nail
fin'ger'print
fin'ger'tip
fin'ial
fin'ick'ing
fin'icky
fin'is
fin'ish
fin'ished
fin'ish'er
fi'nite
fi'nite'ly
fi'nite'ness
fink
fin'less
Finn
finned
fin'ning
Finn'ish
fir
fire
fire'arm
fire'ball
fire'bomb
fire'break
fire'crack'er
fired
fire-fight'er
fire'flies
fire'fly
fire'guard
fire'light
fire'man
fire'place
fire'plug
fire'pow'er
fire'proof
fire'trap
fire'wa'ter
fire'wood
fire'works
fir'ing
fir'kin
firm
fir'ma'ment
firm'ly
firm'ness
firm'ware
first
first'born
first'hand
first'ly
first-rate
first-string
fis'cal
fis'cal'ly
fish'bone
fish'er'ies
fish'er'man
fish'ery
fish'i'er
fish'i'est
fish'ing
fish'wife
fishy
fis'sion
fis'sion'able
fis'sure
fis'sured
fis'sur'ing
fist'ful
fist'i'cuffs
fit
fit'ful
fit'ful'ly
fit'ful'ness
fit'ly
fit'ness
fit'ted
fit'ter
fit'test
fit'ting
fit'ting
fit'ting'ly
fit'ting'ly
five'fold
fix
fix'able
fix'ate
fix'at'ed
fix'a'tion
fix'a'tive
fixed
fix'ed'ly
fix'er
fix'ing

fix'ings
fix'i'ty
fix'ture
fizz
fiz'zi'er
fiz'zi'est
fiz'zle
fiz'zled
fiz'zling
fiz'zy
fjord
flab'ber'gast
flab'bi'er
flab'bi'est
flab'bi'ly
flab'bi'ness
flab'by
flac'cid
flack
flag
flag'el'lant
flag'el'late
flag'el'lat'ed
flag'el'lat'ing
flag'el'la'tion
fla'geo'let
flagged
flag'ging
fla'gi'tious
flag'on
fla'grant
fla'grant'ly
flail
flair
flake
flaked
flak'i'er
flak'i'est
flak'i'ness
flak'ing
flaky
flam'bé
flam'boy'ance
flam'boy'an'cy
flam'boy'ant
flam'boy'ant'ly
flame
flamed
fla'men'co
flam'ing
flam'ing'ly
fla'min'go
flam'ma'ble
flange
flank
flank'er
flan'nel
flan'nel'ette
flap
flapped
flap'per
flap'ping
flare
flared
flare-up
flar'ing
flash'back
flash'i'er
flash'i'est
flash'i'ness
flashy
flask
flat
flat'foot
flat'foot'ed
flat'iron
flat'ly
flat'ness
flat'ted
flat'ten
flat'ter
flat'ter
flat'ter'er
flat'ter'ies
flat'ter'ing'ly
flat'tery
flat'test
flat'ting
flat'u'lence
flat'u'len'cy
flat'u'lent
fla'tus
flat'ware
flat'worm
flaunt
flaunt'ed
flaunt'ing'ly
flaunty
flau'tist
fla'vour
fla'voured
fla'vour'ing
fla'vour'less
flawed
flaw'less
flax
flax'en
flax'seed
flea
flea'bag
flea'bane
flea'bite
flea-bit'ten
flexion
fled
fledge
fledged
fledg'ing
fledg'ling
flee
fleece
fleeced
fleec'i'ness
fleec'ing
fleecy
flee'ing
fleet
fleet'ing
fleet'ing'ly
fleet'ly
fleet'ness
Flem'ish
flesh'i'er
flesh'i'ness
flesh'i'est
flesh'ly
fleshy
fleur-de-lis
flew
flex'i'bil'i'ty
flex'i'ble
flex'i'bly
flexi'time
flex'time
flex'ure
flib'ber'ti'gib'bet
flick'er
flick'er'ing
fli'er
flies
flight
flight'i'er
flight'i'est
flight'i'ly
flight'i'ness
flight'less
flighty
flim'flam
flim'flammed
flim'flam'ming
flim'si'er
flim'si'est
flim'si'ly
flim'si'ness
flim'sy
flinch
flinch'ing
fling
fling'ing
flint'i'ness
flinty
flip
flip-flop
flip'pan'cy
flip'pant
flip'pant'ly
flipped
flip'per
flip'ping
flirt

flir'ta'tion
flir'ta'tious
flit
flit'ted
flit'ter
flit'ting
float
float'able
float'a'tion
float'er
float'ing
floc'cu'lence
floc'cu'lent
flocked
floe
flog
flogged
flog'ger
flog'ging
flood
flood'gate
flood'light
flood'light'ed
flood'light'ing
flood'lit
floor
floor'board
floor'ing
floo'zies
floo'zy
flop
flopped
flop'pi'er
flop'pies
flop'pi'est
flop'pi'ness
flop'ping
flop'py
flo'ra
flo'rae
flo'ral
flo'res'cence
flo'res'cent
flo'ret
flo'ri'cul'ture
flo'ri'cul'tur'ist
florid
flo'rid'i'ty
flor'id'ness
flo'rist
floss
flossy
flo'ta'tion
flo'til'la
flot'sam
flounce
flounced
flounc'ing
floun'der
flour'ish
flour'ish'ing
floury
flout
flout'er
flow
flow'chart
flow'er
flow'ered
flow'er'et
flow'er'ing
flow'er'pot
flow'ery
flown
flu
flub
flubbed
flub'bing
fluc'tu'ate
fluc'tu'at'ed
fluc'tu'at'ing
fluc'tu'a'tion
flue
flu'en'cy
flu'ent
flu'ent'ly
fluff
fluf'fi'er
fluf'fi'est
fluff'i'ness
fluffy
flu'id
flu'id'i'ty
flu'id'ness
flu'id ounce
fluke
fluky
flum'mox
flung
flun'key
flun'kies
flun'ky
flu'o'resce
flu'o'resced
flu'o'res'cence
flu'o'res'cent
flu'o'resc'ing
fluor'i'dat'ed
fluor'i'dat'ing
fluor'i'da'tion
flu'o'ride
fluor'o'scope
flur'ried
flur'ries
flur'ry
flur'ry'ing
flus'ter
flute
flut'ed
flut'ing
flut'ist
flut'ter
flut'ter'ing
flut'tery
flux
fly
fly'away
fly'blown
fly'by
fly-by-night
fly-by-wire
fly-drive
fly'er
flying
fly'leaf
fly'leaves
fly-on-the-wall
fly'pa'per
fly'past
fly-tip'ping
fly'weight
fly'wheel
foal
foam
foam'i'er
foam'i'est
foam'i'ness
foamy
fob
fobbed
fob'bing
fo'cal
fo'cal'ize
fo'cal'ized
fo'cal'iz'ing
fo'cal'ly
fo'ci
fo'cus
fo'cused
fo'cus'es
fo'cus'er
fo'cus'ing
fod'der
foe
foehn
foe'tal
foe'tid
foe'ti'cide
foe'tus
fog
fog'bound
fo'gey
fogged
fog'gi'er
fog'gi'est
fog'gi'ly
fog'gi'ness
fog'ging
fog'gy
fo'gies
fo'gy

fo'gy'ish
föhn
foi'ble
foist
fold'er
fol'de'rol
fo'ley art'ist
fo'li'a'ceous
fo'li'age
fo'li'ate
fo'li'at'ed
fo'li'at'ing
fo'li'a'tion
fo'lio
folk
folk'lore
folk'si'ness
folk'sy
fol'li'cle
fol'lic'u'lar
fol'lies
fol'low
fol'low'er
fol'low'ing
fol'ly
fo'ment
fo'men'ta'tion
fo'ment'er
fon'dant
fon'dle
fon'dled
fon'dling
fond'ly
fond'ness
fon'due
food'stuff
fool'er'ies
fool'ery
fool'har'di'ness
fool'hardy
fool'ish
fool'ish'ly
fool'ish'ness
fool'proof
fools'cap
foot
foot'age
foot'ball
foot'bridge
foot'fall
foot'hold
foot'lights
foot'ling
foot'loose
foot'man
foot'note
foot'path
foot'print
foot'slog'ging
foot'sore
foot'step
foot'wear
foot'work
fop
fop'pery
fop'pish
for'age
for'aged
for'ag'ing
for'ay
for'bade
for'bear
for'bear'ance
for'bear'ing
for'bid
for'bid'dance
for'bid'den
for'bid'ding
for'bid'ding'ly
for'bore
for'borne
force
force'able
forced
force-fed
force-feed
force-feed'ing
force'ful
force'ful'ly
force'less
force'meat
for'ceps
for'ci'ble
for'ci'bly
forc'ing
ford'able
fore
fore'arm
fore'bear
fore'bode
fore'bod'ed
fore'bod'ing
fore'cast
fore'cast'ed
fore'cast'er
fore'cast'ing
fore'castle
fore'close
fore'closed
fore'clos'ing
fore'clo'sure
fore'deck
fore'doomed
fore'fa'ther
fore'feet
fore'fin'ger
fore'foot
fore'front
fore'gath'er
fore'go
fore'goes
fore'go'ing
fore'gone
fore'ground
fore'hand
fore'hand'ed
fore'head
for'eign
for'eign'er
fore'knew
fore'know
fore'know'ing
fore'know'ledge
fore'known
fore'leg
fore'lock
fore'man
fore'mast
fore'most
fore'name
fore'noon
fo'ren'sic
fore'or'dain
fore'or'di'na'tion
fore'part
fore'play
fore'quar'ter
fore'run'ner
fore'sail
fore'saw
fore'see
fore'see'able
fore'see'ing
fore'seen
fore'shad'ow
fore'shore
fore'short'en
fore'sight
fore'skin
for'est
fore'stall
for'est'a'tion
for'es'ter
for'est'ry
fore'taste
fore'tell
fore'tell'er
fore'tell'ing
fore'thought
fore'to'ken
fore'told
for'ev'er
for'ev'er'more
fore'warn
fore'went
fore'wing
fore'woman
fore'word
forex
for'feit

or'fei'ture
or'gath'er
or'gave
orge
orged
org'er
or'ger'ies
or'gery
for'get
for'get'ful
for'get'ful'ness
for'get'ta'ble
for'get'ting
forg'ing
for'giv'able
for'giv'ably
for'give
for'giv'en
for'give'ness
for'giv'ing
for'go
for'go'ing
for'gone
for'got
for'got'ten
for'int
forked
fork'lift
for'lorn
for'lorn'ly
for'mal
for'mal'de'hyde
for'mal'ism
for'mal'i'ties
for'mal'i'ty
for'mal'iza'tion
for'mal'ize
for'mal'ized
for'mal'iz'ing
for'mal'ly
for'mat
for'ma'tion
form'a'tive
for'mat'ted
for'mat'ting
for'mer
for'mer'ly
form'fit'ting
for'mi'da'ble
for'mi'da'bly
form'less
form'less'ness
for'mu'la
for'mu'lae
for'mu'la'ic
for'mu'lar'ies
for'mu'lary
for'mu'las
for'mu'late
for'mu'lat'ed
for'mu'lat'ing
for'mu'la'tion
for'mu'la'tor
for'ni'cate
for'ni'cat'ed
for'ni'cat'ing
for'ni'ca'tion
for'ni'ca'tor
for'sake
for'sak'en
for'swear
for'swear'ing
for'swore
for'sworn
for'syth'ia
fort
forte
for'te
forth
forth'com'ing
forth'right
forth'with
for'ties
for'ti'eth
for'ti'fi'cation
for'ti'fied
for'ti'fy
for'ti'fy'ing
for'tis'si'mo
for'ti'tude
fort'night
For'tran
for'tress
for'tu'i'tous
for'tu'itous'ly
for'tu'i'tous'ness
for'tu'nate
for'tu'nate'ly
for'tune
for'tune tell'er
for'ty
fo'rum
fo'rums
for'ward
for'ward'ness
for'went
fos'sil
fos'sil'iza'tion
fos'sil'ized
fos'sil'iz'ing
fos'ter
fos'tered
fos'ter'ing
fought
foul
fou'lard
foul-mouthed
foul-up
found
foun'da'tion
foun'da'tion'al
found'er
found'ling
found'ries
found'ry
fount
foun'tain
four
four flush
four'fold
four-post'er
four'score
four'some
four'teen
four'teenth
fourth
fourth'ly
fowl
fox'glove
fox-hound
fox'i'er
fox'i'est
fox'i'ly
fox'i'ness
fox-trot
fox-trot'ted
fox-trot'ting
foxy
foy'er
fra'cas
frac'tal
frac'tion
frac'tion'al
frac'tion'al'ly
frac'tious
frac'ture
frac'tured
frac'tur'ing
frag'ile
fra'gil'i'ty
frag'ment
frag'men'tal
frag'men'tary
frag'men'ta'tion
frag'ment'ize
fra'grance
fra'grant
fra'grant'ly
frail
frail'ness
frail'ties
frail'ty
frame
framed
frame'work
fram'ing
franc
fran'chise
fran'chised
fran'chi'see

fran'chise'ment
fran'chis'ing
fran'chis'or
fran'gi'ble
fran'gi'pan'i
fran'gi'pan'ni
Fran'glais
frank
frank'furt'er
frank'in'cense
frank'ly
frank'ness
fran'tic
fran'ti'cal'ly
frap'pe
fra'ter'nal
fra'ter'nal'ly
fra'ter'ni'ties
fra'ter'ni'ty
frat'er'ni'za'tion
frat'er'nize
frat'er'nized
frat'er'niz'ing
frat'ri'cid'al
frat'ri'cide
fraud
fraud'u'lence
fraud'u'lent
fraud'u'lent'ly
fraught
fraz'zle
fraz'zled
freak
freak'i'er
freak'i'est
freak'ish
freak'ish'ly
freaky
freck'le
freck'led
freck'led
freck'ling
freck'ly
free
free'base
free'bie
free'board
free'boot'er
free'dom
free'hold
free'hold'er
free'lance
free'lanced
free'lanc'ing
free'load'er
free'ly
free'man
free'mar'tin
free'port
fre'er
free'sia
free'spo'ken
fre'est
free-stand'ing
free'style
free'think'er
free'way
free'wheel
freewill
freeze
freeze-dried
freeze-dry
freeze-frame
freez'er
freez'ing
freight
freight'age
freight'er
French
French fries
French'i'fied
French'i'fy
French'i'fy'ing
fre'net'ic
fre'net'i'cal'ly
fren'zied
fren'zied'ly
fren'zies
fren'zy
fren'zy'ing
fre'quen'cies
fre'quen'cy
fre'quent
fre'quen'ta'tive
fre'quent'ly
fres'co
fres'coed
fres'coes
fres'co'ing
fresh
fresh'en
fresh'et
fresh'ly
fresh'ness
fresh'wa'ter
fret
fret'ful
fret'ful'ly
fret'saw
fret'ted
fret'ting
fret'work
fri'a'ble
fri'ar
fri'ar'ies
fri'ary
fric'as'see
fric'as'seed
fric'as'see'ing
fric'a'tive
fric'tion
fric'tion'al
fric'tion'less
fridge
fried
friend
friend'less
friend'li'er
friend'li'est
friend'li'ness
friend'ly
friend'ship
fries
frieze
fri'gate
fright
fright'en
fright'en'ing
fright'en'ing'ly
fright'ful
fright'ful'ly
frig'id
fri'gid'i'ty
frig'id'ness
frill
fril'li'er
frill'i'est
frilli'ness
frilly
fringe
fringed
fring'ing
frip'per'ies
frip'pery
Fris'bee
frisk
frisk'i'er
frisk'i'est
frisk'i'ness
frisky
fris'son
frit'ter
fri'vol'i'ties
fri'vol'i'ty
friv'o'lous
friv'o'lous'ly
frizz
friz'zi'er
friz'zi'est
friz'zi'ness
friz'zle
friz'zled
friz'zling
friz'zy
frock
frog
frogged
frog'ging
frog'man
frol'ic

frol'icked
frol'ick'ing
frol'ic'some
fro'mage frais
front
front'age
fron'tal
front-end
fron'tier
fron'tis'piece
front'let
front line
front man
frost
frost'bit
frost'bite
frost'bit'ing
frost-bit'ten
frost'ed
frost'i'er
frost'i'est
frost'i'ly
frost'i'ness
frost'ing
frosty
froth
froth'i'er
froth'i'est
froth'i'ness
frothy
frou'frou
fro'ward
frown
frow'zy
frowzi'ness
froze
fro'zen
fro'zen'ness
fruc'ti'fi'ca'tion
fruc'ti'fy
fruc'tose
fru'gal
fru'gal'i'ties
fru'gal'i'ty
fru'gal'ly
fruit
fruit'cake
fruit flies
fruit fly
fruit'ful
fruit'ful'ly
fruit'ful'ness
fruit'i'er
fruit'i'est
fru'i'tion
fruit'less
frui'ty
frump
frump'ish
frumpy
frus'trate
frus'trat'ed
frus'trat'ing
frus'tra'tion
fry
fry'er
fry'ing
fuch'sia
fud'dle
fud'dled
fud'dling
fud'dy-dud'dy
fudge
fudged
fudg'ing
fu'el
fu'elled
fu'el'ling
fu'gi'tive
fugue
Füh'rer
ful'cra
ful'crum
ful'fil
ful'filled
ful'fil'ling
ful'fil'ment
full
full'back
full-blood'ed
full-blown
full-fledged
full-length
full'ness
ful'ly
ful'mi'nate
ful'mi'nat'ed
ful'mi'nat'ing
ful'mi'na'tion
ful'some
ful'some'ly
fum'ble
fum'bled
fum'bler
fum'bling
fume
fumed
fu'mi'gate
fu'mi'gat'ed
fu'mi'gat'ing
fu'mi'ga'tion
fu'mi'ga'tor
fum'ing
fum'ing'ly
func'tion
func'tion'al
func'tion'al'ism
func'tion'al'ist
func'tion'al'ly
func'tion'ar'ies
func'tion'ary
func'tion'less
fund
fun'da'ment
fun'da'men'tal
fun'da'men'tal'ism
fun'da'men'tal'ist
fun'da'men'tal'ly
fund'hold'ing
fund-rais'er
fund-rais'ing
funds
fu'ner'al
fu'ne'ra'ry
fu'ne're'al
fun'gal
fun'gi
fun'gibi'li'ty
fun'gible
fun'gi'cid'al
fun'gi'cide
fun'goid
fun'gus
fu'nic'u'lar
funk
funk'i'er
funk'i'est
funky
fun'nel
fun'nelled
fun'nel'ling
fun'ni'er
fun'nies
fun'ni'est
fun'ni'ly
fun'ni'ness
fun'ny
fun run
fur
fur'be'low
fur'bish
fur'cate
fu'ries
fu'ri'ous
fu'ri'ous'ly
furl
fur'less
fur'long
fur'lough
fur'nace
fur'nish
fur'nish'ings
fur'ni'ture
fu'rore
furred
fur'ri'er
fur'ri'est
fur'ring
fur'row
fur'ry

fur'ther
fur'ther'ance
fur'ther'more
fur'ther'most
fur'thest
fur'tive
fur'tive'ly
fu'ry
fuse
fused
fu'se'lage
fu'si'bil'i'ty
fu'si'ble
fu'sil
fu'si'lier
fu'sil'lade
fu'sil'lad'ed
fu'sil'lad'ing
fus'ing
fu'sion
fu'sion'ism
fuss
fuss'er
fus'si'er
fus'si'est
fus'si'ly
fuss'i'ness
fuss'pot
fussy
fus'tian
fus'tic
fust'i'er
fust'i'est
fusty
fu'tile
fu'til'i'ties
fu'til'i'ty
fu'ton
fu'ture
fu'tur'ism
fu'tur'is'tic
fu'tu'ri'ties
fu'tu'ri'ty
fuzz
fuz'zi'er
fuz'zi'est
fuz'zi'ly
fuzz'i'ness
fuzzy
f-word

G

---

gab
gabbed
gab'bing
gab'ble
gab'bled
gab'bling
gab'by
gab'er'dine
ga'ble
ga'bled
ga'bling
gad
gad'a'bout
gad'ded
gad'ding
gad'fly
gad'get
gad'get'ry
ga'do'lin'i'um
Gael
Gael'ic
Gael'tacht
gaff
gaffe
gaf'fer
gag
ga'ga
gagged
gag'ging
gag'gle
gai'e'ties
gai'e'ty
gai'ly
gain
gain'able
gain'er
gain'ful
gain'ful'ly
gain'ful'ness
gain'said
gain'say
gain'say'ing
gain'shar'ing
gait
gai'ter
ga'la
ga'lac'tic
gal'an'tine
gal'ax'ies
gal'axy
gale
gall
gal'lant
gal'lant'ly
gal'lant'ries
gal'lant'ry
gal'le'on
gal'ler'ies
gal'lery
gal'ley
gal'li'cism
gal'li'mau'fry
gall'ing
gal'li'um
gal'li'vant
gal'lon
gal'lop
gal'loped
gal'lop'ing
gal'lows
gall'stone
ga'lore
ga'losh'es
gal'van'ic
gal'va'nize
gal'va'nized
gal'va'niz'ing
gal'va'nom'e'ter
gam'bit
gam'ble
gam'bled
gam'bler
gam'bling
gam'bol
gam'bolled
gam'bol'ling
game
game'ly
game plan
games'man'ship
game'ster
ga'mete
gam'in
ga'mine
gam'i'ness
gam'ing
gam'ma
gam'ma glob'u'lin
gam'mon
gam'ut
gamy
gan'der
gang-bang
gang'land
gan'glia
gan'gling
gan'gli'on
gan'gly

gan'grene
gan'gre'nous
gang'ster
gan'net
gant'let
gan'tries
gan'try
gaol
gaol'er
gap
gape
gaped
gape'worm
gap'ing
gapped
gap'ping
gap'py
ga'rage
ga'raged
ga'rag'ing
gar'bage
gar'ble
gar'bled
gar'bling
gar'bo'lo'gist
gar'bo'lo'gy
gar'çon
gar'den
gar'den'er
gar'de'nia
gar'gan'tu'an
gar'gle
gar'gled
gar'gling
gar'goyle
gar'ish
gar'ish'ly
gar'ish'ness
gar'land
gar'lic
gar'ment
gar'ner
gar'net
gar'nish
gar'nish'ee
gar'nish'eed
gar'nish'ee'ing
gar'nish'ment
gar'ni'ture
ga'rotte
ga'rot'ted
ga'rot'ting
gar'ret
gar'ri'son
gar'rote
gar'rot'ed
gar'rot'ing
gar'ru'lous
gar'ru'lous'ly
gar'ter
gas
gas'bag
gas'e'ous
gas'es
gas'hold'er
gas'i'fi'ca'tion
gas'i'fied
gas'i'fy
gas'i'fy'ing
gas'ket
gas'light
gas'om'e'ter
gassed
gasser
gas'ses
gas'si'er
gas'si'est
gas'si'ness
gas'sing
gas'sy
gas'tric
gas'tri'tis
gas'tro-en'ter'i'tis
gas'tro'en'ter'ol'o'gy
gas'tro'in'tes'ti'nal
gas'tro'nom'ic
gas'tron'o'my
gas'works
gat
ga'teau
ga'teaux
gate'fold
gate'house
gate'keep'er
gate'post
gath'er
gath'er'ing
gauche
gauche'ness
gau'che'rie
gau'cho
gaud'i'er
gaud'i'est
gaud'i'ly
gaud'i'ness
gaudy
gauge
gauged
gaug'ing
gaunt
gaunt'let
gauze
gauz'i'ness
gauzy
gave
gav'el
ga'votte
gawk
gawk'i'er
gawk'i'est
gawk'i'ly
gawk'i'ness
gawky
gay
gay'er
gay'est
gay'e'ty
gay'ly
gay'ness
gaze
ga'ze'bo
gazed
ga'zelle
ga'zette
gaz'et'teer
gaz'ing
gaz'pa'cho
ga'zump
ga'zumped
ga'zump'er
ga'zump'ing
ga'zund'er
ga'zund'er'er
gear
gear'box
gear'shift
gear'wheel
gecko
geck'oes
geese
gei'sha
gel
gel'a'tin
gel'a'tine
ge'la'ti'nize
ge'lat'i'nous
ge'la'tion
geld
geld'ed
geld'ing
gel'id
ge'lid'i'ty
gel'ig'nite
gelled
gel'ling
gelt
gem
gem'i'nate
gem'i'nat'ed
gem'i'nate'ly
gem'i'nat'ing
gem'i'na'tion
Gemi'ni
gemmed
gem'ming
gem'o'log'i'cal
gem'ol'o'gist
gem'ol'o'gy
gem'stone
gen'darme

gen'der
gene
ge'ne'a'log'i'cal
ge'ne'al'o'gies
ge'ne'al'o'gist
ge'ne'al'o'gy
gen'era
gen'er'al
gen'er'al'ist
gen'er'al'i'ties
gen'er'al'i'ty
gen'er'al'iza'tion
gen'er'al'ize
gen'er'al'ized
gen'er'al'iz'ing
gen'er'al'ly
gen'er'ate
gen'er'at'ed
gen'er'at'ing
gen'er'a'tion
gen'er'a'tive
gen'er'a'tor
ge'ner'ic
ge'ner'i'cal
gen'er'os'i'ties
gen'er'os'i'ty
gen'er'ous
gen'er'ous'ly
gen'e'ses
gen'e'sis
ge'net'ic
ge'net'i'cal'ly
ge'net'i'cist
ge'net'ics
gen'ial
ge'ni'al'i'ty
ge'nial'ly
ge'nie
ge'nii
gen'i'tal
gen'i'ta'lia
gen'i'tals
gen'i'tive
ge'ni'us
ge'ni'us'es
genoa
geno'ci'dal
geno'cide
ge'nom
ge'nome
geno'type
genre
gent
gen'teel
gen'teel'ly
gen'tian
gen'tile
gen'til'i'ty
gen'tle
gent'le'folk
gen'tle'man
gen'tle'man'ly
gent'le'ness
gent'ler
gen'tlest
gen'tle'wom'an
gen'tly
gen'tri'fi'ca'tion
gen'tri'fy
gen'try
gen'u'flect
gen'u'flec'tion
gen'u'ine
gen'u'ine'ly
gen'u'ine'ness
genus
geo'cen'tric
geo'cen'tri'cal'ly
geo'chem'i'cal
geo'chem'ist
geo'chem'is'try
ge'ode
geo'demo'graph'ic
geo'des'ic
geod'e'sy
ge'o'gra'pher
geo'gra'phic
geo'graph'i'cal
geo'graph'i'cal'ly
ge'o'gra'phies
ge'o'gra'phy
geo'log'ic
geo'log'i'cal
geo'log'i'cal'ly
ge'ol'o'gies
ge'ol'o'gist
ge'ol'o'gy
ge'o'mag'net'ic
geo'mag'ne'tism
geo'met'ric
geo'met'ri'cal
geo'met'ri'cal'ly
geom'e'tries
ge'om'e'try
geo'phys'i'cal
geo'phys'i'cist
geo'phys'ics
geo'pol'i'tic
geo'po'lit'i'cal
geo'po'lit'i'cal'ly
geo'pol'i'tics
geor'gette
Geor'gian
geor'gic
geo'ther'mal
ge'ra'ni'um
ger'bil
ger'i'at'ric
ger'i'a'tri'cian
ger'i'at'rics
ger'i'at'rist
Ger'man
ger'mane
Ger'man'ic
ger'ma'ni'um
ger'mi'cid'al
ger'mi'cide
ger'm'inal
ger'mi'nate
ger'mi'nat'ed
ger'mi'nat'ing
ger'mi'na'tion
ger'on'tol'o'gist
ger'on'tol'o'gy
ger'ry'man'der
ger'und
ge'stalt
ges'tate
ges'tat'ed
ges'tat'ing
ges'ta'tion
ges'tic'u'late
ges'tic'u'lat'ed
ges'tic'u'lat'ing
ges'tic'u'la'tion
ges'tic'u'la'to'ry
ges'tur'al
ges'ture
ges'tured
ges'tur'ing
ge'sund'heit
get
get'ting
gey'ser
Gha'nai'an
ghast'li'er
ghast'li'est
ghast'li'ness
ghast'ly
gher'kin
ghet'to
ghet'tos
ghost
ghost'li'est
ghost'li'ness
ghost'ly
ghost-write
ghost-writ'er
ghost-writ'ing
ghost-writ'ten
ghoul
ghoul'ish
ghoul'ish'ly
gi'ant
gib'ber
gib'ber'ish
gib'bet
gib'bon
gib'bous
gibe

gib'ing'ly
gib'let
gib'lets
gid'di'er
gid'di'est
gid'di'ly
gid'di'ness
gid'dy
gift'ed
gi'gan'tic
gi'gan'tism
gig'gle
gig'gling
gig'gly
gig'o'lo
gild
gild'ed
gill
gilt
gilt-edged
gim'crack
gim'let
gim'mick
gim'mick'ry
gim'mick'y
gin
gin'ger
gin'ger'bread
gin'ger'li'ness
gin'ger'ly
gin'gery
ging'ham
gin'gi'vi'tis
gin'seng
gip'sies
gip'sy
gi'raffe
gird
gird'er
gir'dle
gir'dled
gir'dling
girl
girl'friend
girl'hood
gir'lie
girl'ish
giro
giro'cheque
girth
gist
give
give-away
giv'en
giv'ing
giz'zard
gla'cé
gla'cial
gla'ci'a'tion
gla'cier
glad
glad'den
glad'der
glad'dest
glade
glad'i'a'tor
glad'i'a'to'ri'al
glad'i'o'la
glad'i'o'li
glad'i'o'lus
glad'i'o'lus'es
glad'ly
glad'ness
glam'or'isa'tion
glam'or'ise
glam'or'ised
glam'or'is'ing
glam'or'ous
glam'or'ous'ness
glam'our
glance
glanced
glanc'ing
glan'du'lar
glare
glared
glar'i'ness
glar'ing
glar'ing'ly
glas'nost
glas'nos'tian
glass
glass'blow'ing
glass'ful
glass'ine
glass'i'er
glass'i'est
glass'i'ly
glass'i'ness
glass'ware
glassy
glau'co'ma
glaze
glazed
gla'zier
glaz'ing
gleam
gleam'ing
gleamy
glean
glean'er
glean'ing
glee
glee'ful
glee'ful'ly
glee'ful'ness
glib
glib'best
glib'ly
glib'ness
glide
glid'ed
glid'ing
glim'mer
glimpse
glimpsed
glimps'ing
glis'san'do
glis'ten
glitch
glit'ter
glit'tery
glitz
glitzi'er
glitzi'est
glitzy
gloam'ing
gloat
gloat'er
gloat'ing
glob
glob'al
glob'al'i'za'tion
glob'al'ly
globe
globe'trot'ter
globe'trot'ting
glob'u'lar
glob'ule
glock'en'spiel
gloom
gloom'i'er
gloom'i'est
gloom'i'ly
gloom'i'ness
gloomy
glo'ried
glo'ries
glo'ri'fi'ca'tion
glo'ri'fied
glo'ri'fy
glo'ri'fy'ing
glo'ri'ous
glo'ri'ous'ly
glo'ry
glo'ry'ing
gloss
glos'sa'ries
glos'sa'ry
gloss'i'er
gloss'i'ly
gloss'i'ness
glossy
glot'tal
glot'tis
glove
glow
glow'er
glow'ing
glow-worm

glu'cose
glue
glued
glue'ing
glu'ey
glu'ing
glum
glum'ly
glum'mer
glum'mest
glu'on
glut
glu'ten
glu'ten'ous
glu'ti'nous
glut'ted
glut'ting
glut'ton
glut'ton'ous
glut'tony
glyc'er'in
glyc'er'ine
gnarl
gnarled
gnash
gnat
gnaw
gnawed
gnaw'ing
gneiss
gnome
gno'mic
gno'mic'al
gno'mic'al'ly
gno'mon
gno'mon'ic
gno'mon'ic'al'ly
gnu
go
goad
goad'ed
go-ahead
goal
goal'ie
goal'keep'er
goal'post
goat
goat'ee
goat'herd
goat'skin
gob
gob'bet
gob'ble
gob'bled
gob'bler
gob'bling
gob'let
gob'lin
gob'smacked
gob'stop'per
go-cart
god
god-aw'ful
god'child
god'chil'dren
god'daugh'ter
god'dess
god'fa'ther
god-fear'ing
go'fer
god'for'sak'en
god'head
god'less
god'less'ness
god'li'ness
god'ly
god'moth'er
god'par'ent
god'send
god'son
goes
go'fer
go-get'ter
gog'gle
gog'gled
gog'gle-eyed
gog'gling
go-go
go'ing
go'ing-over
go'ings-on
goi'tre
gold
gold'dig'ger
gold'en
gold'en'rod
gold'finch
gold'fish
gold'smith
golf
golf'er
gol'ly
go'nad
gon'do'la
gon'do'lier
gone
gon'er
gon'or'rhoea
gon'zo
goo
good
good-by
goodbye
good-heart'ed
good-hu'moured
good'ish
good-look'ing
good'ly
good-na'tured
good'ness
good-tem'pered
goody-goody
goo'ey
goo'i'er
goo'i'est
goose
goose'ber'ries
goose'ber'ry
goosed
goose-step
goose-stepped
goose-step'ping
goos'ing
go'pher
go'pik
Gor'dian knot
gore
gored
gorge
gorged
gor'geous
gor'geous'ly
gor'geous'ness
gorg'ing
gor'gon
gor'gon'zo'la
gor'i'er
gor'i'est
go'ril'la
gor'ing
gorse
gory
gos'hawk
gos'ling
gos'pel
gos'sa'mer
gos'sip
gos'siped
gos'sip'er
gos'sip'ing
gos'sipy
got
Goth
Goth'ic
Goth'ic'al'ly
gouache
gouge
gouged
goug'ing
gou'jon
gou'lash
gourd
gourde
gour'mand
gour'met
gout
gouty
gov'ern
gov'ern'able
gov'ern'ance

gov'ern'ess
gov'ern'ment
gov'ern'men'tal
gov'er'nor
gov'ern'or'ship
gown
gowned
goy
goy'in
grab
grabbed
grab'ber
grab'bing
grace
graced
grace'ful
grace'ful'ly
grace'less
grac'ing
gra'cious
gra'cious'ly
gra'cious'ness
grack'le
gra'da'tion
grade
grad'ed
gra'di'ent
grad'ing
grad'u'al
grad'u'al'ly
grad'u'al'ness
grad'u'ate
grad'u'at'ed
grad'u'at'ing
grad'u'a'tion
graf'fi'ti
graft
graft'age
graft'er
graft'ing
gra'ham
grail
grain
grain'i'ness
grainy
gram
gram'mar
gram'mar'i'an
gram'mat'i'cal
gram'ma'ti'cal'ly
gramme
gram'pus
gra'na'ries
gra'na'ry
grand
grand'dad'dy
grand'child
grand'chil'dren
grand'daugh'ter
gran'dee
gran'deur
grand'fat'her
gran'dil'o'quence
gran'dil'o'quent
gran'dil'o'quent'ly
gran'di'ose
gran'di'ose'ly
grand'ly
grand mal
grand'moth'er
grand'pa
grand'par'ent
grand'son
grange
gran'ite
gran'nies
gran'ny
gra'no'la
gran'u'lar
gran'u'lar'i'ty
gran'u'late
gran'u'lat'ed
gran'u'lat'ing
gran'u'la'tion
gran'ule
grape
grape'fruit
grape'vine
graph
graph'ic
graph'i'cal
graph'i'cal'ly
graph'ite
graph'ol'o'gist
graph'ol'o'gy
grap'nel
grap'ple
grap'pled
grap'pler
grap'pling
grasp'ing
grass
grass'hop'per
gras'si'er
grass'i'est
grass'land
grassy
grate
grat'ed
grate'ful
grate'ful'ly
grat'er
grat'i'fi'ca'tion
grat'i'fied
grat'i'fy
grat'i'fy'ing
grat'ing
gra'tis
grat'i'tude
gra'tu'i'ties
gra'tu'i'tous
gra'tu'i'tous'ly
gra'tu'i'ty
gra'va'men
gra'vam'i'na
grave
graved
grav'el
grav'elled
grav'el'ling
grav'el'ly
grave'ly
grav'en
grave'ness
grav'er
grav'est
grave'stone
grave'yard
gravid
gra'vies
grav'ing
grav'i'tate
grav'i'tat'ed
grav'i'tat'ing
grav'i'ta'tion
grav'i'ta'tion'al
grav'i'ties
grav'i'ty
gra'vy
gray'ling
graze
grazed
graz'ing
grease
greased
grease'paint
greas'i'er
greas'i'est
greas'i'ness
greas'ing
greasy
great
great'coat
great'ly
great'ness
grebe
greed
greed'i'er
greed'i'est
greed'i'ly
greed'i'ness
greedy
Greek
green
green'back
green'ery
green'field
green'gage
green'horn
green'house

green'ing
green'ish
green'mail
green'ness
green'some
green'stick
green'wood
greet
greet'ing
gre'gar'i'ous
gre'gar'i'ous'ly
gre'gar'i'ous'ness
grem'lin
gre'nade
gren'a'dier
gren'a'dine
grew
grey
grey'hound
grey'ish
grey'mail
grey'ness
grid
grid'dle
grid'i'ron
grid'lock
grief
grief-strick'en
griev'ance
grieve
grieved
griev'ing
griev'ous
griev'ous'ly
grif'fin
grif'fon
grill
gril'lage
grille
grilse
grim
grim'ace
grim'aced
grim'ac'ing
gri'mal'kin
grime
grim'i'ness
grim'ly
grim'mer
grim'mest
grim'ness
grimy
grin
grind
grind'er
grind'ing
grind'ing'ly
grind'stone
grinned
grin'ning
grip
gripe
griped
grip'er
grip'ing
grippe
gripped
grip'ping
gris'li'ness
gris'ly
grist
gris'tle
gris'tly
grit
grit'ted
grit'ti'er
grit'ti'est
grit'ti'ness
grit'ting
grit'ty
griz'zle
griz'zled
griz'zlies
griz'zling
griz'zly
groan
gro'cer
gro'cer'ies
gro'cery
grockle
grog
grog'gi'er
grog'gi'est
grog'gi'ly
grog'gi'ness
grog'gy
gro'gram
groin
grom'met
groom
groove
grooved
groov'er
groov'i'er
groov'i'est
groov'ing
groov'y
grope
groped
grop'ing
gros'grain
gross
gross'ly
gross'ness
groszy
gro'tesque
gro'tesque'ly
gro'tesque'ness
grot'to
grot'toes
grot'ty
grouch
grouch'i'ly
grouch'i'ness
grouchy
ground
grounded
ground'ing
ground'less
ground'nut
ground'sheet
ground'work
group
group'ie
group'ing
grouse
groused
grous'ing
grove
grovel
grov'elled
grov'el'ling
grow
grow'er
grow'ing
growl
growl'er
growl'ing
grown
grown-up
growth
grub
grubbed
grub'bi'er
grub'bi'est
grub'bi'ness
grub'bing
grub'by
grub'stake
grudge
grudged
grudg'ing
grudg'ing'ly
gru'el
gru'el'ling
grue'some
gruff
gruff'ly
gruff'ness
grum'ble
grum'bled
grum'bling
grump'i'er
grump'i'est
grump'i'ly
grump'i'ness
grumpy
grunge
grunt
grunt'ed

grunt'ing
gryph'on
guar'an'tee
guar'an'teed
guar'an'teeing
guar'an'tied
guar'an'ties
guar'an'tor
guar'an'ty
guar'an'ty'ing
guard
guard'ed
guard'ed'ly
guard'house
guard'i'an
guard'ian'ship
guard-rail
guards'man
gua'va
gu'ber'na'to'ri'al
gudg'eon
guer'ril'la
guess
guess'ing
guess'work
guest
guff
guf'faw
guid'ance
guide
guide'book
guid'ed
guide'line
guid'ing
gui'don
guild
guil'der
guild'hall
guile
guile'ful
guile'less
guil'le'mot
guil'lo'tine
guil'lo'tined
guil'lo'tin'ing
guilt
guilt'i'er
guilt'i'est
guilt'i'ly
guilt'i'ness
guilt'less
guilty
guin'ea
guise
gui'tar
gui'tar'ist
gu'lag
gulf
gull
gul'let
gul'li'bil'i'ty
gul'li'ble
gul'li'bly
gul'lies
gul'ly
gum
gum'bo
gum'boil
gum'drop
gummed
gum'mi'er
gum'mi'est
gum'mi'ness
gum'ming
gum'my
gump'tion
gum'shoe
gun
gun'boat
gun dog
gun'fight
gun'fire
gunge
gungy
gun'man
gun'met'al
gunned
gun'ner
gun'nery
gun'ning
gun'ny
gun'point
gun'pow'der
gun'run'ner
gun'run'ning
gun'shot
gun'shy
gun'smith
gun'wale
gup'pies
gup'py
gur'gle
gur'gled
gur'gling
gur'nard
gu'ru
gush'er
gush'i'er
gush'i'est
gush'i'ness
gush'ing
gushy
gus'set
gus'ta'to'ry
gust'i'er
gust'i'est
gust'i'ly
gust'i'ness
gus'to
gusty
gut
gut'less
guts'y
gut'ted
gut'ter
gut'ting
gut'tur'al
gut'tur'al'ly
guy
guz'zle
guz'zled
guz'zler
guz'zling
gym
gym'kha'na
gym'na'si'um
gym'na'si'ums
gym'nast
gym'nas'tic
gy'nae'co'log'i'cal
gy'nae'col'o'gist
gy'nae'col'o'gy
gyp
gypped
gyp'ping
gyp'sies
gyp'sum
gyp'sy
gy'rate
gy'rat'ed
gy'rat'ing
gy'ra'tion
gy'ra'tor
gy'ro'com'pass
gy'rom'e'ter
gy'ro'plane
gy'ro'scope
gy'ro'sta'bi'liz'er
gy'ro'sta'tics

H

ha'be'as cor'pus
hab'er'dash'er
hab'er'dash'ery
ha'bil'i'ment
hab'it
ha'bi'tabil'i'ty
hab'it'able
hab'i'tat
hab'i'ta'tion
ha'bit'u'al
ha'bit'u'al'ly
ha'bit'u'al'ness
ha'bit'u'ate
ha'bit'u'at'ed
ha'bit'u'a'tion
ha'bit'ué
ha'ci'en'da
hack
hack'er
hacked
hack'ing
hack'le
hack'led
hack'ling
hack'ney
hack'neyed
hack'saw
had
had'dock
had'n't
hae'ma'tol'o'gy
hae'mo'glo'bin
hae'mo'phil'ia
hae'mo'phil'i'ac
haem'or'rhage
haem'or'rhaged
haem'or'rhag'ing
haem'or'rhoid
haf'ni'um
hag
hag'gard
hag'gard'ness
hag'gis
hag'gle
hag'gled
hag'gler
hag'gling
ha'gi'og'ra'phy
hagi'ol'o'gy
hag'rid'den
hail
hail'storm
hair
hair'ball
hair'breadth
hair'do
hair'dress'er
hair'i'er
hair'i'est
hair'piece
hair-rais'ing
hair'split'ting
hair'style
hairy
Hai'tian
hake
ha'la'la
haled
hal'er
half
half-caste
half-hearted
half-life
half-lives
half-tim'bered
half-wit'ted
hal'i'but
hal'ing
hal'i'to'sis
hall
hal'le'lu'jah
hall'mark
hal'loo
hal'low
hal'lowed
hal'lu'ci'nate
hal'lu'ci'nat'ed
hal'lu'ci'nat'ing
hal'lu'ci'na'tion
hal'lu'ci'na'to'ry
hal'lu'ci'no'gen'ic
ha'lo
halo'gen
halt
hal'ter
hal'ting
hal'va
hal'vah
halve
halved
halves
halves
hal'ving
hal'yard
ham
ham'burg'er
ham'let
hammed
ham'mer
ham'ming
ham'mock
ham'per
ham'ster
ham'string
ham'string'ing
ham'strung
hand'bag
hand'bagged
hand'bag'ging
hand'ball
hand'bill
hand'cuff
hand'ed
hand'ful
hand'i'cap
hand'i'capped
hand'i'cap'per
hand'i'cap'ping
hand'i'craft
hand'i'er
hand'i'est
hand'i'ly
hand'i'ness
hand'i'work
hand'ker'chief
han'dle
han'dle'bar
han'dled
han'dling
hand'made
hand'maid
hand'maid'en
hand-picked
hand'rail
hand'some
hand'some'ly
hand'some'ness
hand'som'est
hands-off
hands-on
hand'stand
hand'writ'ing
hand'writ'ten
handy
handy'man
hang
hang'ar
hanged
hang'er
hang'er-on

hang-glid'er
hang-glid'ing
hang'ing
hang'man
hang'nail
hang'over
hang-up
hank'er
han'ky-pan'ky
han'som
hao
hap
hap'haz'ard
hap'haz'ard'ly
hap'less
hap'pen
hap'pen'ing
hap'pen'stance
hap'pi'er
hap'pi'est
hap'pi'ly
hap'pi'ness
hap'py
hap'py-clap'py
hap'py hour
ha'ra-ki'ri
ha'rangue
ha'rangued
ha'rangu'ing
har'ass
har'ass'ment
har'bin'ger
har'bour
har'bour mas'ter
hard'back
hard'ball
hard-bit'ten
hard'board
hard-boiled
hard copy
hard-core
hard'en
hard'en'er
hardheart'ed
hard-hit'ting
har'di'er
har'di'est
har'di'hood
har'di'ly
har'd'iness
hard'line
hard'liner
hard'ly
hard pal'ate
hard-pressed
hard'ware
hard'wood
har'dy
hare
harebell
hare'brained
hared
hare'lip
har'em
har'i'cot
har'ing
hark
har'ken
har'le'quin
har'lot
har'lot'ry
harm'ful
harm'ful'ly
harm'ful'ness
harm'less
harm'less'ly
harm'less'ness
har'mon'ic
har'mon'i'ca
har'mon'i'cal'ly
har'mon'ics
har'mo'nies
har'mo'ni'ous
har'mo'ni'ous'ly
har'mo'ni'um
har'mo'nize
har'mo'nized
har'mo'niz'ing
har'mo'ny
har'ness
har'pies
harp'ist
har'poon
harp'si'chord
har'py
har'ri'dan
har'ried
har'ri'er
har'row
har'ry
har'ry'ing
harsh
harsh'ly
harsh'ness
har'te'beest
har'um-scar'um
har'vest
har'ves'ter
has
has-been
hash'eesh
hash'ish
has'n't
has'sle
has'sled
has'sling
has'sock
haste
has'ten
hast'i'er
hast'i'est
hast'i'ly
hast'i'ness
hast'y
hat
hatch
hatch'back
hatch'er'ies
hatch'ery
hatch'et
hatch'et man
hatch'way
hate
hat'ed
hate'ful
hate'ful'ly
hate'ful'ness
hath
hat'ing
ha'tred
hat'ter
haugh'ti'er
haugh'ti'est
haugh'ti'ly
haugh'ti'ness
haugh'ty
haul
haul'age
haunch
haunch'es
haunt
haunt'ed
haunt'ing
haunt'ing'ly
haus'frau
haute cou'ture
haute cui'sine
haute école
hau'teur
haut monde
have
ha'ven
have-not
haven't
hav'er'sack
hav'ing
hav'oc
Ha'wai'ian
hawk
hawk'er
hawk'ish
haw'ser
haw'thorn
hay
haz'ard
haz'ard'ous
haz'ard'ous'ness
haze
hazed
ha'zel

ha'zel'nut
haz'ier
haz'i'est
ha'zi'ly
ha'zi'ness
haz'ing
ha'zy
head
head'ache
head'board
head'dress
head'first
head'fore'most
head'gear
head'hunt'er
head'ier
head'i'est
head'i'ly
head'i'ness
head'ing
head'less
head'light
head'line
head'lined
head'lin'ing
head'long
head'man
head'master
head'mis'tress
head'phone
head'quar'ters
head'shrink'er
head'word
head'work
heady
heal
heal'er
health
health'ful
health'ful'ly
health'i'er
health'i'est
health'i'ly
health'i'ness
healthy
heap
heaped
hear
heard
hear'er
hear'ing
heark'en
hear'say
hearse
heart
heart'ache
heart'beat
heart'break
heart'break'ing
heart'bro'ken
heart'burn
heart'en
hearth
hearth'stone
heart'i'er
heart'i'est
heart'i'ly
heart'i'ness
heart'less
heart'less'ly
heart'less'ness
heart'rend'ing
hearts'ease
heart'sick
heart'throb
heart-warm'ing
hearty
heat
heat'ed
heat'ed'ly
heat'er
heath
hea'then
heath'er
heave
heaved
heav'en
heav'en'ly
heav'en-sent
heav'en'ward
heavi'er
heavi'est
heavi'ly
heavi'ness
heav'ing
heavy
heavy-du'ty
heavy-hand'ed
heavy-heart'ed
heav'y'weight
He'bra'ic
He'brew
heck
heck'le
heck'led
heck'ler
heck'ling
hec'tare
hec'tic
hec'ti'cal'ly
hec'to'gram
hec'to'li'tre
hec'to'me'tre
hec'tor
hedge
hedged
hedge'hog
hedg'er
hedge'row
hedg'ing
he'don'ism
he'don'ist
he'don'is'tic
heed
heed'ful
heed'less
heel
heft'i'er
heft'i'est
hefty
he'gem'o'ny
he'gi'ra
heif'er
height
height'en
hei'nous
hei'nous'ness
heir
heir'ess
heir'loom
heist
he'ji'ra
held
he'li'cal
hel'i'cop'ter
he'li'port
he'li'um
he'lix
he'lix'es
hel'lion
hell'ish
hell'ish'ly
hell'ish'ness
hel'lo
helm
hel'met
hel'met'ed
helm'less
helms'man
help'er
help'ful
help'ful'ly
help'ful'ness
help'ing
help'less
help'less'ly
help'less'ness
help'line
hel'ter-skel'ter
hem
he-man
hem'i'sphere
hem'i'spher'i'cal
hem'lock
hemmed
hem'ming
hem'stich
hence
hence'forth
hench'man

hen'na
hep'a'ti'tis
hep'tag'on
hep'tag'o'nal
her
her'ald
he'ral'dic
her'ald'ry
herb
her'ba'ceous
herb'al
herb'al'ist
her'bi'cide
herb'i'vore
her'biv'o'rous
her'cu'le'an
herd
herds'man
here
here'af'ter
here'by
he'red'i'tar'i'ly
he'red'i'tary
he'red'i'ty
here'in
her'e'sies
her'e'sy
her'e'tic
he'ret'i'cal
here'to'fore
here'with
her'it'a'bil'i'ty
her'it'a'ble
her'it'age
her'maph'ro'dite
her'maph'ro'dit'ism
her'met'ic
her'met'i'cal'ly
her'mit
her'nia
her'ni'al
he'ro
he'roes
he'ro'ic
he'ro'i'cal'ly
her'o'in
her'o'ine
her'o'ism
her'on
her'pes
her'pe'tol'o'gy
her'ring
her'ring'bone
hers
her'self
hertz
hes'i'tance
hes'i'tan'cy
hes'i'tant
hes'i'tant'ly
hes'i'tate
hes'i'tat'ed
hes'i'tat'ing
hes'i'ta'tion
hes'sian
het'er'o'dox
het'er'o'doxy
het'er'o'ge'ne'i'ty
het'er'o'ge'ne'ous
het'er'o'sex'u'al
het'er'o'sex'u'al'i'ty
heu'ris'tic
hew
hewed
hew'ing
hewn
hex'ad
hex'a'gon
hex'ag'o'nal
hexa'gram
hey
hi'a'tus
hi'ba'chi
hi'ber'nate
hi'ber'nat'ed
hi'ber'nat'ing
hi'ber'na'tion
hi'bis'cus
hic'cup
hic'cupped
hick
hick'o'ry
hic'up'ping
hid
hid'den
hide
hide'bound
hid'e'ous
hid'e'ous'ly
hid'e'ous'ness
hid'ing
hi'er'ar'chi'cal
hi'er'ar'chic
hi'er'ar'chi'cal'ly
hi'er'ar'chies
hi'er'ar'chy
hi'er'o'glyph
hi'er'o'glyph'ic
high
high-ball
high'brow
high-class
high'er-up
high-fli'er
high-flown
high-fly'ing
high-grade
high-hand'ed
high-lev'el
high'light
high'light'er
high'ly
high-mind'ed
high'ness
high-oc'tane
high-pow'ered
high-pres'sure
high-pres'sured
high-pres'sur'ing
high-rise
high-spir'it'ed
high-tech
high-ten'sion
high-toned
high'way
high'way'man
hi'jack
hi'jack'er
hi'jack'ing
hike
hiked
hik'er
hik'ing
hi'lar'i'ous
hi'lar'i'ous'ly
hi'lar'i'ous'ness
hi'lar'i'ty
hill'bil'lies
hill'bil'ly
hill'i'er
hill'i'est
hill'ock
hilly
Hi'ma'la'yan
him'self
hind
hin'der
hind'er'er
Hin'di
hind'most
hind'quar'ter
hin'drance
hind'sight
Hin'du
Hin'du'ism
Hin'du'sta'ni
hinge
hinged
hing'ing
hin'ter'land
hip
hipped
hip'pie
hip'po'drome
hip'po'pot'a'mi
hip'po'pot'a'mus
hip'py
hip'sters
hire
hired

hire'ling
hir'ing
hir'sute
his
His'pan'ic
hiss
his'ta'mine
his'to'ri'an
his'tor'ic
his'tor'i'cal
his'tor'i'cal'ly
his'tor'i'cal'ness
his'to'ries
his'to'ry
his'tri'on'ic
his'tri'on'i'cal'ly
his'tri'on'ics
hit
hit-and-miss
hitch
hitch'hike
hitch'hiked
hitch'hik'er
hitch'hik'ing
hith'er
hith'er'to
hit-or-miss
hit'ter
hit'ting
hive
hived
hiv'ing
hoard
hoard'er
hoard'ing
hoar'frost
hoari'er
hoari'est
hoar'i'ness
hoarse
hoarse'ly
hoarse'ness
hoary
hoax
hoax'er
hob
hob'bies
hob'ble
hob'bled
hob'bling
hob'by
hob'by'ist
hob'gob'lin
hob'nail'ed
hob'nob
hob'nobbed
hob'nob'bing
hock'ey
ho'cus-po'cus
hod
hodge'podge
hoe
hoed
hoe'down
hoe'ing
hog
hogged
hog'ging
hog'gish
hogs'head
hog-tie
hog'wash
hoi pol'loi
hoist
hoist'ing
hoi'ty-toi'ty
ho'kum
hold
hold'all
hold'ing
hole
holed
hol'er
holey
hol'i'day
ho'li'er
hol'li'es
ho'li'est
ho'li'ness
hol'ing
hol'land'aise
hol'low
hol'low'ness
hol'ly
hol'ly'hock
hol'o'caust
hol'o'gram
hol'o'graph
hol'ster
ho'ly
hom'age
hom'bre
hom'burg
home'com'ing
home-grown
home'less
home'less'ness
home'li'ness
home'ly
ho'meo'path
ho'meo'path'ic
ho'me'op'a'thy
home'spun
home'stead
home'ward
home'wards
home'work
home'work'ing
homey
ho'mi'cid'al
ho'm'i'cide
hom'i'let'ics
hom'i'lies
hom'i'ly
hom'i'ness
hom'i'ny
ho'mo'ge'ne'i'ty
ho'mo'ge'neous
ho'mog'e'nize
ho'mog'e'nized
ho'mog'e'niz'ing
ho'mog'e'nous
hom'o'graph
ho'mol'o'gous
hom'o'nym
ho'mo'phile
ho'mo'phobe
ho'mo'pho'bia
ho'mo'pho'bic
hom'o'phone
Ho'mo sa'pi'ens
ho'mo'sex'u'al
ho'mo'sex'u'al'i'ty
hon'cho
hone
honed
hon'est
hon'es'ties
hon'est'ly
hon'es'ty
hon'ey
hon'ey'comb
hon'ey'dew
hon'eyed
hon'ey'moon'er
hon'ey'suck'le
hon'ing
honk
honky-tonk
hon'our
hon'our'able
hon'our'ably
hon'o'rar'i'um
hon'or'ary
hon'or'if'ic
hooch
hood
hood'ed
hood'lum
hoo'doo
hood'wink
hoo'ey
hoof
hoofed
hoof'er
hoofs
hook
hooked
hook'er
hook'ey

hooky
hoo'li'gan
hoo'li'gan'ism
hoop
hooped
hoop'la
hoo'ray
hoot
hoo'te'nan'ny
hooting
hooves
hop
hope
hoped
hope'ful
hope'ful'ly
hope'ful'ness
hope'less
hope'less'ly
hope'less'ness
hop'head
hop'ing
hopped
hop'per
hop'ping
hop'scotch
horde
hord'ed
hord'ing
ho'ri'zon
hor'i'zon'tal
hor'i'zon'tal'ly
hor'mon'al
hor'mone
horn
horn'blende
horned
hor'net
horn'ier
horn'i'est
horn'swog'gle
horny
hor'ol'o'ges
ho'rol'o'gist
ho'rol'o'gy
hor'o'scope
hor'ren'dous
hor'ri'ble
hor'ri'bly
hor'rid
hor'rid'ly
hor'rid'ness
hor'ri'fic
hor'rif'i'cal'ly
hor'ri'fi'ca'tion
hor'ri'fied
hor'ri'fy
hor'ri'fy'ing
hor'ri'fy'ing'ly
hor'ror
hors de com'bat
hors d'oeu'vre
horse
horse'back
horsed
horse'flies
horse'fly
horse'hair
horse'man
horse'play
horse'pow'er
horse'rad'ish
hors'es
horse'shoe
horse'whip
horse'whipped
horse'whip'ping
hors'ey
hors'i'er
hors'i'est
hors'ing
horsy
hor'ta'to'ry
hor'ti'cul'tur'al
hor'ti'cul'ture
hor'ti'cul'tur'ist
ho'san'na
hose
hosed
ho'siery
hos'ing
hos'pice
hos'pi'ta'ble
hos'pi'ta'bly
hos'pi'tal
hos'pi'tal'i'ties
hos'pi'tal'i'ty
hos'pi'tal'iza'tion
hos'pi'tal'ize
hos'pi'tal'ized
hos'pi'tal'iz'ing
host
hos'tage
hos'tel
hos'tel'ry
host'ess
hos'tile
hos'tile'ly
hos'til'i'ties
hos'til'i'ty
hot
hot-blood'ed
ho'tel
ho'te'lier
hot'foot
hot'head
hot-head'ed
hot'house
hot'hous'ing
hot'line
hot'ly
hot'ted
hot'ter
hot'test
hot'ting
hound
hour
hour'glass
houri
hour'ly
house
house'boat
house'bound
house'break'er
house'break'ing
house'bro'ken
house'coat
housed
house'hold
house'keep'er
house'maid
house'man
house'proud
house'room
hous'es
house-train
house'warm'ing
house'wife
house'wives
house'work
hous'ing
hove
hov'el
hov'er
hov'er'ing
how
how'dah
how'dy
how'ev'er
how'itz'er
howl
howl'er
hoy'den
hoy'den'ish
hub
hub'ble-bub'ble
hub'bub
hu'bris
huck'le'ber'ries
huck'le'ber'ry
huck'ster
hud'dle
hud'dled
hud'dling
hue
huff
huf'fi'er
huf'fi'est
huf'fi'ly
huff'i'ness

huffy
hug
huge
huge'ly
huge'ness
hugged
hug'ger
hug'ging
hu'la
hu'la-hu'la
hulk'ing
hull
hul'la'ba'loo
hul'lo
hum
hu'man
hu'mane
hu'mane'ly
hu'mane'ness
hu'man'ism
hu'man'is'tic
hu'man'i'tar'i'an
hu'man'i'tar'i'an'ism
hu'man'i'ties
hu'man'i'ty
hu'man'iza'tion
hu'man'ize
hu'man'ized
hu'man'iz'ing
hu'man'kind
hu'man'ly
hu'man'oid
hum'ble
hum'bled
hum'ble'ness
hum'bling
hum'bly
hum'bug
hum'ding'er
hum'drum
hu'meri
hu'mer'us
hu'mid
hu'mid'i'fied
hu'mid'i'fi'er
hu'mid'i'fy
hu'mid'i'fy'ing
hu'mid'i'ty
hu'mi'dor
hu'mil'i'ate
hu'mil'i'at'ed
hu'mil'i'at'ing
hu'mil'i'a'tion
hu'mil'i'ty
hummed
hum'mer
hum'ming
hum'ming'bird
hum'mock
hu'mour
hu'mor'ist
hu'mour'less
hu'mor'ous
hu'mor'ous'ly
hu'mor'ous'ness
hump
hump'back
humped
humpy
hu'mus
hunch
hunch'back
hun'dred
hun'dredth
hun'dred'weight
hung
Hun'gar'i'an
hun'ger
hun'gri'er
hun'gri'est
hun'gri'ly
hun'gri'ness
hun'gry
hunk
hunk'er
hunk'ers
hunky
hunky-dory
hunt
hunt'er
hunt'ing
hunt'ress
hunts'man
hur'dle
hur'dled
hur'dler
hur'dling
hur'dy-gur'dy
hurl
hurl'er
hur'ly-bur'ly
hur'rah
hur'ray
hur'ri'cane
hur'ried
hur'ried'ly
hur'ry
hur'ry'ing
hurt
hurt'ful
hurt'ing
hur'tle
hur'tled
hur'tling
hus'band
hus'band'ry
husk'er
husk'i'er
husk'ies
husk'i'est
husk'i'ly
husk'i'ness
husky
hus'sar
hus'sies
hus'sy
hus'tings
hus'tle
hus'tled
hus'tler
hus'tling
hut
hutch
hy'a'cinth
hy'ae'na
hy'brid
hy'brid'iza'tion
hy'brid'ize
hy'brid'ized
hy'brid'iz'ing
hy'dran'gea
hy'drant
hy'drate
hy'drated
hy'drating
hy'dra'tion
hy'drau'lic
hy'drau'li'cal'ly
hy'drau'lics
hy'dro'car'bon
hy'dro'ce'phal'ic
hy'dro'ceph'a'lus
hy'dro'chlo'ric
hy'dro'dy'nam'ic
hy'dro'dy'nam'ics
hy'dro'e'lec'tric
hy'dro'elec'tric'ity
hy'dro'foil
hy'dro'gen
hy'drog'e'nous
hy'drol'y'sis
hy'drom'e'ter
hy'drop'a'thy
hy'dro'pho'bia
hy'dro'plane
hy'dro'planed
hy'dro'plan'ing
hy'dro'pon'ics
hy'dro'ther'a'pist
hy'dro'ther'a'py
hy'drous
hy'drox'ide
hy'e'na
hy'giene
hy'gien'ic
hy'gien'i'cal'ly
hy'gien'ist
hy'grom'e'ter
hy'mon
hy'me'ne'al

hy'me'ne'al'ly
hymn
hym'nal
hym'na'ries
hym'na'ry
hym'no'dy
hype
hyped
hy'per'ac'tive
hy'per'bo'la
hy'per'bo'le
hy'per'bol'ic
hy'per'bo'lize
hy'per'bo'lized
hy'per'bo'liz'ing
hy'per'crit'i'cal
hy'per'in'fla'tion
hy'per'mar'ket
hy'per'me'dia
hy'per'sen'si'tive
hy'per'sen'si'tiv'i'ty
hy'per'ten'sion
hy'per'text
hy'per'thy'roid'ism
hy'per'ven'ti'late
hy'per'ven'ti'lat'ed
hy'per'ven'ti'lat'ing
hy'per'ven'ti'la'tion
hy'phen
hy'phen'ate
hy'phen'at'ed
hy'phen'at'ing
hyp'ing
hyp'no'sis
hy'pno'ther'a'py
hyp'not'ic
hyp'no'tism
hyp'no'tist
hyp'no'tize
hyp'no'tized
hyp'no'tiz'ing
hy'po'chon'dria
hy'po'chon'dri'ac
hy'poc'ri'sies
hy'poc'ri'sy
hyp'o'crite
hy'po'crit'i'cal
hy'po'der'mic
hy'po'gly'cae'mia
hy'po'sen'si'tize
hy'po'ten'sion
hyp'ot'e'nuse
hyp'oth'e'cate
hy'poth'e'cat'ed
hy'poth'e'cat'ing
hy'poth'e'ca'tion
hy'po'ther'mia
hy'poth'e'ses
hy'poth'e'sis
hy'poth'e'size
hy'poth'e'sized
hy'poth'e'siz'ing
hy'po'thet'i'cal
hy'po'thet'i'cal'ly
hys'ter'ec'to'mies
hys'ter'ec'to'my
hys'ter'e'sis
hys'te'ria
hys'ter'ic
hys'ter'i'cal
hys'ter'i'cal'ly
hys'ter'ics

I

iamb
iam'bic
ibex
ibid
ibi'dem
ibis
ice
ice'berg
ice'bound
ice'break'er
ice'cap
ice cream
iced
Ice'lan'dic
ice-skate
ice-skat'ed
ice-skat'ing
ich'neu'mon
ich'thy'o'log'i'cal
ich'thy'ol'o'gist
ich'thy'ol'o'gy
ici'cle
ic'i'er
ic'i'est
ic'i'ly
ici'ness
ic'ing
icon
icon'ic
icon'ic'al
icon'o'clasm
icon'o'clast
icon'o'clas'tic
ico'nog'raphy
icy
idea
ide'al
ide'al'ism
ide'al'ist
ide'al'is'tic
ide'al'iza'tion
ide'al'ize
ide'al'ized
ide'al'iz'ing
ide'al'ly
ide'ate
ide'ation
idée fixe
idées fixes
iden'ti'cal
iden'ti'cal'ly
iden'ti'cal'ness
iden'ti'fi'able
iden'ti'fi'ably
iden'ti'fi'ca'tion
iden'ti'fied
iden'ti'fy
iden'ti'fy'ing
Iden'ti'kit
iden'ti'ties
iden'ti'ty
ideo'log'i'cal
ideo'log'i'cal'ly
ide'ol'o'gies
ide'ol'o'gist
ide'ol'o'gy
ides
id'i'o'cies
id'i'o'cy
id'i'om
id'i'o'mat'ic
id'i'o'mat'i'cal'ly
id'i'o'syn'cra'sies
id'i'o'syn'cra'sy
id'i'o'syn'crat'ic
id'i'ot
id'i'ot'ic
id'i'ot'i'cal'ly
idle
idled
idle'ness
idler
idlest
idling
idly
idol
idol'a'ter
idol'a'tries

idol'a'trous
idol'a'try
idol'iza'tion
idol'ize
idol'ized
idol'iz'ing
idyll
idyl'lic
idyl'lic'al'ly
ig'loo
ig'ne'ous
ig'nes fat'ui
ig'nis fat'u'us
ig'nit'a'bil'i'ty
ig'nit'able
ig'nite
ig'nit'ed
ig'nit'er
ig'nit'ing
ig'ni'tion
ig'no'bil'i'ty
ig'no'ble
ig'no'ble'ness
ig'no'bly
ig'no'min'ies
ig'no'min'i'ous
ig'no'min'i'ous'ly
ig'no'miny
ig'no'ra'mus
ig'no'rance
ig'no'rant
ig'no'rant'ly
ig'nore
ig'nored
ig'nor'ing
igua'na
ikon
ill
ill-ad'vised
ill-bred
il'le'gal
il'le'gal'i'ties
il'le'gal'i'ty
il'le'gal'ly
il'leg'i'bil'i'ty
il'leg'i'ble
il'leg'i'ble'ness
il'leg'i'bly
il'le'git'i'ma'cies
il'le'git'i'ma'cy
il'le'git'i'mate
il'le'git'i'mate'ly
ill-fat'ed
ill-fa'voured
ill-got'ten
il'lib'er'al
il'lic'it
il'lim'it'able
il'lit'er'a'cy
il'lit'er'ate
ill'ness
il'log'i'cal
il'log'i'cal'ly
ill-tempered
ill-timed
il'lu'mi'nate
il'lu'mi'nat'ed
il'lu'mi'nat'ing
il'lu'mi'na'tion
il'lu'mi'na'tor
il'lu'mine
il'lu'mined
il'lu'min'ing
ill-us'age
il'lu'sion
il'lu'sion'ist
il'lu'sive
il'lu'sive'ness
il'lu'so'ri'ness
il'lu'so'ry
il'lus'trate
il'lus'trat'ed
il'lus'trat'ing
il'lus'tra'tion
il'lus'tra'tive
il'lus'tra'tor
il'lus'tri'ous
il'lus'tri'ous'ness
im'age
im'aged
im'a'ge'ri'al
im'age'ries
im'age'ry
imag'in'able
imag'in'ably
imag'i'nari'ly
imag'i'nary
imag'i'na'tion
imag'i'na'tive
imag'i'na'tive'ly
imag'ine
imag'ined
ima'gi'nes
im'ag'ing
imag'in'ing
ima'go
imam
im'bal'ance
im'be'cile
im'be'cil'ic
im'be'cil'i'ty
im'bed
im'bed'ded
im'bed'ding
im'bibe
im'bibed
im'bib'ing
im'bro'glio
im'bue
im'bued
im'bu'ing
im'i'tate
im'i'tat'ed
im'i'tat'ing
im'i'ta'tion
im'i'ta'tive
im'i'ta'tor
im'mac'u'la'cy
im'mac'u'late
im'mac'u'late'ly
im'mac'u'late'ness
im'ma'nence
im'ma'nen'cy
im'ma'nent
im'ma'nent'ly
im'ma'te'ri'al
im'ma'te'ri'al'i'ty
im'ma'te'ri'al'ness
im'ma'ture
im'ma'ture'ly
im'ma'ture'ness
im'ma'tu'ri'ty
im'meas'ur'able
im'meas'ur'ably
im'me'di'a'cies
im'me'di'a'cy
im'me'di'ate
im'me'di'ate'ly
im'me'mo'ri'al
im'mense
im'mense'ly
im'mense'ness
im'men'si'ty
im'merge
im'merged
im'mer'gence
im'merg'ing
im'merse
im'mersed
im'mers'ing
im'mer'sion
im'mi'grant
im'mi'grate
im'mi'grat'ed
im'mi'grat'ing
im'mi'gra'tion
im'mi'gra'tor
im'mi'nence
im'mi'nent
im'mo'bile
im'mo'bil'i'ty
im'mo'bi'lize
im'mo'bi'lized
im'mo'bi'liz'ing
im'mod'er'ate
im'mod'er'ate'ly
im'mod'est
im'mod'est'ly
im'mod'es'ty
im'mo'late

im'mo'lat'ed
im'mo'lat'ing
im'mo'la'tion
im'mo'la'tor
im'mor'al
im'mo'ral'i'ties
im'mo'ral'i'ty
im'mor'al'ly
im'mor'tal
im'mor'tal'i'ty
im'mor'tal'ize
im'mor'tal'ized
im'mor'tal'iz'ing
im'mor'tal'ly
im'mov'abil'i'ty
im'mov'able
im'mov'ably
im'mune
im'mu'ni'ties
im'mu'ni'ty
im'mu'ni'za'tion
im'mu'nize
im'mu'nized
im'mu'niz'ing
im'mu'no'de'fi'cien'cy
im'mu'nol'o'gy
im'mure
im'mured
im'mur'ing
im'mu'ta'bil'i'ty
im'mu'ta'ble
im'mu'ta'ble'ness
im'mu'ta'bly
im'pact
im'pact'ed
im'pac'tion
im'pair
im'pair'ment
im'pa'la
im'pale
im'paled
im'pale'ment
im'pal'ing
im'pal'pa'bil'i'ty
im'pal'pa'ble
im'pan'el
im'pan'eled
im'pan'el'ing
im'part
im'par'tial
im'par'ti'al'i'ty
im'par'tial'ly
im'par'tial'ness
im'pass'abil'i'ty
im'pass'able
im'pass'able'ness
im'pass'ably
im'passe
im'pas'si'bil'i'ty
im'pas'si'ble
im'pas'si'ble'ness
im'pas'sion
im'pas'sioned
im'pas'sioned'ness
im'pas'sive
im'pas'sive'ly
im'pas'sive'ness
im'pas'siv'i'ty
im'pa'tience
im'pa'tient
im'pa'tient'ly
im'peach
im'peach'able
im'peach'ment
im'pec'ca'bil'i'ty
im'pec'ca'ble
im'pec'ca'bly
im'pe'cu'ni'ous
im'pe'cu'ni'ous'ness
im'pede
im'ped'ed
im'ped'i'ment
im'ped'i'men'ta
im'ped'ing
im'pel
im'pelled
im'pel'ling
im'pend
im'pend'ing
im'pen'e'tra'bil'i'ty
im'pen'e'tra'ble
im'pen'e'tra'bly
im'pen'i'tence
im'pen'i'tent
im'per'a'tive
im'per'a'tive'ness
im'per'cep'ti'bil'i'ty
im'per'cep'ti'ble
im'per'cep'ti'bly
im'per'cep'tive
im'per'fect
im'per'fec'tion
im'per'fect'ly
im'per'fect'ness
im'pe'ri'al
im'pe'ri'al'ism
im'pe'ri'al'ist
im'pe'ri'al'is'tic
im'pe'ri'al'is'ti'cal'ly
im'pe'ri'al'ly
im'per'il
im'per'illed
im'pe'ril'ling
im'per'il'ment
im'pe'ri'ous
im'pe'ri'ous'ly
im'pe'ri'ous'ness
im'per'ish'abil'i'ty
im'per'ish'able
im'per'ma'nence
im'per'ma'nen'cy
im'per'ma'nent
im'per'ma'nent'ly
im'per'me'abil'i'ty
im'per'me'able
im'per'son'al
im'per'son'al'ly
im'per'son'ate
im'per'son'at'ed
im'per'son'at'ing
im'per'son'a'tion
im'per'son'a'tor
im'per'ti'nence
im'per'ti'nent
im'per'ti'nent'ly
im'per'turb'able
im'per'turb'ably
im'per'vi'ous
im'per'vi'ous'ly
im'per'vi'ous'ness
im'pe'ti'go
im'pet'u'os'i'ty
im'pet'u'ous
im'pet'u'ous'ly
im'pet'u'ous'ness
im'pe'tus
im'pi'e'ties
im'pi'e'ty
im'pinge
im'pinged
im'pinge'ment
im'ping'ing
im'pi'ous
im'pi'ous'ly
im'pi'ous'ness
im'plac'abil'i'ty
im'plac'able
im'plac'able'ness
im'plac'a'bly
im'plant
im'plan'ta'tion
im'plant'er
im'plau'si'bil'i'ty
im'ple'ment
im'plau'si'ble
im'plau'si'bly
im'plead
im'ple'men'tal
im'pli'cate
im'pli'cat'ed
im'pli'cat'ing
im'pli'ca'tion
im'plic'it
im'plic'it'ly
im'plic'it'ness
im'plied
im'plode
im'plod'ed
im'plod'ing
im'plo'ra'tion

im'plore
im'plored
im'plor'ing
im'plo'sion
im'plo'sive
im'ply
im'ply'ing
im'po'lite
im'po'lite'ly
im'po'lite'ness
im'pol'i'tic
im'pol'i'tic'ly
im'pon'der'a'ble
im'port
im'port'able
im'por'tance
im'por'tant
im'por'tant'ly
im'por'ta'tion
im'port'er
im'por'tu'nate
im'por'tune
im'por'tuned
im'por'tun'ing
im'por'tu'ni'ties
im'por'tu'ni'ty
im'pose
im'posed
im'pos'ing
im'pos'ing'ly
im'po'si'tion
im'pos'si'bil'i'ties
im'pos'si'bil'i'ty
im'pos'si'ble
im'pos'si'bly
im'post
im'post'er
im'pos'tor
im'pos'ture
im'po'tence
im'po'ten'cy
im'po'tent
im'po'tent'ly
im'pound
im'pound'age
im'pov'er'ish
im'pov'er'ish'ment
im'prac'ti'ca'bil'i'ty
im'prac'ti'ca'ble
im'prac'ti'cal
im'pre'cate
im'pre'cat'ed
im'pre'cat'ing
im'pre'ca'tion
im'pre'cise
im'pre'ci'sion
im'preg'na'bil'i'ty
im'preg'na'ble
im'preg'na'ble'ness
im'preg'nate
im'preg'nat'ed
im'preg'nat'ing
im'preg'na'tion
im'preg'na'tor
im'pre'sa'rio
im'press
im'press'ible
im'pres'sion
im'pres'sion'able
im'pres'sion'ably
im'pres'sion'ism
im'pres'sion'ist
im'pres'sion'is'tic
im'pres'sive
im'pres'sive'ly
im'pres'sive'ness
im'press'ment
im'prest
im'pri'ma'tur
im'print
im'prin'ter
im'pris'on
im'pris'on'ment
im'prob'a'bil'i'ties
im'prob'a'bil'i'ty
im'prob'a'ble
im'prob'a'ble'ness
im'prob'a'bly
im'promp'tu
im'prop'er
im'prop'er'ly
im'prop'er'ness
im'pro'pri'e'ties
im'pro'pri'e'ty
im'prov'abil'i'ty
im'prov'able
im'prove
im'proved
im'prove'ment
im'prov'i'dence
im'prov'i'dent
im'prov'i'dent'ly
im'prov'ing
im'prov'i'sa'tion
im'prov'i'sa'tion'al
im'pro'vise
im'pro'vised
im'pro'vis'ing
im'pru'dence
im'pru'dent
im'pru'dent'ly
im'pu'dence
im'pu'dent
im'pu'dent'ly
im'pugn
im'pug'na'tion
im'pugn'er
im'pulse
im'pul'sion
im'pul'sive
im'pul'sive'ly
im'pul'sive'ness
im'pu'ni'ty
im'pure
im'pure'ness
im'pu'ri'ties
im'pu'ri'ty
im'pu'ta'tion
im'pute
im'put'ed
im'put'ing
in'a'bil'i'ty
in ab'sen'tia
in'ac'ces'si'bil'i'ty
in'ac'ces'si'ble
in'ac'ces'si'bly
in'ac'cu'ra'cies
in'ac'cu'ra'cy
in'ac'cu'rate
in'ac'tion
in'ac'ti'vate
in'ac'ti'va'tion
in'ac'tive
in'ac'tive'ly
in'ac'tiv'i'ty
in'ad'e'qua'cies
in'ad'e'qua'cy
in'ad'e'quate
in'ad'e'quate'ly
in'ad'mis'si'ble
in'ad'mis'si'bly
in'ad'vert'ence
in'ad'vert'en'cy
in'ad'vert'ent
in'ad'ver'tent'ly
in'ad'vis'able
in'al'ien'abil'i'ty
in'al'ien'able
in'al'ien'ably
in'al'ter'able
in'amo'ra'ta
in'ane
inane'ly
in'ane'ness
in'an'i'mate
in'an'i'ty
in'ap'pli'ca'ble
in'ap'pre'cia'bly
in'ap'pro'pri'ate
in'ap'pro'pri'ate'ly
in'apt
in'ap'ti'tude
in'apt'ly
in'ar'tic'u'late
in'ar'tic'u'late'ly
in'as'much as
in'at'ten'tion
in'at'ten'tive
in'au'di'ble
in'au'di'bly

in'au'gu'ral
in'au'gu'rate
in'au'gu'rat'ed
in'au'gu'rat'ing
in'au'gu'ra'tion
in'aus'pi'cious
in'aus'pi'cious'ly
in'born
in'bred
in'breed
in'breed'ing
in'built
in'cal'cu'la'bil'i'ty
in'cal'cu'la'ble
in'cal'cu'la'bly
in'can'des'cence
in'can'des'cent
in'can'ta'tion
in'ca'pa'ble
in'ca'pa'bly
in'ca'pac'i'tate
in'ca'pac'i'tat'ed
in'ca'pac'i'tat'ing
in'ca'pac'i'ta'tion
in'ca'pac'i'ties
in'ca'pac'i'ty
in'car'cer'ate
in'car'cer'at'ed
in'car'cer'at'ing
in'car'cer'a'tion
in'car'nate
in'car'nat'ed
in'car'nat'ing
in'car'na'tion
in'cau'tious
in'cen'di'aries
in'cen'di'ary
in'cense
in'censed
in'cens'ing
in'cen'tive
in'cep'tion
in'cer'ti'tude
in'ces'sant
in'ces'sant'ly
in'cest
in'ces'tu'ous
inch
in'cho'ate
in'ci'dence
in'ci'dent
in'ci'den'tal
in'ci'den'tal'ly
in'cin'er'ate
in'cin'er'at'ed
in'cin'er'at'ing
in'cin'er'a'tion
in'cin'er'a'tor
in'cip'i'ent
in'cise
in'cised
in'cis'ing
in'ci'sion
in'ci'sive
in'ci'sor
in'ci'ta'tion
in'cite
in'cit'ed
in'cite'ment
in'cit'ing
in'ci'vil'ity
in'clem'en'cy
in'clem'ent
in'cli'na'tion
in'cline
in'clined
in'clin'ing
in'clude
in'clud'ed
in'clud'ing
in'clu'sion
in'clu'sive
in'cog'ni'to
in'cog'ni'zant
in'co'her'ence
in'co'her'ent
in'co'her'ent'ly
in'com'bus'ti'ble
in'come
in'com'ing
in'com'mode
in'com'mo'di'ous
in'com'mu'ni'ca'do
in'com'pa'ra'ble
in'com'pa'ra'bly
in'com'pat'i'bil'i'ty
in'com'pat'i'ble
in'com'pe'tence
in'com'pe'ten'cy
in'com'pe'tent
in'com'pe'tent'ly
in'com'plete
in'com'plete'ly
in'com'ple'tion
in'com'pre'hen'si'ble
in'com'pre'hen'sion
in'con'ceiv'able
in'con'ceiv'a'bly
in'con'clu'sive
in'con'gru'i'ties
in'con'gru'i'ty
in'con'gru'ous
in'con'gru'ous'ly
in'con'se'quen'tial
in'con'se'quen'tial'ly
in'con'sid'er'able
in'con'sid'er'ate
in'con'sis'ten'cies
in'con'sis'ten'cy
in'con'sis'tent
in'con'sol'able
in'con'spic'u'ous
in'con'sol'a'bly
in'con'spic'u'ous'ly
in'con'stan'cy
in'con'stant
in'con'test'abil'i'ty
in'con'test'able
in'con'ti'nence
in'con'ti'nen'cy
in'con'ti'nent
in'con'trol'la'ble
in'con'tro'vert'ible
in'con'tro'vert'ibly
in'con'ven'ience
in'con'ven'ienced
in'con'ven'ienc'ing
in'con'ven'ient
in'cor'po'rate
in'cor'po'rat'ed
in'cor'po'rat'ing
in'cor'po'ra'tion
in'cor'po're'al
in'cor'rect
in'cor'rect'ly
in'cor'ri'gi'bil'i'ty
in'cor'ri'gi'ble
in'cor'ri'gi'ble'ness
in'cor'ri'gi'bly
in'cor'rupt'i'bil'i'ty
in'cor'rupt'i'ble
in'cor'rupt'i'bly
in'creas'able
in'crease
in'creased
in'creas'ing
in'creas'ing'ly
in'cred'i'bil'i'ty
in'cred'i'ble
in'cred'i'bly
in'cre'du'li'ty
in'cred'u'lous
in'cred'u'lous'ly
in'cre'ment
in'cre'men'tal
in'crim'i'nate
in'crim'i'nat'ed
in'crim'i'nat'ing
in'crim'i'na'tion
in-crowd
in'crust
in'crus'ta'tion
in'cu'bate
in'cu'bat'ed
in'cu'bat'ing
in'cu'ba'tion
in'cu'ba'tor
in'cu'bi
in'cu'bus
in'cul'cate

in'cul'cat'ed
in'cul'cat'ing
in'cul'ca'tion
in'cul'pate
in'cul'pat'ed
in'cul'pat'ing
in'cul'pa'tion
in'cum'ben'cy
in'cum'bent
in'cur
in'cur'able
in'cur'ably
in'cu'ri'ous
in'cu'ri'ous'ly
in'curred
in'cur'ring
in'cur'sion
in'cur'sive
in'debt'ed
in'debt'ed'ness
in'de'cen'cy
in'de'cent
in'de'cent'ly
in'de'ci'pher'able
in'de'ci'sion
in'de'ci'sive
in'de'ci'sive'ness
in'de'co'rous
in'de'co'rum
in'deed
in'de'fat'i'ga'ble
in'de'fat'i'ga'bly
in'de'fea'si'ble
in'de'fen'si'bil'i'ty
in'de'fen'si'ble
in'de'fen'si'bly
in'de'fin'able
in'de'fin'ably
in'def'i'nite
in'def'i'nite'ly
in'del'i'ble
in'del'i'bly
in'del'i'ca'cy
in'del'i'cate
in'dem'ni'fi'ca'tion
in'dem'ni'fied
in'dem'ni'fy
in'dem'ni'fy'ing
in'dem'ni'ties
in'dem'ni'ty
in'dent
in'den'ta'tion
in'den'ted
in'den'ture
in'den'tur'ing
in'de'pend'ence
in'de'pend'en'cy
in'de'pend'ent
in'de'pen'dent'ly
in'de'scrib'abil'i'ty
in'de'scrib'able
in'de'scrib'ably
in'de'struct'i'bil'i'ty
in'de'struct'i'ble
in'de'ter'min'able
in'de'ter'mi'na'cy
in'de'ter'mi'nate
in'de'ter'mi'na'tion
in'dex
in'dex-linked
In'di'an
in'di'cate
in'di'cat'ed
in'di'cat'ing
in'di'ca'tion
in'dic'a'tive
in'di'ca'tor
in'di'ces
in'dict
in'dict'able
in'dict'ment
in'die
in'dif'fer'ence
in'dif'fer'ent
in'dif'fer'ent'ly
in'di'gence
in'dig'e'nous
in'di'gent
in'di'gest'i'bil'i'ty
in'di'gest'i'ble
in'di'gest'i'ble'ness
in'di'ges'tion
in'dig'nant
in'dig'nant'ly
in'dig'na'tion
in'dig'ni'ties
in'dig'ni'ty
in'di'go
in'di'rect
in'di'rec'tion
in'di'rect'ly
in'dis'cern'ible
in'dis'ci'pline
in'dis'creet
in'dis'crete
in'dis'cre'tion
in'dis'crim'i'nate
in'dis'crim'i'nate'ly
in'dis'crim'i'nat'ing
in'dis'crim'i'na'tion
in'dis'pen'sa'bil'i'ty
in'dis'pen'sa'ble
in'dis'posed
in'dis'po'si'tion
in'dis'put'able
in'dis'put'ably
in'dis'sol'u'bil'i'ty
in'dis'sol'u'ble
in'dis'tinct
in'dis'tinct'ly
in'dis'tin'guish'able
in'di'um
in'di'vid'u'al
in'di'vid'u'a'list
in'di'vid'u'al'is'tic
in'di'vid'u'al'i'ty
in'di'vid'u'al'ize
in'di'vid'u'al'ized
in'di'vid'u'al'iz'ing
in'di'vid'u'al'ly
in'di'vis'i'ble
in'doc'tri'nate
in'doc'tri'nat'ed
in'doc'tri'nat'ing
in'doc'tri'na'tion
In'do-Eu'ro'pe'an
in'do'lence
in'do'lent
in'dom'i'ta'bil'i'ty
in'dom'i'ta'ble
in'dom'i'ta'bly
In'do'ne'sian
in'door
in'doors
in'drawn
in'du'bi'ta'bil'i'ty
in'du'bi'ta'ble
in'du'bi'ta'bly
in'duce
in'duced
in'duce'ment
in'duc'ing
in'duct
in'duct'ance
in'duct'ee
in'duc'tion
in'duc'tive
in'dulge
in'dulged
in'dul'gence
in'dul'gent
in'dul'gent'ly
in'dulg'ing
in'dus'tri'al
in'dus'tri'al'ism
in'dus'tri'al'ist
in'dus'tri'al'iza'tion
in'dus'tri'al'ize
in'dus'tries
in'dus'tri'ous
in'dus'tri'ous'ly
in'dus'try
in'e'bri'ate
in'e'bri'at'ed
in'e'bri'at'ing
in'e'bri'a'tion
in'ed'i'ble
in'ef'fa'bil'i'ty
in'ef'fa'ble
in'ef'fa'bly

in'ef'fec'tive
in'ef'fec'tive'ly
in'ef'fec'tive'ness
in'ef'fec'tu'al
in'ef'fec'tu'al'ly
in'ef'fi'ca'cious
in'ef'fi'ca'cy
in'ef'fi'cien'cy
in'ef'fi'cient
in'ef'fi'cient'ly
in'el'e'gant
in'el'i'gi'bil'i'ty
in'el'i'gi'ble
in'eluc'ta'ble
in'ept
in'ept'i'tude
in'equal'i'ties
in'e'qual'i'ty
in'eq'ui'ta'ble
in'eq'ui'ties
in'eq'ui'ty
in'erad'i'ca'ble
in'erad'i'ca'bly
in'er'rant
in'ert
in'er'tia
in'er'tial
in'es'cap'a'ble
in'es'sen'tial
in'es'ti'ma'ble
in'es'ti'ma'bly
in'ev'i'ta'bil'i'ties
in'ev'i'ta'bil'i'ty
in'ev'i'ta'ble
in'ev'i'ta'bly
in'ex'act
in'ex'cus'able
in'ex'cus'ably
in'ex'haust'i'bil'i'ty
in'ex'haust'i'ble
in'ex'o'ra'bil'i'ty
in'ex'o'ra'ble
in'ex'o'ra'bly
in'ex'pen'sive
in'ex'pe'ri'ence
in'ex'pe'ri'enced
in'ex'pert
in'ex'pi'a'ble
in'ex'pi'a'bly
in'ex'pli'ca'bil'i'ty
in'ex'pli'ca'ble
in'ex'pli'ca'bly
in'ex'press'i'bil'i'ty
in'ex'press'i'ble
in'ex'press'i'bly
in'ex'pres'sive
in'ex'tin'guish'able
in ex'tre'mis
in'ex'tri'ca'bil'i'ty
in'ex'tri'ca'ble
in'ex'tri'ca'bly
in'fal'li'bil'i'ty
in'fal'li'ble
in'fal'li'bly
in'fa'mies
in'fa'mous
in'fa'my
in'fan'cies
in'fan'cy
in'fant
in'fant'hood
in'fan'ti'cide
in'fan'tile
in'fan'tine
in'fan'tries
in'fan'try
in'fan'try'man
in'farc'tion
in'fat'u'ate
in'fat'u'at'ed
in'fat'u'at'ing
in'fat'u'a'tion
in'fect
in'fec'tion
in'fec'tious
in'fec'tive
in'fe'lic'i'ty
in'fer
in'fer'able
in'fer'ence
in'fer'en'tial
in'fe'ri'or
in'fe'ri'or'i'ty
in'fer'nal
in'fer'no
in'fer'nos
in'ferred
in'fer'ring
in'fer'tile
in'fer'til'i'ty
in'fest
in'fes'ta'tion
in'fi'del
in'fi'del'i'ties
in'fi'del'i'ty
in'field
in'field'er
in'fight'er
in'fight'ing
in'fil'trate
in'fil'trat'ed
in'fil'trat'ing
in'fil'tra'tion
in'fil'tra'tor
in'fi'nite
in'fi'nite'ly
in'fi'nite'ness
in'fin'i'tes'i'mal
in'fin'i'tes'i'mal'ly
in'fin'i'ties
in'fin'i'tive
in'fin'i'tive'ly
in'fin'i'ty
in'firm
in'fir'ma'ries
in'fir'ma'ry
in'fir'mi'ties
in'fir'mi'ty
in'flame
in'flamed
in'flam'ing
in'flam'ma'bil'i'ty
in'flam'ma'ble
in'flam'ma'ble'ness
in'flam'ma'tion
in'flam'ma'to'ry
in'flat'able
in'flate
in'flat'ed
in'flat'ing
in'fla'tion
in'fla'tion'ary
in'flect
in'flec'tion
in'flec'tion'less
in'flec'tive
in'flex'i'bil'i'ty
in'flex'i'ble
in'flex'i'bly
in'flict
in'flict'a'ble
in'flic'tion
in'flo'res'cence
in'flow
in'flu'ence
in'flu'enced
in'flu'enc'ing
in'flu'en'tial
in'flu'en'za
in'flux
in'fo'mer'cial
in'fo'pre'neur'ial
in'form
in'for'mal
in'for'mal'i'ty
in'for'mal'ly
in'form'ant
in'for'ma'tics
in'for'ma'tion
in'for'ma'tion'al
in'for'ma'tive
in'for'ma'to'ry
in'formed
in'for'mer
in'fo'tain'ment
in'frac'tion
in'fra dig
in'fran'gi'bil'i'ty
in'fran'gi'ble
in'fran'gi'bly

in'fra'red
in'fra'son'ic
in'fra'struc'ture
in'fre'quen'cy
in'fre'quent
in'fre'quent'ly
in'fringe
in'fringed
in'fringe'ment
in'fring'ing
in'fu'ri'ate
in'fu'ri'at'ed
in'fu'ri'at'ing
in'fu'ri'a'tion
in'fuse
in'fused
in'fus'i'ble
in'fus'ing
in'fu'sion
in'gen'ious
in'ge'nious'ly
in'ge'nue
in'ge'nu'i'ty
in'gen'u'ous
in'gen'u'ous'ly
in'gest
in'ges'tion
in'gle
in'gle'nook
in'glo'ri'ous
in'glo'ri'ous'ly
in'got
in'grain
in'grate
in'gra'ti'ate
in'gra'ti'at'ed
in'gra'ti'at'ing
in'gra'ti'a'tion
in'grat'i'tude
in'gre'di'ent
in'gress
in'grow'ing
in'grown
in'hab'it
in'hab'it'able
in'hab'it'ant
in'hab'i'ta'tion
in'hab'it'ed
in'hal'ant
in'ha'la'tion
in'ha'la'tor
in'hale
in'haled
in'hal'ing
in'har'mon'ic
in'har'mo'ny
in'here
in'hered
in'her'ence
in'her'ent
in'her'ent'ly
in'her'ing
in'her'it
in'her'i'tance
in'her'i'tor
in'hib'it
in'hib'i'ter
in'hi'bi'tion
in'hib'i'tive
in'hib'i'to'ry
in'hos'pi'ta'ble
in'hos'pi'tal'i'ty
in'hu'man
in'hu'mane
in'hu'man'i'ty
in'hu'ma'tion
in'im'i'cal
in'im'i'ta'ble
in'im'i'ta'bly
in'iq'ui'ties
in'iq'ui'tous
in'iq'ui'ty
in'i'tial
in'i'tialed
in'i'tial'ing
in'i'tial'ly
in'i'ti'ate
in'i'ti'at'ed
in'i'ti'at'ing
in'i'ti'a'tion
in'i'ti'a'tive
in'i'ti'a'tor
in'ject
in'jec'tion
in'jec'tor
in-joke
in'ju'di'cious
in'junc'tion
in'jure
in'jured
in'ju'ries
in'jur'ing
in'ju'ri'ous
in'ju'ry
in'jus'tice
ink'blot
ink'i'er
In'ka'tha
ink-jet
ink'ling
inky
in'laid
in'land
in-law
in'lay
in'lay'ing
in'let
in-line
in lo'co pa'ren'tis
in'mate
in me'mo'ri'am
in'most
inn
in'nards
in'nate
in'nate'ly
in'ner
in'ner'most
in'ner'sole
in'ner'vate
in'ner'vat'ed
in'ner'vat'ing
in'ner'va'tion
in'ning
inn'keep'er
in'no'cence
in'no'cent
in'no'cent'ly
in'noc'u'ous
in'noc'u'ous'ly
in'no'vate
in'no'vat'ed
in'no'vat'ing
in'no'va'tion
in'no'va'tive
in'no'va'tor
in'no'va'to'ry
in'nu'en'do
in'nu'en'does
in'nu'en'dos
in'nu'mer'a'ble
in'nu'mer'a'bly
in'nu'mer'ous
in'nu'tri'tion
in'ob'serv'ance
in'ob'serv'ant
in'oc'u'lant
in'oc'u'late
in'oc'u'lat'ed
in'oc'u'lat'ing
in'oc'u'la'tion
in'of'fen'sive
in'op'er'a'ble
in'op'er'a'tive
in'op'por'tune
in'op'por'tu'ni'ty
in'or'di'nate
in'or'di'nate'ly
in'or'gan'ic
in'o'scu'late
in'pa'tient
in'pour
in'put
in'put'ting
in'quest
in'qui'e'tude
in'quire
in'quired
in'quir'er
in'quir'ies

in'quir'ing
in'quir'ing'ly
in'quiry
in'qui'si'tion
in'quis'i'tive
in'quis'i'tive'ly
in'quis'i'tive'ness
in'quis'i'tor
in'quis'i'to'ri'al
in'road
in'sa'lu'bri'ous
in'sane
in'sane'ly
in'san'i'tary
in'san'i'ties
in'san'i'ty
in'sa'tia'bil'i'ty
in'sa'tia'ble
in'sa'tia'bly
in'sa'ti'ate
in'scribe
in'scribed
in'scrib'ing
in'scrip'tion
in'scrip'tive
in'scru'ta'bil'i'ty
in'scru'ta'ble
in'scru'ta'bly
in'seam
in'sect
in'sec'ti'cid'al
in'sec'ti'cide
in'sec'ti'vore
in'sec'tiv'o'rous
in'se'cure
in'se'cure'ly
in'se'cu'ri'ty
in'sem'i'nate
in'sem'i'nat'ed
in'sem'i'nat'ing
in'sem'i'na'tion
in'sen'sate
in'sen'si'bil'i'ty
in'sen'si'ble
in'sen'si'tive
in'sen'si'tiv'i'ty
in'sen'ti'ent
in'sep'a'ra'bil'i'ty
in'sep'a'ra'ble
in'sep'a'ra'bly
in'sert
in'sert'er
in'ser'tion
in'set
in'set'ting
in'shore
in'side
in'sid'er
in'sid'i'ous
in'sid'i'ous'ly
in'sight
in'sig'nia
in'sig'nif'i'cance
in'sig'nif'i'cant
in'sig'nif'i'cant'ly
in'sin'cere
in'sin'cere'ly
in'sin'cer'i'ties
in'sin'cer'i'ty
in'sin'u'ate
in'sin'u'at'ed
in'sin'u'at'ing
in'sin'u'a'tion
in'sin'u'a'tor
in'sip'id
in'si'pid'i'ty
in'sip'id'ly
in'sip'id'ness
in'sist
in'sis'tence
in'sis'tent
in'sis'tent'ly
in si'tu
in'so'bri'e'ty
in'so'cia'bil'i'ty
in'so'cia'ble
in'so'cia'bly
in'so'far
in'sole
in'so'lence
in'so'lent
in'so'lent'ly
in'sol'u'bil'i'ty
in'sol'u'ble
in'sol'u'bly
in'solv'able
in'sol'ven'cy
in'sol'vent
in'som'nia
in'som'ni'ac
in'so'much
in'sou'ci'ance
in'sou'ci'ant
in'spect
in'spec'tion
in'spec'tor
in'spec'tor'ate
in'spi'ra'tion
in'spi'ra'tion'al
in'spire
in'spired
in'spir'ing
in'spir'it
in'sta'bil'i'ties
in'sta'bil'i'ty
in'sta'ble
in'stall
in'stal'la'tion
in'stalled
in'stall'ing
in'stall'ment
in'stal'ment
in'stance
in'stant
in'stan'ta'ne'ous
in'stan'ta'neous'ly
in'stan'ter
in'stant'ly
in'state
in'stat'ed
in'state'ment
in'stat'ing
in'stead
in'step
in'sti'gate
in'sti'gat'ed
in'sti'gat'ing
in'sti'ga'tion
in'sti'ga'tor
in'still
in'stil'la'tion
in'stilled
in'stil'ling
in'stinct
in'stinc'tive
in'stinc'tive'ly
in'stinc'tu'al
in'sti'tute
in'sti'tut'ed
in'sti'tut'ing
in'sti'tu'tion
in'sti'tu'tion'al
in'sti'tu'tion'al'ism
in'sti'tu'tion'al'ize
in'sti'tu'tion'al'ized
in'sti'tu'tion'al'iz'ing
in'struct
in'struc'tion
in'struc'tive
in'struc'tor
in'stru'ment
in'stru'men'tal
in'stru'men'ta'list
in'stru'men'ta'tion
in'sub'or'di'nate
in'sub'or'di'na'tion
in'sub'stan'tial
in'sub'stan'ti'al'i'ty
in'suf'fer'able
in'suf'fer'ably
in'suf'fi'cience
in'suf'fi'cien'cy
in'suf'fi'cient
in'suf'fi'cient'ly
in'su'lar
in'su'lar'i'ty
in'su'late
in'su'lat'ed
in'su'lat'ing
in'su'la'tion

in'su'la'tor
in'su'lin
in'sult
in'sult'ing'ly
in'su'per'able
in'sup'port'able
in'sup'press'ible
in'sur'abil'i'ty
in'sur'able
in'sur'ance
in'sure
in'sured
in'sur'er
in'sur'gence
in'sur'gen'cy
in'sur'gent
in'sur'ing
in'sur'mount'able
in'sur'rec'tion
in'sur'rec'tion'ist
in'sus'cep'ti'ble
in'swing
in'swinger
in'tact
in'ta'glio
in'take
in'tan'gi'bil'i'ty
in'tan'gi'ble
in'tan'gi'ble'ness
in'tan'gi'bly
in'te'ger
in'te'gral
in'te'gral'ly
in'te'grant
in'te'grate
in'te'grat'ed
in'te'grat'ing
in'te'gra'tion
in'teg'ri'ty
in'tegu'ment
in'tel'lect
in'tel'lec'tu'al
in'tel'lec'tu'al'ism
in'tel'lec'tu'al'ize
in'tel'lec'tu'al'ly
in'tel'li'gence
in'tel'li'gent
in'tel'li'gent'ly
in'tel'li'gent'sia
in'tel'li'gi'bil'i'ty
in'tel'li'gi'ble
in'tel'li'gi'bly
in'tem'per'ance
in'tem'per'ate
in'tend
in'tend'ant
in'tense
in'tense'ly
in'tense'ness
in'ten'si'fi'ca'tion
in'ten'si'fied
in'ten'si'fi'er
in'ten'si'fy
in'ten'si'fy'ing
in'ten'sion
in'ten'si'ties
in'ten'si'ty
in'ten'sive
in'ten'sive'ly
in'tent
in'ten'tion
in'ten'tion'al
in'ten'tion'al'ly
in'tent'ly
in'ter
in'ter'act
in'ter'ac'tion
in'ter'ac'tive
in'ter alia
in'ter'bank
in'ter'bred
in'ter'breed
in'ter'breed'ing
in'ter'ca'late
in'ter'ca'lat'ion
in'ter'cede
in'ter'ced'ed
in'ter'ced'ing
in'ter'cept
in'ter'cep'tion
in'ter'cept'or
in'ter'ces'sion
in'ter'ces'sor
in'ter'change
in'ter'change'able
in'ter'change'ably
in'ter'changed
in'ter'chang'ing
in'ter'con'nect
in'ter'con'nec'tion
in'ter'con'ti'nen'tal
in'ter'course
in'ter'cul'tur'al
in'ter'cross
in'ter'de'part'men'tal
in'ter'de'pend'ence
in'ter'de'pend'ent
in'ter'dict
in'ter'dic'tion
in'ter'dis'ci'pli'nary
in'ter'est
in'ter'est'ed
in'ter'est'ing
in'ter'est'ing'ly
in'ter'face
in'ter'faith
in'ter'fere
in'ter'fered
in'ter'fer'ence
in'ter'fer'ing
in'ter'fer'on
in'ter'ga'lac'tic
in'ter'im
in'te'ri'or
in'ter'ject
in'ter'jec'tion
in'ter'jec'to'ry
in'ter'lace
in'ter'laced
in'ter'lac'ing
in'ter'lard
in'ter'lay'er
in'ter'leaf
in'ter'leave
in'ter'line
in'ter'link
in'ter'lock
in'ter'lo'cu'tion
in'ter'loc'u'tor
in'ter'loc'u'to'ry
in'ter'lope
in'ter'loped
in'ter'lop'er
in'ter'lop'ing
in'ter'lude
in'ter'lu'nar
in'ter'lu'na'ry
in'ter'mar'riage
in'ter'mar'ry
in'ter'me'di'ar'ies
in'ter'me'di'ary
in'ter'me'di'ate
in'ter'me'di'at'ing
in'ter'me'di'a'tion
in'ter'me'di'a'tor
in'ter'ment
in'ter'mez'zi
in'ter'mez'zo
in'ter'mi'na'ble
in'ter'mi'na'bly
in'ter'min'gle
in'ter'min'gled
in'ter'min'gling
in'ter'mis'sion
in'ter'mit
in'ter'mit'ted
in'ter'mit'tence
in'ter'mit'ten'cy
in'ter'mit'tent
in'ter'mit'tent'ly
in'ter'mit'ting
in'ter'mix
in'ter'mix'ture
in'tern
in'ter'nal
in'ter'nal'i'za'tion
in'ter'nal'ize
in'ter'nal'ized
in'ter'nal'iz'ing
in'ter'nal'ly

in'ter'na'tion'al
in'ter'na'tion'al'ism
in'ter'na'tion'al'i'ty
in'ter'na'tion'al'ize
in'ter'na'tion'al'ized
in'ter'na'tion'al'iz'ing
in'ter'na'tion'al'ly
in'terne
in'ter'ne'cine
in'tern'ee
In'ter'net
in'tern'ist
in'tern'ment
in'tern'ship
in'ter'nun'cio
in'ter'of'fice
in'ter'pen'e'trate
in'ter'pen'e'tra'tion
in'ter'per'son'al
in'ter'plan'e'tary
in'ter'play
in'ter'po'late
in'ter'po'la'tion
in'ter'po'la'tor
in'ter'pose
in'ter'posed
in'ter'pos'ing
in'ter'po'si'tion
in'ter'pret
in'ter'pre'ta'tion
in'ter'pre'ta'tive
in'ter'pret'er
in'ter'pre'tive
in'ter'ra'cial
in'terred
in'ter'reg'na
in'ter'reg'num
in'ter're'late
in'ter're'lat'ed
in'ter're'lat'ing
in'ter'rel'a'tion'ship
in'ter'ring
in'ter'ro'gate
in'ter'ro'gat'ed
in'ter'ro'gat'ing
in'ter'ro'ga'tion
in'ter'rog'a'tive
in'ter'ro'gat'or
in'ter'rupt
in'ter'rup'tion
in'ter'scho'las'tic
in'ter'sect
in'ter'sec'tion
in'ter'space
in'ter'sperse
in'ter'spersed
in'ter'spers'ing
in'ter'sper'sion
in'ter'stel'lar
in'ter'stice
in'ter'sti'tial
in'ter'tid'al
in'ter'twine
in'ter'twined
in'ter'twin'ing
in'ter'val
in'ter'vene
in'ter'vened
in'ter'ven'ing
in'ter'ven'tion
in'ter'view
in'ter'view'ee
in'ter'view'er
in'ter'weave
in'ter'weav'ing
in'ter'wove
in'ter'wo'ven
in'tes'tate
in'tes'ti'nal
in'tes'tine
in'ti'fa'da
in'ti'ma'cies
in'ti'ma'cy
in'ti'mate
in'ti'mate
in'ti'mated
in'ti'mate'ly
in'ti'mate'ly
in'ti'mate'ness
in'ti'mat'ing
in'ti'ma'tion
in'tim'i'date
in'tim'i'dat'ed
in'tim'i'dat'ing
in'tim'i'da'tion
in'to
in'tol'er'a'ble
in'tol'er'a'bly
in'tol'er'ance
in'tol'er'ant
in'tol'er'ant'ly
in'tomb
in'to'nate
in'to'nat'ed
in'to'nat'ing
in'to'na'tion
in'tone
in'toned
in'ton'ing
intox'icant
in'tox'i'cate
in'tox'i'cat'ed
in'tox'i'cat'ing
in'tox'i'ca'tion
in'trac'ta'bil'i'ty
in'trac'ta'ble
in'tra'mu'ral
in'tra'mu'ral'ly
in'tran'si'gence
in'tran'si'gen'cy
in'tran'si'gent
in'tran'si'tive
in'tra'pre'neur
in'tra'u'ter'ine
in'tra've'nous
in'tra've'nous'ly
in'trench
in'trep'id
in'tre'pid'i'ty
in'trep'id'ly
in'tri'ca'cies
in'tri'ca'cy
in'tri'cate
in'tri'cate'ly
in'trigue
in'trigued
in'trigu'ing
in'trig'uing'ly
in'trin'sic
in'trin'si'cal'ly
in'tro'duce
in'tro'duced
in'tro'duc'ing
in'tro'duc'tion
in'tro'duc'to'ry
in'tro'spect
in'tro'spec'tion
in'tro'spec'tive
in'tro'ver'sion
in'tro'vert
in'trude
in'trud'ed
in'trud'er
in'trud'ing
in'tru'sion
in'tru'sive
in'tu'it
in'tu'it'ed
in'tu'it'ing
in'tu'i'tion
in'tu'i'tive
in'tu'itive'ly
in'tu'mes'cence
in'tu'mes'cent
in'un'date
in'un'dat'ed
in'un'dat'ing
in'un'da'tion
in'ure
in'ured
in'ur'ing
in'vade
in'vad'ed
in'vad'er
in'vad'ing
in'val'id
in'va'lid
in'val'i'date
in'val'i'dat'ed
in'val'i'dat'ing

in'val'i'da'tion
in'va'lid'ism
in'val'id'i'ty
in'valu'a'ble
inval'uably
in'vari'a'bil'i'ty
in'vari'a'ble
in'vari'ably
in'var'i'ant
in'va'sion
in'va'sive
in'vec'tive
in'veigh
in'vei'gle
in'vent
in'ven'tion
in'ven'tive
in'ven'tive'ness
in'ven'tor
in'ven'to'ried
in'ven'to'ries
in'ven'to'ry
in'ven'to'ry'ing
in'verse
in'ver'sion
in'vert
in'ver'te'brate
in'vert'ed
in'vest
in'ves'ti'gate
in'ves'ti'gat'ed
in'ves'ti'gat'ing
in'ves'ti'ga'tion
in'ves'ti'ga'tive
in'ves'ti'gat'or
in'ves'ti'ga'to'ry
in'ves'ti'ture
in'vest'ment
in'ves'tor
in'vet'er'ate
in'vid'i'ous
in'vig'or'ate
in'vig'or'at'ed
in'vig'or'at'ing
in'vig'or'a'tion
in'vin'ci'bil'i'ty
in'vin'ci'ble
in'vin'ci'bly
in'vi'o'la'bil'i'ty
in'vi'o'la'ble
in'vi'o'la'bly
in'vi'o'late
in'vis'i'bil'i'ty
in'vis'i'ble
in'vis'i'bly
in'vi'ta'tion
in'vite
in'vit'ed
in'vit'ing
in'vit'ing'ly
in vi'tro
in'vo'ca'tion
in'voice
in'voiced
in'voic'ing
in'voke
in'voked
in'vok'ing
in'vol'un'tar'i'ly
in'vol'un'tary
in'vo'lute
in'vo'lu'tion
in'volve
in'volved
in'volve'ment
in'volv'ing
in'vul'ner'a'bil'i'ty
in'vul'ner'a'ble
in'ward
in'ward'ly
in'wards
in'weave
in'weaved
in'weav'ing
in'wove
in'wov'en
in'wrought
io'dine
ion
ion'ic
ion'i'za'tion
ion'ize
io'ta
ip'e'cac
ip'so fac'to
Ira'ni'an
Iraqi
iras'ci'bil'i'ty
iras'ci'ble
irate
ir'i'des'cence
ir'i'des'cent
irid'i'um
iris
iris'es
Irish
irk
irk'some
iron
iron'clad
iron'er
iron'hand'ed
iron'heart'ed
iron'ic
iron'i'cal
iron'i'cal'ly
iro'nies
iron'ware
iron'work
iro'ny
ir'ra'di'ate
ir'ra'di'at'ed
ir'ra'di'at'ing
ir'ra'di'a'tion
ir'rad'i'ca'ble
ir'ra'tion'al
ir'ra'tion'al'ity
ir'ra'tion'al'ly
ir're'claim'a'ble
ir'rec'on'cil'a'bil'i'ty
ir'rec'on'cil'a'ble
ir'rec'on'cil'ably
ir're'cov'er'able
ir're'deem'able
ir're'deem'ably
ir're'duc'i'ble
ir'ref'u'ta'ble
ir'reg'u'lar
ir'reg'u'lar'i'ties
ir'reg'u'lar'i'ty
ir'reg'u'lar'ly
ir'rel'e'vance
ir'rel'e'van'cies
ir'rel'e'van'cy
ir'rel'e'vant
ir'rel'e'vant'ly
ir're'li'gious
ir're'me'di'a'ble
ir're'mis'si'ble
ir're'mov'a'ble
ir'rep'a'ra'ble
ir're'place'a'ble
ir're'press'ible
ir're'press'ibly
ir're'proach'able
ir're'sist'i'bil'i'ty
ir're'sist'i'ble
ir're'sist'i'bly
ir'res'o'lute
ir'res'o'lu'tion
ir're'spec'tive
ir're'spon'si'bil'i'ty
ir're'spon'si'ble
ir're'spon'si'bly
ir're'spon'sive
ir're'triev'a'bil'i'ty
ir're'triev'able
ir're'triev'ably
ir'rev'er'ence
ir'rev'er'ent
ir'rev'er'ent'ly
ir're'vers'i'bil'i'ty
ir're'vers'i'ble
ir're'vers'ibly
ir'rev'o'ca'bil'i'ty
ir'rev'o'ca'ble
ir'rev'o'ca'bly
ir'ri'gate
ir'ri'gat'ed
ir'ri'gat'ing

ir'ri'ga'tion
ir'ri'ta'bil'i'ty
ir'ri'ta'ble
ir'ri'ta'bly
ir'ri'tant
ir'ri'tate
ir'ri'tat'ed
ir'ri'tat'ing
ir'ri'tat'ing'ly
ir'ri'ta'tion
ir'rupt
isin'glass
Is'lam
Is'lam'ic
Is'lam'ism
is'land
is'land'er
isle
is'let
iso'bar
iso'late
iso'lat'ed
iso'lat'ing
iso'la'tion
iso'la'tion'ism
iso'la'tion'ist
iso'met'ric
iso'met'ri'cal
isos'ce'les
iso'therm
iso'ther'mal
iso'ton'ic
iso'tope
iso'top'ic
Is'rae'li
Is'ra'el'ite
is'su'ance
is'sue
is'sued
is'su'ing
isth'mus
Ital'ian
ital'ic
ital'i'ci'za'tion
ital'i'cize
ital'i'cized
ital'i'ciz'ing
itch
itch'i'ness
itchy
item
item'ize
item'ized
item'iz'ing
it'er'ate
it'er'a'tion
itin'er'ant
itin'er'ar'ies
itin'er'ary
itin'er'ate
itin'er'a'tion
ivied
ivies
ivo'ries
ivo'ry
ivy

J

jab
jabbed
jab'ber
jab'ber'wocky
jab'bing
ja'bot
ja'cinth
jack'al
jack'a'napes
jack'ass
jack'boot
jack'daw
jack'et
jack'et'ed
jack'ham'mer
jack-in-the-box
jack-knife
jack-knifed
jack-knif'ing
jack-knives
jack-of-all-trades
jack-o'-lan'tern
jack'pot
jack rab'bit
Jaco'bean
Ja'co'bian
Ja'co'bin
Ja'co'bin'ic
Jaco'bite
Jaco'bit'ism
ja'co'bus
ja'co'net
jac'quard
jac'ta'tion
jac'ti'ta'tion
Ja'cuz'zi
jade
jad'ed
jade'ite
jad'ing
jag
jagged
jag'ged
jag'ged'ly
jag'ged'ness
jag'ging
jag'uar
jai alai
jail
jail'bird
jail'break
jail'er
ja'lop'ies
jal'opy
jal'ou'sie
jam
Ja'mai'can
jamb
jam'bo'ree
jammed
jam'mer
jam'ming
jan'gle
jan'gled
jan'gling
jan'i'tor
jan'i'to'ri'al
Jap'a'nese
jar
jar'di'niere
jar'ful
jar'gon
jarred
jar'ring
jas'mine
jaun'dice
jaun'diced
jaunt
jaun'ti'ly
jaun'ti'ness
jaun'ty
Ja'va'nese
jave'lin
jaw'bone
jaw'break'er
jay'walk
jay'walk'er
jazz
jaz'zi'er
jaz'zi'est
jazz'i'ly
jazz'i'ness

jazzy
jeal'ous
jeal'ous'ies
jeal'ous'ly
jeal'ousy
jeans
jeer
jeer'er
jeer'ing'ly
je'june
jel'lied
jel'lies
jel'li'fy
jel'ly
jel'ly'fish
jen'ny
jeop'ar'dize
jeop'ar'dized
jeop'ar'diz'ing
jeop'ar'dy
jer'e'mi'ad
jerk
jerk'i'er
jerk'i'est
jerk'i'ly
jer'kin
jerk'i'ness
jerky
jerry-built
jer'sey
jess
jes'sa'mine
jest
jest'er
jet
jet'foil
jet lag
jet'lin'er
jet-pro'pelled
jet'sam
jet set
jet-set'ter
jet-set'ting
jet-ski
jet-skied
jet-ski'ing
jet'ted
jet'ties
jet'ting
jet'ti'son
jet'ty
jeu d'es'prit
Jew
jew'el
jew'elled
jew'el'ler
jew'ell'ery
Jew'ish
Jew'ish'ness
Jew'ry
jew's-harp
jiao
jib
jibbed
jib'bing
jibe
jif'fies
jif'fy
jig
jigged
jig'ging
jig'gle
jig'gled
jig'gling
jig'gly
jig'saw
ji'had
jilt'er
jin'gle
jin'gled
jin'gling
jin'go'ism
jin'go'is'tic
jink
jinx
jit'ney
jit'ter'bug
jit'ter'bug'ging
jit'ters
jit'tery
jive
jived
jiv'ing
job
Job'cen'tre
jobbed
job'ber
job'bing
Job'cen'tre
Job'club
job'hold'er
job'less
job-share
job-shar'ing
jobs'worth
jock'ey
jock'ey'ing
jock'strap
jo'cose
jo'cose'ly
jo'cos'i'ty
joc'u'lar
joc'u'lar'i'ty
joc'u'lar'ly
joc'und
jo'cun'di'ty
jodh'pur
jog
jogged
jog'ger
jog'ging
jog'gle
jog'gled
jog'gling
joie de vi'vre
join
join'er
join'ery
joint
joint'ed
joint'ly
joist
jo'jo'ba
joke
joked
jok'er
joke'ster
jok'ing
jok'ing'ly
jol'li'er
jol'li'est
jol'li'ty
jol'ly
jolt
jolt'ing'ly
jolty
jon'quil
Jor'da'ni'an
joss stick
jos'tle
jos'tled
jos'tling
jot
jot'ted
jot'ting
joule
jour'nal
jour'nal'ese
jour'nal'ism
jour'nal'ist
jour'nal'is'tic
jour'ney
jour'ney'man
joust
jo'vi'al
jo'vi'al'i'ty
jo'vi'al'ly
jowl
joy'ful
joy'ful'ly
joy'less
joy'ous
joy'ous'ly
joy'rid'den
joy'ride
joy'rid'ing
joy'rode
joy'stick
ju'bi'lance
ju'bi'lant

ju'bi'la'tion
ju'bi'lee
Ju'da'ic
Ju'da'i'cal
Ju'da'ism
judge
judged
judge'ment
judg'ing
judg'ment
ju'di'cial
ju'di'cial'ly
ju'di'ci'ary
ju'di'cious
ju'di'cious'ly
ju'do
jug
jugged
jug'ger'naut
jug'gle
jug'gled
jug'gler
jug'gling
jug'u'lar
juice
juic'er
juic'i'er
juic'i'est
juic'i'ness
juicy
ju'jit'su
ju'ju
ju'jube
juke'box
ju'lep
ju'li'enne
jum'ble
jum'bled
jumb'ling
jum'bo
jum'bo'ize
jum'bo jet
jump
jump'er
jump'i'er
jump'i'est
jump'i'ness
jump'ing
jump-start
jump-suit
jumpy
junc'tion
junc'ture
jun'gle
jun'ior
ju'ni'per
junk
jun'ket
jun'ket'ing
junk fax
junk'ie
junky
jun'ta
ju'ries
ju'ris'dic'tion
ju'ris'dic'tion'al
ju'ris'pru'dence
ju'ris'pru'dent
ju'ris'pru'den'tial
jur'ist
ju'ror
ju'ry
just
just'ice
jus'tice'less
jus'ti'fi'able
jus'ti'fi'ably
jus'ti'fi'ca'tion
jus'ti'fi'ca'to'ry
jus'ti'fied
jus'ti'fy
jus'ti'fy'ing
just'ly
just'ness
jut
jute
jut'ted
jut'ting
ju'venes'cence
ju've'nescent
ju've'nile
ju've'nil'i'ty
jux'ta'pose
jux'ta'posed
jux'ta'pos'ing
jux'ta'po'si'tion

K

---

ka'bob
kaf'tan
Ka'lash'ni'kov
kale
ka'lei'do'scope
ka'lei'do'scop'ic
ka'mi'ka'ze
kan'ga'roo
ka'o'lin
ka'o'line
ka'pok
ka'put
kar'a'kul
ka'rao'ke
kar'at
ka'ra'te
kar'ma
ka'ty'did
kay'ak
kayo
ke'bab
kedge
kedged
ked'ge'ree
kedg'ing
keel
keel'haul
keel'son
keen
keen'ly
keen'ness
keep
keep'er
keep'ing
keep'sake
keg
keg'ler
kelp
kel'pie
ken
ken'do
ken'nel
ken'nelled
ke'no
Ke'nyan
ke'pi
kept
ker'a'tin
ker'chief
ker'nel
ker'o'sene
kes'trel
ketch
ketch'up
ke'tone
ket'tle
ket'tle'drum
key
key'board
keyed
key'hole
key'note
key'not'ing
key'pad

key'punch
key'stone
khaki
kha'lif
khan
khoum
kib'butz
kib'itz'er
ki'bosh
kick'back
kick'box'ing
kick-off
kid
kid'ded
kid'die
kid'ding
kid'dish
kid'dish'ness
kid'nap
kid'nap'er
kid'napped
kid'nap'per
kid'nap'ping
kid'ney
kid'olo'gy
kid'vid
kill
kill'deer
kill'er
kill'ing
kill'joy
kiln
kilo
ki'lo'byte
kil'o'cy'cle
kil'o'gram
ki'lo'hertz
kil'o'li'tre
kil'o'me'tre
kil'o'volt
kil'o'watt
kilt
kilt'er
ki'mo'no
kin
ki'na
kind
kin'der'gar'ten
kindest
kind-heart'ed
kin'dle
kin'dled
kind'li'est
kind'li'ness
kin'dling
kind'ness
kin'dred
kin'e'mat'ic
kin'e'mat'i'cal
kin'e'mat'ics
kin'e'scope
ki'net'ic
ki'net'ics
kin'folk
king
king'bolt
king'dom
king'fish'er
king'li'ness
king'ly
king'pin
king-size
king-sized
kink
kink'i'er
kink'i'est
kinky
kins'folk
kin'ship
kins'man
kins'wom'an
ki'osk
kip
kip'per
kir
kirsch
kis'met
kiss
kiss'able
kiss'a'gram
kit
kitch'en
kitch'en'ette
kitch'en'ware
kite
kit'ed
kith
kit'ing
kitsch
kit'ten
kit'ten'ish
kit'ties
kit'ti'wake
kit'ty
ki'wi
ki'wi'fruit
klatch
klax'on
klep'to'ma'nia
klep'to'ma'ni'ac
knack
knap'sack
knave
knav'ery
knav'ish
knead
knee
knee'cap
kneed
knee-deep
knee'ing
knee-jerk
kneel
kneeled
kneel'ing
knees-up
knell
knelt
knew
knick'er'bock'ers
knick'ers
knick'knack
knife
knifed
knife-edge
knif'ing
knight
knight-er'rant
knight'hood
knight'ly
knit
knit'ted
knit'ter
knit'ting
knit'wear
knives
knob
knobbed
knob'bi'er
knob'by
knock
knock'down
knock'er
knock-knee
knock-kneed
knock-on
knock'out
knoll
knot
knot'hole
knot'less
knot'ted
knot'ti'er
knot'ti'est
knot'ting
knot'ty
knout
know
know'able
know-how
know'ing
know'ing'ly
know-it-all
knowl'edge
knowl'edge'able
knowl'edge'ably
known
know-noth'ing
knuck'le
knuck'led

knuck'le-dust'er
knuck'ling
knurl
knurly
ko'a'la
ko'bo
kohl
kohl'ra'bi
ko'la
ko'lin'sky
kook
kook'a'bur'ra
kook'ie
kook'i'er
kook'i'est
kooky
ko'peck
ko'pek
Ko'ran
Ko'ran'ic
Ko're'an
koru'na
ko'sher
kow-tow
kraal
krim'mer
kro'na
kro'ne
kro'ner
kroon
Kru'ger'rand
kry'ton
ku'dos
ku'miss
kum'mel
kum'quat
ku'na
kung fu
Kurd'ish
kurled
ku'ru
Ku'waiti
kwa'cha
kwan'za
kwash'i'or'kor
ky'at
kyle
ky'pho'sis
ky'phot'ic

L

laa'ger
laa'ri
lab
la'bel
la'bell'er
la'belled
la'bel'ling
la'bi'al
la'bi'ate
la'bile
la'bi'o'den'tal
la'bi'um
lab'o'ra'to'ries
lab'o'ra'to'ry
la'bour
la'boured
la'bour'er
la'bour-in'ten'sive
la'bo'ri'ous
la'bo'ri'ous'ly
la'bour-sav'ing
la'bur'num
lab'y'rinth
lab'y'rin'thi'an
lab'y'rin'thine
lace
laced
lac'er'ate
lac'er'at'ed
lac'er'at'ing
lac'er'a'tion
lach'ry'mal
lach'ry'mose
lach'ry'mose'ly
lac'i'er
lac'i'est
lac'ing
lack
lack'a'dai'si'cal
lack'ey
lack'lus'tre
la'con'ic
la'con'i'cal'ly
lac'quer
la'crosse
lac'tate
lac'tat'ed
lac'tat'ing
lac'ta'tion
lac'te'al
lac'tic
lac'tose
la'cu'na
la'cus'trine
lacy
lad
lad'der
lad'die
lade
lad'ed
lad'en
la-di-da
la'dies
la'dle
ladle'ful
la'dy
la'dy'bug
la'dy-in-wait'ing
la'dy-killer
la'dy'like
la'dy'ship
la'dy's-slip'per
lag
la'ger
lag'gard
lagged
lag'ging
la'goon
laid
laid-back
lain
lair
lais'sez-faire
la'i'ty
lake
lake'side
lakh
lal'la'tion
lam
la'ma
la'ma'sery
lamb
lam'ba'da
lam'baste
lam'bast'ed
lam'bast'ing
lam'bent
lam'bent'ly
lam'bre'quin
lamb'skin
la'mé
lame
lamed
lame'ness
la'ment
lam'en'ta'ble
lam'en'ta'bly
lam'en'ta'tion

lam'i'nate
lam'i'nat'ed
lam'i'nat'ing
lam'i'na'tion
lam'ing
lammed
lam'ming
lamp'black
lamp'light
lamp'lit
lam'poon
lamp'post
lam'prey
lamp'shade
lance
lanced
lan'ce'o'late
lan'cet
lanc'ing
lan'dau
land'ed
land'fall
land'fill
land'hold'er
land'ing
land'la'dies
land'la'dy
land'less
land'less'ness
land'locked
land'lord
land'lub'ber
land'mark
land'mass
land'own'er
land'own'ing
land'scape
land'scaped
land'scap'er
land'scap'ing
land'slide
land'slip
land'ward
lane
lang syne
lan'guage
lan'guid
lan'guid'ly
lan'guish
lan'guish'ing
lan'guor
lan'guor'ous
lank'i'er
lank'i'est
lank'i'ness
lank'ness
lanky
lan'o'lin
lan'tern
lan'tha'nide
lan'tha'num
lan'yard
la'pel
lap'ful
lap'i'dary
lap'in
lap'is la'zu'li
Lapp
lapped
lap'pet
lap'ping
lapse
lapsed
laps'ing
lap'top
lap'wing
lar'board
lar'ce'nous
lar'ce'ny
larch
lar'der
large
large'ly
large'ness
larg'er
large-scale
lar'gess
lar'gesse
larg'est
lar'ghet'to
larg'ish
lar'go
la'ri
lar'i'at
lark'spur
lar'va
lar'vae
lar'val
la'ryn'ge'al
la'ryn'ges
la'ryn'gi'tis
lar'ynx
las'civ'i'ous
las'civ'i'ous'ly
la'ser
lash
lash'ing
lass
las'si'tude
las'so
las'soes
last-ditch
last'ing
last'ly
latch
latch'key
late
late'com'er
la'teen
late'ly
la'ten'cy
late'ness
la'tent
la'tent'ly
lat'er
lat'er'al
lat'er'al'ly
lat'est
la'tex
lath
lathe
lath'er
lath'ery
lath'ing
Lat'in
Lat'in-A'mer'i'can
Lat'in'ate
La'ti'no
lat'i'tude
lat'i'tu'di'nal
lat'i'tu'di'nar'i'an
la'trine
lats
lat'ter
lat'ter'ly
lat'tice
lat'ticed
lat'tice'work
lat'tic'ing
Lat'vi'an
laud
laud'a'ble
laud'a'bly
lau'da'num
laud'a'tive
laud'a'to'ry
laugh
laugh'a'ble
laugh'a'bly
laugh'ing
laugh'ing'ly
laugh'ing'stock
laugh'ter
launch
launch'er
laun'der
laun'der'ette
laun'der'ing
laun'dress
laun'dries
laun'dry
lau're'ate
lau'rel
la'va
lav'a'liere
lav'a'to'ries
lav'a'to'ry
lav'en'der
lav'ish
lav'ish'ly

lav'ish'ness
law
law-abid'ing
law'break'er
law'break'ing
law'ful
law'ful'ly
law'ful'ness
law'less
law'less'ness
law'mak'er
law'mak'ing
lawn
lawn mow'er
law'ren'ci'um
law'suit
law'yer
lax
lax'a'tive
lax'i'ty
lax'ness
lay
lay'about
lay'er
lay'ette
lay'ing
lay'man
lay'off
lay'out
lay'over
laze
lazed
laz'i'er
la'zi'est
la'zi'ly
la'zi'ness
laz'ing
la'zy
la'zy'bones
lea
leach
lead
lead'en
lead'er
lead'er'ship
lead free
lead-in
lead'ing
leaf
leaf'age
leaf'i'ness
leaf'less
leaf'let
leaf'let'ted
leaf'let'ting
leaf'stalk
leak
leak'age
leak'i'er
leak'i'est
leak'i'ness
leaky
lean
lean-burn
lean'ing
lean'ness
leant
lean-to
leap
leaped
leap'frog
leap'frogged
leap'frog'ging
leap'ing
leapt
learn
learned
learn'er
learn'ing
learnt
leary
lease
lease'back
leased
lease'hold
lease'hold'er
leash
leas'ing
least
least'ways
least'wise
leath'er
leath'er'neck
leath'ery
leave
leav'en
leaves
leave-tak'ing
leav'ing
Leb'a'nese
lech'er
lech'er'ous
lech'ery
lec'tern
lec'ture
lec'tured
lec'tur'er
lec'ture'ship
lec'tur'ing
led
ledge
ledg'er
lee
leech
leek
leer
leer'ing'ly
leery
lee'ward
lee'way
left
left-hand'ed
left'ies
left'ism
left'ist
left'over
left'ward
left-wing
lefty
leg
leg'a'cies
leg'a'cy
le'gal
le'gal'ism
le'gal'ist
le'gal'is'tic
le'gal'is'ti'cal'ly
le'gal'i'ties
le'gal'i'ty
le'gal'i'za'tion
le'gal'ize
le'gal'ized
le'gal'iz'ing
le'gal'ly
leg'ate
leg'a'tee
le'ga'tion
le'ga'to
leg'end
leg'end'ary
leg'er'de'main
legged
leg'gi'er
leg'gi'est
leg'ging
leg'gy
leg'gy
leg'horn
leg'i'bil'i'ty
leg'i'ble
leg'i'bly
le'gion
le'gion'ary
le'gion'naire
le'gion'naire's
leg'is'late
leg'is'lat'ed
leg'is'lat'ing
leg'is'la'tion
leg'is'la'tive
leg'is'la'tor
leg'is'la'ture
le'git'i'ma'cy
le'git'i'mate
le'git'i'mat'ed
le'git'i'mate'ly
le'git'i'mat'ing
le'git'i'ma'tion
le'git'i'mi'za'tion
le'git'i'mize

le'git'i'mized
le'git'i'miz'ing
leg'less
le'gume
le'gu'mi'nous
leg'warm'ers
lei
leis
lei'sure
lei'sure'li'ness
lei'sure'ly
leit'mo'tif
leit'mo'tiv
lek
lem'ma
lem'ma'ta
lem'ming
lem'on
lem'on'ade
lem'on-grass
lem'pi'ra
le'mur
lend
lend'er
lend'ing
length
length'en
length'i'er
length'i'est
length'i'ly
length'i'ness
length'ways
length'wise
lengthy
le'ni'ence
le'ni'en'cy
le'ni'ent
le'nient'ly
len'i'tive
len'i'ty
leo'ne
lens
Lent
lent
len'til
Leo
le'o'nine
leop'ard
le'o'tard
lep'er
lep're'chaun
lep'ro'sy
lep'rous
lep'ta
les'bi'an
les'bi'an'ism
lese-maj'es'ty
le'sion
less
les'see
less'en
less'er
les'son
les'sor
lest
let
let'down
le'thal
le'thal'ly
le'thar'gic
le'thar'gi'cal
leth'ar'gy
let'ter
let'ter bomb
let'tered
let'ter'er
let'ter'head
let'ter'ing
let'ter'press
let'ters pa'tent
let'ting
let'tuce
let'up
leu
leu'kae'mia
leu'ko'cyte
lev
lev'ee
lev'el
lev'el-head'ed
lev'el'ling
lev'elled
leveller
lev'el'ly
lev'el'ness
lev'er
lev'er'age
lev'er'aged
lev'er'et
le'vi'a'than
lev'ied
lev'ies
lev'i'tate
lev'i'tat'ed
lev'i'tat'ing
lev'i'ta'tion
lev'i'ty
levy
levy'ing
lewd
lewd'ly
lewd'ness
lex'i'cal
lex'i'cog'ra'pher
lex'i'co'graph'ic
lex'i'cog'ra'phy
lex'i'con
li'a'bil'i'ties
li'a'bil'i'ty
li'a'ble
li'aise
li'aised
li'ais'ing
li'ai'son
li'a'na
li'ar
li'ba'tion
li'bel
li'bel'ler
li'belled
li'bel'ling
li'bel'lous
li'bel'ous
lib'er'al
lib'er'al'ism
lib'er'al'i'ty
lib'er'al'i'za'tion
lib'er'al'ize
lib'er'al'ized
lib'er'al'iz'ing
lib'er'al'ly
lib'er'ate
lib'er'at'ed
lib'er'at'ing
lib'er'a'tion
lib'er'a'tor
Li'be'ri'an
lib'er'tar'i'an
lib'er'ties
lib'er'tine
lib'er'tin'ism
lib'er'ty
li'bid'in'al
li'bid'i'nous
li'bid'i'nous'ness
li'bi'do
li'brar'i'an
li'brar'ies
Lib'ra
li'brary
li'bret'ti
li'bret'tist
li'bret'to
Lib'ri'um
Lib'y'an
lice
li'cence
li'cense
li'censed
li'cens'ee
li'cens'er
li'cens'ing
li'cen'ti'ate
li'cen'tious
li'cen'tious'ness
li'chee
li'chen
lic'it
lick
lid

lid'ded
lido
lie
lied
lied'er
liege
lien
lieu
lieu'ten'an'cy
lieu'ten'ant
life
life'blood
life'boat
life'buoy
life cy'cle
life'guard
life'less
life'like
life'line
life'sav'er
life-size
life'style
life-sup'port
life'time
lift-off
lig
lig'a'ment
lig'a'ture
ligged
lig'ger
lig'ging
light
light'en
light'er
light-fin'gered
light-foot'ed
light-head'ed
light-heart'ed
light-heart'ed'ly
light'house
light'ing
light'ly
light-mind'ed
light'ness
light'ning
light'ship
light'weight
light-year
lig'nite
lik'able
like
like'able
liked
like'li'er
like'li'est
like'li'hood
like'ly
lik'en
like'ness
like'wise
lik'ing
Lik'ud
li'ku'ta
li'lac
li'lan'geni
lil'ies
lilt'ing
lily
lily-liv'ered
limb
lim'ber
lim'bo
lime
lim'eade
limed
lime'light
lim'er'ick
lime'stone
lim'ey
lim'ing
lim'it
lim'it'a'ble
lim'i'ta'tion
lim'i'ta'tive
lim'it'ed
lim'it'ing
lim'it'less
limn
lim'ner
lim'ou'sine
limp
lim'pet
lim'pid
lim'pid'ness
limp'ing'ly
limp'ly
limy
lin'age
linch'pin
lin'den
line
lin'e'age
lin'e'al
lin'e'a'ment
lin'e'ar
lined
line'man
lines'man
lin'en
lin'er
lin'ger
lin'ge'rie
lin'ger'ing'ly
lin'go
lin'goes
lin'gua fran'ca
lin'gual
lin'guist
lin'guis'tic
lin'guis'ti'cal'ly
lin'guis'tics
lin'i'ment
lin'ing
link
link'age
linked
link'er
link-up
lin'net
li'no'le'um
lin'seed
lint
lin'tel
lint'i'er
linty
li'on
li'on'ess
li'on'heart'ed
li'on'i'za'tion
li'on'ize
li'on'ized
li'on'iz'ing
lip
li'pa
lipo'suc'tion
lip'py
lip-read
lip-read'ing
lip'stick
lip'-synch
liq'ue'fac'tion
liq'ue'fi'a'ble
liq'ue'fied
liq'ue'fy
liq'ue'fy'ing
li'queur
liq'uid
liq'ui'date
liq'ui'dat'ed
liq'ui'dat'ing
liq'ui'da'tion
liq'ui'da'tor
li'quid'i'ty
liq'uid'ize
liq'uid'ized
liq'uid'iz'er
liq'uid'iz'ing
liq'uid'ness
liq'uor
liquo'rice
li'ra
li're
li'sen'ti
lisle
lisp
lis'som
lis'some
lis'some'ness
lis'som'ness
list

lis'ted
lis'ten
lis'ten'er
lis'te'ri'o'sis
list'ing
list'less
list'less'ly
list'less'ness
lit
lit'a'nies
lit'a'ny
li'tas
li'tchi
li'tre
lit'er'a'cy
lit'er'al
lit'er'al'ism
lit'er'al'i'ty
lit'er'al'ness
lit'er'ar'i'ness
lit'er'ary
lit'er'ate
lit'e'ra'ti
lit'er'a'ture
lithe
lithe'some
lithe'someness
lith'i'um
litho'graph
li'thog'ra'pher
lith'o'graph'ic
li'thog'ra'phy
li'thog'ra'phy
Lith'u'a'ni'an
lit'i'gant
lit'i'gate
lit'i'gat'ed
lit'i'gat'ing
lit'i'ga'tion
li'ti'gious
lit'mus
li'to'tes
lit'ter
lit'ter'bug
lit'tle
lit'to'ral
li'tur'gic
li'tur'gi'cal
lit'ur'gies
lit'ur'gist
lit'ur'gy
liv'a'ble
live
live'abil'ity
live'a'ble
lived
live-in
live'li'er
live'li'est
live'li'hood
live'li'ness
live'long
live'ly
liv'en
liv'er
liv'er'ied
liv'er'ies
liv'er'ish
liv'er'wurst
liv'ery
lives
live'stock
live'ware
liv'id
li'vid'i'ty
liv'id'ly
liv'ing
liz'ard
lla'ma
Lloyd's
load
load'ed
loaf
loaf'er
loam
loamy
loan
loath
loathe
loathed
loath'ing
loath'some
loaves
lob
lo'bar
lobbed
lob'bied
lob'bies
lob'bing
lob'by
lob'by'ing
lob'by'ist
lobe
lobed
lo'be'lia
lo'bot'o'mies
lo'bot'o'my
lob'ster
lo'cal
lo'cale
lo'cal'i'ties
lo'cal'i'ty
lo'cal'i'za'tion
lo'cal'ize
lo'cal'ized
lo'cal'iz'ing
lo'cal'ly
lo'cate
lo'cat'ed
lo'cat'ing
lo'ca'tion
lo'ca'tor
lo'ci
lock
lock'a'ble
lock'er
lock'et
lock'jaw
lock'out
lock'smith
lock'up
lo'co'mo'tion
lo'co'mo'tive
lo'co price
lo'cum te'nens
lo'cum te'nen'tes
lo'cus
lo'cust
lo'cu'tion
lode
lode'star
lode'stone
lodge
lodged
lodge'ment
lodg'er
lodg'ing
lodg'ment
loess
loft'i'er
loft'i'est
loft'i'ly
loft'i'ness
lofty
log
lo'gan'ber'ries
lo'gan'ber'ry
log'a'rithm
log'a'rith'mic
log'book
loge
logged
log'ger
log'ger'head
log'gia
log'gie
log'ging
log'ic
log'i'cal
log'i'cal'ly
log'i'cal'ness
log'ic bomb
lo'gi'cian
lo'gis'tic
lo'gis'ti'cal
lo'gis'tics
lo'go
log'roll'ing
lo'gy
loin

loin'cloth
loi'ter
loi'ter'er
loll
loll'i'pop
lol'lop
lol'loped
lol'lop'ing
lone
lone'li'er
lone'li'est
lone'li'ness
lone'ly
lon'er
lone'some
long'bow
lon'gev'i'ty
long'hair
long-haired
long'hand
long'ing
long'ing'ly
lon'gi'tude
lon'gi'tu'di'nal
lon'gi'tu'di'nal'ly
long johns
long'life
long-lived
long-play'ing
long-range
long'shore'man
long-sight'ed
long-suf'fer'ing
long-term
long-wind'ed
loo'fah
look
look-alike
look'er-on
look'out
loom
loon'i'er
loon'ies
loon'i'est
loon'i'ness
loony
loop
loop'hole
loop'y
loose
loosed
loose-leaf
loose'ly
loos'en
loose'ness
loos'er
loos'est
loos'ing
loot
loot'ed
loot'er
lop
lope
loped
lop'er
lop'ing
lopped
lop'ping
lop'sid'ed
lo'qua'cious
lo'qua'cious'ness
lo'quac'i'ty
lord'li'est
lord'li'ness
lord'ly
lor'do'sis
lord'ship
lore
lor'gnette
lor'ries
lor'ry
lo'ry
los'a'ble
lose
los'er
los'ing
loss
lost
lot
loth
lo'thar'io
lo'ti
lo'tion
lot'ted
lot'ter'ies
lot'tery
lot'ting
lo'tus
lo'tus-eat'er
louche
loud
loud'ly
loud'mouthed
loud'ness
loud'speak'er
lounge
lounged
loung'ing
lour
louring
louse
lous'i'er
lous'i'est
lous'i'ness
lousy
lout
lout'ish
lout'ish'ness
lou'ver
lov'abil'i'ty
lov'able'ness
lov'ably
love
love'able
love'bird
love child
love chil'dren
loved
love-in
love'less
love'less
love'li'er
love'li'est
love'li'ness
love'ly
love'mak'ing
lov'er
lov'ing
lov'ing
lov'ing'ly
lov'ing'ness
low
low'born
low'boy
low'brow
low-down
low'er
low'er
low'er'case
low'er-class
low'er'ing
low-keyed
low'land
low-lev'el
low'li'er
low'li'est
low'li'ness
low'ly
low-ly'ing
low-mind'ed
low-pres'sure
low-rise
low-spir'it'ed
low-tech
low-ten'sion
lox
loy'al
loy'al'ist
loy'al'ly
loy'al'ties
loy'al'ty
loz'enge
lu'au
lub'ber
lu'bri'cant
lu'bri'cate
lu'bri'cat'ed
lu'bri'cat'ing
lu'bri'ca'tion
lu'bri'ca'tor

lu'bri'cious
lu'cid
lu'cid'i'ty
lu'cid'ly
lu'cid'ness
luck
luck'i'er
luck'i'est
luck'i'ly
luck'i'ness
luck'less
lucky
lu'cra'tive
lu'cra'tive'ness
lu'cre
lu'cu'brate
lu'cu'bra'tion
lu'di'crous
lu'di'crous'ly
lu'di'crous'ness
lug
lug'gable
lug'gage
lugged
lug'ger
lug'ging
lu'gu'bri'ous
lu'gu'bri'ous'ly
luke'warm
lull
lull'a'bies
lull'a'by
lum'ba'go
lum'bar
lum'ber
lum'ber'ing
lum'ber'jack
lu'men
lu'mi'nar'ies
lu'mi'nary
lu'mi'nes'cence
lu'mi'nes'cent
lu'mi'nos'i'ty
lu'mi'nous
lu'mi'nous'ness
lum'mox
lum'pec'to'my
lump'i'er
lump'i'est
lump'i'ness
lumpy
lu'na'cies
lu'na'cy
lu'nar
lu'nate
lu'na'tic
lunch
lunch'eon
lunch'time
lunge
lunged
lung'ing
lunk'head
lu'pin
lu'pine
lu'pus
lurch
lure
lured
lu'rid
lu'rid'ly
lu'rid'ness
lur'ing
lurk
lurk'er
lus'cious
lus'cious'ly
lus'cious'ness
lush
lush'ness
lust
lus'tre
lus'tre'less
lust'ful
lust'ful'ness
lust'i'er
lust'i'est
lust'i'ly
lust'i'ness
lus'trous
lusty
lute
lu'te'tium
luv'vie
luv'vy
lux'u'ri'ance
lux'u'ri'ant
lux'uri'ant'ly
lux'u'ri'ate
lux'u'ri'at'ed
lux'u'ri'at'ing
lux'u'ri'a'tion
lux'u'ries
lux'u'ri'ous
lux'uri'ous'ly
lux'u'ry
lwei
ly'ce'um
ly'chee
lych'gate
Ly'cra
ly'ing
ly'ing-in
Lyme dis'ease
lymph
lym'phat'ic
lynch
lynch'ing
lynch'pin
lynx
ly'on'naise
lyre
ly'ric
lyr'i'cal
lyr'i'cal'ly
lyr'i'cism
lyr'i'cist

M

ma'ca'bre
mac'ad'am
mac'ad'am'ize
ma'caque
mac'a'ro'ni
mac'a'roon
ma'caw
mace
maced
mac'er'ate
mac'er'at'ed
mac'er'at'ing
mac'er'a'tion
Mac'Guf'fin
ma'chair
ma'chete
mach'i'nate
mach'i'nat'ed
mach'i'nat'ing
mach'i'na'tion
ma'chine
ma'chined
ma'chin'ery
ma'chin'ing
ma'chin'ist
ma'chis'mo
ma'cho
mack'er'el

mack'i'naw
mack'in'tosh
mac'ra'mé
mac'ro'bi'ot'ic
mac'ro'bi'ot'ics
mac'ro'cosm
mac'ro'ec'ono'mics
mac'ro-in'struc'tion
ma'cron
mac'ro'scop'ic
mad
mad'am
mad'ame
mad'den
mad'en'ing'ly
mad'der
mad'dest
made
mad'e'moi'selle
mad'ern'ing'ly
mad'ly
mad'man
mad'ness
mad'ras
mad'ri'gal
mad'wom'an
mael'strom
maes'tro
mag'a'logue
mag'a'zine
ma'gen'ta
mag'got
mag'goty
ma'gi
mag'ic
mag'i'cal
mag'i'cal'ly
ma'gi'cian
mag'icked
mag'ick'ing
mag'is'te'ri'al
mag'is'te'ri'al'ly
mag'is'tra'cies
mag'is'tra'cy
mag'is'trate
mag'ma
mag'na'nim'i'ty
mag'nan'i'mous
mag'nan'i'mous'ly
mag'nate
mag'ne'sia
mag'ne'si'um
mag'net
mag'net'ic
mag'net'i'cal'ly
mag'net'ism
mag'net'ize
mag'net'ized
mag'net'iz'ing
mag'ne'to
mag'ne'tom'e'ter
mag'ni'fi'ca'tion
mag'nif'i'cence
mag'nif'i'cent
mag'nif'i'cent'ly
mag'ni'fied
mag'ni'fi'er
mag'ni'fy
mag'ni'fy'ing
mag'nil'o'quent
mag'ni'tude
mag'no'lia
mag'num
mag'num opus
mag'pie
ma'gus
ma'ha'ra'jah
ma'ha'ra'ni
ma'hat'ma
mah-jongg
ma'hog'a'ny
ma'hout
maid
maid'en
maid'en'hair
maid'en'head
maiden name
maid of hon'our
maid'ser'vant
mail
mail'a'ble
mailed
mail'ing
mail'lot
mail'shot
maim
main
main'frame
main'land
main'line
main'lined
main'lin'ing
main'ly
main'mast
main'sail
main'spring
main'stay
main'stream
main'tain
main'tain'a'ble
main'te'nance
maître d'hô'tel
maize
ma'jes'tic
ma'jes'ti'cal
ma'jes'ti'cal'ly
maj'es'ties
maj'es'ty
ma'jol'i'ca
ma'jor
ma'jor-do'mos
ma'jor'ette
ma'jor'i'ties
ma'jor'i'ty
mak'able
make
make'able
make-be'lieve
make'fast
make'over
ma'ker
make'shift
make-up
make'weight
mak'ing
ma'ku'ta
mal'ab'sorp'tion
ma'lac'ca
mal'a'chite
mal'ad'ap'ta'tion
mal'a'dapt'ed
mal'ad'just'ed
mal'ad'just'ment
mal'ad'min'is'ter
mal'a'droit
mal'a'droit'ness
mal'a'dy
ma'laise
mal'a'prop
mal'a'prop'ism
mal'ap'ro'pos
ma'lar'ia
ma'lar'i'al
ma'lar'key
mal'con'tent
mal de mer
male
mal'e'dic'tion
mal'e'dic'to'ry
mal'e'fac'tion
mal'e'fac'tor
ma'lef'ic
ma'lef'i'cent
ma'lev'o'lence
ma'lev'o'lent
ma'lev'o'lent'ly
mal'fea'sance
mal'fea'sant
mal'for'ma'tion
mal'formed
mal'func'tion
mal'ice
ma'li'cious
ma'li'cious'ly
ma'lign
ma'lig'nan'cies
ma'lig'nan'cy
ma'lig'nant
ma'lig'nant'ly
ma'lig'ni'ty

ma'lign'ly
ma'lin'ger
ma'lin'ger'er
mall
mal'lard
mal'lea'bil'i'ty
mal'lea'ble
mal'lea'ble'ness
mal'let
mal'low
malm'sey
mal'nour'ished
mal'nu'tri'tion
mal'oc'clu'sion
mal'o'dour
mal'o'dor'ous
mal'prac'tice
mal'prac'ti'tion'er
malt
Mal'tese
mal'tose
mal'treat
mal'treat'ment
malty
ma'ma
mam'ba
mam'bo
mam'ma
mam'mal
mam'ma'li'an
mam'ma'logi'cal
mam'malo'gist
mam'mal'ogy
mam'ma'ries
mam'ma'ry
mam'mif'er'ous
mam'mo'gram
mam'mo'gra'phy
mam'mo'gram
mam'mon
mam'moth
mam'my
man
man'a'cle
man'a'cled
man'a'cling
man'age
man'age'abil'i'ty
man'age'able
man'age'able'ness
man'age'ably
man'aged
man'age'ment
man'ag'er
man'ag'er'ess
man'a'ge'ri'al
man'ag'er ship
man'ag'ing
man'a'kin
ma'ña'na
ma'nat
man'a'tee
man'da'mus
man'da'rin
man'date
man'dat'ed
man'dat'ing
man'da'to'ri'ly
man'da'to'ry
man'di'ble
man'do'lin
man'do'line
man'drake
man'drel
man'drill
mane
man-eat'er
man-eat'ing
ma'nège
man'ful
man'ful'ly
man'ga'nese
mange
man'ger
man'gi'ness
man'gle
man'gled
man'gling
man'go
man'goes
man'grove
man'gy
man'han'dle
man'han'dled
man'han'dling
man'hole
man'hood
man-hour
man'hunt
ma'nia
ma'ni'ac
ma'ni'a'cal
ma'ni'a'cal'ly
man'ic
man'i'cure
man'i'cured
man'i'cur'ing
man'i'cur'ist
man'i'fest
man'i'fes'ta'tion
man'i'fest'ly
man'i'fes'to
man'i'fes'tos
man'i'fold
man'i'kin
ma'nil'la
ma'nille
man'i'oc
ma'nip'u'la'ble
ma'nip'u'late
ma'nip'u'lat'ed
ma'nip'u'lat'ing
ma'nip'u'la'tion
ma'nip'u'la'tive
ma'nip'u'la'tor
ma'nip'u'la'to'ry
man'i'to
man'i'tou
man'i'tu
man'kind
man'li'er
man'li'est
man'like
man'li'ness
man'ly
man-made
man'na
manned
man'ne'quin
man'ner
man'nered
man'ner'ism
man'ner'ly
man'ni'kin
man'ning
man'nish
man'nish'ly
man'ni'tol
ma'noeu'vr'able
ma'noeu'vre
man-of-war
ma'nom'e'ter
man'or
ma'no'ri'al
man'pow'er
man'que
man'sard
manse
man'ser'vant
man'sion
man-sized
man'slaugh'ter
man slay'er
man'tel
man'tel'piece
man'tel shelf
man'tel shelves
man'til'la
man'tis
man'tle
man'tra
man'u'al
man'u'al'ly
man'u'fac'ture
man'u'fac'tured
man'u'fac'tur'er
man'u'fac'tur'ing
man'u'mis'sion
ma'nure
man'u'script

many
many-sid'ed
Mao'ri
Mao suit
map
ma'ple
mapped
map'ping
ma'quis
mar
mar'a'bou
mar'a'bout
ma'ra'ca
mar'a'schi'no
mar'a'thon
ma'raud
ma'raud'er
ma'raud'ing
mar'ble
mar'bled
mar'bling
mar'bly
mar'cel
mar'celled
mar'cel'ling
mar'cel wave
march
march'er
mar'chion'ess
mar'ga'rine
mar'ga'ri'ta
mar'gin
mar'gi'nal
mar'gin'al'iza'tion
mar'gin'al'ize
mar'gin'al'ly
mar'gue'rite
ma'ri'a'chi
ma'ri'cu'ture
mar'i'gold
ma'ri'jua'na
ma'rim'ba
ma'ri'na
mar'i'nade
mar'i'nad'ed
mar'i'nad'ing
mar'i'nate
mar'i'nat'ed
mar'i'nat'ing
ma'rine
mar'i'ner
mar'i'on'ette
mar'i'tal
mar'i'time
mar'jo'ram
mark
marked
mark'ed'ly
mark'er
mar'ket
mar'ket'abil'i'ty
mar'ket'able
mar'ket'ed
mar'ket'ing
mar'ket'place
mark'ing
mark'ka
marks'man
marks'man'ship
mark-up
mar'lin
mar'line
mar'line'spike
mar'ma'lade
mar'mo'set
mar'mot
ma'roon
mar'quee
mar'quess
mar'que'try
mar'quis
mar'quise
mar'qui'sette
marred
mar'riage
mar'riage'a'ble
mar'ried
mar'ring
mar'rons gla'cés
mar'row
mar'row'bone
mar'row'fat
mar'rowy
mar'ry
mar'ry'ing
marsh
mar'shal
mar'shalled
mar'shal'ling
marsh'i'er
marsh'i'est
marsh'i'ness
marsh'mal'low
marshy
mar'su'pi'al
mar'ten
mar'tial
mar'tin
mar'ti'net
mar'ti'ni
mar'tyr
mar'tyr'dom
mar'tyred
mar'tyr'ing
mar'vel
mar'velled
mar'vel'ling
mar'vel'lous
mar'vell'ous'ly
mar'zi'pan
mas'cara
mas'car'po'ne
mas'cot
mas'cu'line
mas'cu'lin'ist
mas'cu'lin'i'ty
mas'cu'lin'i'za'tion
mas'cu'lin'ize
mas'cul'ist
mash
mashed
mash'er
mask
masked
mask'er
mas'och'ism
mas'och'ist
mas'och'is'tic
ma'son
ma'son'ic
ma'son'ry
masque
mas'quer'ade
mas'quer'ad'ed
mas'quer'ad'ing
mas'sa'cre
mas'sa'cred
mas'sa'cring
mas'sage
mas'saged
mas'sag'ing
mas'seur
mas'seuse
mas'sif
mas'sive
mas'sive'ly
mass-pro'duce
mass-pro'duced
mass-pro'duc'ing
mass-pro'duc'tion
mast
mas'tec'to'mies
mas'tec'to'my
mas'ter
mas'ter'class
mas'ter'ful
mas'ter'ly
mas'ter'mind
mas'ter'piece
mas'ter'stroke
mas'tery
mast'head
mas'ti'cate
mas'ti'ca'ting
mas'ti'ca'tion
mas'tiff
mas'to'don
mas'toid
mas'tur'bate
mas'tur'ba'tion

mat
mat'a'dor
match
match'less
match'mak'er
match'mak'ing
mate
mat'ed
ma'te'ri'al
ma'te'ri'al'ism
ma'te'ri'al'ist
ma'te'ri'al'is'tic
ma'te'ri'al'is'ti'cal'ly
ma'te'ri'al'iza'tion
ma'te'ri'al'ize
ma'te'ri'al'ized
ma'te'ri'al'iz'ing
ma'te'ri'al'ly
ma'te'ri'el
ma'ter'nal
ma'ter'nal'is'tic
ma'ter'nal'ly
ma'ter'ni'ty
math'e'mat'i'cal
math'e'mat'i'cal'ly
math'e'ma'ti'cian
math'e'mat'ics
mat'i'nee
mat'ing
mat'ins
ma'tri'arch
ma'tri'ar'chal
ma'tri'ar'chal'ism
ma'tri'ar'chies
ma'tri'ar'chy
ma'tri'ces
ma'tri'cide
ma'tric'u'lant
ma'tric'u'lat'ed
ma'tric'u'lat'ing
ma'tric'u'la'tion
ma'tri'lin'e'al
mat'ri'mo'ni'al
mat'ri'mo'ny
ma'trix
ma'tron
ma'tron'ly
matt
matte
mat'ted
mat'ter
mat'ting
mat'tock
mat'tress
mat'u'rate
mat'u'rat'ing
mat'u'ra'tion
ma'ture
ma'tured
ma'tur'ing
ma'tu'ri'ty
mat'zo
maud'lin
maul
mau'so'le'um
mauve
ma'ven
mav'er'ick
mawk'ish
mawk'ish'ness
maxi'coat
maxi'length
max'im
max'i'ma
max'i'mal
max'i'mi'za'tion
max'i'mize
max'i'mized
max'i'miz'ing
max'i'mum
maxi'skirt
may'be
Mayday
May Day
may'flies
may'flow'er
may'fly
may'hem
may'on'naise
may'or
may'or'al
may'or'al'ty
may'or'ess
maze
maz'ing
ma'zur'ka
ma'zy
mea cul'pa
mead
mead'ow
mead'ow'lark
mea'gre
mea'gre'ness
meal
meal'i'ness
mealy
mealy bug
mealy-mouthed
mean
me'an'der
mean'ing
mean'ing'ful
mean'ing'ful'ly
mean'ing'less
mean'ly
mean'ness
meant
mean'time
mean'while
mea'sles
meas'li'er
mea'sli'est
mea'sly
meas'ur'abil'i'ty
meas'ur'able
meas'ur'ably
meas'ure
meas'ured
meas'ure'ment
meas'ur'er
mea'sur'ing
meat
meat'axe
meat'ball
meat'head
meat'i'er
meat'i'est
meat'i'ness
meaty
me'chan'ic
me'chan'i'cal
me'chan'i'cal'ly
mech'an'ism
mech'a'nis'tic
mech'a'ni'za'tion
mech'a'nize
mech'a'nized
mech'a'niz'ing
mech'a'no'ther'a'py
mech'a'no'tron'ics
med'al
med'alled
me'dal'lion
med'al'list
med'dle
med'dled
med'dler
med'dle'some
med'dling
med'e'vac
me'dia
me'di'al
me'di'an
me'di'ate
me'di'at'ed
me'di'at'ing
me'di'a'tion
me'di'a'tor
me'di'a'to'ry
med'ic
med'i'ca'ble
med'i'cal
med'i'cal'ly
me'di'ca'ment
med'i'cate
med'i'cat'ed
med'i'cat'ing
med'i'ca'tion
me'dic'i'nal
me'dic'i'nal'ly

med'i'cine
me'di'e'val
me'di'e'val'ism
me'di'o'cre
me'di'oc'ri'ties
me'di'oc'ri'ty
med'i'tate
med'i'tat'ed
med'i'tat'ing
med'i'ta'tion
med'i'ta'tive
med'i'ta'tive'ly
med'i'ta'tor
Medi'ter'ra'nean
me'di'um
me'di'ums
med'lar
med'ley
meek
meek'ly
meek'ness
meer'schaum
meet
meet'ing
meet'ing house
mega'byte
mega'cy'cle
mega'death
mega'flop
mega'hertz
mega'lith
meg'a'lo'ma'nia
meg'a'lo'ma'ni'ac
meg'a'lop'o'lis
mega'phone
mega'star
mega'store
mega'ton
mega'watt
mei'osis
mel'a'mine
mel'an'cho'lia
mel'an'chol'ic
mel'an'chol'i'ness
mel'an'choly
me'lange
mel'a'nin
mel'a'no'ma
me'lee
mel'io'ra'ble
mel'io'rate
mel'io'rat'ed
mel'io'rat'ing
mel'io'ra'tion
mel'io'ra'tor
mel'lif'lu'ent
mel'lif'lu'ous
mel'low
me'lo'de'on
me'lod'ic
me'lod'i'cal'ly
mel'o'dies
me'lo'di'ous
me'lo'di'ous'ness
mel'o'dra'ma
mel'o'dra'mat'ic
mel'o'dra'mat'i'cal'ly
mel'o'dy
mel'on
melt
melt'able
melt'down
melt'ed
melt'ing
mem'ber
mem'ber'less
mem'ber'ship
mem'brane
mem'bra'nous
me'men'to
me'men'toes
memo
mem'oir
mem'o'ra'bil'ia
mem'o'ra'ble
mem'o'ra'bly
mem'o'ran'da
mem'o'ran'dum
me'mo'ri'al
me'mo'ri'al'i'za'tion
me'mo'ri'al'ize
me'mo'ri'al'ized
me'mo'ri'al'iz'ing
me'mo'ri'al'ly
mem'o'ries
mem'o'ri'za'tion
mem'o'rize
mem'o'rized
mem'o'riz'ing
mem'o'ry
mem'sa'hib
men
men'ace
men'aced
men'ac'ing
men'ac'ing'ly
mé'nage
mé'nage à tois
me'nag'er'ie
mend
mend'a'ble
men'da'cious
men'dac'i'ty
men'de'le'vi'um
men'di'cant
men'folk
me'ni'al
me'ni'al'ly
men'in'gi'tis
me'nis'cus
men'o'pau'sal
men'o'pause
men'sal
men'ses
men'stru'al
men'stru'ate
men'stru'at'ed
men'stru'at'ing
men'stru'a'tion
men'sur'a'ble
men'su'ra'tion
mens'wear
men'tal
men'tal'i'ties
men'tal'i'ty
men'tal'ly
men'thol
men'tho'lat'ed
men'tion
men'tion'a'ble
men'tor
menu
me'phit'ic
mer'can'tile
mer'can'til'ism
mer'ce'nar'ies
mer'ce'nary
mer'cer'ize
mer'cer'ized
mer'chan'dise
mer'chan'dised
mer'chan'dis'er
mer'chan'dis'ing
mer'chant
mer'cies
mer'ci'ful
mer'ci'ful'ly
mer'ci'less
mer'ci'less'ly
mer'cu'ri'al
mer'cu'ro'chrome
mer'c'ury
mer'cy
mere
mere'ly
mer'e'tri'cious
mer'gan'ser
merge
mergod
mer'gence
merg'er
merg'ing
me'rid'i'an
me'ringue
me'ri'no
mer'it
mer'i'ted
mer'it'ed'ly
mer'it'ing
mer'it'less

mer'i'toc'ra'cies
mer'i'toc'ra'cy
mer'i'to'ri'ous
mer'maid
mer'man
mer'ri'er
mer'ri'est
mer'ri'ly
mer'ri'ment
mer'ri'ness
mer'ry
mer'ry-go-round
mer'ry'mak'er
mer'ry'mak'ing
me'sa
mé'sal'li'ance
mes'arch
mes'cal
mes'ca'line
mes'dames
me'shuga
mesh'work
mes'mer'ic
mes'mer'i'cal'ly
mes'mer'ism
mes'mer'i'za'tion
mes'mer'ize
mes'mer'ized
mes'mer'iz'ing
me'son
mes'quite
mess
mes'sage
mes'sen'ger
mess'i'er
mess'i'est
mes'sieurs
mess'i'ly
mess'i'ness
messy
mes'ti'zo
met
me'tabo'lic
me'tabo'li'cal'ly
me'tabo'lism
me'tabo'lize
me'tabo'lized
me'tabo'liz'ing
met'al
met'alled
me'tal'lic
met'al'ling
met'al'lize
met'al'lized
met'al'liz'ing
met'al'loid
met'al'lur'gic
met'al'lur'gi'cal
met'al'lur'gist
met'al'lur'gy
met'al'work
meta'mor'phic
meta'mor'phism
meta'mor'phose
meta'mor'phosed
meta'mor'pho'ses
meta'mor'phos'ing
meta'mor'pho'sis
met'a'phor
met'a'phor'ic
met'a'phor'i'cal
met'a'phor'i'cal'ly
meta'phys'ic
meta'phys'i'cal
meta'phys'ics
me'tas'ta'sis
meta'tar'sal
meta'tar'sus
me'tath'e'sis
met'a'zo'an
mete
met'ed
me'tem'psy'cho'sis
me'te'or
me'te'or'ic
me'te'or'ite
me'te'or'oid
me'te'or'o'log'i'cal
me'te'or'ol'o'gist
me'te'or'ol'o'gy
me'ter
meth'a'done
meth'ane
meth'a'nol
meth'od
me'thod'i'cal
me'thod'i'cal'ly
Meth'od'ism
Meth'od'ist
meth'od'ize
meth'od'o'log'i'cal
meth'od'ol'o'gies
meth'od'ol'o'gist
meth'od'ol'o'gy
meti'cal
me'tic'u'lous
me'tic'u'lous'ly
me'tic'u'lous'ness
mé'tier
met'ing
meto'nym
me'ton'y'my
me'tre
met'ric
met'ri'cal
met'ri'cal'ly
met'ri'ca'tion
met'ro
met'ro'nome
met'ro'nom'ic
me'trop'o'lis
met'ro'pol'i'tan
met'tle
met'tle'some
mew
Mex'i'can
mez'za'nine
mez'zo
mez'zo-so'pra'no
mi'aow
mi'as'ma
mi'as'ma'ta
mi'ca
mice
mi'cro
mi'cro'a'nal'y'sis
mi'crobe
mi'cro'bi'al
mi'cro'bi'o'log'i'cal
mi'cro'bi'ol'o'gist
mi'cro'bi'ol'o'gy
mi'cro'chip
mi'cro'com'put'er
mi'cro'copy
mi'cro'cosm
mi'cro'dot
mic'ro'elec'tron'ics
mi'cro'fiche
mi'cro'film
mi'cro'gram
mi'cro'groove
mi'cro'light
mi'cro'lite
mi'crom'e'ter
mi'cro'mi'cron
mi'cro'mil'li'me'ter
mi'cron
mi'cro'or'gan'ism
mi'cro'phone
mi'cro'pho'to'graph
mi'cro'pro'ces'sor
mi'cro'read'er
mi'cro'scope
mi'cro'scop'ic
mi'cro'scop'i'cal'ly
mi'cros'co'py
mi'cro'sec'ond
mi'cro'sur'gery
mi'cro'wave
mic'tu'rate
mic'tu'rat'ed
mic'tu'rat'ing
mic'tu'ri'tion
mid'day
mid'dies
mid'dle
mid'dle-aged
midd'lebrow
mid'dle'man
mid'dle'weight

mid'dling
mid'dy
midge
midg'et
midi
midi sys'tem
mid'land
mid'life
mid'most
mid'night
mid'point
mid'riff
mid'sec'tion
mid'ship'man
midst
mid'stream
mid'sum'mer
mid'term
mid'way
mid'wife
mid'wife'ry
mid'wives
mid'year
mien
miffed
might'i'er
might'i'est
might'i'ly
might'i'ness
mighty
mi'graine
mi'grant
mi'grate
mi'grat'ed
mi'grat'ing
mi'gra'tion
mi'gra'tor
mi'gra'to'ry
mi'ka'do
mike
milch
mild
mil'dew
mil'dewy
mild'ly
mild'ness
mile'age
mil'er
mile'stone
mi'lieu
mi'lieus
mi'lieux
mi'lime
mil'i'tan'cy
mil'i'tant
mil'i'tant'ness
mil'i'tar'i'ly
mil'i'ta'rism
mil'i'tar'ist
mil'i'ta'ris'tic
mil'i'ta'ris'ti'cal'ly
mil'i'ta'ri'za'tion
mil'i'ta'rize
mil'i'tary
mil'i'tate
mil'i'tat'ed
mil'i'tat'ing
mi'li'tia
mi'li'tia'man
milk
milk'er
milk'i'er
milk'i'est
milk'i'ness
milk'maid
milk'man
milk'sop
milk'weed
milky
mill
mil'len'nia
mil'len'ni'al
mil'len'ni'um
mill'er
mil'let
mil'li'gram
mil'li'li'tre
mil'li'me'tre
mil'li'ner
mil'li'nery
mill'ing
mil'lion
mil'lion'aire
mil'lionth
mil'li'pede
mil'li'sec'ond
mill'pond
mill'wright
mime
mimed
mim'eo'graph
mim'er
mim'ic
mim'i'cal
mim'icked
mim'ick'er
mim'ick'ing
mim'ic'ries
mim'ic'ry
mim'ing
mi'mo'sa
min'a'ret
mi'na'to'ry
mince
minced
mince'meat
minc'er
minc'ing
minc'ing'ly
mind
mind-bog'gling
mind'ed
mind'er
mind'ful
mind'less
mind'set
mine
mined
mine'field
min'er
min'er'al
min'er'al'i'za'tion
min'er'al'ize
min'er'al'ized
min'er'al'iz'ing
min'er'al'og'i'cal
min'er'al'o'gist
min'er'al'o'gy
min'e'stro'ne
mine'sweep'er
min'gi'er
min'gi'est
min'gle
min'gled
min'gling
min'gy
mini
min'i'a'ture
min'i'a'tur'i'za'tion
min'i'a'tur'ize
min'i'a'tur'ized
min'i'a'tur'iz'ing
mini'bar
mini'bus
mini'cab
mini'car
mini'com
mini'com'put'er
mini'dress
min'im
min'i'ma
min'i'mal
min'i'mal'ism
min'i'mal'ist
min'i'mal'ly
min'i'mi'za'tion
min'i'mize
min'i'mized
min'i'miz'ing
min'i'mum
min'ing
min'ing
min'ion
mini'pill
min'is'cule
mini'series
mini'skirt
min'is'ter
min'is'te'ri'al
min'is'trant

min'is'tra'tion
min'is'tries
min'is'try
min'now
mi'nor
mi'nor'i'ties
mi'nor'i'ty
mi'no'taur
min'strel
mint'age
min'u'end
min'u'et
mi'nus
mi'nus'cule
min'ute
mi'nute
min'ut'ed
mi'nute'ly
min'ute'man
mi'nut'est
mi'nu'tia
mi'nu'ti'ae
min'ut'ing
minx
mir'a'cle
mi'rac'u'lous
mi'rac'u'lous'ly
mi'rage
mire
mired
mir'ing
mir'ror
mir'rored
mir'ror'ing
mirth
mirth'ful'ly
mirth'ful'ness
mirth'less
mirth'less'ly
miry
mis'ad'ven'ture
mis'ad'vise
mis'al'li'ance
mis'an'thrope
mis'an'throp'ic
mis'an'thro'py
mis'ap'pli'ca'tion
mis'ap'plied
mis'ap'ply
mis'ap'ply'ing
mis'ap'pre'hend
mis'ap'pre'hen'sion
mis'ap'pro'pri'ate
mis'ap'pro'pri'at'ed
mis'ap'pro'pri'at'ing
mis'ap'pro'pri'a'tion
mis'be'have
mis'be'haved
mis'be'hav'ing
mis'be'ha'viour
mis'belief
mis'believ'er
mis'cal'cu'late
mis'cal'cu'lat'ed
mis'cal'cu'lat'ing
mis'cal'cu'la'tion
mis'cal'cu'la'tor
mis'call
mis'car'ried
mis'car'riage
mis'car'ry
mis'car'ry'ing
mis'cast
mis'ce'ge'na'tion
mis'cel'la'ne'ous
mis'cel'la'nies
mis'cel'la'ny
mis'chance
mis'chief
mis'chie'vous
mis'chie'vous'ly
mis'ci'bil'i'ty
mis'ci'ble
mis'con'ceive
mis'con'ceived
mis'con'ceiv'ing
mis'con'cep'tion
mis'con'duct
mis'con'struc'tion
mis'con'strue
mis'con'strued
mis'con'stru'ing
mis'count
mis'cre'ant
mis'cue
mis'cued
mis'cu'ing
mis'deal
mis'deal'ing
mis'dealt
mis'deed
mis'de'mean'or
mis'di'rect
mis'di'rec'tion
mis'do'ing
mise-en-scène
mis'em'ploy
mis'em'ploy'ment
mi'ser
mis'er'a'ble
mis'er'a'ble'ness
mis'er'a'bly
mi'se're're
mis'er'ies
mi'ser'li'ness
mi'ser'ly
mis'ery
mis'es'ti'mate
mis'fea'sance
mis'fire
mis'fired
mis'fit
mis'fit'ted
mis'fit'ting
mis'for'tune
mis'giv'ing
mis'gov'ern
mis'gov'ern'ment
mis'guid'ance
mis'guide
mis'guid'ed
mis'guid'ing
mis'han'dle
mis'han'dled
mis'han'dling
mis'hap
mis'hear
mis'heard
mis'hear'ing
mish'mash
mis'in'form
mis'in'form'ant
mis'in'for'ma'tion
mis'in'form'er
mis'in'ter'pret
mis'in'ter'pre'ta'tion
mis'in'ter'pret'er
mis'judge
mis'judged
mis'judg'ing
mis'judg'ment
mis'laid
mis'lay
mis'lay'ing
mis'lead
mis'lead'er
mis'lead'ing
mis'lead'ing'ly
mis'led
mis'man'age
mis'man'aged
mis'man'age'ment
mis'man'ag'ing
mis'match
mis'match'ed
mis'match'ing
mis'name
mis'named
mis'nam'ing
mis'no'mer
mi'so'gam'ist
mi'sog'a'my
mi'sog'y'nist
mi'sog'y'nous
mi'sog'y'ny
mis'place
mis'placed
mis'place'ment
mis'plac'ing
mis'play

mis'print
mis'pri'sion
mis'prize
mis'pro'nounce
mis'pro'nounced
mis'pro'nounc'ing
mis'pro'nun'ci'a'tion
mis'quo'ta'tion
mis'quote
mis'quot'ed
mis'quot'ing
mis'read
mis'read'ing
mis'rep're'sent
mis'rep're'sen'ta'tion
mis'rep're'sen'ta'tive
mis'rule
mis'ruled
mis'rul'ing
miss
mis'sal
mis'shape
mis'shaped
mis'shap'en
mis'shap'ing
mis'sile
miss'ing
mis'sion
mis'sion'ar'ies
mis'sion'ary
mis'sis
mis'sive
mis'spell
mis'spelled
mis'spel'ling
mis'spelt
mis'spend
mis'spend'ing
mis'spent
mis'state
mis'stat'ed
mis'state'ment
mis'stat'ing
mis'step
mis'sus
mist
mis'tak'a'ble
mis'take
mis'tak'en
mis'tak'en'ly
mis'tak'en'ness
mis'tak'ing
mis'ter
mist'i'er
mist'i'est
mist'i'ly
mis'time
mis'timed
mis'tim'ing
mist'i'ness
mis'tle'toe
mis'took
mis'tral
mis'treat
mis'treat'ment
mis'tress
mis'tri'al
mis'trust
mis'trust'ful
mis'trust'ful'ly
mis'trust'ing'ly
misty
mis'un'der'stand
mis'un'der'stand'ing
mis'un'der'stood
mis'us'age
mis'use
mis'used
mis'us'ing
mis'val'ue
mit'i'gate
mit'i'gat'ed
mit'i'gat'ing
mit'i'ga'tion
mit'i'ga'tive
mit'i'ga'tor
mit'i'ga'to'ry
mi'to'sis
mi'tre
mitt
mit'ten
mix
mixed
mix'er
mix'ing
mix'ture
miz'zen
miz'zen'mast
mne'mon'ic
mne'mon'ics
moa
moan
moan'er
moat
mob
mobbed
mob'bing
mob'bish
mo'bile
mo'bil'i'ty
mo'bi'li'za'tion
mo'bi'lize
mo'bi'lized
mo'bi'liz'ing
mob'oc'ra'cy
mob'ster
moc'ca'sin
mo'cha
mock
mock'er
mock'ery
mock'ing'bird
mock'ing'ly
mock-up
mod
mod'al
mo'dal'i'ty
mod'al'ly
mode
mod'el
mod'elled
mod'el'ling
mo'dem
mod'er'ate
mod'er'at'ed
mod'er'ate'ly
mod'er'ate'ness
mod'er'at'ing
mod'er'a'tion
mod'er'a'tor
mod'ern
mod'ern'ism
mod'ern'ist
mod'ern'ist'ic
mo'der'ni'ty
mod'ern'i'za'tion
mod'ern'ize
mod'ern'ized
mod'ern'iz'ing
mod'est
mod'est'ly
mod'es'ty
mod'i'cum
mod'i'fi'a'ble
mod'i'fi'ca'tion
mod'i'fied
mod'i'fi'er
mod'i'fy
mod'i'fy'ing
mod'ish
mod'ish'ly
mod'ish'ness
mo'diste
mod'u'lar
mod'u'late
mod'u'lat'ed
mod'u'lat'ing
mod'u'la'tion
mod'u'la'to'ry
mod'ule
mo'dus o'pe'ran'di
mo'dus vi'ven'di
mo'gul
mo'hair
mo'hi'can
moi'e'ty
moi're
moi'ré
moist
mois'ten

moist'en'er
mois'ture
mois'tur'ize
mois'tur'ized
mois'tur'iz'er
mois'tur'iz'ing
mo'lar
mo'las'ses
mole
mo'lec'u'lar
mol'e'cule
mole'hill
mole'skin
mo'lest
mo'les'ta'tion
mo'lest'er
moll
mol'li'fi'ca'tion
mol'li'fied
mol'li'fi'er
mol'li'fy
mol'li'fy'ing
mol'lusc
mo'lyb'de'num
mol'ly'cod'dle
mol'ten
mom
mo'ment
mo'men'tar'i'ly
mo'men'tary
mo'men'tous
mo'men'tum
mom'ma
mon'ad
mo'nad'ic
mo'nad'i'cal
mon'arch
mo'nar'chal
mo'nar'chic
mo'nar'ch'ical
mo'nar'chic'al'ly
mon'ar'chies
mon'ar'chism
mon'ar'chist
mon'ar'chy
mon'as'te'ri'al
mon'as'ter'ies
mon'as'tery
mo'nas'tic
mo'nas'ti'cal
mo'nas'ti'cism
mon'au'ral
mon'au'ral'ly
mon'di'al
mon'e'tar'i'ly
mon'e'tar'ism
mon'e'tar'ist
mon'e'tary
mon'e'ti'za'tion
mon'e'tize
mon'e'tized
mon'e'tiz'ing
mon'ey
mon'eyed
mon'ger
mon'go
Mon'gol
Mon'go'lian
mon'gol'oid
mon'goose
mon'grel
mon'ied
mon'ies
mon'i'ker
mon'ism
mo'nis'tic
mo'nis'ti'cal'ly
mo'ni'tion
mon'i'tor
mon'i'tored
mon'i'to'ri'al
mon'i'tor'ing
monk
mon'key
mon'keyed
mon'key'ing
mon'key tricks
monk'ish
mono
mono'chro'mat'ic
mono'chrome
mono'chro'mic
mono'chro'mi'cal
mono'chro'mi'cal'ly
mon'o'cle
mon'o'cline
mon'o'cli'nal
mono'cot'y'le'don
mo'nod'ic
mon'o'dist
mon'o'dy
mon'oe'cious
mo'nog'a'mist
mo'nog'a'mous
mo'nog'a'my
mono'gram
mono'gram'mat'ic
mono'grammed
mono'gram'ming
mono'graph
mo'nog'ra'pher
mono'graph'ic
mono'lin'gual
mono'lith
mono'lith'ic
mono'log'ist
mono'logue
mono'ma'nia
mono'ma'ni'ac
mono'me'tal'lic
mono'met'al'lism
mo'no'mi'al
mono'nu'cle'o'sis
mono'plane
mo'nop'o'lies
mo'nop'o'lis'tic
mo'nop'o'li'za'tion
mo'nop'o'lize
mo'nop'o'lized
mo'nop'o'liz'er
mo'nop'o'liz'ing
mo'nop'o'ly
mo'nop'so'nies
mo'nop'so'ny
mono'rail
mono'so'di'um glu'ta'mate
mono'syl'lab'ic
mono'syl'lable
mono'the'ism
mono'the'ist
mono'the'is'tic
mono'tone
mo'not'o'nous
mo'not'o'nous'ly
mo'not'o'ny
mono'type
mon'ox'ide
mon'sieur
mon'soon
mon'ster
mon'stros'i'ties
mon'stros'i'ty
mon'strous
mon'strous'ly
mon'tage
month
month'lies
month'ly
mon'u'ment
mon'u'men'tal
mon'u'men'tal'ly
mooch
mooch'er
mood
mood'i'er
mood'i'est
mood'i'ly
mood'i'ness
moody
Moog
moon
moon'beam
mooned
Moonie
moon'ing
moon'less
moon'light
moon'light'er
moon'light'ing

moon'lit
moon'scape
moon'shine
moon'walk
moor
moor'ing
moose
moot
moot point
mop
mope
moped
mo'ped
mop'ing
mopped
mop'pet
mop'ping
mo'quette
mo'raine
mor'al
mo'rale
mor'al'ist
mor'al'is'tic
mor'al'i'ties
mo'ral'i'ty
mor'al'i'za'tion
mor'al'ize
mor'al'ized
mor'al'iz'er
mor'al'iz'ing
mor'al'ly
mo'rass
mor'a'to'ria
mor'a'to'ri'um
mo'ray
mor'bid
mor'bid'i'ty
mor'bid'ly
mor'bid'ness
mor'dan'cy
mor'dant
more
more'over
mo'res
mor'ga'nat'ic
morgue
mor'i'bund
mor'nay sauce
morn'ing
morn'ing-glory
Mo'roc'can
mo'ron
mo'ron'ic
mo'ron'i'cal'ly
mo'rose
mo'rose'ly
mo'rose'ness
mor'pheme
mor'phia
mor'phine
mor'pho'log'ic
mor'pho'log'i'cal
mor'phol'o'gist
mor'phol'o'gy
mor'row
mor'sel
mor'tal
mor'tal'i'ties
mor'tal'i'ty
mor'tal'ly
mor'tar
mor'tar'board
mort'gage
mort'gaged
mort'ga'gee
mort'ga'ger
mort'gag'ing
mort'gag'or
mor'ti'cian
mor'ti'fi'ca'tion
mor'ti'fied
mor'ti'fy
mor'ti'fy'ing
mor'tise
mor'tised
mor'tis'ing
mor'tu'ar'ies
mor'tu'ary
mo'sa'ic
mo'sey
mo'seyed
mo'sey'ing
Mos'lem
mosque
mos'qui'to
mos'qui'toes
mos'qui'tos
moss
moss'back
moss'i'er
moss'i'est
moss'like
mossy
most
most'ly
mote
mo'tel
mo'tet
moth'ball
moth-eat'en
moth'er
moth'er'hood
moth'er-in-law
moth'er'land
moth'er'less
moth'er'li'ness
moth'er'ly
moth'er-of-pearl
moth'er-to-be
mo'tif
mo'tile
mo'til'i'ty
mo'tion
mo'tion'less
mo'tion'less'ness
mo'ti'vate
mo'ti'vat'ed
mo'ti'vat'ing
mo'ti'va'tion
mo'ti'va'tion'al
mo'tive
mot'ley
mo'tor
mo'tor'bike
mo'tor'boat
mo'tor'bus
mo'tor'cade
mo'tor'car
mo'tor court
mo'tor'cy'cle
mo'tor'cy'cled
mo'tor'cy'cling
mo'tor'cy'clist
mo'tor'ist
mo'tor'i'za'tion
mo'tor'ize
mo'tor'ized
mo'tor'iz'ing
mo'tor'man
mo'tor'mouth
mo'tor'way
Mo'town
mot'tle
mot'tled
mot'tling
mot'to
mot'toes
moue
mould
mould'a'ble
mould'er
mould'i'er
mould'i'est
mould'i'ness
mould'ing
mouldy
moult
moult'er
mound
mount
mount'a'ble
moun'tain
moun'tain'eer
moun'tain'ous
moun'tain'side
moun'te'bank
mount'ing
mourn
mourn'er
mourn'ful

mourn'ful'ly
mourn'ing
mouse
mous'er
mous'ey
mous'i'er
mous'i'est
mous'sa'ka
mousse
mous'tache
mousy
mouth
mouthed
mouth'ful
mouth'i'ness
mouth'piece
mouth'wash
mouth'wa'ter'ing
mouthy
mou'ton
mov'abil'i'ty
mov'able
mov'ably
move
move'able
moved
move'ment
mov'er
mov'ie
mov'ie'go'er
mov'ing
mov'ing'ly
mow
mowed
mow'er
mow'ing
mown
moz'za'rel'la
much
much'ness
mu'ci'lage
mu'ci'lag'i'nous
muck
muck'i'er
muck'i'est
muck'rake
muck'raked
muck'rak'er
muck'rak'ing
mucky
mu'cos'i'ty
mu'cous
mu'cus
mud
mud'ded
mud'died
mud'di'er
mud'di'est
mud'di'ness
mud'ding
mud'dle
mud'dled
mud'dle'head'ed
mud'dler
mud'dling
mud'dy
mud'dy'ing
mud'guard
mues'li
mu'ez'zin
muff
muf'fin
muf'fle
muf'fled
muf'fler
muf'fling
muf'ti
mug
mugged
mug'ger
mug'gi'ness
mug'ging
mug'gy
mug'wump
muk'luk
mu'lat'to
mu'lat'toes
mul'ber'ries
mul'ber'ry
mulch
mulct
mu'le'teer
mul'ish
mul'ish'ness
mull
mul'lah
mul'let
mul'li'gan
mul'li'ga'taw'ny
mul'lion
mul'lioned
mul'ti'col'oured
mul'ti'far'i'ous
mul'ti'far'i'ous'ness
mul'ti'lat'er'al
mul'ti'lev'el
mul'ti'lin'gual
mul'ti'me'dia
mul'ti'mil'lion'aire
mul'ti'na'tion'al
mul'ti'no'mial
mul'ti'par'ity
mul'ti'par'tite
mul'ti'ple
mul'ti'ple-choice
mul'ti'plex
mul'ti'pli'a'ble
mul'ti'pli'cand
mul'ti'pli'ca'tion
mul'ti'plic'i'ty
mul'ti'plied
mul'ti'pli'er
mul'ti'ply
mul'ti'ply'ing
mul'ti'ra'cial
mul'ti'task'ing
mul'ti'tude
mul'ti'tu'di'nous
mum
mum'ble
mum'bled
mum'bler
mum'bling
mum'bo jum'bo
mummed
mum'mer
mum'mies
mum'mi'fi'ca'tion
mum'mi'fied
mum'mi'fy
mum'mi'fy'ing
mum'ming
mum'my
munch
mun'dane
mu'nic'i'pal
mu'ni'ci'pal'i'ties
mu'nic'i'pal'i'ty
mu'nic'i'pal'ly
mu'nif'i'cence
mu'nif'i'cent
mu'nif'i'cent'ly
mu'ni'tion
mu'on
mu'ral
mu'ral'ist
mur'der
mur'der'er
mur'der'ess
mur'der'ous
mur'der'ous'ly
mu'ri'at'ic ac'id
murk
murk'i'er
murk'i'est
murk'i'ness
murky
mur'mur
mur'mur'er
mur'mur'ing
mur'rain
mus'cat
mus'ca'tel
mus'cle
mus'cle-bound
mus'cled
mus'cling
mus'cly
mus'cu'lar
mus'cu'lar'i'ty

mus'cu'la'ture
muse
mused
mus'eol'ogy
mus'er
mu'se'um
mush
mushi'ly
mush'i'ness
mush'room
mushy
mu'sic
mu'si'cal
mu'si'cale
mu'si'cal'ly
mu'si'cal'ness
mu'si'cian
mu'si'co'logi'cal
mu'si'cian'ship
mu'si'colo'gist
mu'si'col'ogy
mus'ing
musk
mus'kel'lunge
mus'ket
mus'ket'eer
mus'ket'ry
musk'i'ness
musk'mel'on
musk'rat
musky
Mus'lim
mus'lin
mus'quash
muss
mus'sel
mussy
mus'tang
mus'tard
mus'ter
must'i'er
must'i'est
mus'ti'ly
mus'ti'ness
mus'ty
mu'ta'bil'i'ty
mu'ta'ble
mu'ta'ble'ness
mu'ta'bly
mu'tant
mu'tate
mu'tat'ed
mu'tat'ing
mu'ta'tion
mu'ta'tion'al
mute
mut'ed
mute'ly
mute'ness
mu'ti'late
mu'ti'lat'ed
mu'ti'lat'ing
mu'ti'la'tion
mu'ti'la'tor
mu'ti'neer
mut'ing
mu'ti'nied
mu'ti'nies
mu'ti'nous
mu'ti'ny
mu'ti'ny'ing
mutt
mut'ter
mut'tered
mut'ter'ing
mut'ton
mu'tu'al
mu'tu'al'i'ty
mu'tu'al'ly
muu'muu
Mu'zak
muz'zle
muz'zled
muz'zling
muzzy
my'al'gia
my'al'gic
my'col'o'gist
my'col'o'gy
my'na
my'o'pia
my'op'ic
myr'i'ad
myrrh
myr'tle
my'self
mys'ter'ies
mys'te'ri'ous
mys'te'ri'ous'ly
mys'tery
mys'tic
mys'ti'cal
mys'ti'cal'ly
mys'ti'cism
mys'ti'fi'ca'tion
mys'ti'fied
mys'ti'fy
mys'ti'fy'ing
mys'tique
myth
myth'ic
myth'i'cal
myth'i'cal'ly
myth'o'log'ic
myth'o'log'i'cal
my'thol'o'gist
my'thol'o'gy
myx'o'ma'to'sis

N

nab
nabbed
nab'bing
na'bob
na'celle
na'cho
na'cre
na'cre'ous
na'dir
nae'vi
nae'vus
naff
naff'ness
nag
nagged
nag'ger
nag'ging
nai'ad
nai'ads
nai'ades
nail
nain'sook
nai'ra
na'ïve
na'ïve'ly
na'ïve'ness
na'ïve'té
na'ïve'ty
na'ked
na'ked'ly
na'ked'ness
nam'by-pam'by
name
named
name'less
name'ly
name'sake
nam'ing
nan'keen
nan'nies

nan'ny
nano'sec'ond
nano'tech'nol'ogy
nap
na'palm
nape
naph'tha
naph'tha'lene
nap'kin
napped
nap'ping
nar'cism
nar'cis'si
nar'cis'sism
nar'cis'sist
nar'cis'sis'tic
nar'cis'sus
nar'co'sis
nar'cot'ic
nar'cot'ism
nar'co'tize
nar'co'tized
nar'co'tiz'ing
nar'rate
nar'ra'ted
nar'ra'ting
nar'ra'tion
nar'ra'tive
nar'ra'tor
nar'row
nar'row'ly
nar'row-mind'ed
nar'row-mind'edness
nar'row'ness
nar'wal
nar'whal
nar'whale
na'sal
na'sal'i'ty
na'sal'ize
na'sal'ized
na'sal'iz'ing
na'sal'ly
nas'cence
nas'cen'cy
nas'cent
nas'ti'er
nas'ti'est
nas'ti'ly
nas'ti'ness
na'stur'tium
nas'ty
na'tal
na'tal'i'ty
na'tant
na'ta'to'ri'al
na'ta'to'ri'um
na'tion
na'tion'al
na'tion'al'ism
na'tion'al'ist
na'tion'al'is'tic
na'tion'al'i'ties
na'tion'al'i'ty
na'tion'al'i'za'tion
na'tion'al'ize
na'tion'al'ized
na'tion'al'iz'ing
na'tion'al'ly
na'tion'hood
na'tion-state
na'tion'wide
na'tive
na'tive'ly
na'tive'ness
na'tiv'ism
na'tiv'i'ties
na'tiv'i'ty
nat'ter
nat'ti'er
nat'ti'est
nat'ti'ly
nat'ti'ness
nat'ty
nat'u'ral
nat'u'ral'ism
nat'u'ral'ist
nat'u'ral'is'tic
nat'u'ral'i'za'tion
nat'u'ral'ize
nat'u'ral'ized
nat'u'ral'iz'ing
nat'u'ral'ly
nat'u'ral'ness
na'ture
naught
naugh'ti'er
naugh'ti'est
naugh'ti'ly
naugh'ti'ness
naugh'ty
nau'sea
nau'se'ate
nau'se'at'ed
nau'se'at'ing
nau'seous
nau'seous'ness
nau'ti'cal
nau'ti'cal'ly
nau'ti'lus
nau'ti'lus'es
na'val
nave
na'vel
na'vies
nav'i'ga'bil'i'ty
nav'i'ga'ble
nav'i'ga'ble'ness
nav'i'gate
nav'i'gat'ed
nav'i'gat'ing
nav'i'ga'tion
nav'i'ga'tion'al
nav'i'ga'tor
na'vy
na'wab
nay
neap
near
near'by
near'ly
near'ness
near-sight'ed
neat
neat'ly
neat'ness
neb'u'la
neb'u'lae
neb'u'lar
neb'u'los'i'ty
neb'u'lous
neb'u'lous'ness
nec'es'sar'ies
nec'es'sar'i'ly
nec'es'sary
ne'ces'si'tes
ne'ces'si'tate
ne'ces'si'ta'ted
ne'ces'si'ta'ting
ne'ces'si'ty
neck
neck'er'chief
neck'lace
neck'laced
neck'lac'ing
neck'line
neck'tie
ne'crol'o'gies
ne'crol'o'gy
nec'ro'man'cer
nec'ro'man'cy
ne'crop'o'lis
nec'tar
nec'tar'ine
nee
need
need'ful
need'ful'ly
need'i'er
need'i'est
need'i'ness
nee'dle
nee'dled
nee'dle'point
need'less
need'less'ly
need'less'ness
nee'dle'wom'an
nee'dle'work

need'ling
needy
ne'er
ne'er-do-well
ne'far'i'ous
ne'far'i'ous'ness
ne'gate
ne'ga'ted
ne'ga'ting
ne'ga'tion
neg'a'tive
neg'a'tive'ly
neg'a'tive'ness
neg'a'tiv'ism
neg'a'tiv'i'ty
ne'glect
ne'glect'ful
ne'glect'ful'ly
neg'li'gee
neg'li'gence
neg'li'gent
neg'li'gent'ly
neg'li'gi'bil'i'ty
neg'li'gi'ble
neg'li'gi'bly
ne'go'ti'a'bil'i'ty
ne'go'ti'a'ble
ne'go'ti'ate
ne'go'ti'at'ed
ne'go'ti'at'ing
ne'go'ti'a'tion
ne'go'ti'a'tor
Ne'gress
Ne'gro
Ne'groes
Ne'groid
neigh
neigh'bour
neigh'bour'hood
neigh'bour'ing
neigh'bour'li'ness
neigh'bour'ly
nei'ther
nem'a'tode
nem'e'sis
neo'clas'sic
neo'clas'si'cal
neo'clas'si'cism
neo'co'lo'nial'ism
neo'con'ser'va'tive
neo'lith
Neo'lith'ic
neo'logi'cal
ne'ol'o'gism
ne'ol'o'gy
ne'on
neo'na'tal
ne'o'nate
neo'phyte
neo'prene
neph'ew
ne'phri'tis
ne plus ul'tra
nep'o'tism
nep'o'tist
nep'tu'ni'um
nerd
nerd'ish
ner'dy
nerve
nerved
nerve'less
nerve-rack'ing
nerve-wrack'ing
nerv'ing
nerv'ous
ner'vous'ly
nerv'ous'ness
nervy
nerv'i'ness
nes'tle
nes'tled
nest'ling
net
neth'er
neth'er'most
neth'er world
neti'quette
net'ted
net'ting
net'tle
net'tled
net'tle'some
net'tling
net'work
net'worked
net'work'ing
neu'ral
neu'ral'gia
neu'ras'the'nia
neu'riti'c
neu'ri'tis
neu'ro'chip
neu'ro'com'put'er
neu'ro'log'i'cal
neu'rol'o'gist
neu'rol'o'gy
neu'ron
neu'rone
neu'ro'ses
neu'ro'sis
neu'rot'ic
neu'rot'i'cal'ly
neu'ter
neu'tral
neu'tral'ism
neu'tral'ist
neu'tral'i'ty
neu'tral'iza'tion
neu'tral'ize
neu'tral'ized
neu'tral'iz'er
neu'tral'iz'ing
neu'tral'ly
neu'tron
nev'er
nev'er'more
nev'er'the'less
new
New Age
New Ager
new'born
new'com'er
new'el
new'fan'gled
new'ish
new'ly
new'ly'wed
new'ness
news
news agen'cy
news'agent
news'cast
news'cast'er
news'let'ter
new sol
news'pa'per
news'pa'per'man
new'speak
news'print
news'reel
news'room
news'stand
news'wor'thy
newsy
newt
next
nex'us
ngul'trum
ngwee
ni'a'cin
nib'ble
nib'bled
nib'bler
nib'bling
ni'cad
nice
nice'ly
nice'ness
ni'ce'ties
ni'ce'ty
niche
nick
nick'el
nick'el'o'de'on
nick'name
nick'named
nick'nam'ing
nic'o'tine
nic'o'tin'ic

nic'tate
nic'ti'tate
niece
nif'ti'est
nif'ty
nig'gard
nig'gard'li'ness
nig'gard'ly
nig'gle
nig'gled
nig'gling
nigh
night
night'cap
night'clothes
night'club
night'dress
night'fall
night'gown
night'ie
night'in'gale
night'life
night'ly
night'mare
night'mar'ish
night'shade
night'shirt
night'time
ni'hil'ism
ni'hil'ist
ni'hil'is'tic
Nik'kei
nil
nim'bies
nim'ble
nim'ble'ness
nim'bly
nim'bus
nim'by
nin'com'poop
nine
nine'teen
nine'teenth
nine'ties
nine'ti'eth
nine'ty
nin'ja
nin'jut'su
nin'nies
nin'ny
ninth
ni'o'bi'um
nip
nipped
nip'per
nip'ping
nip'ple
nip'py
nir'va'na
nisi
nit
nit-pick
nit-pick'ing
ni'trate
ni'tra'tion
ni'tric
ni'tro'gen
ni'trog'e'nous
ni'tro'glyc'er'in
ni'tro'glyc'er'ine
ni'trous
nit'ty-grit'ty
nit'wit
no
no'bel'i'um
no'bil'i'ty
no'ble
no'ble'man
no'ble'ness
no'bler
no'blesse oblige
no'blest
no'ble'wom'an
no'bly
no'bod'ies
no'body
noc'tur'nal
noc'turne
nod
nod'al
nod'ded
nod'ding
node
nod'u'lar
nod'ule
no'el
noes
nog'gin
no-go
noise
noised
noise'less
noise'less'ly
nois'i'er
nois'i'est
nois'i'ly
nois'i'ness
nois'ing
noi'some
noisy
no'mad
no'mad'ic
no'mad'i'cal'ly
no'mad'ism
nom de guerre
nom de plume
no'men'cla'ture
nom'i'nal
nom'i'nal'ly
nom'i'nate
nom'i'nat'ed
nom'i'nat'ing
nom'i'na'tion
nom'i'na'tive
nom'i'nee
noms de guerre
noms de plume
non'age
no'na'gen'ar'i'an
non'ag'gres'sion
non'al'co'hol'ic
non'aligned
non'align'ment
nonce
non'cha'lance
non'cha'lant
non'cha'lant'ly
non-com
non'com'bat'ant
non'com'mis'sioned
non'com'mit'tal
non'com'mit'tal'ly
non com'pos men'tis
non'con'duc'tor
non'con'form'ist
non'con'form'i'ty
non'con'trib'u'to'ry
non'co'op'er'a'tion
non'de'script
none
non'en'ti'ties
non'en'ti'ty
non'es'sen'tial
none'such
none'the'less
non'event
non'exe'cu'tive
non'ex'is'tence
non'ex'is'tent
non'fic'tion
non'flam'ma'ble
non'hu'man
non'in'ter'ven'tion
non'iron
non'judge'men'tal
non'judg'men'tal
non'mem'ber
non'met'al
non'me'tal'lic
non-nu'cle'ar
non'pa'reil
non'par'ti'san
non'pay'ment
non'plus
non'plussed
non'plus'sing
non'prof'it
non'pro'lif'er'a'tion
non'res'i'dence

non'res'i'den'cy
non'res'i'dent
non're'sis'tance
non're'stric'tive
non'sched'uled
non'sec'tar'i'an
non'sense
non'sen'si'cal
non'sen'si'cal'ly
non se'qui'tur
non'shrink
non'smok'er
non'smok'ing
non'stan'dard
non'start'er
non'stick
non'stop
non'sup'port
non'un'ion
non'ver'bal
non'vi'o'lence
non'vi'o'lent
non'vi'o'lent'ly
non'vot'ing
noo'dle
nook
noon
noon'day
noon'time
noose
nor
Nor'aid
nor'mal
nor'mal'cy
nor'mal'i'ty
nor'mal'i'za'tion
nor'mal'ize
nor'mal'ized
nor'mal'iz'ing
nor'mal'ly
nor'ma'tive
north'bound
north'east
north'east'er
north'east'er'ly
north'east'ern
north'east'ward
north'er'li'ness
nor'ther'ly
north'ern
north'ern'er
north'ern'most
north'ward
north'ward'ly
north'wards
north'west
north'west'er'ly
north'west'ern
north'west'ward
Nor'we'gian
nose
nose'bleed
nosed
nose dive
nose'gay
nos'ey
nosh
nos'i'er
nos'i'est
nos'i'ly
nos'i'ness
nos'ing
nos'tal'gia
nos'tal'gic
nos'tal'gi'cal'ly
nos'tril
nos'trum
nosy
not
no'ta be'ne
no'ta'bil'i'ties
no'ta'bil'i'ty
no'ta'ble
no'ta'ble'ness
no'ta'bly
no'ta'ries
no'ta'ri'za'tion
no'ta'rize
no'ta'rized
no'ta'riz'ing
no'ta'ry
no'ta'ry pu'blic
no'ta'tion
no'ta'tion'al
notch
notched
note
note'book
not'ed
not'ed'ly
note'pad
note'pa'per
note'wor'thi'ness
note'wor'thy
noth'ing
noth'ing'ness
no'tice
no'tice'a'ble
no'tice'a'bly
no'ticed
no'tic'ing
no'ti'fi'able
no'ti'fi'ca'tion
no'ti'fied
no'ti'fy
no'ti'fy'ing
not'ing
no'tion
no'tion'al
no'to'ri'e'ty
no'to'ri'ous
no'to'ri'ous'ly
no'to'ri'ous'ness
not'with'stand'ing
nou'gat
nought
noun
nour'ish
nour'ish'ing
nour'ish'ment
nou'veau
nou'veau riche
nou'veaux riches
nou'velle cui'sine
no'va
no'va'tion
nov'el
nov'el'ette
nov'el'ist
nov'el'is'tic
nov'el'ties
nov'el'ty
no've'na
nov'ice
no'vi'ti'ate
now
now'a'days
no'where
no-win
no'wise
nox'ious
noz'zle
nth
nu'ance
nub
nub'bin
nu'bile
nu'cle'ar
nu'cle'ate
nu'clei
nu'cle'on
nu'cle'onics
nu'cle'us
nude
nude'ness
nudge
nudged
nudg'ing
nud'ism
nud'ist
nu'di'ty
nu'ga'to'ry
nug'get
nui'sance
nuke
nuked
nuk'ing
null
nul'li'fi'ca'tion
nul'li'fied

nul'li'fier
nul'li'fy
nul'li'fy'ing
nul'li'ty
numb
num'ber
num'ber'less
numb'ly
numb'ness
numb'skull
nu'mer'a'ble
num'er'ab'ly
nu'mer'a'cy
nu'mer'aire
nu'mer'al
nu'mer'ate
nu'mer'at'ed
nu'mer'at'ing
nu'mer'a'tion
nu'mer'a'tor
nu'mer'i'cal
nu'mer'i'cal'ly
numerol'ogy
nu'mer'ous
nu'mis'mat'ic
nu'mis'ma'tist
nun
nun'cio
nun'ner'ies
nun'nery
nup'tial
nup'tial'ly
nurse
nursed
nurse'maid
nurs'er'ies
nurs'ery
nurs'ing
nur'ture
nur'tured
nur'tur'ing
nut
nut'crack'er
nut'hatch
nut'meg
nu'tri'ent
nu'tri'ment
nu'tri'tion
nu'tri'tion'al
nu'tri'tion'al'ly
nu'tri'tion'ist
nu'tri'tious
nu'tri'tive
nut'shell
nut'ti'er
nut'ti'est
nut'ty
nuz'zle
nuz'zled
nuz'zling
ny'lon
nymph
nym'pho'ma'nia
nym'pho'ma'ni'ac

O

oaf
oaf'ish
oak
oak'en
oa'kum
oar
oar'lock
oars'man
oases
oa'sis
oat
oat'cake
oath
oat'meal
ob'bli'ga'to
ob'du'ra'cy
ob'du'rate
ob'du'rate'ly
ob'du'rate'ness
obe'di'ence
obe'di'ent
obe'di'ent'ly
obei'sance
obei'sant
ob'e'lisk
obese
obese'ness
obes'i'ty
obey
ob'fus'cate
ob'fus'ca'ted
ob'fus'ca'ting
ob'fus'ca'tion
obi
obit'u'ar'ies
obit'u'ary
ob'ject
ob'jec'tion
ob'jec'tion'able
ob'jec'tion'ably
ob'jec'tive
ob'jec'tive'ly
ob'jec'tive'ness
ob'jec'tiv'i'ty
ob'ject'less
ob'ject'or
ob'jet d'art
ob'jur'gate
ob'jur'gat'ed
ob'jur'gat'ing
ob'jur'ga'tion
ob'jur'ga'to'ry
obligato
ob'late
ob'la'tion
ob'li'gate
ob'li'gat'ed
ob'li'gat'ing
ob'li'ga'tion
ob'lig'a'to'ry
oblige
obliged
oblig'ing
oblig'ing'ly
ob'lique
ob'lique'ly
ob'liq'ui'ty
ob'lit'er'ate
ob'lit'er'at'ed
ob'lit'er'at'ing
ob'lit'er'a'tion
ob'lit'er'a'tive
ob'liv'i'on
ob'liv'i'ous
ob'long
ob'lo'quy
ob'nox'ious
ob'nox'ious'ly
oboe
obo'ist
ob'scene
ob'scene'ly
ob'scene'ness
ob'scen'i'ties
ob'scen'i'ty
ob'scu'ran'tism
ob'scu'ran'tist
ob'scure
ob'scured
ob'scure'ness
ob'scur'ing
ob'scu'ri'ty
ob'se'qui'ous
ob'se'qui'ous'ly
ob'se'qui'ous'ness
ob'se'quy

ob'serv'a'ble
ob'serv'a'bly
ob'ser'vance
ob'ser'vant
ob'ser'va'tion
ob'ser'va'tion'al
ob'ser'va'to'ries
ob'ser'va'to'ry
ob'serve
ob'served
ob'serv'er
ob'serv'ing
ob'sess
ob'ses'sion
ob'ses'sion'al
ob'ses'sion'al'ly
ob'ses'sive
ob'ses'sive'ly
ob'sid'i'an
ob'so'les'cence
ob'so'les'cent
ob'so'lete
ob'so'lete'ness
ob'sta'cle
ob'stet'ric
ob'stet'ri'cal
ob'ste'tri'cian
ob'stet'rics
ob'sti'na'cy
ob'sti'nate
ob'sti'nate'ly
ob'sti'nate'ness
ob'strep'er'ous
ob'struct
ob'struc'tion
ob'struc'tion'ism
ob'struc'tion'ist
ob'struc'tive
ob'struc'tive'ness
ob'struc'tor
ob'tain
ob'tain'a'ble
ob'tain'ment
ob'trude
ob'trud'ed
ob'trud'ing
ob'tru'sion
ob'tru'sive
ob'tru'sive'ly
ob'tuse
ob'tuse'ness
ob'verse
ob'verse'ly
ob'vert
ob'vi'ate
ob'vi'at'ed
ob'vi'at'ing
ob'vi'a'tion
ob'vi'ous
ob'vi'ous'ly
ob'vi'ous'ness
ob'vo'lute
oc'a'ri'na
oc'ca'sion
oc'ca'sion'al
oc'ca'sion'al'ly
oc'ci'dent
oc'ci'den'tal
oc'clude
oc'clud'ed
oc'clud'ing
oc'clu'sion
oc'clu'sive
oc'cult
oc'cult'ism
oc'cult'ist
oc'cu'pan'cy
oc'cu'pant
oc'cu'pa'tion
oc'cu'pa'tion'al
oc'cu'pa'tion'al'ly
oc'cu'pied
oc'cu'pi'er
oc'cu'py
oc'cu'py'ing
oc'cur
oc'curred
oc'cur'rence
oc'cur'rent
oc'cur'ring
ocean
oce'an'ic
oce'a'no'graph'i'cal
oce'a'nog'ra'pher
oce'a'no'graph'ic
oce'a'nog'ra'phy
oce'lot
ochre
ochry
o'clock
oc'ta'gon
oc'tag'o'nal
oc'tag'o'nal'ly
oc'ta'he'dra
oc'ta'he'dral
oc'ta'he'dron
oc'tane
oc'tave
oc'ta'vo
oc'tet
oc'to'ge'nar'i'an
oc'to'pus
oc'to'roon
oc'u'lar
oc'u'list
odd
odd'ball
odd'i'ties
odd'i'ty
odd'ment
odd'ness
ode
odi'ous
odi'ous'ness
odi'um
odom'e'ter
odor'if'er'ous
odor'ous
odour
odour'less
od'ys'sey
of
off
off-air
of'fal
off'beat
off'col'our
of'fence
of'fence'less
of'fend
of'fend'er
of'fen'sive
of'fen'sive'ly
of'fer
of'fer'er
of'fer'ing
of'fer'to'ri'al
of'fer'to'ries
of'fer'to'ry
off'hand
off'hand'ed'ness
of'fice
of'fice'hold'er
of'fic'er
of'fi'cial
of'fi'cial'dom
of'fi'cial'ly
of'fi'ci'ate
of'fi'ci'at'ed
of'fi'ci'at'ing
of'fi'ci'a'tion
of'fi'ci'a'tor
of'fi'cious
of'fi'cious'ly
off'ing
off'load
off-road
off-road'er
off-road'ing
off'set
off'set'ting
off'shoot
off'shore
off'side
off'spring
off'stage
off-the-record
off-the-wall
Ofgas
Oflot

Ofsted
Oftel
of'ten
of'ten'times
Ofwat
ogle
ogled
ogler
ogling
ogre
ogre'ish
ohm
ohm'age
ohm'ic
ohm'me'ter
oil
oil'cloth
oil'field
oil'i'er
oil'i'est
oil'i'ness
oil'man
oil'skin
oily
oint'ment
okra
old
old'en
old'er
old'est
old-fash'ioned
old'ish
old'ness
old'ster
old-tim'er
old-world
ole'ag'i'nous
ole'an'der
oleo'mar'ga'rine
ol'fac'tion
ol'fac'to'ry
ol'i'garch
ol'i'gar'chic
oli'gar'chi'cal
oli'gar'chies
ol'i'gar'chy
ol'i'gop'o'ly
ol'ive
oliv'en'ite
oma'sum
om'buds'man
ome'ga
om'elette
omen
om'i'nous
om'i'nous'ly
omis'sion
omit
omit'ted
omit'ting
om'ni'bus
om'nip'o'tence
om'nip'o'tent
om'nip'o'tent'ly
om'ni'pres'ence
om'ni'pres'ent
om'nis'cience
om'nis'cient
om'niv'or'ous
once
on'com'ing
one
one-off
one-on-one
one-piece
on'er'ous
one'self
one-sid'ed
one-up'man'ship
one-way
on'go'ing
on'ion
on'iony
on-line
on'look'er
on'ly
on'o'mat'o'poe'ia
on'o'mat'o'poe'ic
on'rush'ing
on'sell
on'set
on'shore
on'slaught
on'to
on'tol'ogy
onus
on'ward
on'yx
oo'dles
oomph
ooze
oozed
oo'zi'ness
ooz'ing
oo'zy
opac'i'ty
opal
opal'es'cence
opal'es'cent
opaque
opaque'ly
op art
open
open'er
open-hand'ed
open-hand'ed'ness
open house
open'ing
open'ly
open-mind'ed
open-mind'ed'ness
open-mouthed
open'ness
open ses'a'me
open'work
opera
op'er'a'bil'i'ty
op'er'a'ble
op'er'a'bly
op'er'ate
op'er'at'ed
op'er'at'ic
op'er'at'ing
op'er'a'tion
op'er'a'tion'al
op'er'a'tive
op'er'a'tor
op'er'et'ta
oph'thal'mic
oph'thal'mol'o'gist
oph'thal'mol'o'gy
opi'ate
opine
opined
opin'ion
opin'ion'at'ed
opi'um
opos'sum
op'po'nent
op'por'tune
op'por'tune'ly
op'por'tun'ism
op'por'tun'ist
op'por'tun'is'tic
op'por'tu'ni'ties
op'por'tu'ni'ty
op'pos'able
op'pose
op'posed
op'pos'er
op'pos'ing
op'po'site
op'po'site'ness
op'po'si'tion
op'press
op'pres'sion
op'pres'sive
op'pres'sive'ly
op'pres'sor
op'pro'bri'ous
op'pro'bri'um
op'pugn
op'tic
op'ti'cal
op'ti'cian
op'tics
op'ti'mal
op'ti'mism
op'ti'mist
op'ti'mis'tic

op'ti'mis'ti'cal'ly
op'ti'mi'za'tion
op'ti'mize
op'ti'mized
op'ti'miz'ing
op'ti'mum
op'tion
op'tion'al
op'to'met'ric
op'tom'e'trist
op'tom'e'try
op'u'lence
op'u'lent
op'u'lent'ly
opus
opus'es
or'a'cle
orac'u'lar
oral
oral'ly
or'ange
or'ange'ries
or'ange'ry
orang u'tan
orate
orat'ed
orat'ing
ora'tion
or'a'tor
or'a'tor'i'cal
or'a'to'ries
or'a'to'rio
or'a'to'ry
or'bic'u'lar
or'bit
or'bit'al
or'chard
or'ches'tra
or'ches'tral
or'ches'trate
or'ches'trat'ed
or'ches'trat'ing
or'ches'tra'tion
or'chid
or'dain
or'dain'er
or'dain'ment
or'deal
or'der
or'dered
or'der'lies
or'der'li'ness
or'der'ly
or'di'nal
or'di'nance
or'di'nand
or'di'nar'i'ly
or'di'nar'i'ness
or'di'nary
or'di'na'tion
ord'nance
or'dure
ore
oreg'a'no
or'gan
or'gan'die
or'gan'ic
or'gan'i'cal'ly
or'gan'ism
or'gan'ist
or'gan'iz'a'ble
or'gan'i'za'tion
or'gan'i'za'tion'al
or'gan'ize
or'gan'ized
or'gan'iz'er
or'gan'iz'ing
or'gasm
or'gas'mic
or'gi'as'tic
or'gi'as'ti'cal'ly
or'gies
or'gy
or'iel
ori'ent
Ori'en'tal
ori'en'tate
ori'en'tat'ed
ori'en'tat'ing
ori'en'ta'tion
ori'en'teer'ing
or'i'fice
ori'ga'mi
or'i'gin
orig'i'nal
orig'i'nal'i'ty
orig'i'nal'ly
orig'i'nate
orig'i'nat'ed
orig'i'nat'ing
orig'i'na'tion
orig'i'na'tive
orig'i'na'tor
ori'ole
or'i'son
or'mo'lu
or'na'ment
or'na'men'tal
or'na'men'ta'tion
or'nate
or'nate'ly
or'nate'ness
or'nith'ic
or'ni'tho'log'ic
or'ni'tho'log'i'cal
or'ni'thol'o'gist
or'ni'thol'o'gy
oro'tund
oro'tun'di'ty
or'phan
or'phan'age
or'tho'don'tic
or'tho'don'tics
or'tho'don'tist
or'tho'dox
or'tho'dox'ies
or'tho'dox'ly
or'tho'dox'ness
or'tho'doxy
or'thog'o'nal
or'tho'graph'ic
or'thog'ra'phy
or'tho'pae'dic
or'tho'pae'dics
or'tho'pae'dist
or'to'lan
os'cil'late
os'cil'lat'ed
os'cil'lat'ing
os'cil'la'tion
os'cil'la'tor
os'cil'la'to'ry
os'cil'lo'scope
os'cu'late
os'cu'la'tion
osier
os'mi'um
os'mo'sis
os'mot'ic
os'prey
os'si'fi'ca'tion
os'si'fied
os'si'fy
os'si'fy'ing
os'ten'si'ble
os'ten'si'bly
os'ten'sive
os'ten'sive'ly
os'ten'ta'tion
os'ten'ta'tious
os'ten'ta'tious'ly
os'te'o'path
os'te'o'path'ic
os'te'op'a'thy
os'te'o'po'ro'sis
os'tra'cism
os'tra'cize
os'tra'cized
os'tra'ciz'ing
os'trich
oth'er
oth'er'ness
oth'er'wise
oti'ose
ot'ter
ouch
ought
ougui'ya
ounce
our

ours
our'selves
ou'sel
oust
oust'er
out
out'bid
out'bid'ded
out'bid'ding
out'board
out'bound
out'brave
out'break
out'build'ing
out'burst
out'cast
out'class
out'come
out'cries
out'cry
out'dat'ed
out'did
out'dis'tance
out'dis'tanced
out'dis'tanc'ing
out'do
out'do'ing
out'done
out'door
out'doors
out'ed
out'er
out'er'most
out'er space
out'face
out'field
out'field'er
out'fit
out'fit'ter
out'flank
out'flow
out'fox
out'go'ing
out'grew
out'grow
out'grow'ing
out'grown
out'growth
out'house
out'ing
out'land'ish
out'last
out'law
out'lay
out'let
out'line
out'lined
out'lin'ing
out'live
out'lived
out'liv'ing
out'look
out'ly'ing
out'ma'noeu'vre
out'mod'ed
out'num'ber
out-of-date
out-of-the-way
out'pa'tient
out'place'ment
out'post
out'pour'ing
out'put
out'put'ting
out'rage
out'raged
out'ra'geous
out'ra'geous'ly
out'rag'ing
out'ran
out'range
out'rank
ou'tré
out'reach
out'rid'er
out'rig'ger
out'right
out'run
out'run'ning
out'sell
out'sel'ling
out'set
out'shine
out'shin'ing
out'shone
out'side
out'sid'er
out'size
out'skirts
out'smart
out'sold
out'source
out'sourc'ing
out'spo'ken
out'spok'en'ness
out'spread
out'stand'ing
out'stand'ing'ly
out'stay
out'strip
out'stripped
out'strip'ping
out'take
out'vote
out'vot'ed
out'vot'ing
out'ward
out'ward'ly
out'wards
out'wear
out'weigh
out'wit
out'wit'ted
out'wit'ting
out'worn
ou'zel
ou'zo
ova
oval
oval'ness
ovar'i'an
ova'ries
ova'ry
ovate
ova'tion
ov'en
oven'proof
oven-ready
oven'ware
over
over'act
over'ac'tive
over'age
over'all
over'anx'ious
over'anx'ious'ly
over'ate
over'awe
over'bal'ance
over'bal'anced
over'bal'ancing
over'bear'ing
over'board
over'came
over'ca'pa'ci'ty
over'cast
over'charge
over'charged
over'charg'ing
over'coat
over'come
over'com'ing
over'com'pen'sa'tion
over'con'fi'dence
over'crowd'ed
over'crowd'ing
over'do
over'does
over'do'ing
over'done
over'dose
over'draft
over'drawn
over'dressed
over'drive
over'dub
over'dubbed
over'dub'bing
over'due
over'eat

over'eat'en
over'eat'ing
over'em'pha'sis
over'em'pha'size
over'em'pha'sized
over'es'ti'mate
over'es'ti'mat'ed
over'es'ti'mat'ing
over'ex'ert
over'ex'er'tion
over'flow
over'flowing
over'gen'er'ous
over'grown
over'growth
over'hand
over'hang
over'hang'ing
over'haul
over'haul'ing
over'head
over'hear
over'heard
over'hear'ing
over'heat
over'hung
over'in'dul'gence
over'joyed
over'kill
over'laid
over'lain
over'land
over'lap
over'lapped
over'lap'ping
over'lay
over'lay'ing
over'leaf
over'load
over'look
over'lord
over'ly
over'manned
over'man'ning
over'much
over'night
over'night
over'paid
over'pass
over'play
over'pop'u'lat'ed
over'pop'u'la'tion
over'pow'er
over'priced
over'ran
over'rate
over'rat'ed
over'rat'ing
over'reach
over're'act
over'reac'tion
over'rid'den
over'ride
over'rid'ing
over'rode
over'rule
over'run
over'run'ning
over'saw
over'sea
over'seas
over'see'ing
over'seen
over'seer
over'sell
over'sell'ing
over'sexed
over'shad'ow
over'shoe
over'shoot
overs'hoot'ing
over'shot
over'sight
over'sim'pli'fied
over'sim'pli'fy
over'sim'pli'fy'ing
over'size
over'sleep
over'sleep'ing
over'slept
over'sold
over'state
over'stat'ed
over'state'ment
over'stat'ing
over'step
over'stepped
over'stepping
over'sub'scrip'tion
overt
over'take
over'tak'en
over'tak'ing
over'tax
over-the-coun'ter
over'threw
over'throw
over'throw'ing
over'thrown
over'time
overt'ly
over'tone
over'took
over'trad'ing
over'ture
over'turn
over'val'ue
over'val'ued
over'val'uing
over'view
over'ween'ing
over'weight
over'whelm
over'whelm'ing'ly
over'work
over'worked
over'work'ing
over'wrought
ovip'a'rous
ovi'pos'i'tor
ovoid
ovu'late
ovu'lat'ed
ovu'lat'ing
ovu'la'tion
ovum
owe
owed
ow'ing
owl
owl'ish
owl'ish'ly
own'er
own'er'ship
ox
ox'en
Ox'fam
ox'ford
ox'i'da'tion
ox'ide
ox'i'dize
ox'i'dized
ox'i'diz'ing
ox'tail
oxy'a'cet'y'lene
ox'y'gen
ox'y'gen'ate
ox'y'gen'at'ed
ox'y'gen'at'ing
ox'y'gen'a'tion
oxy'mo'ron
oyez
oys'ter
oy'ster'catch'er
ozone
ozon'ic
ozo'no'sphere
ozo'nous

P

pa'an'ga
pab'u'lum
pace
paced
pace'mak'er
pac'er
pace'setter
pachy'derm
pachy'der'ma'tous
pachy'tene
pa'cif'ic
pa'cif'i'ca'tion
pa'cif'i'ca'to'ry
pac'i'fied
pac'i'fi'er
pac'i'fist
pac'i'fy
pac'i'fy'ing
pac'ing
pack'age
pack'aged
pack'ag'er
pack'ag'ing
pack'er
pack'et
pack'et-switch'ing
pack'ing
pack'sad'dle
pact
pad
pad'ded
pad'dies
pad'ding
pad'dle
pad'dled
pad'dling
pad'dock
pad'dy
pad'lock
pa'dre
pae'an
pae'di'at'ric
pae'di'at'ri'cian
pae'di'at'rics
pae'dol'o'gy
pa'el'la
pa'gan
pa'gan'ism
page
pag'eant
pag'eant'ry
page'boy
paged
pag'er
page-turn'er
pag'i'nate
pag'i'na'tion
pag'ing
pa'go'da
paid
pail
pail'ful
pain
pain'ful
pain'ful'ly
pain'kill'er
pain'less
pain'less'ly
pains'tak'ing
pains'tak'ing'ly
paint
paint'ball
paint'ball'ing
paint'er
paint'ing
paint'work
pair
pai'sa
pais'ley
Pa'ki'stani
pal
pal'ace
Pa'laeo'cene
pa'lae'og'ra'phy
pa'lae'o'lith
Pa'laeo'lith'ic
pa'lae'on'tol'ogy
pa'lae'on'tol'o'gist
Pa'lae'o'zo'ic
pa'lan'quin
pal'at'a'bil'i'ty
pal'at'a'ble
pal'at'a'bly
pal'ate
pa'la'tial
pa'la'tial'ly
pal'a'tine
pa'lav'er
pale
paled
pale'ly
pale'ness
Pal'es'tin'ian
pal'ette
pal'i'mo'ny
pal'in'drome
pal'ing
pal'ing
pal'i'sade
pal'i'sad'ed
pal'i'sad'ing
pall
pal'la'di'um
pall'bear'er
palled
pal'let
pal'li'asse
pal'li'ate
pal'li'at'ed
pal'li'at'ing
pal'li'a'tion
pal'lia'tive
pal'lid
pal'ling
pal'lor
palm
pal'mate
pal'met'to
palm'ist
palm'is'try
palm'top
pal'o'mi'no
pal'pa'bil'i'ty
pal'pa'ble
pal'pa'bly
pal'pate
pal'pat'ed
pal'pat'ing
pal'pa'tion
pal'pi'tate
pal'pi'tat'ed
pal'pi'tat'ing
pal'pi'ta'tion
pal'sied
pal'sy
pal'tri'ness
pal'try
pam'pas
pam'per
pam'phlet
pam'phle'teer
pan
pan'a'ce'a
pa'nache
Pan'a'ma'ni'an
pan'a'tela
pan'cake
pan'chro'mat'ic
pan'cre'as

pan'cre'at'ic
pan'da
pan'dem'ic
pan'de'mo'ni'um
pan'der
pan'der'er
pane
pan'e'gy'ric
pan'el
pan'el'led
pan'el'ling
pan'el'list
pang
pan'han'dled
pan'han'dler
pan'han'dling
pan'ic
pan'icked
pan'ick'ing
pan'icky
pan'ic-strick'en
panned
pan'nier
pan'ning
pan'o'ply
pan'o'rama
pan'o'ram'ic
pan'o'ram'i'cal'ly
pan'pipe
pan'sies
pan'sy
pan'ta'loon
pan'the'ism
pan'the'ist
pan'the'is'tic
pan'the'on
pan'ther
pan'ties
pan'ti'hose
pant'ile
pan'to'mime
pan'to'mimed
pan'to'mim'ic
pan'to'mim'ing
pan'to'mim'ist
pan'tries
pan'try
pants-suit
pant'suit
pan'ty
pan'ty'hose
pan'zer
pap
pa'pa
pa'pa'cy
pa'pal
pa'pa'raz'zi
pa'pa'raz'zo
pa'paw
pa'pa'ya
pa'per
pa'per'back
pa'per'er
pa'per knife
pa'per knives
pa'per'weight
pa'per'work
pa'pery
pa'pier-mâ'ché
pa'pil'la
pa'poose
pap'ri'ka
pa'py'ri
pa'py'rus
par
pa'ra
para'ble
pa'rab'o'la
para'bo'lic
para'chute
para'chut'ed
para'chut'ing
para'chut'ist
pa'rade
pa'rad'ed
para'digm
pa'rad'ing
para'dise
para'di'sia'cal
para'dox
para'dox'i'cal
para'dox'i'cal'ly
par'af'fin
para'glid'ing
para'gon
para'graph
para'keet
par'al'lac'tic
par'al'lax
par'al'lel
par'al'leled
par'al'lel'ing
par'al'lel'o'gram
Para'lymp'ics
pa'ral'y'sis
para'lyt'ic
para'ly'sa'tion
para'lyse
para'lysed
para'lys'ing
para'med'ic
pa'ram'e'ter
para'mil'i'tary
para'mount
par'a'mour
para'noia
para'noi'ac
para'noid
para'nor'mal
para'pet
para'pher'na'lia
para'phrase
para'phrased
para'phras'ing
para'ple'gia
para'ple'gic
para'psy'chol'o'gy
para'sail'ing
par'ascend'ing
para'site
para'sit'ic
para'sit'i'cal
para'sit'i'cal'ly
para'sit'ism
para'sol
para'sui'cide
para'troop'er
para'troops
par avion
par'boil
par'cel
par'celled
par'cel'ling
parch
parch'ment
par'don
par'don'able
par'don'ably
par'doned
par'don'ing
pare
pared
par'e'gor'ic
par'ent
par'ent'age
pa'ren'tal
pa'ren'the'ses
pa'ren'the'sis
par'en'thet'ic
par'en'thet'i'cal
par'en'thet'i'cal'ly
par'ent'hood
par'ent'ing
pa're'sis
par ex'cel'lence
par'fait
pa'ri'ah
par'i-mu'tu'el
par'ing
par'ish
pa'rish'ion'er
par'i'ty
park
par'ka
park-and-ride
par'lance
par'lay
par'layed
par'lay'ing
par'ley

par'leyed
par'ley'ing
par'lia'ment
par'lia'men'tar'i'an
par'lia'men'ta'ry
par'lour
par'lous
Par'me'san
pa'ro'chi'al
pa'ro'chi'al'ism
par'o'died
par'o'dist
par'o'dy
par'o'dy'ing
pa'role
pa'roled
pa'rol'ee
pa'rol'ing
pa'rot'id
par'ox'ysm
par'ox'ys'mal
par'quet
par'queted
par'quet'ing
par'quet'ry
par'ra'keet
par'ri'cide
par'ried
par'rot
par'roted
par'rot'ing
par'ry
par'ry'ing
parse
parsed
par'si'mo'ni'ous
par'si'mo'ny
pars'ing
par'sley
pars'nip
par'son
par'son'age
par'take
par'tak'en
par'ta'ker
par'tak'ing
part'ed
par'the'no'gen'e'sis
par'tial
par'ti'al'i'ty
par'tial'ly
par'tic'i'pant
par'tic'i'pate
par'tic'i'pat'ed
par'tic'i'pat'ing
par'tic'i'pa'tion
par'tic'i'pa'tive
par'tic'i'pa'tor
par'tic'i'pa'tory
par'ti'c'i'ple
par'ti'cle
par'ti'col'oured
par'tic'u'lar
par'tic'u'lar'i'ty
par'tic'u'lar'ize
par'tic'u'lar'ly
par'tic'u'late
par'tied
par'ties
part'ing
par'ti'san
par'ti'san'ship
par'tite
par'ti'tion
par'ti'tioned
par'ti'tion'ing
par'ti'tive
part'ly
part'ner
part'nered
part'ner'ing
part'ner'ship
par'took
par'tridge
par'tu'ri'ent
par'tu'ri'tion
part'work
par'ty
par'ty'ing
par've'nu
Pas'cal
pas'chal
pas de deux
pa'sha
pass
pass'a'ble
pass'a'bly
pass'age
pas'sage'way
pas'sé
passed
pas'sen'ger
passe-par'tout
pass'er-by
pas'ser'ine
pas'sim
pass'ing
pas'sion
pas'sion'ate
pas'sion'ate'ly
pas'sion'ate'ness
pas'sion'flow'er
pas'sion fruit
pas'sion'less
pas'sive
pas'siv'i'ty
pass'port
pass'word
past
pas'ta
paste
paste'board
pas'ted
pas'tel
pas'teur'i'za'tion
pas'teur'ize
pas'teur'ized
pas'teur'iz'ing
pas'tiche
past'i'er
past'i'est
pas'tille
pas'time
past'i'ness
pas'ting
past mas'ter
pas'tor
pas'to'ral
pas'tor'ate
pas'tra'mi
pas'tries
pas'try
pas'tur'age
pas'ture
pas'tured
pas'tur'ing
pasty
pat
pa'ta'ca
patch
patch'i'er
patch'i'est
pa'tchou'li
pa'tchou'ly
patch'work
patchy
pate
pâ'té
pâ'té de foie gras
pa'tel'la
pa'tel'lae
pa'ten'cy
pat'ent
pat'ent'ee
pat'ent'ly
pa'ter'fa'mil'i'as
pat'er'nal
pa'ter'nal'ism
pa'ter'nal'ist
pa'ter'nal'is'tic
pa'ter'ni'ty
pa'ter'noster
pa'thet'ic
pa'thet'i'cal'ly
patho'gen'ic
path'o'log'ic
path'o'log'i'cal
pa'tho'log'i'cal'ly
pa'thol'o'gist
pa'thol'o'gy

pa'thos
path'way
pa'tience
pa'tient
pa'tient'ly
pat'i'na
pa'tio
pat'ois
pa'trial
pa'tri'arch
pa'tri'ar'chal
pa'tri'ar'chies
pa'tri'ar'chy
pa'tri'cian
pat'ri'cide
pat'ri'mo'nies
pat'ri'mo'ny
pa'tri'ot
pa'tri'ot'ic
pa'tri'ot'i'cal'ly
pa'tri'ot'ism
pa'trol
pa'trolled
pa'trol'ler
pa'trol'ling
pa'tron
pa'tron'age
pa'tron'ess
pa'tron'ize
pa'tron'ized
pa'tron'iz'ing
pa'tron'iz'ing'ly
pat'ro'nym'ic
pat'sies
pat'sy
pat'ted
pat'ter
pat'tern
pat'terned
pat'ties
pat'ting
pat'ty
pau'ci'ty
paunch
paunch'i'er
paunch'i'est
paunch'i'ness
paunchy
pau'per
pau'per'ism
pau'per'ize
pause
paused
paus'ing
pave
paved
pave'ment
pa'vil'ion
pav'ing
paw
pawn
pawn'bro'ker
pay
pay'able
pay'back
pay'ee
pay'er
pay'ing
pay'load
pay'mas'ter
pay'ment
pay'off
pay'o'la
pay'roll
pea
peace
peace'able
peace'ably
peace corps
peace'ful
peace'ful'ly
peace'keep'ing
peace'mak'er
peace'nik
peach
peach'i'er
peach'i'est
peachy
pea'cock
pea'fowl
pea'hen
peak
peak'ed
peal
pea'nut
pear
pearl
pearly
peas'ant
peas'ant'ry
pea'shoot'er
peat
peaty
peb'ble
peb'bled
peb'bli'er
peb'bli'est
peb'bling
peb'bly
pe'can
pec'ca'dil'lo
pec'ca'dil'loes
pec'ca'ries
pec'ca'ry
peck
pec'tin
pec'to'ral
pec'u'late
pec'u'la'tion
pe'cu'liar
pe'cu'li'ar'i'ties
pe'cu'li'ar'i'ty
pe'cu'liar'ly
pe'cu'ni'ary
ped'a'gog'ic
ped'a'gog'i'cal
ped'a'gog'i'cal'ly
ped'a'gogue
ped'a'go'gy
ped'al
ped'alled
ped'al'ling
ped'ant
pe'dan'tic
pe'dan'ti'cal'ly
ped'ant'ry
ped'dle
ped'dled
ped'dler
ped'dling
ped'er'ast
ped'es'tal
pe'des'trian
pe'des'tria'ni'za'tion
pe'des'tri'an'ize
ped'i'cure
ped'i'cur'ist
ped'i'gree
ped'i'greed
ped'i'ment
pe'dom'e'ter
peek
peek'a'boo
peel
peel'ing
peep
peep'hole
peer
peer'age
peer'ess
peer'less
peeve
peeved
peev'ing
peev'ish
peev'ish'ly
pee'wit
peg
pegged
peg'ging
pei'gnoir
pe'jo'ra'tive
pe'koe
pel'age
pe'lag'ic
pelf
pel'i'can
pel'la'gra
pel'let
pell-mell

pel'lu'cid
pe'lo'ta
pel'vic
pel'vis
pem'mi'can
pen
pe'nal
pe'nal'i'za'tion
pe'nal'ize
pe'nal'ized
pe'nal'iz'ing
pen'al'ties
pen'al'ty
pen'ance
pence
pen'chant
pen'cil
pen'cilled
pen'cil'ling
pend'ant
pend'en'cy
pend'ent
pend'ent'ly
pend'ing
pen'du'lous
pen'du'lum
pen'e'tra'bil'i'ty
pen'e'tra'ble
pen'e'tra'bly
pen'e'trate
pen'e'trat'ed
pen'e'trat'ing
pen'e'tra'tion
pen'e'tra'tive
pen'guin
pen'i'cil'lin
pen'in'su'la
pen'in'su'lar
pe'nis
pen'i'tence
pen'i'tent
pen'i'ten'tial
pen'i'ten'tia'ries
pen'i'ten'tia'ry
pen'i'tent'ly
pen'knife
pen'knives
pen'man'ship
pen'nant
pen'ne
penned
pen'ni
pen'nies
pen'ni'less
pen'ning
pen'ny
pen'ny-an'te
pen'ny-pinch'er
pen'ny'worth
pe'no'log'i'cal
pe'nol'o'gist
pe'nol'o'gy
pen pal
pen'push'er
pen'sion
pen'sion'a'ble
pen'sion'er
pen'sive
pen'sive'ly
pen'sive'ness
pen'ta'cle
pen'ta'gon
pen'tag'o'nal
pen'ta'gram
pen'tam'e'ter
pen'tath'lete
pen'tath'lon
Pen'te'cos'tal
pent'house
pen'tom'ic
pent up
pe'nult
pen'ul'ti'mate
pe'num'bra
pe'nu'ri'ous
pen'u'ry
pe'o'nies
pe'o'ny
peo'ple
peo'pled
peo'pling
pep
pep'lum
pepped
pep'per
pep'per'corn
pep'per'i'ness
pep'per'mint
pep'pery
pep'pi'er
pep'pi'ness
pep'ping
pep'py
pep'sin
pep'tic
per
per'ad'ven'ture
per'am'bu'late
per'am'bu'lat'ed
per'am'bu'lat'ing
per'am'bu'la'tion
per'am'bu'la'to'ry
per an'num
per'cale
per cap'i'ta
per'ceiv'a'ble
per'ceiv'a'bly
per'ceive
per'ceived
per'ceiv'ing
per'cent
per'cent'age
per'cen'tile
per'cept
per'cep'ti'bil'i'ty
per'cep'ti'ble
per'cep'ti'bly
per'cep'tion
per'cep'tive
per'cep'tive'ly
per'cep'tive'ness
per'cep'tu'al
perch
per'chance
per'cip'i'ence
per'cip'i'ent
per'co'late
per'co'lat'ed
per'co'lat'ing
per'co'la'tion
per'co'la'tor
per'cus'sion
per'cus'sive
per di'em
per'di'tion
per'du'ra'ble
per'e'gri'na'tion
per'e'grine
per'emp'to'ri'ly
per'emp'to'ri'ness
per'emp'to'ry
per'en'ni'al
per'en'ni'al'ly
per'e'stroika
per'e'stroi'kan
per'fect
per'fect'er
per'fect'i'bil'i'ity
per'fect'i'ble
per'fec'tion
per'fec'tion'ism
per'fec'tion'ist
per'fec'tive
per'fect'ly
per'fid'i'ous
per'fi'dy
per'fo'rate
per'fo'rat'ed
per'fo'rat'ing
per'fo'ra'tion
per'fo'ra'tor
per'force
per'form
per'form'a'ble
per'for'mance
per'form'er
per'fume
per'fumed
per'fum'ery
per'fum'ing

per'func'to'ri'ly
per'func'to'ri'ness
per'func'to'ry
per'go'la
per'haps
peri'gee
per'il
per'iled
per'il'ing
per'il'ous
per'il'ous'ly
pe'rim'e'ter
per'i'met'ric
per'i'met'ri'cal
peri'na'tal
pe'ri'nea
pe'ri'ne'um
pe'ri'od
pe'ri'od'ic
pe'ri'od'i'cal
pe'ri'od'i'cal'ly
pe'ri'o'dic'i'ty
peri'pa'tet'ic
pe'riph'er'al
periph'er'al'ly
pe'riph'er'ies
pe'riph'ery
pe'riph'ra'sis
peri'scope
peri'scopic
per'ish
per'isha'bil'i'ty
per'isha'ble
per'isha'ble'ness
per'ish'a'bly
peri'stal'sis
peri'stal'tic
peri'style
peri'to'ne'um
per'i'to'ni'tis
peri'wig
per'i'win'kle
per'jure
per'jured
per'jur'er
per'ju'ries
per'jur'ing
per'ju'ri'ous
per'ju'ry
perk
perk'i'er
perk'i'est
perky
perma'frost
per'ma'nence
per'ma'nen'cies
per'ma'nen'cy
per'ma'nent
per'ma'nent'ly
per'man'ga'nate
per'me'a'bil'i'ty
per'me'a'ble
per'me'a'bly
per'me'ate
per'me'at'ed
per'me'at'ing
per'me'a'tion
per'me'a'tive
per'mis'si'bil'i'ty
per'mis'si'ble
per'mis'si'bly
per'mis'sion
per'mis'sive
per'mis'sive'ness
per'mit
per'mit'ted
per'mit'ting
per'mu'ta'tion
per'mute
per'ni'cious
per'nick'e'ty
per'o'rate
per'o'ra'tion
per'ox'ide
per'pen'dic'u'lar
per'pe'trate
per'pe'trat'ed
per'pe'trat'ing
per'pe'tra'tion
per'pe'tra'tor
per'pet'u'al
per'pet'u'al'ly
per'pet'u'ate
per'pet'u'at'ed
per'pet'u'at'ing
per'pet'u'a'tion
per'pet'u'a'tor
per'pe'tu'i'ty
per'plex
per'plexed
per'plex'ing
per'plex'i'ties
per'plex'i'ty
per'qui'site
per'ron
per'ry
per'salt
perse
per se
per'se'cute
per'se'cut'ed
per'se'cut'ing
per'se'cu'tion
per'se'cu'tive
per'se'cu'tor
per'se'ver'ance
per'se'vere
per'se'vered
per'se'ver'ing
Per'sian
per'si'flage
per'sim'mon
per'sist
per'sist'ence
per'sis'ten'cy
per'sist'ent
per'sis'tent'ly
per'son
per'so'na
per'son'able
per'so'nae
per'son'age
per'so'na gra'ta
per'son'al
per'son'al'i'ties
per'son'al'i'ty
per'son'al'iza'tion
per'son'al'ize
per'son'al'ized
per'son'al'iz'ing
per'son'al'ly
per'so'na non gra'ta
per'son'ate
per'son'at'ed
per'son'at'ing
per'son'a'tion
per'son'a'tor
per'son'i'fi'ca'tion
per'son'i'fied
per'son'i'fy
per'son'i'fy'ing
per'son'nel
per'spec'tive
per'spi'ca'cious
per'spi'cac'i'ty
per'spi'cu'i'ty
per'spic'u'ous
per'spi'ra'tion
per'spire
per'spired
per'spir'ing
per'suad'a'ble
per'suade
per'suad'ed
per'suad'ing
per'sua'sion
per'sua'sive
per'sua'sive'ly
pert
per'tain
per'ti'na'cious
per'ti'nac'i'ty
per'ti'nence
per'ti'nent
per'ti'nent'ly
pert'ly
pert'ness
per'turb
per'turb'a'ble

per'tur'ba'tion
pe'ruke
pe'rus'al
pe'ruse
pe'rused
pe'rus'ing
Pe'ru'vi'an
per'vade
per'vad'ed
per'vad'er
per'vad'ing
per'va'sion
per'va'sive
per'verse
per'verse'ly
per'verse'ness
per'ver'sion
per'ver'si'ty
per'vert
per'vert'ed
per'vi'ous
pe'se'ta
pe'se'wa
pesk'i'er
pesk'i'est
pesk'i'ness
pes'ky
pe'so
pes'sa'ries
pes'sa'ry
pes'si'mism
pes'si'mist
pes'si'mis'tic
pes'si'mis'ti'cal'ly
pes'ter
pest'i'cide
pes'tif'er'ous
pes'ti'lence
pes'ti'lent
pes'ti'len'tial
pes'tle
pet
pet'al
pet'al'ine
pet'alled
pet'al-like
pe'tard
pe'ter
pet'i'ole
pe'tit bour'geois
pe'tite
pe'tite bour'geoi'sie
pe'tite'ness
pe'tit four
pe'ti'tion
pe'ti'tion'ary
pe'ti'tioned
pe'ti'tion'er
pe'ti'tion'ing
pe'tit lar'ce'ny
pe'tits fours
pet'rel
pet'ri'fac'tion
pet'ri'fi'ca'tion
pet'ri'fied
pet'ri'fy
pet'ri'fy'ing
pet'ro'chem'i'cal
pe'tro'chem'is'try
pet'ro'dol'lar
pe'trog'ra'phy
pet'rol
pet'ro'la'tum
pe'tro'le'um
pe'trol'o'gy
pet'ted
pet'ti'coat
pet'ti'er
pet'ti'est
pet'ti'fog
pet'ti'fogged
pet'ti'fog'ging
pet'ti'ly
pet'ting
pet'tish
pet'tish'ness
pet'ty
pet'u'lance
pet'u'lan'cy
pet'u'lant
pet'u'lant'ly
pe'tu'nia
pew
pe'wit
pew'ter
pe'yo'te
Pfen'nig
pha'e'ton
pha'lan'ger
pha'lan'ges
pha'lanx
phal'li
phal'lic
phal'li'cism
phal'li'cist
phal'lism
phal'list
phal'lo'cen'tric
phal'lus
phan'ta'sies
phan'tasm
phan'tas'ma'go'ria
phan'tas'ma'gor'ic
phan'tas'mal
phan'ta'sy
phan'tom
phar'aoh
Phar'i'see
phar'ma'ceu'tic
phar'ma'ceu'ti'cal
phar'ma'ceu'tics
phar'ma'cies
phar'ma'cist
phar'ma'col'o'gist
phar'ma'col'o'gy
phar'ma'co'poe'ia
phar'ma'co'poe'ial
phar'ma'cy
phar'yn'gi'tis
phar'ynx
phase
phased
phas'ing
pheas'ant
phe'no'bar'bi'tal
phe'nom'e'na
phe'nom'e'nal
phe'nom'e'nal'ly
phe'nom'e'non
phew
phi'al
phi'lan'der
phi'lan'der'er
phil'an'throp'ic
phil'an'throp'i'cal
phi'lan'thro'pies
phi'lan'thro'pist
phi'lan'thro'py
phil'a'tel'ic
phi'lat'e'list
phi'lat'e'ly
phil'har'mon'ic
phi'lip'pic
Phil'ip'pine
phil'o'den'dron
phil'o'lo'gi'an
phil'o'log'i'cal
phi'lol'o'gist
phi'lol'o'gy
phi'los'o'pher
phil'o'soph'ic
phil'o'soph'i'cal
philo'soph'i'cal'ly
phi'los'o'phies
phi'los'o'phize
phi'los'o'phy
phil'tre
phle'bi'tis
phle'bot'o'my
phlegm
phleg'mat'ic
phleg'mat'i'cal
pho'bia
pho'bic
phoe'be
phoe'nix
phon
pho'nate
pho'na'tion
pho'na'tory

phone
phone'card
phoned
phone-in
pho'neme
pho'ne'mic
pho'net'ic
pho'net'i'cal'ly
pho'ne'ti'cian
pho'net'ics
phoney
phonic
phon'ics
phon'i'er
phon'i'est
pho'ni'ness
phon'ing
pho'no'graph
pho'no'log'ic
pho'no'log'i'cal
pho'nol'o'gy
pho'ny
phoo'ey
phos'phate
phos'pho'resce
phos'pho'resced
phos'pho'res'cence
phos'pho'res'cent
phos'pho'resc'ing
phos'pho'rus
pho'to
pho'to'cop'ied
pho'to'cop'i'er
pho'to'cop'ies
pho'to'copy
pho'to'cop'y'ing
pho'to'en'grave
pho'to'en'grav'ing
Pho'to'fit
pho'to'gen'ic
pho'to'graph
pho'tog'ra'pher
pho'to'graph'ic
pho'to'graph'i'cal'ly
pho'tog'ra'phy
pho'to'gra'vure
pho'to'sen'si'tive
Pho'to'stat
pho'to'stat'ted
pho'to'stat'ting
pho'to'syn'the'sis
phras'al
phrase
phrased
phra'se'ol'o'gy
phras'ing
phre'nol'o'gist
phre'nol'o'gy
phy'lac'ter'ies
phy'lac'tery
phy'log'e'ny
phy'lum
phys'ic
phys'i'cal
phys'i'cal'ly
phy'si'cian
phys'i'cist
phys'ics
phys'i'og'nom'i'cal
phys'i'og'no'mies
phys'i'og'no'mist
phys'i'og'no'my
phys'i'o'graph'ic
phys'i'og'ra'phy
phys'i'o'log'i'cal
phys'i'ol'o'gist
phys'i'ol'o'gy
phys'io'ther'a'pist
phys'i'o'ther'a'py
phy'sique
pi
pi'a'nis'si'mo
pi'a'nist
pi'ano
pi'an'o'for'te
pi'astre
pi'az'za
pi'ca
pic'a'dor
pic'a'resque
pic'ca'lil'li
pic'co'lo
pick
pick'a'back
pick'axe
picked
pick'er
pick'er'el
pick'et
pick'et'ed
pick'et'er
pick'et'ing
pick'i'er
pick'i'est
pick'ing
pick'le
pick'led
pick'ling
pick-me-up
pick'pock'et
pick'up
picky
pic'nic
pic'nicked
pic'nick'er
pic'nick'ing
pic'to'ri'al
pic'ture
pic'tured
pic'tur'esque
pic'tur'esque'ly
pic'tur'ing
pic'ul
pid'dle
pid'dled
pid'dling
pidg'in
pie
pie'bald
piece
pieced
piece'meal
piece'work
piec'ing
pied-à-terre
pie-eyed
pier
pierce
pierced
pierc'ing
pierc'ing'ly
pi'e'ty
pif'fle
pig
pi'geon
pigeon breast
pi'geon'hole
pi'geon'holed
pi'geon'hol'ing
pi'geon-toed
pigged
pig'ger'ies
pig'gery
pig'ging
pig'gish
pig'gy'back
pig'head'ed
pig'let
pig'ment
pig'men'ta'tion
pig'mies
pig'my
pig'sties
pig'sty
pig'tail
pike
pik'er
pike'staff
pi'laf
pi'laff
pi'las'ter
pi'lau
pi'law
pilch
pil'chard
pile
piles
piled
pil'fer
pil'fer'age

pil'fer'er
pil'grim
pil'grim'age
pil'ing
pill
pil'lage
pil'laged
pil'lag'er
pil'lag'ing
pil'lar
pil'lared
pil'lion
pil'lo'ried
pil'lo'ries
pil'lo'ry
pil'lo'ry'ing
pil'low
pi'lot
pi'lot'age
pi'lot'ed
pi'lot'ing
pi'men'to
pim'ple
pim'pled
pim'ply
pin
pina col'ada
pin'a'fore
pin'ball
pince-nez
pin'cers
pinch
pinch'er
pin'cush'ion
pine
pine'ap'ple
pine cone
pined
pin'feath'er
ping pong
pin'head
pin'ing
pin'ion
pin'ioned
pin'ion'ing
pink
pink'ie
pink'ish
pinky
pin'na'cle
pin'nate
pinned
pin'ning
pi'noch'le
pin'prick
pint
pin'to
pint-size
pint-sized
pin'wheel
Pin'yin
pi'o'neer
pi'ous
pi'ous'ness
pip
pipe
piped
pipe'line
pipe'lin'ing
pip'er
pi'pette
pip'ing
pipped
pip'pin
pip'ping
pip-squeak
pi'quan'cy
pi'quant
pi'quant'ness
pique
piqued
pi'quing
pi'ra'cy
pi'ra'nha
pi'rate
pi'rat'ed
pi'rat'i'cal
pi'rat'ing
pi'rogue
pir'ou'ette
pir'ou'et'ted
pir'ou'et'ting
pis'ca'to'ri'al
Pi'sces
piss
pissed
piss'er
piss'ing
pis'ta'chio
piste
pis'til
pis'til'late
pis'tol
pis'toled
pis'tol'ing
pis'ton
pit
pit-a-pat
pitch
pitch black
pitch'blende
pitch'er
pitch'fork
pitchy
pit'e'ous
pit'e'ous'ly
pit'fall
pit'head
pith'e'can'thro'pi
pith'e'can'thro'pus
pith'i'er
pith'i'est
pith'i'ness
pithy
piti'a'ble
piti'ably
pit'ied
piti'ful
piti'ful'ly
piti'less
piti'less'ly
pit'man
pi'ton
pit'tance
pit'ted
pit'ter-pat'ter
pit'ting
pi'tu'itar'ies
pi'tu'i'tar'y
pity
pit'y'ing
pity'ing'ly
piv'ot
piv'ot'al
piv'ot'al'ly
piv'ot'ed
piv'ot'ing
pix'el
pix'ie
pix'ie'ish
pixy
pi'zazz
piz'za
piz'zazz
piz'ze'ri'a
piz'zi'ca'to
plac'a'bil'i'ty
plac'a'ble
plac'a'bly
plac'ard
pla'cate
pla'cat'ed
pla'cat'ing
pla'ca'tion
pla'ca'tive
pla'ca'to'ry
place
pla'ce'bo
plac'ed
place'ment
pla'cen'ta
pla'cen'tal
plac'er
plac'id
pla'cid'i'ty
plac'id'ly
plac'id'ness
plac'ing
plack'et
pla'gia'rism

pla'gia'rist
pla'gia'ris'tic
pla'gia'rize
pla'gia'rized
pla'gia'riz'er
pla'gia'riz'ing
pla'gia'ry
plague
plagued
pla'guing
plaice
plaid
plain
plain'ly
plain'ness
plain'song
plain'spo'ken
plaint
plain'tiff
plain'tive
plain'tive'ly
plait
plait'ing
plan
plane
planed
plan'et
plan'e'tar'i'um
plan'e'tary
plan'e'toid
plan'gent
plan'ing
plan'ish
plank'ing
plank'ton
plan'less
planned
plan'ner
plan'ning
plant
plant'a'ble
plan'tain
plan'ta'tion
plant'er
plan'ti'grade
plaque
plas'ma
plas'ter
plas'ter'board
plas'tered
plas'ter'er
plas'ter'ing
plas'tic
plas'ti'cal'ly
plas'tic'i'ty
plat
plat du jour
plate
pla'teau
pla'teaux
plat'ed
plate'ful
plate'let
plat'en
plat'form
plat'ing
plat'i'num
plat'i'tude
plat'i'tu'di'nal
plat'i'tu'di'nize
plat'i'tu'di'nous
pla'ton'ic
pla'ton'i'cal'ly
pla'toon
plat'ted
plat'ter
plat'ting
platy'pus
plau'dit
plau'si'bil'i'ty
plau'si'ble
plau'si'ble'ness
plau'si'bly
play
play'act'ing
play'back
play'bill
play'boy
play'er
play'ful
play'ful'ly
play'ground
play'house
play'let
play'mate
play-off
play'room
play'wright
pla'za
plea
pleach
plead
plead'a'ble
plead'ed
plead'ing
plead'ing'ly
pleas'ant
pleas'ant'ly
pleas'ant'ries
pleas'ant'ry
please
pleased
pleas'ing
pleas'ing'ly
pleas'ur'able
pleas'ur'ably
pleas'ure
plea'sured
plea'sur'ing
pleat
pleat'ed
pleb
plebe
ple'be'ian
pleb'i'scite
plec'trum
pled
pledge
pledged
pledg'ee
pledg'ing
ple'na'ry
ple'nip'o'tent
pleni'po'ten'tia'ries
plen'i'po'ten'ti'ary
plen'i'tude
plen'te'ous
plen'ti'ful
plen'ti'ful'ly
plen'ty
pleth'o'ra
pleu'ri'sy
plex'us
pli'a'bil'i'ty
pli'a'ble
pli'a'ble'ness
pli'a'bly
pli'an'cy
pli'ant
pli'ant'ly
pli'ant'ness
plied
pli'ers
plight
plim'soll
plod
plod'ded
plod'der
plod'ding
plonk
plonked
plonk'er
plonk'ing
plop
plopped
plop'ping
plo'sive
plot
plot'ted
plot'ter
plot'ting
plov'er
ploy
pluck
pluck'i'er
pluck'i'est
pluck'i'ly
pluck'i'ness
plucky
plug

plugged
plug'ging
plum
plum'age
plumb
plumb'er
plumb'ing
plumb line
plume
plumed
plum'ing
plum'met
plum'met'ed
plum'met'ing
plum'mi'er
plum'mi'est
plump
plump'ish
plump'ly
plump'ness
plun'der
plun'der'er
plunge
plunged
plung'er
plung'ing
plu'per'fect
plu'ral
plu'ral'ism
plu'ral'ist
plu'ral'is'tic
plu'ral'i'ties
plu'ral'i'ty
plu'ral'iza'tion
plu'ral'ize
plu'ral'ly
plus
plus fours
plush
plush'i'er
plush'i'est
plush'i'ness
plushy
plu'toc'ra'cies
plu'toc'ra'cy
plu'to'crat
plu'to'crat'ic
plu'to'ni'um
plu'vi'al
ply
ply'ing
ply'wood
pneu'mat'ic
pneu'mat'i'cal'ly
pneu'mo'co'ni'o'sis
pneu'mo'nia
poach
poach'er
pock
pock'et
pock'et'book
pock'et'ed
pock'et'ful
pock'et'ing
pock'et'knife
pock'et'knives
pock'mark
pod
pod'ded
pod'ding
po'di'a'trist
po'di'a'try
po'di'um
pod'like
po'em
po'e'sies
po'e'sy
po'et
po'et'as'ter
po'et'ess
po'et'ic
po'et'i'cal
po'et'i'cal'ly
po'et'ize
po'et' lau're'ate
po'et'ry
po'go
po'goed
po'go'ing
po'go stick
po'grom
poi
poign'an'cy
poign'ant
poig'nant'ly
poin'ci'ana
poin'set'tia
point
point-blank
point'ed
point'edly
point'er
poin'til'lism
poin'til'list
point'less
point'less'ly
poise
poised
pois'ing
poi'son
poi'soned
poi'son'er
poi'son'ing
poi'son'ous
poke
poked
pok'er
pok'i'er
pok'i'est
pok'ing
poky
po'lar
po'lar'i'ties
po'lar'i'ty
po'lar'i'za'tion
po'lar'ize
po'lar'ized
po'lar'iz'ing
pol'der
pole
pole'axe
pole'cat
poled
po'lem'ic
po'lem'i'cal
po'lem'i'cist
po'len'ta
pole vault
po'lice
po'liced
po'lice'man
po'lice'wom'an
pol'i'cies
po'lic'ing
pol'i'cy
pol'i'cy'hold'er
pol'ing
po'lio
pol'i'o'my'e'li'tis
Po'lish
pol'ish
pol'ish'er
po'lite
po'lite'ly
po'lite'ness
pol'i'tic
po'lit'i'cal
po'li'ti'cal'ly
pol'i'ti'cian
po'lit'i'ci'za'tion
po'lit'i'cize
po'lit'i'cized
po'lit'i'ciz'ing
pol'i'tick'ing
po'lit'i'co
pol'i'tics
pol'i'ties
pol'i'ty
pol'ka
pol'kaed
pol'ka'ing
poll
pol'lard
pol'len
poll'er
pol'li'nate
pol'li'nat'ed
pol'li'nat'ing
pol'li'na'tion
pol'li'na'tor

pol'li'wog
poll'ster
poll tax
pol'lu'tant
pol'lute
pol'lut'ed
pol'lu'ter
pol'lut'ing
pol'lu'tion
po'lo
pol'o'naise
po'lo'ni'um
pol'ter'geist
pol'troon
poly'an'drous
poly'an'dry
poly'an'thi
poly'an'thus
poly'chro'mat'ic
poly'chro'mat'ic
poly'chrome
poly'es'ter
poly'eth'yl'ene
po'lyg'a'mist
po'lyg'a'mous
po'lyg'a'my
pol'y'glot
poly'gon
po'lyg'o'nal
poly'graph
po'lyg'y'nous
po'lyg'y'ny
poly'he'dron
poly'mer
po'ly'mer'i'za'tion
po'ly'mer'ize
poly'mor'phism
Poly'ne'sian
poly'no'mi'al
pol'yp
poly'phon'ic
pol'y'sty'rene
poly'syl'lab'ic
poly'syl'la'ble
poly'tech'nic
poly'the'ism
poly'the'ist
poly'the'is'tic
poly'un'sat'u'rat'ed
poly'ure'thane
po'made
po'man'der
pome'gran'ate
pom'e'lo
pom'mel
pom'melled
pom'mel'ling
pom'pa'dour
pom'pa'no
pom-pom
pom'pon
pom'pos'i'ty
pomp'ous
pomp'ous'ly
pon'cho
pon'der
pon'der'a'ble
pon'der'ous
pon'der'ous'ly
pon'gee
pongy
pon'iard
po'nies
pon'tiff
pon'tif'i'cal
pon'tif'i'cal'ly
pon'tif'i'cate
pon'tif'i'cat'ed
pon'tif'i'cat'ing
pon'toon
po'ny
po'ny tail
poo'dle
pooh
pooh-pooh
poop
poop'er-scoop'er
poor
poor'ish
poor'ly
pop
pop art
pop'corn
pop'ery
pop'eyed
pop'in'jay
pop'ish
pop'lar
pop'lin
pop'mo'bi'li'ty
pop'pa'dom
popped
pop'per
pop'pies
pop'ping
pop'py
pop'py'cock
pop'u'lace
pop'u'lar'i'ty
pop'u'lar'i'za'tion
pop'u'lar'ize
pop'u'lar'ized
pop'u'lar'iz'ing
pop'u'lar'ly
pop'u'late
pop'u'lat'ed
pop'u'lat'ing
pop'u'la'tion
pop'u'lism
pop'u'list
pop'u'lous
por'ce'lain
poroh
por'cine
por'cu'pine
pore
pored
por'ing
pork
pork'er
porn
por'no
por'nog'ra'pher
por'no'graph'ic
por'nog'ra'phy
po'ros'i'ty
po'rous
po'rous'ness
por'phy'ry
por'poise
por'ridge
port'a'bil'i'ty
port'a'ble
port'ably
por'tage
por'taged
por'tag'ing
Por'ta'ka'bin
por'tal
port'cul'lis
por'tend
por'tent
por'ten'tous
por'ten'tous'ly
por'ter
port'fo'lio
port'hole
por'ti'co
por'ti'coes
por'tion
por'tioned
por'tion'ing
port'li'er
port'li'est
port'li'ness
port'ly
port'man'teau
port'man'teaux
por'trait
por'trait'ist
por'trai'ture
por'tray
por'tray'al
por'tray'er
Por'tu'guese
pose
posed
pos'er
pos'eur
posey

po'sies
pos'ing
pos'it
pos'it'ed
pos'it'ing
po'si'tion
po'si'tioned
po'si'tion'ing
pos'i'tive
pos'i'tive'ly
pos'i'tive'ness
pos'i'tiv'ism
pos'i'tiv'ist
pos'i'tron
pos'se
pos'sess
pos'sessed
pos'ses'sion
pos'ses'sive
pos'ses'sive'ness
pos'ses'sor
pos'si'bil'i'ties
pos'si'bil'i'ty
pos'si'ble
pos'si'bly
pos'sum
post
post'age
post'al
post'card
post'code
post'date
post'dat'ed
post'dat'ing
post'er
pos'te'ri'or
pos'te'ri'or'i'ty
pos'ter'i'ty
pos'tern
post'femi'nist
post'fix
post'gla'cial
post'grad'u'ate
post'haste
post'hu'mous
post'hu'mous'ly
pos'til
post'il'ion
pos'til'lion
post'in'dus'tri'al
post'ing
post'lude
post'man
post'mark
post'mas'ter
post me'rid'i'em
post'mis'tress
post'mod'ern
post'mod'ern'ism
post'mod'ern'ist
post'mor'tem
post'na'sal
post'na'tal
post-paid
post'par'tum
post'pon'a'ble
post'pone
post'poned
post'pone'ment
post'pon'ing
post'pran'di'al
post'script
post-trau'ma'tic
pos'tu'lant
pos'tu'late
pos'tu'lat'ed
pos'tu'lat'ing
pos'tu'la'tion
pos'tu'la'tor
pos'ture
pos'tured
pos'tur'ing
post'war
po'sy
pot
po'ta'ble
pot'ash
po'tas'si'um
po'ta'to
po'ta'toes
pot'bel'lied
pot'bel'lies
pot'bel'ly
pot'boil'er
po'teen
po'ten'cy
po'tent
po'ten'tate
po'ten'tial
po'ten'ti'al'i'ties
po'ten'ti'al'i'ty
po'ten'tial'ly
po'tent'ly
po'theen
pot'herb
pot'hole
po'tion
pot'luck
pot'pour'ri
pot'sherd
pot'tage
pot'ted
pot'ter
pot'ter'ies
pot'tery
pot'ties
pot'ting
pot'ty
pouch
pouched
pouchy
pouf
pouffe
poul'tice
poul'try
pounce
pounced
pounc'ing
pound
pound'age
pour
pour'a'ble
pout
pov'er'ty
pov'er'ty-strick'en
pow'der
pow'dery
pow'er
pow'er'boat
pow'er'ful
pow'er'ful'ly
pow'er'ful'ness
pow'er'house
pow'er'less
pow'er'less'ness
pow'wow
pox
prac'ti'ca'bil'i'ty
prac'ti'ca'ble
prac'ti'ca'ble'ness
prac'ti'ca'bly
prac'ti'cal
prac'ti'cal'i'ties
prac'ti'cal'i'ty
prac'ti'cal'ly
prac'tice
prac'ticed
prac'tic'ing
prac'ti'tion'er
prae'di'al
prag'mat'ic
prag'mat'i'cal
prag'mat'i'cal'ly
prag'ma'tism
prag'ma'tist
prag'ma'tis'tic
prai'rie
praise
praised
praise'wor'thy
prais'ing
pra'line
prance
pranced
pranc'ing
prank
prank'ish
prank'ster
prat
prate

prat'ed
prat'fall
prat'ing
prat'tle
prat'tled
prat'tling
prawn
prawn'er
pray
prayer
prayer'ful
preach
preach'er
preach'ment
preachy
pre'ad'o'les'cence
pre'ad'o'les'cent
pre'am'ble
pre'ar'range
pre'ar'ranged
pre'ar'range'ment
pre'ar'rang'ing
pre'as'signed
pre'can'cel
pre'can'cer'ous
pre'car'i'ous
pre'car'i'ous'ly
pre'car'i'ous'ness
pre'cau'tion
pre'cau'tion'ary
pre'cede
pre'ced'ed
prec'e'dence
prec'e'dent
pre'ced'ing
pre'cept
pre'cep'tive
pre'cep'tor
pre'cep'to'ri'al
pre'ces'sion
pre'cinct
pre'ci'os'i'ty
pre'cious
pre'cious'ness
prec'i'pice
pre'cip'i'tant
pre'cip'i'tate
pre'cip'i'tat'ed
pre'cip'i'tate'ly
pre'cip'i'tat'ing
pre'cip'i'ta'tion
pre'cip'i'ta'tive
pre'cip'i'ta'tor
pre'cip'i'tous
pre'cip'i'tous
pré'cis
pre'cise
pre'cise'ly
pre'cise'ness
pre'ci'sion
pre'ci'sion'ist
pre'clude
pre'clud'ed
pre'clud'ing
pre'clu'sion
pre'clu'sive
pre'co'cious
pre'co'cious'ly
pre'co'cious'ness
pre'coc'i'ty
pre'cog'ni'tion
pre'cog'ni'tive
pre'con'ceive
pre'con'ceived
pre'con'ceiv'ing
pre'con'cep'tion
pre'con'di'tion
pre'cook
pre'cur'sor
pre'cur'so'ry
pre'date
pred'a'tor
pred'a'to'ry
pre'de'cease
pred'e'ces'sor
pre'des'ti'nate
pre'des'ti'nat'ed
pre'des'ti'nat'ing
pre'des'ti'na'tion
pre'des'tine
pre'des'tined
pre'de'ter'mi'na'tion
pre'de'ter'mine
pre'de'ter'mined
pre'de'ter'min'er
pre'de'ter'min'ing
pred'i'ca'bil'i'ty
pred'i'ca'ble
pre'dic'ament
pred'i'cate
pred'i'cat'ed
pred'i'cat'ing
pred'i'ca'tion
pred'i'ca'tive
pre'dict
pre'dict'a'bil'i'ty
pre'dict'able
pre'dict'a'bly
pre'dic'tion
pre'dic'tive
pre'di'gest'ed
pre'di'lec'tion
pre'dis'pose
pre'dis'posed
pre'dis'pos'ing
pre'dis'po'si'tion
pre'dom'i'nance
pre'dom'i'nan'cy
pre'dom'i'nant
pre'dom'i'nant'ly
pre'dom'i'nate
pre'dom'i'nat'ed
pre'dom'i'nat'ing
pre'dom'i'na'tion
pre-em'i'nence
pre-em'i'nent
pre-em'i'nent'ly
pre-empt
pre-emp'tion
pre-emp'tive
pre-emp'tor
preen
pre-ex'ist
pre-ex'ist'ence
pre-ex'ist'ent
pre'fab'ri'cate
pre'fab'ri'cat'ed
pre'fab'ri'cat'ing
pre'fab'ri'ca'tion
pref'ace
pref'aced
pref'ac'ing
pref'a'to'ry
pre'fect
pre'fer
pre'fer'a'bil'i'ty
pref'er'a'ble
pref'er'a'ble'ness
pref'er'a'bly
pref'er'ence
pref'er'en'tial
pref'er'en'tial'ly
pre'fer'ment
pre'ferred
pre'fer'ring
pre'fig'ure
pre'fig'ured
pre'fig'ur'ing
pre'fix
pre'flight
pre'form
preg'na'bil'i'ty
preg'nan'cies
preg'nan'cy
preg'nant
pre'heat
pre'hen'sile
pre'his'tor'ic
pre'his'to'ry
pre'judge
pre'judged
pre'judg'ing
pre'judg'ment
prej'u'dice
prej'u'diced
prej'u'di'cial
prej'u'dic'ing
prel'ate
pre'lim'i'nar'ies
pre'lim'i'nar'i'ly

pre'lim'i'nary
prel'ude
prel'ud'ing
pre'ma'ri'tal
pre'ma'ture
pre'ma'ture'ly
pre'ma'ture'ness
pre'ma'tu'ri'ty
pre'med'i'cal
pre'med'i'tate
pre'med'i'tat'ed
pre'med'i'tat'ing
pre'med'i'ta'tion
pre'med'i'ta'tive
pre'men'stru'al
pre'mier
pre'miere
pre'mier'ship
prem'ise
prem'ised
prem'is'ing
pre'mi'um
pre'mo'ni'tion
pre'mon'i'to'ri'ly
pre'mon'i'to'ry
pre'na'tal
pre'na'tal'ly
pre'oc'cu'pa'tion
pre'oc'cu'pied
pre'oc'cu'py
pre'oc'cu'py'ing
pre'op'er'a'tive
pre'ordain
pre'paid
prep'a'ra'tion
pre'par'a'to'ri'ly
pre'par'a'to'ry
pre'pare
pre'pared
pre'par'ed'ness
pre'par'ing
pre'pay
pre'pay'ing
pre'pay'ment
pre'plan
pre'planned
pre'plan'ning
pre'pon'der'ance
pre'pon'der'an'cy
pre'pon'der'ant
pre'pon'der'ant'ly
pre'pon'der'ate
pre'pon'der'at'ed
pre'pon'der'at'ing
pre'pon'der'a'tion
prep'o'si'tion
pre'posi'tor
pre'pos'sess
pre'pos'sess'ing
pre'pos'ses'sion
pre'pos'ter'ous
pre'pos'ter'ous'ly
pre'po'ten'cy
pre'po'tent
prep'pie
prep'py
pre'pu'bes'cent
pre'puce
pre'quel
pre're'cord
pre'req'ui'site
pre'rog'a'tive
pres'age
pres'aged
pres'ag'ing
Pres'by'te'ri'an
pres'by'ter'ies
pres'by'tery
pre'school
pre'scibe
pre'sci'ence
pre'sci'ent
pre'scribed
pre'scrib'ing
pre'script
pre'scrip'tion
pre'scrip'tive
pre'sea'son
pre'sea'son'al
pre'se'lect
pres'ence
pre'sent
pres'ent
pre'sent'a'bil'i'ty
pre'sent'a'ble
pre'sent'a'bly
pres'en'ta'tion
pre'sent'er
pre'sen'ti'ment
pres'ent'ly
pre'serv'able
pres'er'va'tion
pre'serv'a'tive
pre'serve
pre'served
pre'serv'er
pre'serv'ing
pre'side
pre'sid'ed
pres'i'den'cies
pres'i'den'cy
pres'i'dent
pres'i'dent-elect
pres'i'den'tial
pre'sid'ing
pre'sid'i'um
pre'sig'ni'fy
press
press'ing
press'man
press'mark
pres'sor
press'room
press-up
pres'sure
pres'sured
pres'sur'ing
pres'sur'i'za'tion
pres'su'rize
pres'su'rized
pres'su'riz'er
press'work
Pres'tel
pres'ti'dig'i'ta'tion
pres'tige
pres'tig'ious
pres'tis'si'mo
pres'to
pre'stressed
pre'sum'a'ble
pre'sum'a'bly
pre'sume
pre'sumed
pre'sum'ing
pre'sump'tion
pre'sump'tive
pre'sump'tu'ous
pre'sump'tu'ous'ly
pre'sump'tu'ous'ness
pre'sup'pose
pre'sup'posed
pre'sup'pos'ing
pre'sup'po'si'tion
pre'tence
pre'tend
pre'tend'ed
pre'tend'er
pre'ten'sion
pre'ten'tious
pre'ten'tious'ness
pret'er'ite
pret'er'i'tion
pre'ter'nat'u'ral
pre'ter'nat'u'ral'ly
pre'test
pre'text
pretti'fi'ca'tion
pret'ti'er
pret'ti'est
pret'ti'fied
pret'ti'fy
pret'ti'fy'ing
pret'ti'ly
pret'ti'ness
pret'ty
pret'zel
pre'vail
pre'vail'ing
prev'a'lence
prev'a'lent

pre'var'i'cate
pre'var'i'cat'ed
pre'var'i'cat'ing
pre'var'i'ca'tion
pre'vent
pre'vent'a'bil'i'ty
pre'vent'a'ble
pre'ven'ta'tive
pre'ven'tion
pre'ven'tive
pre'view
pre'vi'ous
pre'vi'ous'ly
pre'vision
pre'war
prey
prey'er
price
priced
price'less
pric'ey
pric'i'er
pric'i'est
pric'ing
prick
prick'le
prick'led
prick'li'ness
prick'ling
prick'ly
pride
prid'ed
pride'ful'ly
prid'ing
pried
prie-dieu
priest
priest'ess
priest'hood
priest'li'ness
priest'ly
prig
prig'gish
prig'gish'ness
prim
pri'ma bal'le'ri'na
pri'ma'cy
pri'ma don'na
pri'ma fa'cie
pri'mal
pri'mar'ies
pri'mar'i'ly
pri'ma'ry
pri'mate
prime
primed
prime me'rid'i'an
prim'er
prime'time
pri'me'val
prim'ing
prim'i'tive
prim'ly
primmed
prim'mer
prim'mest
prim'ming
prim'ness
pri'mo'gen'i'tor
pri'mo'gen'i'ture
pri'mor'di'al
prim'rose
prim'u'la
prim'u'lae
prince
prince'dom
prince'li'ness
prince'ly
prin'cess
prin'ci'pal
prin'ci'pal'i'ties
prin'ci'pal'i'ty
prin'ci'pal'ly
prin'ci'ple
prin'ci'pled
prin'ta'ble
print'er
prin'ting
prin'tout
pri'or
pri'or'ess
pri'o'ries
pri'or'i'ties
pri'or'i'ti'za'tion
pri'or'it'ize
pri'or'i'ty
pri'ory
prism
pris'mat'ic
pris'on
pris'on'er
pris'on'er of war
pris'si'ness
pris'sy
pris'tine
pri'va'cy
pri'vate
pri'va'teer
pri'vate'ly
pri'va'tion
pri'vat'iza'tion
pri'vat'ize
pri'vat'izer
pri'vat'ized
pri'vat'iz'ing
priv'et
priv'ies
priv'i'lege
priv'i'leged
priv'i'leg'ing
privy
prize
prized
prize'fight'er
priz'ing
pro'ac'tive
prob'a'bil'i'ties
prob'a'bil'i'ty
prob'a'ble
prob'a'bly
pro'bate
pro'bat'ed
pro'bat'ing
pro'ba'tion
pro'ba'tion'al
pro'ba'tion'al'ly
pro'ba'tion'ary
pro'ba'tion'er
pro'ba'tive
pro'ba'to'ry
probe
probed
prob'ing
pro'bi'ty
prob'lem
prob'lem'at'ic
prob'lem'at'ical
pro'bos'cis
pro'ce'dur'al
pro'ce'dur'al'ly
pro'ce'dure
pro'ceed
pro'ceed'ing
pro'ceeds
proc'ess
pro'ces'sion
pro'ces'sion'al
pro-choice
pro'claim
proc'la'ma'tion
pro'cliv'i'ties
pro'cliv'i'ty
pro'con'sul
pro'cras'ti'nate
pro'cras'ti'nat'ed
pro'cras'ti'nat'ing
pro'cras'ti'na'tion
pro'cras'ti'na'tor
pro'cre'ant
pro'cre'ate
pro'cre'at'ed
pro'cre'at'ing
pro'cre'a'tion
pro'cre'a'tive
pro'cre'a'tor
pro'crus'te'an
proc'tor
proc'to'ri'al
pro'cur'a'ble
pro'cur'ance

proc'u'ra'tor
pro'cure
pro'cured
pro'cur'er
pro'cur'ing
pro'curement
prod
prod'ded
prod'der
prod'ding
prod'i'gal
prod'i'gal'i'ty
prod'i'gal'ly
prod'i'gies
pro'di'gious
pro'di'gious'ly
pro'di'gious'ness
prod'i'gy
pro'duce
pro'duced
pro'duc'er
pro'duc'ing
prod'uct
pro'duc'tion
pro'duc'tive
pro'duc'tive'ly
pro'duc'tiv'i'ty
pro'em
pro'fan'a'to'ry
pro'fane
pro'faned
pro'fane'ness
pro'fan'er
pro'fan'ing
pro'fan'i'ty
pro'fess
pro'fessed
pro'fess'ed'ly
pro'fes'sion
pro'fes'sion'al
pro'fes'sion'al'ism
pro'fes'sion'al'ly
pro'fes'sor
pro'fes'so'ri'al
pro'fes'so'ri'al'ly
pro'fes'sor'ship
prof'fer
prof'fered
prof'fer'ing
pro'fi'cien'cy
pro'fi'cient
pro'file
pro'filed
pro'fil'ing
prof'it
prof'it'a'bil'i'ty
prof'it'a'ble
prof'it'a'ble'ness
prof'it'a'bly
prof'it'ed
prof'it'eer
pro'fit'er'ole
prof'it'ing
prof'it'less
prof'li'ga'cy
prof'li'gate
pro for'ma
pro'found
pro'found'ly
pro'fun'di'ties
pro'fun'di'ty
pro'fuse
pro'fuse'ly
pro'fu'sion
pro'gen'i'tor
prog'e'ny
pro'ges'ter'one
prog'no'ses
prog'no'sis
prog'nos'tic
prog'nos'ti'cate
prog'nos'ti'cat'ed
prog'nos'ti'cat'ing
prog'nos'ti'ca'tion
prog'nos'ti'ca'tive
prog'nos'ti'ca'tor
pro'gram
pro'gramme
pro'grammed
pro'gram'mer
pro'gram'ming
prog'ress
pro'gres'sion
pro'gres'sive
pro'gres'sive'ly
pro'hib'it
pro'hi'bi'tion
pro'hi'bi'tion'ist
pro'hib'i'tive
pro'hib'i'tive'ly
pro'hib'i'to'ry
pro'ject
pro'jec'tile
pro'jec'tion
pro'jec'tion'ist
pro'jec'tive
pro'jec'tive'ly
pro'jec'tor
pro'lapse
pro'le'tar'i'an
pro'le'tar'i'at
pro-life
pro'lif'er'ate
pro'lif'er'at'ed
pro'lif'er'at'ing
pro'lif'er'a'tion
pro'lif'er'a'tive
pro'lif'ic
pro'lif'i'ca'cy
pro'lif'i'cal'ly
pro'lif'ic'ness
pro'lix
pro'lix'i'ty
pro'loc'u'tor
pro'lo'gue
pro'long
pro'lon'ga'tion
prom
prom'e'nade
prom'e'nad'ed
prom'e'nad'er
prom'e'nad'ing
pro'me'thi'um
prom'i'nence
prom'i'nent
prom'i'nent'ly
pro'mis'cu'i'ty
pro'mis'cu'ous
pro'mis'cu'ous'ly
pro'mis'cu'ous'ness
prom'ise
prom'ised
prom'is'ing
prom'is'so'ry
pro'mo
prom'on'to'ries
prom'on'to'ry
pro'mot'a'ble
pro'mote
pro'mot'ed
pro'mot'er
pro'mot'ing
pro'mo'tion
pro'mo'tion'al
pro'mo'tive
prompt
prompt'er
promp'ti'tude
prompt'ly
prompt'ness
prom'ul'gate
prom'ul'gat'ed
prom'ul'gat'ing
prom'ul'ga'tion
prone
prone'ness
prong
pro'nom'i'nal
pro'noun
pro'nounce
pro'nounce'a'ble
pro'nounced
pro'nounce'ment
pro'nounc'ing
pron'to
pro'nun'ci'a'tion
proof
proof'read
proof'read'er
prop

prop'a'gan'da
prop'a'gan'dism
prop'a'gan'dist
prop'a'gan'dis'tic
prop'a'gan'dize
prop'a'gan'dized
prop'a'gan'diz'ing
prop'a'gate
prop'a'gat'ed
prop'a'gat'ing
prop'a'ga'tion
prop'a'ga'tion'al
prop'a'ga'tive
prop'a'ga'tor
pro'pane
pro'pel
pro'pel'lant
pro'pelled
pro'pel'ler
pro'pel'ling
pro'pen'si'ties
pro'pen'si'ty
prop'er
prop'er'ly
prop'er'tied
prop'er'ties
prop'er'ty
proph'e'cies
proph'e'cy
proph'e'sied
proph'e'sy
proph'e'sy'ing
proph'et
proph'et'ess
pro'phet'ic
pro'phet'i'cal'ly
pro'phy'lac'tic
pro'phy'lax'is
pro'pin'qui'ty
pro'pi'ti'ate
pro'pi'ti'a'tion
pro'pi'ti'a'to'ry
pro'pi'tious'ly
pro'pit'ti'at'ing
pro'po'nent
pro'por'tion
pro'por'tion'a'ble
pro'por'tion'a'bly
pro'por'tion'al
pro'por'tion'al'i'ty
pro'por'tion'al'ly
pro'por'tion'ate
pro'por'tion'ate'ly
pro'pos'al
pro'pose
pro'posed
pro'pos'er
pro'pos'ing
prop'o'si'tion
pro'pound
propped
prop'ping
pro'pri'etary
pro'pri'e'ties
pro'pri'etor
pro'pri'etor'ship
pro'pri'etress
pro'pri'ety
pro'pul'sion
pro'pul'sive
pro rata
pro'rate
pro'rat'ed
pro'rat'ing
pro'ra'tion
pro'sa'ic
pro'sa'i'cal'ly
pro'sa'ic'ness
pros and cons
pro'sce'ni'um
pro'scibe
pro'scribed
pro'scrib'er
pro'scrib'ing
pro'scrip'tion
pro'scrip'tive
prose
pros'e'cut'a'ble
pros'e'cute
pros'e'cut'ed
pros'e'cut'ing
pros'e'cu'tion
pros'e'cu'tor
pros'e'lyte
pros'e'ly'tism
pros'e'ly'tize
pros'e'ly'tized
pros'e'ly'tiz'ing
pros'pect
pro'spec'tive
pros'pec'tor
pro'spec'tus
pros'per
pros'pered
pros'per'ing
pros'per'i'ty
pros'per'ous
pros'ta'glan'din
pros'tate
pros'the'sis
pros'thet'ic
pros'tho'don'tics
pros'tho'don'tist
pros'ti'tute
pros'ti'tut'ed
pros'ti'tut'ing
pros'ti'tu'tion
pros'ti'tu'tor
pros'trate
pros'trat'ed
pros'trat'ing
pros'tra'tion
pros'y
pro'tac'tin'i'um
pro'tag'o'nist
pro'te'an
pro'tect
pro'tect'ing
pro'tec'tion
pro'tec'tion'ist
pro'tec'tion'ism
pro'tec'tive
pro'tec'tive'ly
pro'tec'tive'ness
pro'tec'tor
pro'tec'tor'ate
pro'té'gé
pro'té'gée
pro'tein
pro tem
pro tem'po're
pro'test
Prot'es'tant
Prot'es'tant'ism
prot'es'ta'tion
pro'test'er
pro'to'col
pro'ton
pro'to'plasm
pro'to'type
pro'to'zo'an
pro'tract
pro'trac'tile
pro'trac'tion
pro'trac'tive
pro'trac'tor
pro'trude
pro'trud'ent
pro'tru'sion
pro'tru'sive
pro'tu'ber'ance
pro'tu'ber'ant
proud
proud'ly
prov'able
prov'ably
prove
proved
prov'en
prov'e'nance
prov'en'der
prov'erb
pro'ver'bi'al
pro'ver'bi'al'ly
pro'vid'a'ble
pro'vide
pro'vid'ed
prov'i'dence
prov'i'dent
prov'i'den'tial

prov'i'den'tial'ly
pro'vid'er
pro'vid'ing
prov'ince
pro'vin'cial
pro'vin'cial'ism
pro'vin'cial'ist
pro'vin'ci'al'i'ty
pro'vin'cial'ize
pro'vin'cial'ized
pro'vin'cial'iz'ing
pro'vin'cial'ly
prov'ing
pro'vi'sion
pro'vi'sion'al
pro'vi'sion'al'ly
pro'vi'sion'ary
pro'vi'so
pro'vi'so'ry
Pro'vo
prov'o'ca'tion
pro'voc'a'tive
pro'voc'a'tive'ly
pro'voke
pro'voked
pro'vok'ing
pro'vok'ing'ly
prov'ost
prow
prow'ess
prowl
prowl'er
prox'ies
prox'i'mal
prox'i'mate
prox'im'i'ty
prox'i'mo
proxy
prude
pru'dence
pru'dent
pru'den'tial
prud'ery
prud'ish
prud'ish'ness
prune
pruned
prun'ing
pru'ri'ence
pru'ri'en'cy
pru'ri'ent
Prus'sian
prus'sic
pry
pry'ing
psalm
psalm'book
psalm'ic
psalm'ist
pse'phol'o'gist
pse'phol'o'gy
pseud
pseu'do
pseu'do'nym
pseu'don'y'mous
pseu'do'sci'ence
pseu'do'sci'en'tif'ic
pshaw
pso'ri'a'sis
psych
psy'che
psych'e'de'lia
psych'e'del'ic
psy'chi'at'ric
psy'chi'a'trist
psy'chi'a'try
psy'chic
psy'chi'cal
psy'chi'cal'ly
psy'chi'a'tri'cal'ly
psy'cho
psy'cho'a'nal'y'sis
psy'cho'an'a'lyst
psy'cho'an'a'lyt'ic
psy'cho'an'a'lyt'i'cal
psy'cho'an'a'lyze
psy'cho'an'a'lyzed
psy'cho'an'a'lyz'ing
psy'cho'bab'ble
psy'cho'bi'ol'o'gy
psy'cho'dra'ma
psy'cho'dra'ma'tic
psy'cho'dy'nam'ic
psy'cho'gen'e'sis
psy'cho'ge'net'ic
psy'cho'gen'ic
psy'cho'gen'i'cal'ly
psy'cho'log'ic
psy'cho'log'i'cal
psy'cho'log'i'cal'ly
psy'chol'o'gist
psy'chol'o'gy
psy'cho'met'ric
psy'cho'met'ri'cal'ly
psy'cho'mo'tor
psy'cho'neu'ro'ses
psy'cho'neu'ro'sis
psy'cho'neu'rot'ic
psy'cho'path
psy'cho'path'ic
psy'cho'path'i'cal'ly
psy'cho'path'o'log'ic
psy'cho'pa'thol'o'gist
psy'cho'pa'thol'o'gy
psy'chop'a'thy
psy'cho'ses
psy'cho'sis
psy'cho'so'mat'ic
psy'cho'ther'a'pist
psy'cho'ther'a'py
psy'chot'ic
psy'chot'i'cal'ly
psyl'lid
ptar'mi'gan
pter'o'dac'tyl
ptero'pod
ptero'saur
pto'maine
ptya'lin
pub
pu'ber'ty
pu'bes'cence
pu'bes'cen'cy
pu'bes'cent
pu'bic
pub'lic
pub'li'can
pub'li'ca'tion
pub'li'cist
pub'li'ci'ty
pub'li'cize
pub'li'cized
pub'li'ciz'ing
pub'lic'ly
pub'lic'ness
pub'lic-spir'it'ed
pub'lish
pub'lish'er
puce
puck
puck'er
puck'ish
pud'ding
pud'dle
pud'dled
pud'dling
pudg'i'ness
pudgy
pueb'lo
pu'er'ile
pu'er'il'i'ty
pu'er'per'al
puff
puff'ball
puff'i'er
puff'i'est
puf'fin
puff'i'ness
puffy
pug
pu'gil'ism
pu'gil'ist
pu'gil'is'tic
pug'na'cious
pug'na'cious'ness
pug'nac'i'ty
puis'sant
puke
puked
puk'ing

pul
pu'la
pul'chri'tude
pul'chri'tu'di'nous
pull
pul'let
pul'ley
pul'mo'nary
pul'mo'tor
pulp
pulp'i'ness
pul'pit
pulpy
pul'sar
pul'sate
pul'sat'ed
pul'sat'ing
pul'sa'tion
pul'sa'tor
pulse
pulsed
puls'ing
pul'ver'iz'a'ble
pul'ver'i'za'tion
pul'ver'ize
pul'ver'ized
pul'ver'iz'er
pul'ver'iz'ing
pu'ma
pum'ice
pum'mel
pum'melled
pum'mel'ling
pump
pump'a'ble
pump'er
pum'per'nick'el
pump'kin
pun
punch
punch'ball
punch-drunk
punch'i'er
punch'i'est
punchy
punc'til'io
punc'til'i'ous
punc'til'i'ous'ly
punc'tu'al
punc'tu'al'i'ty
punc'tu'al'ly
punc'tu'al'ness
punc'tu'ate
punc'tu'at'ed
punc'tu'at'ing
punc'tu'a'tion
punc'tur'a'ble
punc'ture
punc'tured
punc'tur'ing
pun'dit
pun'gen'cy
pun'gent
pun'gent'ly
pu'ni'er
pu'ni'est
pu'ni'ness
pun'ish
pun'ish'a'ble
pun'ish'ment
pu'ni'tive
punk
punk-rock'er
punned
pun'ning
pun'ster
punt
pu'ny
pup
pu'pa
pu'pae
pu'pil
pup'pet
pup'pet'eer
pup'pet'ry
pup'pies
pup'py
pup'py'ish
pur'chas'a'ble
pur'chase
pur'chased
pur'chas'er
pur'chas'ing
pure
pure'bred
pu'ree
pure'ly
pure'ness
pur'ga'tion
pur'ga'tive
pur'ga'to'ri'al
pur'ga'to'ry
purge
purged
purg'ing
pu'ri'fi'ca'tion
pu'ri'fied
pu'ri'fi'er
pu'ri'fy
pu'ri'fy'ing
pur'ism
pur'ist
pu'ris'tic
pu'ri'tan
pu'ri'tan'i'cal
pu'ri'ty
purl
pur'lieus
pur'loin
pur'loin'er
pur'ple
pur'plish
pur'port
pur'port'ed'ly
pur'pose
pur'posed
pur'pose'ful
pur'pose'ful'ly
pur'pose'less
pur'pose'ly
pur'pos'ing
purr
purse
pursed
purs'er
purs'ing
pur'su'ance
pur'su'ant
pur'sue
pur'sued
pur'su'er
pur'su'ing
pur'suit
pu'ru'len'cy
pu'ru'lent
pu'ru'lent'ly
pur'vey
pur'vey'ance
pur'vey'or
pur'view
pus
push
push-but'ton
push'cart
push'er
push'i'er
push'i'est
push'i'ly
push'i'ness
push'over
pushy
pu'sil'la'nim'i'ty
pu'sil'lan'i'mous
puss
pus'sies
pussy
pussy'cat
pussy'foot
pussy'wil'low
pus'tule
put
pu'ta'tive
put-down
pu'tre'fac'tion
pu'tre'fied
pu'tre'fy
pu'tre'fy'ing
pu'tres'cent
pu'trid
pu'trid'ness

putsch
putt
putt'ed
put'tee
put'ter
putt'ing
put'ting
put'ty
puz'zle
puz'zled
puz'zle'ment
puz'zler
puz'zling
pya
pye-dog
Pyg'mies
pyg'my
py'lon
py'or'rhoea
pyr'a'mid
py'ram'i'dal
pyre
py'ret'ic
py'rites
py'ro'ma'nia
py'ro'ma'ni'ac
py'ro'ma'ni'a'cal
py'rom'e'ter
py'ro'tech'nics
py'thon
Py'thon'esque
py'thon'ess
py'thon'ic
pyu'ria
pyx'id'ium

Q

qua
quack
quack'ery
quad
quad'ran'gle
quad'ran'gu'lar
quad'rant
quad'ran'tal
quad'ra'phon'ic
quad'rate
quad'rat'ed
quad'rat'ic
quad'rat'ics
quad'ra'ture
qua'dren'ni'al
quad'ri'lat'er'al
qua'drille
quad'ril'lion
quad'ril'lionth
quad'ri'ple'gia
quad'ri'ple'gic
quad'ri'va'lent
quad'roon
qua'dru'ma'nous
quad'ru'ped
quad'ru'ple
quad'ru'pled
quad'ru'plet
quad'ru'pli'cate
quad'ru'pling
quaff
quaff'able
quag'ma
quag'mire
quail
quaint
quaint'ly
quaint'ness
quake
quaked
Quak'er
Quak'er'ism
quak'ing
qual'i'fi'a'ble
qual'i'fi'ca'tion
qual'i'fied
qual'i'fier
qual'i'fy
qual'i'fy'ing
qual'i'ta'tive
qual'i'ta'tive'ly
qual'i'ties
qual'i'ty
qualm
qualm'ish
quan'da'ries
quan'da'ry
quan'go
quan'goes
quan'ta
quan'ti'fi'a'ble
quan'ti'fi'ca'tion
quan'ti'fied
quan'ti'fy
quan'ti'fy'ing
quan'ti'ta'tive
quan'ti'ties
quan'ti'ty
quan'tum
quar'an'tin'a'ble
quar'an'tine
quar'an'tined
quar'an'tin'ing
quark
quar'rel
quar'relled
quar'rel'ling
quar'rel'some
quar'ried
quar'ries
quar'ry
quar'ry'ing
quart
quar'ter
quar'ter'back
quar'ter'deck
quar'ter'fi'nal
quar'ter'ing
quar'ter'lies
quar'ter'ly
quar'ter'mas'ter
quar'tet
quar'tette
quar'to
quartz
qua'sar
quash
qua'si
qua'si-ju'di'cial
qua'ter'nary
quat'rain
qua'ver
quav'er'ing'ly
quay
quay'side
queas'i'er
queas'i'est
quea'si'ly
quea'si'ness
quea'sy
queen
queen'li'ness
queen'ly
queer
queer'ly
queer'ness
quell
quench
quench'a'ble
que'ried
que'ries
quer'u'lous'ly
quer'u'lous
que'ry

que'ry'ing
quest
ques'tion
ques'tion'a'bil'i'ty
ques'tion'a'ble
ques'tion'a'ble'ness
ques'tion'a'bly
ques'tioned
ques'tion'er
ques'tion'ing
ques'tion'ing'ly
ques'tion'naire
quet'zal
queue
queued
queue'ing
queu'ing
quib'ble
quib'bled
quib'bling
quiche
quick
quick'en
quick-freeze
quick'ie
quick'lime
quick'ly
quick'ness
quick'sand
quick'sil'ver
quick'step
quick-tem'pered
quick-wit'ted
quid
quid pro quo
qui'es'cence
qui'es'cent
qui'et
qui'et'ed
qui'et'ing
qui'et'ism
qui'et'ly
qui'et'ness
qui'e'tude
quill
quill'ing
quilt
quilt'ing
quince
qui'nine
quin'quen'ni'al
quin'sy
quint
quin'tes'sence
quin'tes'sen'tial
quin'tet
quin'tette
quin'til'lion
quin'til'lion'th
quin'tu'ple
quin'tu'pled
quin'tu'plet
quin'tu'pling
quip
quipped
quip'ping
quip'ster
quire
quirk
quirk'i'er
quirk'i'est
quirk'i'ness
quirky
quis'ling
quit
quite
quits
quit'tance
quit'ted
quit'ter
quit'ting
quiv'er
quiv'ered
quiv'er'ing
qui vivo
quix'ot'ic
quix'ot'i'cal'ly
quiz
quiz'mas'ter
quizzed
quiz'zes
quiz'zi'cal
quiz'zi'cal'ly
quiz'zing
quoit
quoits
quon'dam
quor'ate
quor'um
quo'ta
quot'able
quo'ta'tion
quote
quot'ed
quoth
quo'tid'i'an
quo'tient
quot'ing

R

rab'bet
rab'bet'ed
rab'bet'ing
rab'bi
rab'bin'i'cal
rab'bin'i'cal'ly
rab'bis
rab'bit
rab'bit'ed
rab'bit'ing
rab'ble
rab'id
rab'id'ly
ra'bies
rac'coon
race
raced
race'horse
ra'ceme
rac'er
race'track
Rach'man'ism
ra'cial
ra'cial'ism
ra'cial'ist
ra'cial'ly
rac'i'er
rac'i'est
rac'i'ly
rac'i'ness
rac'ing
rac'ism
rac'ist
rack
rack'et
rack'et'eer
rac'on'teur
ra'coon
racy
ra'dar
ra'di'al
ra'di'al'ly
ra'di'ance
ra'di'an'cy
ra'di'ant
ra'di'ant'ly
ra'di'ate
ra'di'at'ed
ra'di'at'ing
ra'di'a'tion
ra'di'a'tor
rad'i'cal

rad'i'cal'ism
rad'i'cal'ize
rad'i'cal'ized
rad'i'cal'iz'ing
rad'i'cal'ly
rad'i'cle
ra'di'cchio
ra'dii
ra'dio
ra'di'o'ac'tive
ra'di'o'ac'tiv'i'ty
rad'io'car'bon
ra'di'oed
ra'di'o' fre'quen'cy
ra'di'o'gram
ra'di'o'graph
ra'di'og'ra'pher
ra'di'og'ra'phy
ra'di'o'ing
ra'dio'iso'tope
ra'di'ol'o'gist
ra'di'ol'o'gy
ra'di'os'copy
ra'di'o'tel'e'phone
ra'di'o'ther'a'pist
ra'di'o'ther'a'py
rad'ish
ra'di'um
ra'di'us
ra'don
raf'fia
raf'fish
raf'fish'ness
raf'fle
raf'fled
raf'fling
raft'er
rag
ra'ga
rag'a'muf'fin
rag'bag
rage
raged
ragged
rag'ged
rag'ged'ly
rag'ged'ness
rag'gedy
rag'ging
rag'ing
rag'lan
ra'gout
rag-roll'ing
rag'tag
rag'time
rag'weed
rah-rah
raid
raid'er
rail
rail'ing
rail'lery
rail'road
rail'way
rai'ment
rain
rain'bow
rain'coat
rain'drop
rain'fall
rain'i'er
rain'i'est
rain'i'ly
rain'i'ness
rain'wa'ter
rainy
raise
raised
rai'sin
rais'ing
rai'son d'êt're
raj
ra'jah
rake
raked
rake-off
rak'ing
rak'ish
rak'ish'ness
ral'lied
ral'lies
ral'ly
rally'cross
ral'ly'ing
ram
ram'ble
ram'bled
ram'bler
ram'bling
Ram'bo'esque
Ram'bo'ism
ram'bunc'tious
ram'i'fi'ca'tion
ram'i'fied
ram'i'fy
ram'i'fy'ing
rammed
ram'ming
ram'page
ram'paged
ram'pag'ing
ram'pan'cy
ramp'ant
ram'pant'ly
rampart
ram-raid'ing
ram'rod
ram'shack'le
ran
ranch
ranch'er
ranch'ing
ran'cid
ran'cid'i'ty
ran'cid'ness
ran'cor'ous
ran'cour
rand
rand'i'er
rand'i'est
ran'dom
ran'dom'ize
ran'dom'ly
ran'dom'ness
randy
rang
range
ranged
rang'er
rang'i'ness
rang'ing
rangy
ran'kle
ran'kled
ran'kling
ran'sack
ran'som
rant'er
rap
ra'pa'cious
ra'pa'cious'ly
ra'pac'i'ty
rape
rap'id
rap'id fire
ra'pid'i'ty
rap'id'ly
rap'id'ness
ra'pi'er
rap'ine
rap'ist
rapped
rap'per
rap'ping
rap'port
rap'proche'ment
rap'scal'lion
rapt
rapt'ly
rap'ture
rap'tur'ous
rap'tur'ous'ly
rare
rare'bit
rar'e'fac'tion
rar'e'fied
rar'e'fied
rar'e'fy
rar'e'fy'ing
rare'ly

rar'er
rar'est
rar'ing
rar'i'ties
rar'i'ty
ras'cal
ras'cal'i'ty
ras'cal'ly
rash
rash'er
rash'ly
rash'ness
rasp
rasp'ber'ry
rasp'ing'ly
raspy
Ras'ta
Ras'ta'far'i'an
rat
rat'able
ra'ta'fia
rat-a-tat
ratch'et
rate
rate'able
rat'ed
rath'er
rat'i'fi'ca'tion
rat'i'fied
rat'i'fi'er
rat'i'fy
rat'i'fy'ing
rat'ing
ra'tio
ra'ti'o'ci'na'tion
ra'tion
ra'tion'al
ra'tion'ale
ra'tion'al'ism
ra'tion'al'ist
ra'tion'al'is'tic
ra'tion'al'is'ti'cal'ly
ra'tion'al'i'ty
ra'tion'al'i'za'tion
ra'tion'al'ize
ra'tion'al'ized
ra'tion'al'iz'er
ra'tion'al'iz'ing
ra'tion'al'ly
ra'tios
rat'tan
rat'ted
rat'ter
rat'ti'er
rat'ti'est
rat'ti'ness
rat'ting
rat'tle
rat'tle'brain
rat'tled
rat'tler
rat'tle'snake
rat'tling
rat'ty
rau'cous
rau'cous'ly
raun'chi'er
raunch'i'est
raun'chy
rav'age
rav'aged
rav'ag'er
rav'ag'ing
rave
raved
rav'el
rav'elled
rav'el'ling
ra'ven
rav'en'ous
rav'en'ous'ly
ra'vine
rav'ing
ra'vi'o'li
rav'ish
rav'ish'ing
rav'ish'ing'ly
rav'ish'ment
raw
raw'boned
raw'hide
raw'ness
ray
ray'on
raze
razed
raz'ing
ra'zor
raz'zle-daz'zle
re
reach
reach'able
re'act
re'ac'tion
re'ac'tion'ar'ies
re'ac'tion'ary
re'ac'ti'vate
re'ac'ti'vat'ed
re'ac'ti'vat'ing
re'ac'ti'va'tion
re'ac'tive
re'ac'tor
read
read'a'bil'i'ty
read'a'ble
read'a'ble'ness
read'er
read'er'ship
read'ied
read'i'ly
read'i'ness
re'ad'just
re'ad'just'ment
ready
read'y'ing
ready-made
ready-mix
re'af'firm
re'affor'est
re'affor'es'ta'tion
re'a'gent
re'al
re'align'ment
re'al'ism
re'al'ist
re'al'is'tic
re'al'is'ti'cal'ly
re'al'i'ties
re'al'i'ty
re'al'iz'a'ble
re'al'i'za'tion
re'al'ize
re'al'ized
re'al'iz'ing
re'al'ly
realm
re'al'tor
re'al'ty
ream
ream'er
re'an'i'mate
re'an'i'mat'ed
re'an'i'mat'ing
re'an'i'ma'tion
reap
reap'er
re'ap'pear
re'ap'pear'ance
re'ap'por'tion
re'ap'por'tion'ment
re'ap'prais'al
re'ap'praise
re'ap'praised
re'ap'prais'ing
rear
rear ad'mi'ral
rear'guard
re'arm
re'ar'ma'ment
rear'most
re'ar'range
re'ar'ranged
re'ar'range'ment
re'ar'rang'ing
rea'son
rea'son'a'bil'i'ty
rea'son'a'ble
rea'son'a'ble'ness
rea'son'a'bly
rea'son'er

rea'son'ing
re'as'sem'ble
re'as'sem'bled
re'as'sem'bling
re'as'sem'bly
re'as'sert
re'as'sess'ment
re'as'sume
re'as'sump'tion
re'as'sur'ance
re'as'sure
re'as'sured
re'as'sur'ing
re'as'sur'ing'ly
re'bate
re'bat'ed
re'bat'ing
re'bel
re'belled
re'bel'ling
re'bel'lion
re'bel'lious
re'bel'li'ous'ly
re'bel'lious'ness
re'birth
re'born
re'bound
re'buff
re'build
re'build'ing
re'built
re'buke
re'buked
re'buk'ing
re'but
re'but'tal
re'but'ted
re'but'ter
re'but'ting
re'cal'ci'trance
re'cal'ci'tran'cy
re'cal'ci'trant
re'call
re'cant
re'can'ta'tion
re'cap
re'ca'pit'u'late
re'ca'pit'u'lat'ed
re'ca'pit'u'lat'ing
re'ca'pit'u'la'tion
re'capped
re'cap'ping
re'cap'ture
re'cap'tured
re'cap'tur'ing
re'cast
re'cede
re'ced'ed
re'ced'ing
re'ceipt
re'ceiv'a'ble
re'ceive
re'ceived
re'ceiv'er
re'ceiv'er'ship
re'ceiv'ing
re'cen'cy
re'cent
re'cent'ly
re'cent'ness
re'cep'ta'cle
re'cep'tion
re'cep'tion'ist
re'cep'tive
re'cep'tive'ly
re'cep'tive'ness
re'cep'tiv'i'ty
re'cess
re'ces'sion
re'ces'sion'al
re'ces'sion'ary
re'ces'sive
re'charge
re'charge'able
re'charged
re'charg'ing
re'cher'ché
re'cid'i'vism
re'cid'i'vist
rec'i'pe
re'cip'i'ence
re'cip'i'en'cy
re'cip'i'ent
re'cip'ro'cal
re'cip'ro'cal'ly
re'cip'ro'cate
re'cip'ro'cat'ed
re'cip'ro'cat'ing
re'cip'ro'ca'tion
re'cip'ro'ca'tive
rec'i'proc'i'ty
re'ci'sion
re'cit'al
rec'i'ta'tion
rec'i'ta'tive
re'cite
re'cit'ed
re'cit'ing
reck'less
reck'less'ly
reck'less'ness
reck'on
reck'on'ing
re'claim
re'claim'able
rec'la'ma'tion
re'cline
re'clined
re'clin'er
re'clin'ing
rec'luse
re'clu'sion
re'clu'sive
rec'og'ni'tion
rec'og'niz'a'ble
rec'og'niz'a'bly
re'cog'ni'zance
rec'og'nize
rec'og'nized
rec'og'niz'ing
re'coil
re'coil'less
rec'ol'lect
re'col'lect
rec'ol'lec'tion
rec'om'mend
rec'om'mend'able
rec'om'men'da'tion
rec'om'mend'er
re'com'mit
re'com'mit'tal
rec'om'pense
rec'om'pensed
rec'om'pens'ing
rec'on'cil'a'ble
rec'on'cil'a'bly
rec'on'cile
rec'on'ciled
rec'on'cile'ment
rec'on'cil'er
rec'on'cil'i'a'tion
rec'on'cil'ing
rec'on'dite
re'con'di'tion
re'con'firm
re'con'fir'ma'tion
re'con'nais'sance
re'con'noi'tre
re'con'noi'tred
re'con'sid'er
re'con'sid'er'a'tion
re'con'sti'tute
re'con'struct
re'con'struc'tion
re'cord
rec'ord
re'cord'er
re'cord'ing
re'count
re'coup
re'course
re'cov'er
re'cov'er'able
re'cov'er'ies
re'cov'ery
rec're'ant
re'cre'ate
re'cre'at'ed
re'cre'at'ing
re-cre'a'tion

rec're'a'tion
rec're'a'tion'al
rec're'a'tive
re'crim'i'nate
re'crim'i'nat'ed
re'crim'i'nat'ing
re'crim'i'na'tion
re'crim'i'na'tive
re'crim'i'na'to'ry
re'cruit
re'cruit'er
re'cruit'ment
rec'tal
rec'tan'gle
rec'tan'gu'lar
rec'ti'fi'a'ble
rec'ti'fi'ca'tion
rec'ti'fied
rec'ti'fi'er
rec'ti'fy
rec'ti'fy'ing
rec'ti'lin'e'ar
rec'ti'tude
rec'tor
rec'to'ries
rec'to'ry
rec'tum
re'cum'ben'cy
re'cum'bent
re'cum'bent'ly
re'cu'per'ate
re'cu'per'at'ed
re'cu'per'at'ing
re'cu'per'a'tion
re'cu'per'a'tive
re'cur
re'curred
re'cur'rence
re'cur'rent
re'cur'ring
re'cy'clable
re'cy'cle
re'cy'cle'able
red
red-blood'ed
red'den
red'der
red'dish
re'dec'o'rate
re'dec'o'rat'ed
re'dec'o'rat'ing
re'dec'o'ra'tion
re'ded'i'cate
re'ded'i'cat'ed
re'ded'i'cat'ing
re'ded'i'ca'tion
re'deem
re'deem'a'ble
re'deem'er
re'demp'tion
re'demp'tive
re'demp'to'ry
re'de'ploy
re'de'ploy'ment
re'de'sign
re'de'vel'op
re'de'vel'op'ment
red-hand'ed
red'head
red'head'ed
re'did
re'di'rect
re'di'rec'tion
re'dis'trib'ute
re'dis'trib'ut'ed
re'dis'trib'ut'ing
re'dis'tri'bu'tion
re'dis'trict
red-let'ter
red'line
red'lined
red'lin'ing
red'ness
re'do
re'does
re'do'ing
red'o'lence
red'o'len'cy
red'o'lent
re'done
re'dou'ble
re'dou'bled
re'dou'bling
re'doubt
re'doubt'able
re'doubt'ably
re'dound
re'dress
re'duce
re'duced
re'duc'er
re'duc'i'ble
re'duc'ing
re'duc'tion
re'dun'dan'cies
re'dun'dan'cy
re'dun'dant
re'dun'dant'ly
re'du'pli'cate
re'du'pli'cat'ed
re'du'pli'cat'ing
re'dup'li'ca'tion
red'wood
re-echo
re-ech'oes
re-ech'o'ing
reed
reed'i'er
reed'i'est
re-ed'u'cate
re-ed'u'ca'tion
reedy
reef
reef'er
reef knot
reek
reel
re-elect
re-elec'tion
re-em'pha'size
re-em'pha'sized
re-em'pha'siz'ing
re-em'ploy
re-en'act
re-en'force
re-en'forced
re-en'force'ment
re-en'forc'ing
re-en'list
re-en'list'ment
re-en'ter
re-en'trance
re-en'try
re-es'tab'lish
re-es'tab'lish'ment
re-ex'am'i'na'tion
re-ex'am'ine
re-ex'am'ined
re-ex'am'in'ing
re'fec'to'ries
re'fec'to'ry
re'fer
re'fer'a'ble
ref'er'ee
ref'er'eed
ref'er'ee'ing
ref'er'ence
ref'er'enced
ref'er'enc'ing
ref'er'en'da
ref'er'en'dum
ref'er'ent
ref'er'en'tial
re'fer'ral
re'ferred
re'fer'ring
re'fill
re'fill'a'ble
re'fi'nance
re'fine
re'fined
re'fine'ment
re'fin'er'ies
re'fin'ery
re'fin'ing
re'fin'ish
re'fit
re'fit'ted
re'fit'ting
re'flag

re'flagged
re'flag'ging
re'flat'ed
re'flat'ing
re'fla'tion
re'fla'tion'ary
re'flect
re'flec'tion
re'flec'tive
re'flec'tive'ly
re'flec'tor
re'flex
re'flex'ive
re'flex'olo'gist
re'flex'ol'ogy
re'for'est
re'for'est'a'tion
re'form
ref'or'ma'tion
re'form'a'tive
re'form'a'to'ry
re'formed
re'form'er
re'form'ist
re'fract
re'frac'tion
re'frac'tive
re'frac'to'ri'ness
re'frac'to'ry
re'frain
re'fran'gi'ble
re'fresh
re'fresh'er
re'fresh'ing
re'fresh'ing'ly
re'fresh'ment
re'fried
re'frig'er'ant
re'frig'er'ate
re'frig'er'at'ing
re'frig'er'ation
re'frig'er'a'tor
ref'uge
ref'u'gee
re'ful'gence
re'ful'gent
re'fund
re'fur'bish
re'fus'al
re'fuse
ref'use
re'fused
re'fuse'nik
re'fus'ing
re'fut'a'ble
ref'u'ta'tion
re'fute
re'fut'ed
re'fut'ing
re'gain
re'gal
re'gale
re'galed
re'ga'lia
re'gal'ing
re'gal'ly
re'gard
re'gard'ful
re'gard'ing
re'gard'less
re'gat'ta
re'gen'cies
re'gen'cy
re'gen'er'a'cy
re'gen'er'ate
re'gen'er'at'ed
re'gen'er'at'ing
re'gen'er'a'tion
re'gen'er'a'tive
re'gent
reg'gae
reg'i'cide
re'gime
reg'i'men
reg'i'ment
reg'i'men'tal
reg'i'men'ta'tion
re'gion
re'gion'al
re'gion'al'ism
re'gion'al'ly
reg'is'ter
reg'is'tered
reg'is'trant
reg'is'trar
reg'is'tra'tion
reg'is'tries
reg'is'try
re'gress
re'gres'sion
re'gres'sive
re'gret
re'gret'ful
re'gret'ful'ly
re'gret'ful'ness
re'gret'ta'ble
re'gret'ta'bly
re'gret'ted
re'gret'ting
re'group
reg'u'lar
reg'u'lar'i'ties
reg'u'lar'i'ty
reg'u'lar'ize
reg'u'lar'ized
reg'u'lar'iz'ing
reg'u'lar'ly
reg'u'late
reg'u'lat'ed
reg'u'lat'ing
reg'u'la'tion
reg'u'la'tive
reg'u'la'tor
reg'u'la'to'ry
re'gur'gi'tate
re'gur'gi'tat'ed
re'gur'gi'tat'ing
re'gur'gi'ta'tion
re'ha'bil'i'tate
re'ha'bil'i'tat'ed
re'ha'bil'i'tat'ing
re'ha'bil'i'ta'tion
re'ha'bil'i'ta'tive
re'hash
re'hears'al
re'hearse
re'hearsed
re'hears'ing
re'house
re'housed
re'hous'ing
reign
re'im'burse
re'im'bursed
re'im'burse'ment
re'im'burs'ing
rein
re'in'car'nate
re'in'car'nat'ed
re'in'car'nat'ing
re'in'car'na'tion
rein'deer
re'in'fec'tion
re'in'force
re'in'forced
re'in'force'ment
re'in'forc'ing
re'in'state
re'in'stated
re'in'state'ment
re'in'stat'ing
re'in'sur'ance
re'in'ter'pre'ta'tion
re'in'vest
re'in'vest'ment
re'is'sue
re'it'er'ate
re'it'er'at'ed
re'it'er'at'ing
re'it'er'a'tion
re'it'er'a'tive
re'ject
re'jec'tion
re'joice
re'joiced
re'joic'ing
re'join
re'join'der
re'ju've'nate
re'ju've'nat'ed

re'ju've'nat'ing
re'ju've'na'tion
re'kin'dle
re'kin'dled
re'kin'dling
re'laid
re'lapse
re'lapsed
re'laps'ing
re'late
re'lat'ed
re'lat'ing
re'la'tion
re'la'tion'al
re'la'tion'ship
rel'a'tive
rel'a'tive'ly
rel'a'tiv'i'ty
re'launch
re'lax
re'lax'ant
re'lax'a'tion
re'lay
re'lay'ing
re'lease
re'leased
re'leas'ing
rel'e'gate
rel'e'gat'ed
rel'e'gat'ing
rel'e'ga'tion
re'lent
re'lent'less
re'lent'less'ly
rel'e'vance
rel'e'van'cy
rel'e'vant
re'li'a'bil'i'ty
re'li'a'ble
re'li'a'ble'ness
re'li'a'bly
re'li'ance
re'li'ant
rel'ic
rel'ict
re'lied
re'lief
re'liev'a'ble
re'lieve
re'lieved
re'liev'ing
re'li'gion
re'li'gi'os'ity
re'li'gious
re'li'gious'ly
re'lin'quish
rel'i'quar'ies
rel'i'qua'ry
rel'ish
re'live
re'lived
re'liv'ing
re'load
re'lo'cate
re'lo'cat'ed
re'lo'cat'ing
re'lo'ca'tion
re'luc'tance
re'luc'tant
re'luc'tant'ly
re'ly
re'ly'ing
re'made
re'main
re'main'der
re'make
re'mak'ing
re'mand
re'mark
re'mark'a'ble
re'mark'a'ble'ness
re'mark'a'bly
re'mar'riage
re'mar'ried
re'mar'ry
re'mar'ry'ing
re'mas'ter
re'me'di'a'ble
re'me'di'al
rem'e'died
rem'e'dies
rem'e'dy
rem'e'dy'ing
re'mem'ber
re'mem'brance
re'mind
re'mind'er
rem'i'nisce
rem'i'nisced
rem'i'nis'cence
rem'i'nis'cent
rem'i'nisc'ing
re'miss
re'mis'sion
re'miss'ness
re'mit
re'mit'tance
re'mit'ted
re'mit'ting
rem'nant
re'mod'el
re'mod'elled
re'mod'el'ling
re'mon'strance
re'mon'strate
re'mon'strat'ed
re'mon'strat'ing
re'morse
re'morse'ful
re'morse'ful'ly
re'morse'less
re'morse'less'ly
re'mote
re'mote'ly
re'mote'ness
re'mount
re'mov'a'ble
re'mov'al
re'move
re'moved
re'mov'er
re'mov'ing
re'mu'ner'ate
re'mu'ner'at'ed
re'mu'ner'at'ing
re'mu'ner'a'tion
re'mu'ner'a'tive
ren'ais'sance
re'nal
re'name
re'named
re'nam'ing
re'nas'cence
re'nas'cent
rend
rend'ed
ren'der
ren'dez'vous
ren'dez'voused
ren'dez'vous'ing
rend'ing
ren'di'tion
ren'e'gade
re'nege
re'neged
re'neg'ing
re'new
re'new'al
ren'net
re'nom'i'nate
re'nounce
re'nounced
re'nounc'ing
ren'o'vate
ren'o'vat'ed
ren'o'vat'ing
ren'o'va'tion
ren'o'vat'or
re'nown
re'nowned
rent'al
re'nun'ci'a'tion
re'open
re'or'ga'ni'za'tion
re'or'ga'nize
re'or'ga'nized
re'or'ga'niz'ing
re'paid
re'pair
rep'a'ra'ble

rep'a'ra'tion
rep'ar'tee
re'past
re'pa'tri'ate
re'pa'tri'at'ed
re'pa'tri'at'ing
re'pa'tri'a'tion
re'pay
re'pay'able
re'pay'ing
re'pay'ment
re'peal
re'peat
re'peat'able
re'peat'ed
re'peat'ed'ly
re'peat'er
re'pel
re'pelled
re'pel'lent
re'pel'ling
re'pent
re'pent'ance
re'pent'ant
re'per'cus'sion
rep'er'toire
rep'er'to'ry
rep'e'ti'tion
rep'e'ti'tious
re'pet'i'tive
re'phrase
re'phrased
re'phras'ing
re'place
re'place'a'ble
re'placed
re'place'ment
re'plac'ing
rep'lay
re'plen'ish
re'plete
re'ple'tion
rep'li'ca
rep'li'cate
rep'li'cat'ed
rep'li'ca'tion
re'plied
re'plies
re'ply
re'ply'ing
re'point
re'port
re'port'able
re'port'age
re'port'ed'ly
re'port'er
rep'or'to'ri'al
re'pose
re'posed
re'pos'ing
re'pos'i'to'ries
re'pos'i'to'ry
re'pos'sess
re'pos'ses'sion
re'pot
re'pot'ted
re'pot'ting
rep're'hend
rep're'hen'si'ble
rep're'hen'sion
rep're'sent
rep're'sen'ta'tion
rep're'sen'ta'tion'al
rep're'sent'a'tive
re'press
re'pres'sion
re'pres'sive
re'prieve
re'prieved
re'priev'ing
re'pri'mand
re'print
re'pris'al
re'proach
re'proach'ful
re'proach'ful'ly
rep'ro'bate
rep'ro'ba'tion
re'pro'duce
re'pro'duced
re'pro'duc'ing
re'pro'duc'tion
re'pro'duc'tive
re'pro'graph'ic
re'pro'gra'phi'cal'ly
re'pro'graph'ics
re'prog'ra'phy
re'proof
re'prove
re'proved
re'prov'ing
re'prov'ing'ly
rep'tile
rep'til'i'an
re'pub'lic
re'pub'li'can
re'pub'li'can'ism
re'pu'di'ate
re'pu'di'at'ed
re'pu'di'at'ing
re'pu'di'a'tion
re'pug'nance
re'pug'nan'cy
re'pug'nant
re'pulse
re'pulsed
re'puls'ing
re'pul'sion
re'pul'sive
re'pul'sive'ly
rep'u'ta'bil'i'ty
rep'u'ta'ble
rep'u'ta'bly
rep'u'ta'tion
re'pute
re'put'ed
re'put'ed'ly
re'put'ing
re'quest
requi'em
re'qui'es'cat
re'quire
re'quired
re'quire'ment
re'quir'ing
req'ui'site
req'ui'si'tion
re'quit'al
re'quite
re'ran
rere'dos
re'route
re'rout'ed
re'rout'ing
re'run
re'run'ning
re'sale
re'sat
re'scind
re'scis'sion
res'cue
res'cued
res'cu'er
res'cu'ing
re'search
re'search'er
re'seat
re'sell
re'sell'ing
re'sem'blance
re'sem'ble
re'sem'bled
re'sem'bling
re'sent
re'sent'ful
re'sent'ful'ly
re'sent'ment
res'er'va'tion
re'serve
re'served
re'serv'ing
re'serv'ist
res'er'voir
re'set
re'set'ting
re'set'tle
re'set'tled
re'set'tle'ment
re'set'tling
re'shuf'fle

re'shuf'fled
re'shuf'fling
re'side
re'sid'ed
res'i'dence
res'i'den'cy
res'i'dent
res'i'den'tial
re'sid'ing
re'sid'u'al
res'i'due
re'sign
res'ig'na'tion
re'signed
re'sign'ed'ly
re'sil'ience
re'sil'ien'cy
re'sil'ient
res'in
res'in'ous
re'sist
re'sist'ance
re'sist'ant
re'sist'er
re'sist'i'ble
re'sis'tor
re'sit
re'sit'ting
re'skill
re'skill'ing
re'sold
res'o'lute
res'o'lute'ly
res'o'lu'tion
re'solve
re'solved
re'solv'ing
res'o'nance
res'o'nant
res'o'nate
res'o'nat'ed
res'o'nat'ing
res'o'na'tor
re'sort
re'sound
re'source
re'source'ful
re'spect
re'spect'abil'i'ty
re'spect'able
re'spec'ta'bly
re'spect'er
re'spect'ful
re'spect'ful'ly
re'spect'ful'ness
re'spect'ing
re'spec'tive
re'spec'tive'ly
res'pi'ra'tion
res'pi'ra'tor
res'pi'ra'to'ry
re'spire
re'spired
re'spir'ing
res'pite
re'splen'dence
re'splen'dent
re'splen'dent'ly
re'spond
re'spond'ent
re'sponse
re'spon'si'bil'i'ties
re'spon'si'bil'i'ty
re'spon'si'ble
re'spon'si'bly
re'spon'sive
re'spon'sive'ness
re'start
re'state
re'stat'ed
re'state'ment
re'stat'ing
res'tau'rant
res'tau'ra'teur
rest'ful
rest'ful'ly
res'ti'tu'tion
res'tive
res'tive'ness
rest'less
rest'less'ly
rest'less'ness
re'stock
res'to'ra'tion
re'stor'a'tive
re'store
re'stored
re'stor'er
re'stor'ing
re'strain
re'strained
re'straint
re'strict
re'strict'ed
re'stric'tion
re'stric'tive
re'struc'ture
re'struc'tured
re'struc'tur'ing
re'sult
re'sult'ant
ré'su'mé
re'sume
re'sumed
re'sum'ing
re'sump'tion
re'sur'face
re'sur'faced
re'sur'fac'ing
re'sur'gence
re'sur'gent
res'ur'rect
res'ur'rec'tion
re'sus'ci'tate
re'sus'ci'tat'ed
re'sus'ci'tat'ing
re'sus'ci'ta'tion
re'sus'ci'ta'tor
re'tail
re'tail'er
re'tain
re'tain'er
re'take
re'tak'en
re'tak'ing
re'tal'i'ate
re'tal'i'at'ed
re'tal'i'at'ing
re'tal'i'a'tion
re'tal'i'a'to'ry
re'tard
re'tard'ant
re'tar'da'tion
re'tard'ed
retch
re'tell
re'telling
re'ten'tion
re'ten'tive
re'ten'tiv'i'ty
re'think
re'think'ing
re'thought
ret'i'cence
ret'i'cent
re'tic'u'lar
ret'i'cule
ret'i'na
ret'i'nae
ret'i'nal
ret'i'nue
re'tire
re'tired
re'tire'ment
re'tir'ing
re'told
re'took
re'tort
re'touch
re'trace
re'traced
re'trac'ing
re'tract
re'tract'able
re'trac'tile
re'trac'tion
re'trac'tor
re'tread
re'treat
re'trench

re'trench'ment
re'tri'al
ret'ri'bu'tion
re'trib'u'tive
re'triev'al
re'trieve
re'trieved
re'triev'er
re'triev'ing
ret'ro
ret'ro'ac'tive
ret'ro'ac'tive'ly
ret'ro'fire
ret'ro'grade
ret'ro'gress
ret'ro'gres'sion
ret'ro'gres'sive
ret'ro'rock'et
ret'ro'spect
ret'ro'spec'tion
ret'ro'spec'tive
ret'ro'spec'tive'ly
re'trous'sé
ret'ro'vi'ral
ret'ro'vi'rus
re'turn
re'turn'a'ble
re'turn'ee
re'turn'er
re'un'ion
re'u'nite
re'u'nit'ed
re'u'nit'ing
rev
re'val'u'a'tion
re'value
re'vamp
re'veal
rev'eil'le
rev'el
rev'e'la'tion
rev'elled
rev'el'ler
rev'el'ling
rev'el'ries
rev'el'ry
re'venge
re'venged
re'venge'ful
re'veng'ing
rev'e'nue
rev'e'nu'er
re'ver'ber'ate
re'ver'ber'at'ed
re'ver'ber'at'ing
re'ver'ber'a'tion
re'vere
re'vered
rev'er'ence
rev'er'enced
rev'er'enc'ing
rev'er'end
rev'er'ent
rev'er'en'tial
rev'er'ent'ly
rev'er'ie
re'ver'ing
re'ver'sal
re'verse
re'versed
re'vers'i'ble
re'vers'ing
re'ver'sion
re'vert
re'view
re'view'er
re'vile
re'viled
re'vil'ing
re'vise
re'vised
re'vis'ing
re'vi'sion
re'vi'sion'ism
re'vi'sion'ist
re'vis'it
re'vis'it'ed
re'vis'it'ing
re'vi'tal'iza'tion
re'vi'tal'ize
re'vi'tal'ized
re'vi'tal'iz'ing
re'viv'al
re'vi'val'ism
re'viv'al'ist
re'vive
re'vived
re'viv'i'fi'ca'tion
re'viv'i'fied
re'viv'i'fy
re'viv'i'fy'ing
re'viv'ing
rev'o'ca'ble
rev'o'ca'tion
re'voke
re'voked
re'vok'ing
re'volt
re'volt'ing'ly
rev'o'lu'tion
rev'o'lu'tion'ar'ies
rev'o'lu'tion'ary
rev'o'lu'tion'ist
rev'o'lu'tion'ize
re'volve
re'volved
re'volv'er
re'volv'ing
re'vue
re'vul'sion
revved
rev'ving
re'wak'en
re'ward
re'wind
re'wind'ing
re'wire
re'wired
re'wir'ing
re'work
re'wound
re'write
re'writ'ing
re'writ'ten
re'wrote
rhap'sod'ic
rhap'sod'i'cal'ly
rhap'so'dies
rhap'so'dist
rhap'so'dize
rhap'so'dized
rhap'so'diz'ing
rhap'so'dy
rhe'ni'um
rhe'o'stat
rhe'sus
rhet'o'ric
rhe'tor'i'cal
rhe'tor'i'cal'ly
rhet'o'ri'cian
rheum
rheu'mat'ic
rheu'ma'tism
rheu'ma'toid
rheumy
rhine'stone
rhi'ni'tis
rhi'noc'er'os
rhi'zome
rho'di'um
rho'do'den'dron
rhom'bo'he'dra
rhom'bo'he'dron
rhom'boid
rhom'bus
rhu'barb
rhyme
rhymed
rhym'ing
rhythm
rhyth'mic
rhyth'mi'cal
rhyth'mi'cal'ly
ri'al
rib
rib'ald
rib'ald'ry
rib'and
ribbed
rib'bing

rib'bon
ri'bo'fla'vin
ri'bo'nu'cle'ic
rice
rich
rich'es
rich'ly
rich'ness
Rich'ter scale
rick
rick'et'i'ness
rick'ets
rick'ety
rick'shaw
ric'o'chet
ric'o'cheted
ric'o'chet'ing
ric'o'chet'ted
ric'o'chet'ting
rid
rid'dance
rid'ded
rid'den
rid'ding
rid'dle
rid'dled
rid'dling
ride
rid'er
ridge
ridged
ridg'ing
rid'i'cule
rid'i'culed
rid'i'cul'ing
ri'dic'u'lous
ri'dic'u'lous'ly
rid'ing
ri'el
rife
rif'fle
rif'fled
rif'fling
riff'raff
ri'fle
ri'fled
ri'fle'man
ri'fling
rift
rig
rigged
rig'ger
rig'ging
right
right-an'gled
righ'teous
righ'teous'ness
right'ful
right'ful'ly
right-hand'ed
right'ism
right'ist
right'ly
right-of-way
right-wing'er
rig'id
ri'gid'i'ties
ri'gid'i'ty
rig'id'ly
rig'ma'role
rig'or
ri'gor mor'tis
rig'or'ous
rig'o'rous'ly
rig'our
rile
riled
ril'ing
rim
rim'less
rimmed
rim'ming
rind
ring
ring'ed
ring'er
ring'git
ring'ing
ring'lead'er
ring'let
ring'mas'ter
ring-pull
ring'side
ring'worm
rinse
rinsed
rins'ing
ri'ot
ri'ot'ed
ri'ot'er
ri'ot'ing
ri'ot'ous
ri'ot'ous'ly
rip
ri'par'i'an
rip'en
ripe'ness
rip-off
ri'poste
ri'post'ed
ri'post'ing
ripped
rip'per
rip'ping
rip'ple
rip'pled
rip'pling
rise
ris'en
ris'er
ris'i'bil'i'ty
ris'i'ble
ris'ing
risk
risk'i'er
risk'i'est
risk'i'ness
risky
ri'sot'to
ris'qué
rite
rit'u'al
rit'u'al'ism
rit'u'al'ist
rit'u'al'is'tic
rit'ually
ritz'i'er
ritzy
ri'val
ri'valled
ri'val'ling
ri'val'ries
ri'val'ry
riv'en
riv'er
riv'er'side
riv'et
riv'et'ed
riv'et'er
riv'et'ing
Riv'i'er'a
ri'yal
roach
roach'es
road
road'bed
road'block
road'house
road'ie
road'run'ner
road'side
road'ster
road'way
road'work
road'wor'thy
roam
roan
roar
roast
roast'er
rob
robbed
rob'ber
rob'ber'ies
rob'bery
rob'bing
robe
robed
rob'in
rob'ing

ro'bot
ro'bot'ic
ro'bot'ics
ro'bust
ro'bust'ly
ro'bust'ness
roc
rock
rock'a'bil'ly
rock-bound
rock'er
rock'et
rock'et'ed
rock'et'ing
rock'et'ry
rock'i'er
rock'i'est
rock'i'ness
rock'like
rock'ling
rocky
ro'co'co
rod
rode
ro'dent
ro'deo
roe
roent'gen
rogue
rogu'ery
rogu'ish
rogu'ish'ly
roist'er
role
role-play'ing
roll
roll call
roll'er
roll'er'ball
roll'er bear'ing
roll'er coast'er
roll'er skate
rol'lick
rol'lick'ing
roll'ing mill
ro'ly-po'ly
ro'maine
ro'man à clef
ro'mance
ro'manced
ro'manc'ing
Ro'ma'ni'an
ro'man'tic
ro'man'ti'cal'ly
ro'man'ti'cism
ro'man'ti'cist
ro'man'ti'cize
ro'man'ti'cized
ro'man'ti'ciz'ing
romp
romp'er
ron'do
rood
roof
roof'ing
roof'less
roof'top
rook
rook'er'ies
rook'ery
room
room'ful
room'i'er
room'i'est
room'i'ness
room'mate
roomy
roost
roost'er
root
root'less
rope
roped
rop'ey
rop'i'er
rop'ing
ropy
ror'qual
ro'sa'ceous
ro'sa'ries
ro'sa'ry
rose
ro'sé
ro'se'ate
rose'mary
ro'sette
rose'wood
ros'i'er
ros'i'est
ros'in
ros'i'ness
ros'ter
ros'tra
ros'trum
rosy
rot
ro'ta
ro'tate
ro'tat'ed
ro'tat'ing
ro'ta'tion
rote
ro'tis'ser'ie
ro'tor
rot'ted
rot'ten
rot'ter
rot'ting
ro'tund
ro'tun'da
ro'tun'di'ty
rou'ble
roué
rouge
rouged
rough
rough'age
rough'cast
rough'en
rough-hewed
rough-hewn
rough'house
rough'ly
rough'neck
rough'ness
rough'rid'er
rough'shod
roug'ing
rou'lade
rou'lette
round
round'a'bout
round-arm
round'ed
roun'de'lay
round'er
round'ly
round'up
round'worm
roupy
rouse
rous'edness
roused
rous'ing
roust
roust'a'bout
rout
route
rout'ed
routi'er
rou'tine
rout'ine'ly
rou'tin'ist
roux
rove
roved
rov'er
rov'ing
row
row'an
row'boat
row'di'er
row'dies
row'di'est
row'di'ly
row'di'ness
row'dy
row'dy'ism
row'er
roy'al

roy'al'ist
roy'al'ly
roy'al'ties
roy'al'ty
rub
rubbed
rub'ber
rub'ber'ize
rub'ber'ized
rub'ber'iz'ing
rub'ber'neck
rub'bery
rub'bing
rub'bish
rub'bishy
rub'ble
ru'bel'la
ru'bi'cund
ru'bid'i'um
ru'bies
ruble
ru'bric
ru'by
ruche
ruched
ruch'ing
ruck
ruck'sack
ruck'us
ruc'tion
rud'der
rud'di'er
rud'di'est
rud'di'ness
rud'dy
rude
rude'ly
rude'ness
ru'di'ment
ru'di'men'tal
ru'di'men'ta'ry
rue
rued
rue'ful
rue'ful'ly
rue'ful'ness
ruff
ruf'fi'an
ruf'fian'ly
ruf'fle
ruf'fled
ruf'fling
ru'fi'yaa
rug
rug'by
rug'ged
rug'ged'ly
rug'ged'ness
ru'in
ru'in'a'tion
ru'ing
ru'in'ous
ru'in'ous'ly
rule
ruled
rul'er
rul'ing
rum
rum'ba
rum'ble
rum'bled
rum'bling
ru'mi'nant
ru'mi'nate
ru'mi'nat'ing
ru'mi'na'tion
ru'mi'na'tive
ru'mi'na'tive'ly
rum'mage
rum'mag'ing
rum'my
ru'mour
ru'mour'mon'ger
rum'ple
rum'pled
rum'pling
rum'pus
run
run'about
run'around
run'away
run'down
rune
rung
ru'nic
run'nel
run'ner
run'ner-up
run'ni'er
run'ni'est
run'ning
run'ny
run-on
runt
runt'i'est
runty
run'way
ru'pee
ru'pi'ah
rup'ture
rup'tured
rup'tur'ing
ru'ral
ru'ral'i'za'tion
rur'al'ize
ru'ral'ized
ru'ral'ly
ruse
rush
rush hour
rusk
rus'set
Rus'sian
rus'tic
rus'ti'cate
rus'ti'cat'ed
rus'ti'cat'ing
rus'ti'ca'tion
rus'tic'i'ty
rust'i'er
rust'i'est
rust'i'ness
rus'tle
rus'tled
rus'tler
rus'tling
rust'proof
rusty
rut
rut'ted
rut'ting
ru'ta'ba'ga
ru'the'ni'um
ruth'less
ruth'less'ly
ruth'less'ness
rut'ted
rut'ti'est
rut'ting
rut'tish
rut'tish'ness
rut'ty
rye
rye'grass

S

sab'bat'i'cal
sa'ble
sa'bot
sab'o'tage
sab'o'taged
sab'o'tag'ing
sab'o'teur
sa'bre
sac
sac'cha'rin
sac'cha'rine
sac'er'do'tal
sa'chet
sack
sack'cloth
sack'ful
sack'ing
sa'cra
sac'ra'ment
sa'cred
sa'cred'ly
sa'cred'ness
sac'ri'fice
sac'ri'ficed
sac'ri'fi'cial
sac'ri'fic'ing
sac'ri'lege
sac'ri'le'gious
sac'ris'tan
sac'ris'ties
sac'ris'ty
sac'ro'il'i'ac
sac'ro'sanct
sac'ro'sanc'ti'ty
sa'crum
sad
sad'den
sad'der
sad'dest
sad'dle
sad'dled
sad'dler
sad'dling
sad'ism
sad'ist
sa'dis'tic
sa'dis'ti'cal'ly
sad'ly
sad'ness
sa'do'mas'och'ism
sa'do'mas'och'ist
sa'fa'ri
safe
safe-con'duct
safe-de'pos'it
safe'guard
safe'keep'ing
safe'ly
saf'er
saf'est
safe'ty
saf'flow'er
saf'fron
sag
sa'ga
sa'ga'cious
sa'ga'cious'ly
sa'gac'i'ty
sage
sage'brush
sage'ly
sage'ness
sagged
sag'ging
Sag'it'ta'rius
sa'go
sa'hib
said
sail
sail'board
sail'ing
sail'or
saint
saint'ed
saint'hood
saint'li'er
saint'li'est
saint'li'ness
saint'ly
sa'ke
sa'laam
sa'la'cious
sa'la'cious'ness
sal'ad
sal'a'man'der
sa'la'mi
sal'ar'ied
sal'a'ries
sal'a'ry
sale
sale'abil'i'ty
sale'able
sales'man
sales'man'ship
sales'peo'ple
sales'per'son
sales'wom'an
sa'li'ence
sa'li'en'cy
sa'li'ent
sa'li'ent'ly
sa'li'ent'ness
sa'line
sa'lin'i'ty
sa'li'va
sal'i'vary
sal'i'vate
sal'i'vat'ed
sal'i'vat'ing
sal'i'va'tion
sal'lied
sal'low
sal'ly
sal'ly'ing
salm'on
sal'mo'nel'la
sa'lon
sa'loon
sal'sa
sa'lsi'fy
salt
salt'cel'lar
salt'ed
salt'i'er
salt'i'est
sal'tine
salt'i'ness
salt'pe'tre
salt'sha'ker
salt-wa'ter
salty
sa'lu'bri'ous
sal'u'tary
sal'u'ta'tion
sa'lu'ta'to'ry
sa'lute
sa'lut'ed
sa'lut'ing
sal'vage
sal'vage'a'ble
sal'vaged
sal'vag'ing
sal'va'tion
salve
salved
sal'ver
salv'ing
sal'vo
sal'voes
sal vo'la'ti'le

Sal'yut
sa'mar'i'um
sam'ba
same
same'ness
sam'ite
sam'iz'dat
sa'mo'sa
sam'o'var
sam'pan
sam'ple
sam'pled
sam'pler
sam'pling
sam'u'rai
san'a'to'ria
san'a'to'ri'um
sanc'ti'fi'ca'tion
sanc'ti'fied
sanc'ti'fy
sanc'ti'fy'ing
sanc'ti'mo'ni'ous
sanc'ti'mo'ni'ous'ly
sanc'ti'mo'ny
sanc'tion
sanc'tion'a'ble
sanc'ti'ty
sanc'tu'ar'ies
sanc'tu'ary
sanc'tum
san'dal
san'dal'wood
sand'bag
sand'bagged
sand'bag'ging
sand-cast
sand-cast'ed
sand-cast'ing
sand'er
sand'i'er
sand'i'est
sand'i'ness
San'din'is'ta
sand'pa'per
sand'pi'per
sand'wich
sand'wich man
sandy
sane
sane'ly
sane'ness
sang
sang'froid
san'gria
san'gui'nary
san'guine
san'i'tar'i'ly
san'i'tar'i'um
san'i'tary
san'i'ta'tion
san'i'tize
san'i'tized
san'i'tiz'ing
san'i'ty
sank
San'skrit
san'tim
sap
sa'pi'ence
sa'pi'en'cy
sa'pi'ent
sa'pi'en'tial
sap'ling
sapped
sap'phire
sap'ping
sap'py
sap'suck'er
sar'a'band
sar'a'bande
sa'ran
sar'casm
sar'cas'tic
sar'cas'ti'cal'ly
sar'co'ma
sar'coph'a'gi
sar'coph'a'gus
sar'dine
sar'don'ic
sar'don'i'cal'ly
sa'ri
sa'rong
sar'sa'pa'ril'la
sar'to'ri'al
sash
sa'shay
sa'shi'mi
sas'sa'fras
sas'si'ness
sas'sy
sat
Satan
sa'tang
sa'tan'ic
sa'tan'i'cal
sa'tay
satch'el
sate
sat'ed
sa'teen
sat'el'lite
sa'ti'a'bil'i'ty
sa'ti'a'ble
sa'ti'a'ble'ness
sa'ti'a'bly
sa'ti'ate
sa'ti'at'ed
sa'ti'at'ing
sa'ti'a'tion
sa'ti'e'ty
sat'in
sat'ing
sat'in'wood
sat'iny
sat'ire
sa'tir'i'cal
sa'tir'i'cal'ly
sat'i'rist
sat'i'rize
sat'i'rized
sat'i'riz'ing
sat'is'fac'tion
sat'is'fac'to'ri'ly
sat'is'fac'to'ry
sat'is'fi'a'ble
sat'is'fied
sat'is'fy
sat'is'fy'ing
sat'su'ma
sat'u'ra'ble
sat'u'rate
sat'u'rat'ed
sat'u'rat'ing
sat'u'ra'tion
sat'ur'na'lia
sat'ur'nine
sa'tyr
sat'yr'i'a'sis
sa'tyr'ic
sauce
sauce'boat
sauce'pan
sau'cer
sauc'i'er
sauc'i'est
sau'ci'ness
sau'cy
sau'er'bra'ten
sau'er'kraut
sau'na
saun'ter
sau'sage
sau'té
sau'téed
sau'té'ing
sav'age
sav'aged
sav'age'ly
sav'age'ness
sav'age'ry
sav'ag'ing
sa'van'na
sa'van'nah
sa'vant
save
saved
sav'er
sav'ing
sav'iour
sa'voir-faire

sa'vour
sa'vou'ries
sa'vour'i'ly
sa'vour'i'ness
sa'voury
sa'voy cab'bage
sav'vy
saw
sawed
saw'ing
saw'mill
sawn
sax'o'phone
sax'o'phon'ist
say
say'ing
say-so
scab
scab'bard
scabbed
scab'bi'ness
scab'bing
scab'by
sca'bies
scads
scaf'fold
scaf'fold'ing
scal'a'wag
scald
scald'ing
scale
scaled
scal'ing
scal'lion
scal'lop
scalp
scal'pel
scalp'er
scaly
scam
scamp
scamp'er
scam'pi
scan
scan'dal
scan'dal'i'za'tion
scan'dal'ize
scan'dal'ized
scan'dal'iz'ing
scan'dal'mon'ger
scan'dal'ous
scan'dal'ous'ly
Scan'di'na'vi'an
scan'di'um
scanned
scan'ner
scan'ning
scan'sion
scant
scant'i'er
scant'i'est
scant'i'ly
scant'i'ness
scant'ness
scanty
scape'goat
scap'u'la
scar
scar'ab
scarce
scarce'ly
scarce'ness
scar'ci'ties
scar'ci'ty
scare
scare'crow
scared
scare'mon'ger
scarf
scarfs
scar'i'er
scar'i'est
scar'i'fi'ca'tion
scar'i'fied
scar'i'fy
scar'i'fy'ing
scar'ing
scar'la'ti'na
scar'let
scarp
scarred
scar'ring
scarves
scary
scat
scathe
scathed
scath'ing
scath'ing'ly
scat'ted
scat'ter
scat'ter'brain
scat'ter'brained
scat'ting
scav'enge
scav'enged
scav'en'ger
scav'eng'ing
sce'nar'io
sce'nar'ist
scene
scen'ery
sce'nic
sce'ni'cal
scent
scep'tic
scep'ti'cal
scep'ti'cism
scep'ti'cist
scep'tre
sched'ule
sched'uled
sched'ul'ing
sche'ma
sche'ma'ta
sche'mat'ic
sche'mat'i'cal'ly
sche'ma'tize
sche'ma'tized
sche'ma'tiz'ing
scheme
schem'er
schem'ing
scher'zo
Schilling
schism
schis'mat'ic
schis'mat'i'cal
schiz'oid
schiz'o'phre'nia
schiz'o'phren'ic
schmaltz
schmaltzy
schmalz
schnapps
schol'ar
schol'ar'li'ness
schol'ar'ly
schol'ar'ship
scho'las'tic
scho'las'ti'cal
scho'las'ti'cism
school
school board
school'child
school'chil'dren
school'ing
school'teach'er
school'work
schoon'er
sci'at'ic
sci'at'i'ca
sci'ence
sci'en'tif'ic
sci'en'tif'i'cal'ly
sci'en'tist
scim'i'tar
scin'til'la
scin'til'lant
scin'til'late
scin'til'lat'ed
scin'til'lat'ing
scin'til'la'tion
sci'on
scis'sors
scle'ro'sis
scoff
scoff'er
scoff'ing'ly
scoff'law

scold
scold'ing
scol'lop
sconce
scone
scoop
scoop'er
scoop'ful
scoot
scoot'er
scope
scor'bu'tic
scorch
scorched
scorch'er
scorch'ing
score
score'board
score'card
scored
score'keep'er
score'less
scor'er
scor'ing
scorn
scorn'er
scorn'ful
scorn'ful'ly
scorn'ful'ness
Scor'pio
scor'pi'on
Scot
scotch
scot-free
Scot'tie
Scot'tish
scoun'drel
scoun'drel'ly
scour
scour'er
scourge
scourged
scourg'ing
scout
scout'ing
scout'mas'ter
scow
scowl
scrab'ble
scrab'bled
scrab'bling
scrag
scragged
scrag'gi'er
scrag'gi'est
scrag'ging
scrag'gly
scrag'gy
scram
scram'ble
scram'bled
scram'bler
scram'bling
scrammed
scram'ming
scrap
scrap'book
scrape
scraped
scrap'er
scra'pie
scrap'ing
scrapped
scrap'per
scrap'pi'er
scrap'pi'est
scrap'pi'ness
scrap'ping
scrap'py
scratch
scratch'i'ness
scratchy
scrawl
scrawn'i'er
scrawn'i'est
scrawn'i'ness
scrawny
scream
scream'er
scream'ing
scree
screech
screen
screen'er
screen'ing
screen'play
screen'writ'er
screw
screw'ball
screw'driv'er
screw'i'er
screw'i'est
screwy
scrib'ble
scrib'bled
scrib'bler
scrib'bling
scribe
scribed
scrib'ing
scrim'mage
scrim'maged
scrim'mag'er
scrim'mag'ing
scrimp'i'ness
scrimpy
scrim'shaw
scrip is'sue
script
scrip'tur'al
scrip'ture
script'writ'er
scriv'en'er
scrof'u'la
scroll
scroll'work
scrooge
scro'ta
scro'tum
scrounge
scrounged
scroung'er
scroung'ing
scrub
scrubbed
scrub'bi'er
scrub'bi'est
scrub'bing
scrub'by
scruff
scruf'fi'er
scruf'fi'est
scruf'fi'ly
scruff'i'ness
scruffy
scrump'tious
scrunch
scru'ple
scru'pu'los'i'ty
scru'pu'lous
scru'pu'lous'ly
scru'pu'lous'ness
scru'ta'ble
scru'ti'nize
scru'ti'niz'er
scru'ti'niz'ing'ly
scru'tin'nized
scru'ti'ny
scu'ba
scud
scud'ded
scud'ding
scuff
scuf'fle
scuf'fled
scuf'fling
scull
scul'ler'ies
scul'lery
sculpt
sculp'tor
sculp'tress
sculp'tur'al
sculp'ture
sculp'tured
sculp'tur'ing
scum
scum'my
scup'per
scurf

scur'ried
scur'ril'i'ty
scur'ri'lous
scur'ry
scur'ry'ing
scur'vi'ness
scur'vy
scut
scut'tle
scut'tle'butt
scut'tled
scut'tling
scythe
scythed
scyth'ing
sea
sea'board
sea'borne
sea'far'er
sea'far'ing
sea'food
sea front
sea'go'ing
sea'gull
sea'horse
seal
sea lam'prey
seal'ant
seal'skin
seam
sea'man
sea'man'ship
seam'i'ness
seam'less
seam'stress
seamy
se'ance
sea'plane
sea'port
sear
search
search'er
search'ing
search'ing'ly
search'light
sea'scape
sea'shell
sea'shore
sea'sick
sea'sick'ness
sea'side
sea'son
sea'son'a'ble
sea'son'al
sea'son'al'ly
sea'son'er
sea'son'ing
seat
seat'ing
sea'ward
sea'weed
sea'wor'thi'ness
sea'wor'thy
se'ba'ceous
se'cant
se'cede
se'ced'ed
se'ced'ing
se'ces'sion
se'ces'sion'ist
se'clude
se'clud'ed
se'clud'ed'ness
se'clud'ing
se'clu'sion
se'clu'sive
sec'ond
sec'on'dar'ies
sec'ond'ar'i'ly
sec'ond'ary
sec'ond-best
sec'ond-class
sec'ond'er
sec'ond-guess
sec'ond'hand
sec'ond'ly
sec'ond-rate
se'cre'cy
se'cret
sec're'tar'i'al
sec're'tar'i'at
sec're'tar'ies
sec're'tary
se'crete
se'cret'ed
se'cre'tin
se'cret'ing
se'cre'tion
se'cre'tive
se'cre'tive'ly
se'cret'ly
se'cre'to'ry
sect
sec'tar'i'an
sec'tar'i'an'ism
sec'tary
sec'tile
sec'til'ity
sec'tion
sec'tion'al
sec'tion'al'ism
sec'tion'al'ist
sec'tor
sec'to'ri'al
sec'u'lar
sec'u'lar'ism
sec'u'lar'i'za'tion
sec'u'lar'ize
sec'u'lar'ized
sec'u'lar'iz'ing
se'cur'a'ble
se'cure
se'cured
se'cure'ly
se'cure'ness
se'cur'ing
se'cu'ri'ties
se'cu'ri'ty
se'dan
se'date
se'dat'ed
se'date'ly
se'date'ness
se'dat'ing
se'da'tion
sed'a'tive
sed'en'tar'i'ness
sed'en'tary
sedge
sed'i'ment
sed'i'men'ta'ry
sed'i'men'ta'tion
se'di'tion
se'di'tion'ary
se'di'tious
se'duce
se'duce'a'ble
se'duced
se'duce'ment
se'duc'er
se'duc'i'ble
se'duc'ing
se'duc'tion
se'duc'tive
se'duc'tive'ly
se'du'li'ty
sed'u'lous
sed'u'lous'ness
see
seed
seed'bed
seed'cake
seed'er
seed'i'er
seed'i'est
seed'i'ly
seed'i'ness
seed'ling
seedy
see'ing
seek
seek'ing
seem
seem'ing
seem'ing'ly
seem'li'est
seem'li'ness
seem'ly
seen
seep

seep'age
seepy
se'er
seer'ess
seer'suck'er
see'saw
seethe
seethed
seeth'ing
see-through
seg'ment
seg'men'tal
seg'men'tary
seg'men'ta'tion
seg're'gate
seg're'gat'ed
seg're'gat'ing
seg're'ga'tion
seg're'ga'tion'ist
se'gue
se'gued
se'gue'ing
seine
seined
sein'ing
seis'mic
seis'mo'graph
seis'mog'ra'phy
seis'mol'o'gist
seis'mol'o'gy
seize
seized
seiz'ing
sei'zure
sel'dom
se'lect
se'lect'ed
se'lec'tion
se'lec'tive
se'lec'tive'ly
se'lec'tiv'i'ty
se'lec'tor
se'le'ni'um
self
self-abase'ment
self-ab'ne'ga'tion
self-ab'sorbed
self-abuse
self-ad'dressed
self-ad'just'ing
self-as'ser'tive
self-as'sur'ance
self-as'sured
self-cen'tred
self-com'posed
self-con'fessed
self-con'fi'dence
self-con'fi'dent
self-con'scious
self-con'scious'ly
self-con'tained
self-con'trol
self-con'trolled
self-cor'rect'ing
self-crit'i'cism
self-de'cep'tion
self-de'cep'tive
self-de'feat'ing
self-de'fence
self-de'lu'sion
self-de'ni'al
self-dis'ci'pline
self-ed'u'cat'ed
self-ef'fac'ing
self-em'ployed
self-es'teem
self-ev'i'dent
self-ev'i'dent'ly
self-ex'plan'a'to'ry
self-ex'pres'sion
self-ful'fil'ment
self-gov'ern'ing
self-gov'ern'ment
self-im'age
self-im'por'tance
self-im'por'tant
self-im'posed
self-in'duced
self-in'dul'gence
self-in'dul'gent
self-in'flict'ed
self-in'ter'est
self-in'ter'est'ed
self'ish
self'ish'ly
self'ish'ness
self'less
self'less'ly
self'less'ness
self-liq'ui'dat'ing
self-made
self-op'er'at'ing
self-pity
self-pitying
self-pol'li'na'tion
self-portrait
self-pos'sessed
self-pos'ses'sion
self-pres'er'va'tion
self-pro'pelled
self-pro'tec'tion
self-raising
self-re'al'i'za'tion
self-regard
self-re'li'ance
self-re'li'ant
self-re'spect
self-re'spec'ting
self-re'straint
self-righ'teous
self-ris'ing
self-rule
self-sac'ri'fice
self-sa'cri'fic'ing
self'same
self-sat'is'fac'tion
self-sat'is'fied
self-sat'is'fy'ing
self-serv'ice
self-serv'ing
self-start'er
self-styled
self-suf'fi'cien'cy
self-suf'fi'cient
self-sup'port
self-sup'port'ing
self-taught
self-willed
sell
sell'er
sell'ing
sell out
selt'zer
sel'vage
sel'vedge
selves
se'man'tic
se'man'ti'cal
se'man'tics
sem'a'phore
sem'blance
se'men
se'mes'ter
semi'an'nu'al
semi'an'nu'al'ly
semi'ar'id
semi'au'to'mat'ic
semi'cir'cle
semi'cir'cu'lar
semi'clas'sic
semi'clas'si'cal
semi'co'lon
semi'con'duct'ing
semi'con'duc'tor
semi'con'scious
semi'de'tached
semi'fi'nal
semi'fi'nal'ist
semi'flu'id
semi'for'mal
semi'liq'uid
semi'month'ly
sem'i'nal
sem'i'nar
semi'nar'i'an
sem'i'nar'ies
sem'i'nary
semi'of'fi'cial
se'mi'ot'ic
semi'per'ma'nent

semi'per'me'a'ble
semi'pre'cious
semi'pri'vate
semi'pro'fes'sion'al
semi'pub'lic
semi'skilled
semi'sol'id
Se'mite
Se'mit'ic
Se'mit'ics
semi'tone
semi'ton'ic
semi'trail'er
semi'trop'i'cal
semi'trop'ics
semi'week'ly
semi'year'ly
sem'o'li'na
sem'pli'ce
sem'pre
Sem'tex
sen
se'na'ry
sen'ate
sen'a'tor
sen'a'to'ri'al
send
send'er
send'ing
send-off
se'ne
se'nes'cence
se'nes'cent
se'nile
se'nil'i'ty
sen'ior
sen'ior'i'ty
se'ni'ti
se'ñor
se'ño'ra
se'ño'ri'ta
se'ñors
sen'sate
sen'sa'tion
sen'sa'tion'al
sen'sa'tion'al'ism
sen'sa'tion'al'ist
sen'sa'tion'al'ly
sense
sensed
sense'less
sense'less'ly
sense'less'ness
sen'si'bil'i'ties
sen'si'bil'i'ty
sen'si'ble
sen'si'ble'ness
sen'si'bly
sens'ing
sen'si'tive
sen'si'tive'ly
sen'si'tiv'i'ties
sen'si'tiv'i'ty
sen'si'ti'za'tion
sen'si'tize
sen'si'tized
sen'si'tiz'er
sen'si'tiz'ing
sen'sor
sen'so'ri'al
sen'so'ry
sen'su'al
sen'su'al'ism
sen'su'al'i'ty
sen'su'al'i'za'tion
sen'su'al'ize
sen'su'al'ized
sen'su'al'iz'ing
sen'su'al'ly
sen'su'ous
sen'su'ous'ly
sent
sen'tence
sen'tenced
sen'tenc'ing
sen'ten'tial
sen'ten'tious
sen'ten'tiously
sen'tient
sen'ti'ment
sen'ti'men'tal
sen'ti'men'ta'list
sen'ti'men'tal'i'ties
sen'ti'men'tal'i'ty
sen'ti'men'tal'ize
sen'ti'men'tal'ized
sen'ti'men'tal'iz'ing
sen'ti'men'tal'ly
sen'ti'nel
sen'tries
sen'try
se'pal
sep'a'ra'bil'i'ty
sep'a'ra'ble
sep'a'ra'bly
sep'a'rate
sep'a'rat'ed
sep'ar'ate'ly
sep'a'rate'ness
sep'a'rat'ing
sep'a'ra'tion
sep'a'ra'tism
sep'a'ra'tist
sep'a'ra'tive
sep'a'ra'tor
se'pia
sep'oy
sep'sis
sep'ten'ni'al
sep'tet
sep'tic
sep'ti'cae'mia
sep'ti'cal'ly
sep'tic'i'ty
sep'tu'ple
sep'ul'chre
se'pul'chral
se'quel
se'quence
se'quen'tial
se'quen'tial'ly
se'ques'ter
se'ques'tered
se'ques'tra'ble
se'ques'trate
se'ques'trat'ed
se'ques'trat'ing
se'ques'tra'tion
se'quin
se'quinned
se'quoia
se'ra'pe
ser'aph
se'raph'ic
ser'a'phim
ser'aphs
Serb
Ser'bi'an
ser'e'nade
ser'e'nad'ed
ser'e'nad'ing
ser'en'dip'i'ty
se'rene
se'rene'ly
se'ren'i'ty
serf
serf'dom
serge
ser'geant
se'ri'al
se'ri'al'i'za'tion
se'ri'al'ize
se'ri'al'ized
se'ri'al'iz'ing
se'ri'al'ly
se'ri'a'tim
se'ries
se'ri'ous
se'ri'ous'ly
se'ri'ous-mind'ed
se'ri'ous'ness
ser'mon
ser'mon'ize
ser'mon'ized
ser'mon'iz'er
ser'mon'iz'ing
se'rous
ser'pent
ser'pen'tine
ser'rate

ser'rat'ed
ser'rat'ing
ser'ra'tion
ser'ried
se'rum
serv'ant
serve
served
serv'er
ser'vice
serv'ice'a'bil'i'ty
serv'ice'a'ble
serv'ice'a'ble'ness
serv'ice'a'bly
serv'iced
ser'vice'man
serv'ic'ing
ser'vile
ser'vile'ly
ser'vile'ness
ser'vil'i'ty
serv'ing
ser'vi'tude
ser'vo'mech'an'ism
ses'a'me
ses'qui'cen'ten'ni'al
ses'sion
set
set-aside
set'back
set piece
set'tee
set'ter
set'ting
set'tle
set'tled
set'tle'ment
set'tler
set'tling
set-to
sev'en
sev'en'teen
sev'en'teenth
sev'enth
sev'en'ties
sev'en'ti'eth
sev'en'ty
sev'er
sev'er'a'bil'i'ty
sev'er'a'ble
sev'er'al
sev'er'al'ly
sev'er'ance
se'vere
sev'ered
se'vere'ly
se'vere'ness
se'ver'est
sev'er'ing
se'ver'i'ty
sew
sew'age
sewed
sew'er
sew'er'age
sew'ing
sewn
sex
sex'i'er
sex'i'est
sex'i'ness
sex'ism
sex'ist
sex'less
sex'tant
sex'tet
sex'ton
sex'tu'ple
sex'tu'plet
sex'u'al
sex'u'al'i'ty
sex'u'al'ly
sexy
sfor'zan'do
shab'bi'er
shab'bi'est
shab'bi'ly
shab'bi'ness
shab'by
shack
shack'le
shack'led
shack'ling
shad
shade
shad'ed
shad'i'er
shad'i'est
shad'i'ly
shad'i'ness
shad'ing
shad'ow
shad'owy
shady
shaft
shaft'ing
shag
shag'gi'er
shag'gi'est
shag'gi'ly
shag'gi'ness
shag'gy
sha'green
shah
shak'a'ble
shake
shake'a'ble
shak'en
shake off
shak'er
shak'i'er
shak'i'est
shak'i'ly
shak'i'ness
shak'ing
shaky
shale
shall
shal'lot
shal'low
shal'low'ly
shal'low'ness
sham
sha'man
sham'ble
sham'bled
sham'bles
sham'bling
shame
shamed
shame'faced
shame'faced'ly
shame'ful
shame'ful'ly
shame'less
shame'less'ly
shame'less'ness
sham'ing
shammed
sham'mer
sham'ming
sham'poo
sham'pooed
sham'poo'ing
sham'rock
sha'mus
shan'dies
shan'dy
shang'hai
shang'haied
shang'hai'ing
shank
shan't
shan'ties
shan'tung
shan'ty
shap'able
shape
shape'able
shaped
shape'less
shape'li'er
shape'li'est
shape'li'ness
shape'ly
shap'er
shap'ing
shard
share
share'crop

share'cropped
share'crop'per
share'crop'ping
shared
share'hold'er
share'owner
share'owner'ship
shar'er
share'ware
shar'ing
shark
shark'skin
sharp
sharp'en
sharp'en'er
sharp'er
sharp-eyed
sharp'ie
sharp'ish
sharp'ly
sharp'ness
sharp'shoot'er
sharp-tongued
sharp-wit'ted
shat'ter
shat'ter'proof
shave
shaved
shav'en
shav'er
shav'ing
shawl
she
sheaf
shear
sheared
shear'ing
sheath
sheathe
sheathed
sheath'ing
sheath knife
sheath knives
sheaves
she'bang
shed
shed'ding
sheen
sheeny
sheep
sheep'fold
sheep'herd'er
sheep'ish
sheep'ish'ly
sheep'skin
sheer
sheer'ness
sheet
sheet'ing
sheik
sheik'dom
sheikh
sheikh'dom
shek'el
shelf
shell
shel'lac
shel'lacked
shel'lack'ing
shelled
shell'fish
shel'ly
shel'ter
shelve
shelved
shelves
shelv'ing
she'nan'i'gan
shep'herd
shep'herd'ess
sher'bet
sher'iff
sher'ries
sher'ry
shi'at'su
shib'bo'leth
shied
shield
shift
shift'i'er
shift'i'est
shift'i'ly
shift'i'ness
shift'less
shifty
shil'le'lagh
shil'ling
shilly-shall'ied
shilly-shally
shilly-shally'ing
shim'mer
shim'mery
shim'mied
shim'my
shin
shin'dig
shine
shined
shin'er
shin'gle
shin'gled
shin'gles
shin'gling
shin'gly
shin'i'er
shin'i'est
shin'i'ness
shin'ing
shinned
shin'ning
Shin'to
Shin'to'ism
shiny
ship
ship'board
ship'build'ing
ship'mate
ship'ment
ship'pa'ble
shipped
ship'per
ship'ping
ship'shape
ship'wreck
shirk
shirk'er
shirt
shirt'tail
shish ke'bab
shi'ver
shiv'ery
Sho'ah
shoal
shock ab'sorb'er
shock'er
shock'ing
shock'ing'ly
shock'proof
shod
shod'di'er
shod'di'est
shod'di'ly
shod'di'ness
shod'dy
shoe
shoe'ing
shoe'mak'er
shoe'string
shone
shoo
shook
shoot
shoot'ing
shop
shop'a'hol'ic
shop'keep'er
shop'lift'er
shop'lift'ing
shopped
shop'per
shop'ping
shop'worn
shore
shored
shore'line
shor'ing
shorn
short
short'age
short'bread

short'cake
short-change
short-changed
short-chang'ing
short-cir'cuit
short-cir'cuit'ed
short-cir'cuit'ing
short'com'ing
short'cut
short'cut'ting
short'en
short'en'ing
short'fall
short'hand
short-hand'ed
short-haul
short'horn
short-lived
short'ly
short'ness
short-range
short-sight'ed
short-sight'ed'ness
short-tem'pered
short-term
short-wind'ed
shot
shot'gun
shot'gunned
shot'gun'ning
should
shoul'der
shout
shout'ing
shove
shoved
shov'el
shov'el'ful
shov'elled
shov'el'ling
shov'ing
show
show'case
show'cased
show'cas'ing
show'down
showed
show'er
show'ery
show'i'er
show'i'est
show'i'ly
show'i'ness
show'ing
show'man
show'man'ship
shown
show-off
show'piece
show'room
showy
shrank
shrap'nel
shred
shred'ded
shred'der
shred'ding
shrew
shrewd
shrewd'ly
shrewd'ness
shrew'ish
shriek
shrift
shrike
shrill
shrill'ness
shril'ly
shrimp
shrine
shrink
shrink'a'ble
shrink'age
shrink'ing
shrive
shrived
shriv'el
shriv'elled
shriv'el'ling
shriv'en
shriv'ing
shroud
shrove
shrub
shrub'ber'ies
shrub'bery
shrug
shrugged
shrug'ging
shrunk
shrunk'en
shucks
shud'der
shud'dery
shuf'fle
shuf'fle'board
shuf'fled
shuf'fler
shuf'fling
shun
shunned
shun'ner
shun'ning
shunt
shush
shut
shut'down
shut-eye
shut'ter
shut'ting
shut'tle
shut'tle'cock
shut'tled
shut'tling
shy
shy'ing
shy'ly
shy'ness
Si'a'mese
sib'i'lance
sib'i'lant
sib'ling
sib'yl
sib'yl'line
sic
Si'cil'ian
sick
sick'bed
sick'en
sick'en'ing
sick'en'ing'ly
sick'le
sick'li'er
sick'li'est
sick'li'ness
sick'ly
sick'ness
sick'room
side'board
side'burns
side'car
sid'ed
side'kick
side'light
side'line
side'lined
side'lin'ing
si'de're'al
side-sad'dle
side'show
side-split'ting
side'step
side'stepped
side'step'ping
side'swipe
side'swiped
side'swip'ing
side'track
side'walk
side'ways
side'wind'er
sid'ing
si'dle
si'dled
si'dling
siege
sie'mens
si'en'na
si'er'ra
si'es'ta

sieve
sieved
siev'ing
sift'er
sift'ings
sigh
sigh'ing
sight
sight'ed
sight'less
sight'ly
sight-read'ing
sight'see'ing
sight'se'er
sign
sig'nal
sig'nalled
sig'nal'ling
sig'nal'ly
sig'nal'man
sig'na'to'ries
sig'na'to'ry
sig'na'ture
sign'board
sig'net
sig'nif'i'cance
sig'nif'i'cant
sig'nif'i'cant'ly
sig'ni'fi'ca'tion
sig'ni'fied
sig'ni'fy
sig'ni'fy'ing
si'gnor
si'gno'ra
si'gno're
si'gno'ri
si'gno'ri'na
si'gno'ri'ne
sign'post
Sikh
Sikh'ism
si'lage
si'lence
si'lenced
si'lenc'er
si'lenc'ing
si'lent
si'lent'ly
sil'hou'ette
sil'hou'et'ted
sil'hou'et'ting
sil'ica
sil'i'con
sil'i'cone
sil'i'co'sis
silk
silk'en
silk'i'er
silk'i'est
silk'i'ly
silk'i'ness
silk'worm
silky
sill
sil'li'er
sil'li'est
sil'li'ness
sil'ly
si'lo
silt
sil'ta'tion
silty
sil'ver
sil'ver'fish
sil'ver'i'ness
sil'ver'smith
sil'ver-tongued
sil'ver'ware
sil'very
sim'i'an
sim'i'lar
sim'i'lar'i'ties
sim'i'lar'i'ty
sim'i'lar'ly
sim'i'le
si'mil'i'tude
sim'mer
sim'per
sim'per'ing'ly
sim'ple
sim'ple-mind'ed
sim'ple-mind'ed'ness
sim'ple'ness
sim'pler
sim'plest
sim'ple'ton
sim'plex
sim'plic'i'ties
sim'plic'i'ty
sim'pli'fi'ca'tion
sim'pli'fied
sim'pli'fy
sim'pli'fy'ing
sim'plis'tic
sim'plis'ti'cal'ly
sim'ply
sim'u'late
sim'u'lat'ed
sim'u'lat'ing
sim'u'la'tion
sim'u'la'tive
sim'u'la'tor
si'mul'cast
si'mul'ta'ne'i'ty
si'mul'ta'ne'ous
sim'ul'ta'ne'ous'ly
sin
since
sin'cere
sin'cere'ly
sin'cer'i'ty
sine
si'ne'cure
si'ne die
si'ne qua non
sin'ew
sin'ewy
sin'fo'nia
sin'ful
sin'ful'ly
sin'ful'ness
sing
sing'able
singe
singed
singe'ing
sing'er
sing'ing
sin'gle
sin'gle-breast'ed
sin'gled
sin'gle-hand'ed
sin'gle-hand'ed'ly
sin'gle-mind'ed
sin'gle-mind'ed'ly
sin'gle'ness
sin'gle-space
sin'gle-spaced
sin'gle-spac'ing
sin'gle'ton
sin'gle-track
sin'gling
sin'gly
sing'song
sin'gu'lar
sin'gu'lar'i'ties
sin'gu'lar'i'ty
sin'gu'lar'ly
Sin'hal'ese
sin'is'ter
sink
sink'able
sink'er
sink'hole
sink'ing
sin'less
sinned
sin'ner
sin'ning
sin'se'mil'la
sin'u'ate
sin'u'at'ed
sin'u'at'ing
sin'u'os'i'ty
sin'u'ous
sin'u'ous'ness
si'nus
si'nus'i'tis
sip
si'phon

sipped
sip'ping
oir
sire
sired
si'ren
sir'ing
sir'loin
si'roc'co
si'sal
sis'sies
sis'sy
sis'ter
sis'ter'hood
sis'ter-in-law
sis'ter'li'ness
sis'ter'ly
sit
si'tar
sit'com
sit-down
site
sit'ed
sit-in
sit'ing
sit'ter
sit'ting
sit'u'ate
sit'u'at'ed
sit'u'at'ing
sit'u'a'tion
cix-pence
six-penny
six-shoot'er
six'teen
six'teenth
sixth
six'ties
six'ti'eth
six'ty
siz'a'ble
siz'a'ble'ness
siz'a'bly
size
size'able
size'able'ness
size'ably
sized
siz'ing
siz'zle
siz'zled
siz'zling
ska
skate
skate'board
skate'board'er
skate'board'ing
skat'ed
skat'er
skat'ing
skein
skel'e'tal
skel'e'ton
sketch
sketch'book
sketch'i'er
sketch'i'est
sketch'i'ly
sketch'i'ness
sketchy
skew
skew'bald
skew'er
ski
skid
skid'ded
skid'ding
skied
ski'er
skies
skiff
ski'ing
skil'ful
skil'ful'ly
skill
skilled
skil'let
skim
skimmed
skim'ming
skimp
skimp'i'er
skimp'i'est
skimp'i'ly
skimp'i'ness
skimp'y
skin
skin-deep
skin-dive
skin-dived
skin-diving
skin'flint
skin'head
skinned
skin'ni'er
skin'ni'est
skin'ning
skin'ny
skin'ny-dip
skin'tight
skip
skipped
skip'per
skip'ping
skir'mish
skirt
skit
skit'ter
skit'tish
skoal
skol
skua
skul'dug'gery
skulk
skulk'er
skull
skull'cap
skunk
sky
sky'div'ing
sky-high
sky'jack
sky'jack'er
Sky'lab
sky'light
sky'rock'et
sky'scrap'er
sky'ward
cky'writ'ing
slab
slabbed
slab'bing
slack
slack'en
slack'er
slack'ness
slag
slain
slake
slaked
slak'ing
sla'lom
slam
slammed
slam'mer
slam'ming
slan'der
slan'der'er
slan'der'ous
slang
slang'i'ly
slang'i'ness
slangy
slant
slant'ways
slant'wise
slap
slap'dash
slap'hap'py
slapped
slap'ping
slap'stick
slasher
slash'ing
slat
slate
slat'ed
slat'ing
slat'ted
slat'tern

slat'tern'li'ness
slat'tern'ly
slat'ting
slaugh'ter
slaugh'ter'house
Slav
slave
slaved
slav'er
slav'ery
Slav'ic
slav'ing
slav'ish
sla'vish'ly
Sla'von'ic
slay
slay'ing
sleaze
sleaz'i'er
sleaz'i'est
slea'zi'ly
slea'zi'ness
slea'zy
sled
sled'ded
sled'ding
sledge
sledged
sledge'ham'mer
sledg'ing
sleek
sleek'ness
sleep
sleep'er
sleep'i'er
sleep'i'est
sleep'i'ly
sleep'i'ness
sleep'ing
sleep'less
sleep'less'ness
sleep'walk'er
sleep'walk'ing
sleepy
sleepy'head
sleet
sleety
sleeve
sleeved
sleeve'less
sleev'ing
sleigh
sleight
slen'der
slen'der'ize
slen'der'ness
slept
sleuth
slew
slice
sliced
slic'ing
slick
slick'er
slick'ness
slid
slide
slid'ing
slight
slight'ing'ly
slight'ly
slim
slime
slim'i'er
slim'i'est
slim'i'ness
slim'line
slimmed
slim'mer
slim'mest
slim'ming
slim'ness
slimy
sling
sling'ing
slink
slink'i'er
slink'i'est
slink'ing
slinky
slip
slip'cov'er
slip'knot
slip'page
slipped
slip'per
slip'per'i'er
slip'per'i'est
slip'per'i'ness
slip'pery
slip'ping
slip'py
slip'shod
slip'stream
slip'way
slit
slith'er
slith'ery
slit'ting
sliv'er
Sloane
slob
slob'ber
slob'bery
sloe
sloe-eyed
slog
slo'gan
slo'gan'eer
slogged
slog'ging
sloop
slop
slope
sloped
slop'ing
slopped
slop'pi'er
slop'pi'est
slop'pi'ly
slop'pi'ness
slop'ping
slop'py
sloshy
slot
sloth
sloth'ful
sloth'ful'ly
slot'ted
slot'ting
slouch
slouch'i'ly
slouchy
slough
sloughy
Slo'vak
Slo'vak'ian
slov'en
Slo'vene
Slo'ven'ian
slov'en'li'ness
slov'en'ly
slow
slow'down
slow'ly
slow-mo'tion
slow'ness
slow'poke
slow-wit'ted
slow'worm
sludge
sludgy
slug
slug'gard
slug'gard'li'ness
slugged
slug'ging
slug'gish
slug'gish'ly
sluice
sluiced
sluic'ing
slum
slum'ber
slum'ber'er
slum'ber'ous
slummed
slum'ming
slum'my
slump

slumped
slung
slunk
slur
slurred
slur'ring
slur'ry
slush
slush'i'er
slush'i'est
slush'i'ness
slushy
slut
slut'tish
sly
sly'ly
sly'ness
smack
smack'ing
small
small'ish
small'ness
small'pox
small-scale
smarm'i'er
smarm'i'est
smarmy
smart
smart al'eck
smart'en
smart'ly
smart'ness
smash'ing
smat'ter'ing
smear
smear'i'ness
smeary
smell
smelled
smel'li'er
smel'li'est
smel'ling
smelly
smelt
smelt'er
smid'gen
smile
smiled
smi'ling
smi'ling'ly
smirch
smirk
smirk'ing'ly
smite
smith'er'eens
smith'ies
smithy
smit'ing
smit'ten
smock
smock'ing
smog
smog'gy
smoke
smoked
smoke'house
smoke'less
smok'er
smoke'stack
smok'i'er
smok'i'est
smok'i'ness
smok'ing
smoky
smooch
smoochy
smooth
smooth'en
smooth'ie
smooth'ly
smooth'ness
smoothy
smor'gas'bord
smote
smoth'er
smoul'der
smudge
smudged
smudg'i'ness
smudg'ing
smudgy
smug
smug'ger
smug'gest
smug'gle
smug'gled
smug'gler
smug'gling
smug'ly
smug'ness
smut
smut'ti'er
smut'ti'est
smut'ti'ness
smut'ty
snaf'fle
sna'fu
sna'fued
snag
snagged
snag'ging
snag'gy
snail
snake
snaked
snak'i'er
snak'i'est
snak'i'ly
snak'i'ness
snak'ing
snaky
snap
snap'drag'on
snapped
snap'per
snap'pi'er
snap'pi'est
snap'ping
snap'pish
snap'py
snap'shot
snare
snared
snar'ing
snarl
snarly
snatch
snatchy
snaz'zi'er
snaz'zi'est
snaz'zy
sneak
sneak'er
sneak'i'er
sneak'i'est
sneak'i'ly
sneak'i'ness
sneak'ing
sneaky
sneer
sneer'ing'ly
sneeze
sneezed
sneez'ing
sneezy
snick
snick'er
snide
sniff
snif'fer
snif'fi'er
snif'fi'est
snif'fi'ly
snif'fle
snif'fled
snif'fling
snif'fy
snif'ter
snig'ger
snip
snipe
sniped
snip'er
snip'ing
snipped
snip'pet
snip'pi'ness
snip'ping
snip'py
snitch

snitch'er
sniv'el
sniv'elled
sniv'el'ling
snob
snob'bery
snob'bi'er
snob'bi'est
snob'bish
snob'bish'ness
snob'by
snook
snook'er
snoop
snoop'er
snoopy
snoot'i'er
snoot'i'est
snoot'i'ness
snooty
snooze
snoozed
snooz'ing
snore
snored
snor'ing
snor'kel
snor'kelled
snor'kel'ling
snort
snort'ed
snot
snot'ti'er
snot'ti'est
snot'ti'ness
snot'ty
snout
snow
snow'ball
snow'blow'er
snow'bound
snow'capped
snow'fall
snow'field
snow'flake
snow'i'er
snowiest
snow'i'ness
snow'man
snow'mo'bile
snow'plough
snow'shoe
snowy
snub
snubbed
snub'bing
snuff
snuff'box
snuff'i'ness
snuf'fle
snuf'fled
snuf'fling
snuffy
snug
snugged
snug'ger
snug'gest
snug'ging
snug'gle
snug'gled
snug'gling
snug'ly
snug'ness
so
soak
soak'ing
soap
soap'i'ness
soap'suds
soapy
soar
soaring
sob
sobbed
sob'bing
so'ber
so'ber'ly
so'ber'ness
so'bri'e'ty
so'bri'quet
so'ca
soc'cer
so'cia'bil'i'ty
so'cia'ble
so'cia'ble'ness
so'cia'bly
so'cial
so'cial'ism
so'cial'ist
so'cial'is'tic
so'cial'ite
so'ci'al'i'ty
so'cial'i'za'tion
so'cial'ize
so'cial'ized
so'cial'iz'ing
so'cial'ly
so'ci'e'tal
so'ci'e'ties
so'ci'e'ty
so'cio'ec'o'nom'ic
so'cio'log'i'cal
so'cio'log'i'cal'ly
so'ci'ol'o'gist
so'ci'ol'o'gy
so'cio'po'lit'i'cal
sock
sock'et
sock'eye
sod
so'da
so'dal'i'ty
sod'den
sod'den'ness
sod'ding
so'di'um
sod'omy
so'fa
soft
soft'ball
sof'ten
soft'en'er
soft-head'ed
soft-heart'ed
soft'ie
soft'ly
soft'ness
soft-ped'al
soft-ped'alled
soft-ped'all'ing
soft-spo'ken
soft'ware
soft'wood
softy
sog'gi'er
sog'gi'est
sog'gi'ness
sog'gy
soi-di'sant
soi'gné
soi'gnée
soil
soi'ree
so'journ
sol'ace
sol'aced
sol'ac'ing
so'lar
so'lar'i'um
so'lar'i'za'tion
so'lar'ize
so'lar'ized
so'lar'iz'ing
so'lar plex'us
sold
sol'der
sol'dier
sol'dier'ly
sole
sol'e'cism
sol'ecist
soled
sole'ly
sol'emn
so'lem'ni'ty
sol'em'ni'za'tion
sol'em'nize
sol'em'nized
sol'em'niz'ing
sol'emn'ly

sol'emn'ness
sole'ness
so'le'noid
so'le'noi'dal
sol-fa
so'lic'it
so'lic'i'ta'tion
so'lic'it'ed
so'lic'it'ing
so'lic'i'tor
so'lic'i'tous
so'lic'i'tous'ly
so'lic'i'tude
sol'id
sol'i'dar'i'ty
so'lid'i'fi'ca'tion
so'lid'i'fied
so'lid'i'fy
so'lid'i'fy'ing
so'lid'i'ty
sol'id'ly
sol'id'ness
sol'id'state
so'lil'o'quies
so'lil'o'quize
so'lil'o'quized
so'lil'o'quiz'ing
so'lil'o'quy
sol'ing
sol'i'taire
sol'i'tar'i'ness
sol'i'tary
sol'i'tude
so'lo
so'loed
so'lo'ing
so'lo'ist
sol'stice
sol'u'bil'i'ty
sol'u'ble
sol'u'ble'ness
sol'u'bly
sol'ute
so'lu'tion
solv'a'bil'i'ty
solv'a'ble
solv'a'ble'ness
solve
solved
sol'ven'cy
sol'vent
solv'ing
so'mat'ic
som'bre
som'bre'ly
som'bre'ness
som'bre'ro
some
some'body
some'how
some'one
som'er'sault
some'thing
some'times
some'what
some'where
som'nam'bu'lant
som'nam'bu'late
som'nam'bu'lat'ed
som'nam'bu'lat'ing
som'nam'bu'la'tion
som'nam'bu'lism
som'nam'bu'list
som'no'lence
som'no'len'cy
som'no'lent
son
so'nant
so'nar
so'na'ta
son et lu'miére
song'bird
song'ster
song'stress
son'ic
son-in-law
son'net
son'nies
son'ny
so'nor'i'ty
so'no'rous
so'no'rous'ness
soon
soot
soothe
soothed
sooth'ing
sooth'ing'ly
sooth'say'er
soot'i'ness
sooty
sop
soph'ism
soph'ist
so'phis'tic
so'phis'ti'cal
so'phis'ti'cate
so'phis'ti'cat'ed
so'phis'ti'cat'ing
so'phis'ti'ca'tion
soph'ist'ries
soph'ist'ry
soph'o'more
soph'o'mor'ic
sop'o'rif'ic
sopped
sop'pi'er
sop'pi'est
sop'ping
sop'py
so'prano
sor'bet
sor'cer'er
sor'cer'ess
sor'cer'ous
sor'cery
sor'did
sor'did'ness
sore
sore'ly
sore'ness
sor'est
sor'ghum
so'ror'i'ties
so'ror'i'ty
sor'rel
sor'ri'er
sor'ri'est
sor'ri'ness
sor'row
sor'row'ful
sor'row'ful'ly
sor'ry
sort'a'ble
sor'tie
sot
sot'tish
sot'to vo'ce
sou
sou'brette
sou'bri'quet
souf'flé
souf'fléed
sough
sought
soul
soul'ful
soul'ful'ly
soul'less
soul-search'ing
sound
sound'able
sound'bite
sound'ing
sound'less
sound'less'ly
sound'ly
sound'ness
sound'proof
sound'track
soup
soup'çon
soup'i'er
soupy
sour
source
sour'ish
sour'ly
sour'ness
souse

soused
sous'ing
south
south'bound
south'east
south'east'er'ly
south'east'ern
south'er'ly
south'ern
south'ern'er
south'ern'most
south'paw
south'ward
south'west
south'west'er'ly
south'west'ern
sou've'nir
sou''west'er
sov'er'eign
sov'er'eign'ty
so'vi'et
so'vi'et'ism
sow
sowed
sow'ing
sown
soy'bean
soz'zled
space
space'craft
spaced
space'lab
space'man
space'ship
spa'cial
spac'ing
spa'cious
spa'cious'ness
spade
spad'ed
spade'ful
spade'work
spad'ing
spa'ghet'ti
span
span'gle
span'gled
span'gling
Span'iard
span'iel
Span'ish
spank'ing
spanned
span'ner
span'ning
spar
spare
spared
spare'ness
spar'ing
spar'ing'ly
spar'ing'ness
spark
spar'kle
spar'kled
spar'kler
spar'kling
sparred
spar'ring
spar'row
sparse
sparse'ly
sparse'ness
spasm
spas'mod'ic
spas'mod'i'cal'ly
spas'tic
spas'ti'cal'ly
spat
spate
spa'tial
spa'ti'al'i'ty
spa'tial'ly
spat'ted
spat'ter
spat'ting
spat'u'la
spav'in
spawn
spay
speak
speak-easy
speak'er
speak'ing
spear
spear'head
spear'mint
spe'cial
spe'cial'ism
spe'cial'ist
spe'ci'al'ities
spe'ci'al'ity
spe'cial'i'za'tion
spe'cial'ize
spe'cial'ized
spe'cial'iz'ing
spe'cial'ly
spe'cie
spe'cie'ism
spe'cies
spec'i'fi'able
spe'cif'ic
spe'cif'i'cal'ly
spec'i'fi'ca'tion
spec'i'fic'i'ty
spec'i'fied
spec'i'fy
spec'i'fy'ing
spec'i'men
spe'ci'os'i'ty
spe'cious
spe'cious'ness
speck
speck'le
speck'led
speck'ling
spec'ta'cle
spec'tac'u'lar
spec'tac'u'lar'ly
spec'ta'tor
spec'tra
spec'tral
spec'tre
spec'tro'scope
spec'tros'co'py
spec'trum
spec'u'la
spec'u'late
spec'u'lat'ed
spec'u'lat'ing
spec'u'la'tion
spec'u'la'tive
spec'u'la'tive'ly
spec'u'la'tor
spec'u'lum
sped
speech
speech'i'fy
speech'less
speed
speed'ed
speed'i'er
speed'i'est
speed'i'ly
speed'i'ness
speed'ing
speed'om'e'ter
speed'way
speed'well
speedy
spe'le'ol'o'gist
spe'le'ol'o'gy
spell
spell'bind'ing
spell'bound
spelled
spell'er
spell'ing
spelt
spe'lun'ker
spend
spend'a'ble
spend'er
spend'ing
spend'thrift
spent
sperm
sper'ma'ceti
sper'mat'ic
sper'ma'to'zo'a

sper'ma'to'zo'ic
sper'ma'to'zo'on
spew
spew'er
sphag'num
sphere
spher'ic
spher'i'cal
sphe'ric'ally
sphe'roid
sphe'roi'dal
sphinc'ter
sphinx
spice
spiced
spic'i'er
spic'i'est
spic'i'ly
spic'i'ness
spic'ing
spi'cule
spicy
spi'der
spi'dery
spied
spiel
spies
spiff'i'ness
spiffy
spig'ot
spike
spiked
spik'i'er
spik'i'est
spik'ing
spiky
spill
spil'lage
spilled
spill'ing
spilt
spin
spi'na bif'i'da
spin'ach
spi'nal
spin'dle
spin'dled
spin'dli'er
spin'dli'est
spin'dling
spin'dly
spine'less
spin'et
spin'i'ness
spin'na'ker
spin'ner
spin'ning
spin'ning
spin-off
spin'ster
spin'ster'hood
spiny
spi'ra'cle
spi'ral
spi'ralled
spi'ral'ling
spi'ral'ly
spire
spir'it
spir'it'ed
spir'it'ing
spir'it'less'ness
spir'i'tous
spir'it'u'al
spir'it'u'al'ism
spir'it'u'al'ist
spir'it'u'al'i'ty
spir'it'u'al'i'za'tion
spir'it'u'al'ize
spir'it'u'al'ized
spir'it'u'al'iz'ing
spir'it'u'al'ly
spir'it'u'os'i'ty
spir'it'u'ous
spi'ro'chete
spit
spite
spite'ful
spite'ful'ly
spit'ing
spit'ting
spit'tle
spit'toon
splash
splash'down
splash'i'ness
splashy
splat
splat'ter
splay
splay'foot
spleen
spleen'ful
splen'did
splen'did'ly
splen'dif'er'ous
splen'dour
sple'net'ic
splice
spliced
splic'ing
splin'ter
splin'tery
split
split-lev'el
split-sec'ond
split'ting
splotch
splotchy
splurge
splurged
splurg'ing
splut'ter
spoil
spoil'age
spoiled
spoil'er
spoil'ing
spoil'sport
spoilt
spoke
spo'ken
spokes'man
spokes'per'son
spokes'wom'an
spo'li'a'tion
spon'da'ic
spon'dee
sponge
sponged
spong'er
spong'i'er
spong'i'est
spon'gi'form
spon'gi'ness
spong'ing
spon'gy
spon'sor
spon'sored
spon'sor'ing
spon'sor'ship
spon'ta'ne'i'ty
spon'ta'ne'ous
spon'ta'ne'ous'ly
spon'ta'ne'ous'ness
spoof
spook
spook'i'er
spook'i'est
spook'i'ness
spooky
spool
spoon
spoon'er'ism
spoon-fed
spoon-feed
spoon-feed'ing
spoon'ful
spoor
spo'rad'ic
spo'rad'i'cal'ly
spo'ran'gi'um
spore
sport
sport'ful'ly
sport'i'ness
sport'ing
sport'ing'ly
spor'tive
sports'cast'er

sports'man
sports'man'like
sports'man'ship
sports'wear
sports'wom'an
sports'writ'er
sporty
spot
spot'less
spot'less'ly
spot'less'ness
spot'light
spot'lit
spot'ted
spot'ter
spot'ti'er
spot'ti'est
spot'ti'ly
spot'ti'ness
spot'ting
spot'ty
spouse
spout
sprain
sprained
sprang
sprat
sprawl
spray
spray'er
spread
spread-ea'gle
spread'er
spread'ing
spread'sheet
spree
sprig
spright'li'er
spright'li'est
spright'li'ness
spright'ly
spring
spring'board
spring'bok
spring-clean'ing
spring'er
spring'i'er
spring'i'est
spring'i'ness
spring'ing
spring'time
springy
sprin'kle
sprin'kled
sprink'ler
sprin'kling
sprint
sprint'er
sprit'zer
sprock'et
sprout
spruce
spruced
spruce'ly
spruc'ing
sprung
spry
spry'ness
spume
spum'ous
spun
spunk'i'er
spunk'i'est
spunk'i'ness
spunky
spur
spu'ri'ous
spu'ri'ous'ness
spurn
spurner
spurred
spur'ring
spurt
sput'nik
sput'ter
spu'tum
spy
spy'ing
squab'ble
squab'bled
squab'bling
squad
squad'ron
squal'id
squal'id'ness
squall
squally
squal'or
squan'der
square
squared
square-danc'ing
square'ly
square'ness
square-rigged
squar'ing
squar'ish
squash
squash'i'er
squash'i'est
squash'i'ness
squashy
squat
squat'ness
squat'ted
squat'ter
squat'ting
squat'ty
squaw
squawk
squawky
squeak
squeak'er
squeak'i'er
squeak'i'est
squeak'ing'ly
squeaky
squeal
squeal'er
squeam'ish
squeam'ish'ness
squee'gee
squeeze
squeezed
squeez'er
squeez'ing
squelch
squib
squid
squif'fy
squig'gle
squig'gled
squig'gling
squint
squint'er
squint'ing'ly
squinty
squire
squirm
squirmy
squir'rel
squirt
squish
squishy
stab
stabbed
stab'ber
stab'bing
sta'bile
sta'bil'i'ties
sta'bil'i'ty
sta'bi'li'za'tion
sta'bi'lize
sta'bi'lized
sta'bi'liz'er
sta'bi'liz'ing
sta'ble
sta'bled
sta'bling
stac'ca'to
stack
sta'dia
sta'di'um
staff
stag
stage
stage'coach
staged
stage-man'age
stage-man'aged

stage man'ag'ing
stage-struck
stag'fla'tion
stag'ger
stag'ger'ing
stag'ger'ing'ly
stag'i'er
stag'i'est
stag'ing
stag'nan'cy
stag'nant
stag'nate
stag'nat'ed
stag'nat'ing
stag'na'tion
stagy
staid
staid'ness
stain
stained
stain'less
stair
stair'case
stair'way
stair'well
stake
staked
stak'ing
sta'lac'tite
stal'ag
sta'lag'mite
stale
stale'mate
stale'mat'ed
stale'mat'ing
stale'ness
stalk
stalked
stalky
stall
stalled
stal'lion
stal'wart
sta'men
stam'i'na
stam'mer
stam'mer'ing'ly
stam'pede
stam'ped'ed
stam'ped'ing
stance
stan'chion
stand
stand-alone
stand'ard
stand'ard'i'za'tion
stand'ard'ize
stand'ard'ized
stand'ard'izing
stand'by
stand'ing
stand'off
stand'off'ish
stand'point
stand'still
stank
stan'za
staph'y'lo'coc'cus
sta'ple
sta'pled
sta'pler
sta'pling
star
star'board
starch
starch'i'er
starch'i'est
starch'i'ness
starchy
star'dom
stare
stared
star'gaze
star'gazed
star'gaz'ing
stark'ly
star'let
star'light
star'ling
starred
star'ri'ness
star'ring
star'ry
star'ry-eyed
star-span'gled
start'er
star'tle
star'tled
star'tling
start'ling'ly
star'va'tion
starve
starved
starve'ling
starv'ing
Sta'si
sta'sis
state
state'craft
stat'ed
state'hood
state'less
state'li'er
state'li'est
state'li'ness
state'ly
state'ment
state'room
states'man
states'man'like
states'man'ship
stat'ic
stat'i'cal'ly
stat'ing
sta'tion
sta'tion'ary
sta'tion'er
sta'tion'ery
stat'ism
stat'ist
sta'tis'tic
sta'tis'ti'cal
sta'tis'ti'cal'ly
stat'is'ti'cian
sta'tis'tics
sta'tor
stat'u'ary
stat'ue
stat'u'esque
stat'u'ette
stat'ure
sta'tus
sta'tus quo
stat'ute
stat'u'to'ri'ly
stat'u'to'ry
staunch
staunch'ly
stave
staved
stav'ing
stay
stayed
stay'ing
stay'sail
stead
stead'fast
stead'fast'ly
stead'fast'ness
stead'ied
stead'i'er
stead'i'est
stead'i'ly
stead'i'ness
steady
stead'y'ing
steak
steal
steal'ing
stealth
stealth'i'er
stealth'i'est
stealth'i'ly
stealth'i'ness
stealthy
steam
steamed
steam'er
steam'i'er
steam'i'est

steam'i'ness
steam'ing
steam'roll'er
steam'ship
steamy
sted'fast
steed
steel
steel'i'ness
steel'work'er
steel'works
steely
steep
steep'en
stee'ple
stee'ple'chase
stee'ple'jack
steep'ly
steep'ness
steer
steer'able
steer'age
stein
stel'lar
stem
stem'less
stemmed
stem'ming
stem-wind'ing
stench
sten'cil
sten'cilled
sten'cil'ling
Sten gun
ste'nog'ra'pher
sten'o'graph'ic
sten'o'graph'i'cal'ly
ste'nog'ra'phy
sten'to'ri'an
step
step'broth'er
step'child
step'child'ren
step'daugh'ter
step'fa'ther
step'lad'der
step'moth'er
step'par'ent
steppe
stepped
step'ping
step'ping'stone
step'sis'ter
ste'reo
ste'reo'phon'ic
ste'reo'phon'i'cal'ly
ste'reo'scope
ste'reo'scop'ic
ste'reo'type
ste'reo'typed
ste'reo'typ'ing
ster'ile
ste'ril'i'ty
ster'i'li'za'tion
ster'i'lize
ster'i'lized
ster'i'li'zer
ster'i'liz'ing
ster'ling
stern
ster'na
stern'ly
stern'ness
ster'num
ster'oid
ster'to'rous
stet
steth'o'scope
stet'son
stet'ted
stet'ting
ste've'dore
stew
stew'ard
stew'ard'ess
stew'ard'ship
stick
stick'er
stick'i'er
stick'i'est
stick'i'ness
stick'ing
stick'le'back
stick'ler
stick'pin
stick-up
sticky
sties
stiff
stiff'en
stif'fen'er
stiff'ly
stiff'ness
sti'fle
sti'fled
sti'fling
stig'ma
stig'ma'ta
stig'mat'ic
stig'mat'i'cal'ly
stig'ma'ti'za'tion
stig'ma'tize
stig'ma'tized
stig'ma'tiz'ing
stile
sti'let'to
still
still'birth
still'born
still'ness
still room
stilt'ed
stim'u'lant
stim'u'late
stim'u'lat'ed
stim'u'lat'ing
stim'u'la'tion
stim'u'la'tive
stim'u'li
stim'u'lus
sting
stin'gi'er
stin'gi'est
stin'gi'ness
sting'ing
sting'ray
stin'gy
stink
stink'ing
stinky
stint'ing
sti'pend
sti'pen'di'ar'ies
sti'pen'di'ary
stip'ple
stip'pled
stip'pling
stip'u'late
stip'u'lat'ed
stip'u'lat'ing
stip'u'la'tion
stip'u'la'to'ry
stir
stir-fried
stir-fry
stir-fry'ing
stirred
stir'rer
stir'ring
stir'rup
stitch
stoat
stock
stock'ade
stock'brok'er
stock'hold'er
stock'i'er
stock'i'est
stock'i'ly
stock'i'ness
stock'ing
stock'pile
stock'piled
stock'pil'ing
stock'room
stock'tak'ing
stocky
stodge
stodg'i'er
stodg'i'est

stodg'i'ness
stodgy
sto'ic
sto'i'cal
sto'i'cal'ly
sto'i'cism
stoke
stoked
stok'ing
stole
stol'en
stol'id
sto'lid'i'ty
stol'id'ly
stom'ach
stom'ach'ache
stone
stoned
stone'ma'son
stone'wall
stone'ware
stone'work
ston'i'er
ston'i'est
ston'i'ness
ston'ing
stony
stood
stooge
stool
stoop
stop
stop'cock
stop'gap
stop-go
stop'page
stopped
stop'per
stop'ping
stop'watch
stor'age
store
store'card
stored
store'house
store'keeper
store'room
sto'rey
sto'ries
stor'ing
stork
storm'bound
storm'i'er
storm'i'est
storm'i'ness
stormy
story
sto'ry'book
sto'ry'tell'er
stot'in
sto'tin'ka
stoup
stout
stout-heart'ed
stout'ly
stout'ness
stove
stov'ing
stow
stow'age
stow'a'way
stra'bis'mus
strad'dle
strad'dler
strad'dling
strafe
strafed
straf'ing
strag'gle
strag'gled
strag'gler
strag'gli'er
strag'gli'est
strag'gling
strag'gly
straight
straight'away
straight'edge
straight'en
straight'for'ward
straight'way
strain
strain'er
strait
strait'en
strait'jack'et
strait-laced
strange
strange'ly
strange'ness
strang'er
strang'est
stran'gle
stran'gled
stran'gle'hold
stran'gler
stran'gles
stran'gling
stran'gu'late
stran'gu'lat'ed
stran'gu'lat'ing
stran'gu'la'tion
strap
strap'hang'er
strap'less
strapped
strap'ping
stra'ta
strat'a'gem
stra'te'gic
stra'te'gi'cal'ly
strat'e'gies
strat'e'gist
strat'e'gy
strat'i'fi'ca'tion
strat'i'fied
strat'i'fy
strat'i'fy'ing
stra'to'cu'mu'lus
strato'sphere
strato'spher'ic
stra'tum
stra'tus
straw
straw'ber'ries
straw'ber'ry
stray
stray'ing
streak
streaked
streak'er
streak'i'er
streak'i'est
streak'ing
streaky
stream
stream'er
stream'line
stream'lined
stream'lin'ing
street
street'light
street'walk'er
street'wise
strength
strength'en
stren'u'os'i'ty
stren'u'ous
stren'u'ous'ly
strep'to'coc'ci
strep'to'coc'cus
strep'to'my'cin
stress
stressed
stress'ful
stress'ful'ly
stress'ing
stretch
stretch'abil'i'ty
stretch'able
stretch'er
stretch'i'er
stretch'i'est
stretchy
strew
strewed
strew'ing
strewn
stria
stri'ae

stri'ate
stri'at'ed
stri'at'ing
stri'a'tion
strick'en
strict
strict'ly
strict'ness
stric'ture
strid'den
stride
stri'den'cy
stri'dent
stri'dent'ly
strid'ing
strid'u'late
strid'u'la'tion
strid'u'lous
strife
strike
strike'bound
strike'break'er
strik'er
strik'ing
strik'ing'ly
strim'mer
string
strin'gen'cy
strin'gent
strin'gent'ly
string'i'er
string'i'est
string'i'ness
string'ing
stringy
strip
strip crop'ping
stripe
striped
strip'i'er
strip'i'est
strip'ing
strip'ling
stripped
strip'per
strip'ping
strip'tease
stripy
strive
striv'en
striv'ing
strobe
stro'bo'scope
stro'bo'scop'ic
strode
stroke
stroked
strok'ing
stroll
stroll'er
strong
strong'hold
strong'ly
strong-mind'ed
strong'ness
stron'tium
strop
stropped
strop'ping
strove
struck
struc'tural
struc'tur'al'ism
struc'tur'al'ist
struc'tur'al'ly
struc'ture
struc'tured
struc'tur'ing
stru'del
strug'gle
strug'gled
strug'gler
strug'gling
strum
strummed
strum'ming
strum'pet
strung
strut
strut'ted
strut'ting
strych'nine
stub
stubbed
stub'bi'er
stub'bi'est
stub'bing
stub'ble
stub'bled
stub'bly
stub'born
stub'born'ly
stub'born'ness
stub'by
stuc'co
stuc'coed
stuc'co'ing
stuck
stud
stud'ded
stud'ding
stu'dent
stud'ied
stud'ied'ness
stud'ies
stu'dio
stu'di'ous
stu'di'ous'ly
stu'di'ous'ness
study
stud'y'ing
stuff
stuff'er
stuffi'er
stuffi'est
stuffi'ness
stuff'ing
stuffy
stul'ti'fi'ca'tion
stul'ti'fied
stul'ti'fy
stul'ti'fy'ing
stum'ble
stum'bled
stum'bling
stump
stump'i'er
stump'i'est
stumpy
stun
stung
stunk
stunned
stun'ner
stun'ning
stun'ning'ly
stunt
stunt'ed
stunt'ed'ness
stu'pe'fac'tion
stu'pe'fied
stu'pe'fy
stu'pe'fy'ing
stu'pen'dous
stu'pen'dous'ly
stu'pen'dous'ness
stu'pid
stu'pid'i'ties
stu'pid'i'ty
stu'pid'ly
stu'pid'ness
stu'por
stu'por'ous
stur'di'er
stur'di'est
stur'di'ly
stur'dy
stur'geon
stut'ter
stut'ter'er
stut'ter'ing'ly
sty
stye
style
styled
sty'li
styl'ing
styl'ish
styl'ish'ly
styl'ish'ness

styl'ist
sty'lis'tic
sty'lis'ti'cal
sty'lis'ti'cal'ly
styl'i'za'tion
styl'ize
styl'ized
styl'iz'ing
sty'lus
sty'mie
sty'mied
sty'mie'ing
styp'tic
sty'rene
suave
suave'ly
suave'ness
suav'i'ty
sub
sub'al'tern
sub'arc'tic
sub'as'sem'bler
sub'as'sem'bly
sub'atom'ic
sub'base'ment
subbed
sub'bing
sub'com'mit'tee
sub'con'scious
sub'con'scious'ly
sub'con'scious'ness
sub'con'ti'nent
sub'con'tract
sub'con'trac'tor
sub'cul'ture
sub'cu'ta'ne'ous
sub'di'vide
sub'di'vid'ed
sub'di'vid'ing
sub'di'vi'sion
sub'due
sub'dued
sub'du'ing
sub'en'tries
sub'en'try
sub'freez'ing
sub'group
sub'head'ing
sub'hu'man
sub'ject
sub'jec'tion
sub'jec'tive
sub'jec'tive'ly
sub'jec'tive'ness
sub'jec'tiv'i'ty
sub'join
sub ju'di'ce
sub'ju'gate
sub'ju'gat'ed
sub'ju'gat'ing
sub'ju'ga'tion
sub'junc'tive
sub'lease
sub'leased
sub'leas'ing
sub'let
sub'let'ting
sub'li'mate
sub'li'mat'ed
sub'li'mat'ing
sub'li'ma'tion
sub'lime
sub'lime'ly
sub'lime'ness
sub'lim'est
sub'lim'i'nal
sub'lim'i'nal'ly
sub'lim'i'ty
sub'ma'chine
sub'mar'gin'al
sub'ma'rine
sub'merge
sub'merged
sub'mer'gence
sub'mer'gi'ble
sub'merg'ing
sub'merse
sub'mersed
sub'mers'i'ble
sub'mers'ing
sub'mer'sion
sub'mi'cro'scop'ic
sub'mis'sion
sub'mis'sive
sub'miss'ive'ly
sub'miss'ive'ness
sub'mit
sub'mit'ted
sub'mit'ting
sub'nor'mal
sub'nor'mal'i'ty
sub'or'bit'al
sub'or'di'nate
sub'or'di'nat'ed
sub'or'di'nate'ly
sub'or'di'nat'ing
sub'or'di'na'tion
sub'or'di'na'tive
sub'orn
sub'or'na'tion
sub'poe'na
sub'poe'naed
sub'poe'na'ing
sub're'gion
sub'ro'ga'tion
sub rosa
sub'scribe
sub'scribed
sub'scrib'er
sub'scrib'ing
sub'scrip'tion
sub'sec'tion
sub'se'quence
sub'se'quent
sub'se'quent'ly
sub'se'quent'ness
sub'ser'vi'ence
sub'ser'vi'en'cy
sub'ser'vi'ent
sub'ser'vi'ent'ly
sub'side
sub'sid'ed
sub'sid'ence
sub'sid'i'ar'ies
sub'si'di'ari'ty
sub'sid'i'ary
sub'si'dies
sub'sid'ing
sub'si'di'za'tion
sub'si'dize
sub'si'dized
sub'si'diz'ing
sub'si'dy
sub'sist
sub'sist'ence
sub'soil
sub'son'ic
sub'spe'cies
sub'stance
sub'stand'ard
sub'stan'tial
sub'stan'ti'al'i'ty
sub'stan'tial'ly
sub'stan'tial'ness
sub'stan'ti'ate
sub'stan'ti'at'ed
sub'stan'ti'at'ing
sub'stan'ti'a'tion
sub'stan'ti'a'tive
sub'stan'ti'val
sub'stan'ti'val'ly
sub'stan'tive
sub'stan'tive'ly
sub'stan'tive'ness
sub'sta'tion
sub'sti'tut'able
sub'sti'tute
sub'sti'tut'ed
sub'sti'tut'ing
sub'sti'tu'tion
sub'sti'tu'tion'al
sub'stra'ta
sub'stra'tum
sub'struc'ture
sub'sum'a'ble
sub'sume
sub'sumed
sub'sum'ing
sub'sump'tion
sub'sump'tive

sub'sys'tem
sub'tend
sub'ter'fuge
sub'ter'ra'ne'an
sub'ter'ra'ne'ous
sub'ti'tle
sub'tle
sub'tle'ness
sub'tle'ties
sub'tle'ty
sub'tly
sub'tract
sub'tract'er
sub'trac'tion
sub'trac'tive
sub'tra'hend
sub'trop'ic
sub'trop'i'cal
sub'urb
sub'ur'ban
sub'ur'ban'ite
sub'ur'bia
sub'vene
sub'ven'tion
sub'ver'sion
sub'ver'sion'ary
sub'ver'sive
sub'ver'sive'ly
sub'ver'sive'ness
sub'vert
sub'vert'er
sub'way
suc'ceed
suc'ceed'ing
suc'cess
suc'cess'ful
suc'cess'ful'ly
suc'cess'ful'ness
suc'ces'sion
suc'ces'sion'al
suc'ces'sive
suc'ces'sive'ly
suc'ces'sive'ness
suc'ces'sor
suc'cinct
suc'cinct'ly
suc'cinct'ness
suc'cour
suc'cour'er
suc'cu'lence
suc'cu'len'cy
suc'cu'lent
suc'cu'lent'ly
suc'cumb
such
such'like
suck
suck'er
suck'le
suck'led
suck'ling
su'cre
su'crose
suc'tion
Su'dan'ese
sud'den
sud'den'ly
sud'den'ness
suds'i'er
sud'sy
sue
sued
suede
su'er
su'et
suf'fer
suf'fer'able
suf'fer'ably
suf'fer'ance
suf'fer'er
suf'fer'ing
suf'fice
suf'ficed
suf'fi'cien'cies
suf'fi'cien'cy
suf'fi'cient
suf'fi'cient'ly
suf'fic'ing
suf'fix
suf'fo'cate
suf'fo'cat'ed
suf'fo'cat'ing
suf'fo'ca'tion
suf'fo'ca'tive
suf'fra'gan
suf'frage
suf'fra'gette
suf'frag'ist
suf'fuse
suf'fused
suf'fus'ing
suf'fu'sion
suf'fu'sive
sug'ar
sug'ar-coat
sug'ary
sug'gest
sug'gest'i'bil'i'ty
sug'gest'i'ble
sug'ges'tion
sug'ges'tive
sug'ges'tive'ly
sug'ges'tive'ness
su'i'cid'al
su'i'cide
su'ing
suit
suit'abil'i'ty
suit'able
suit'able'ness
suit'ably
suit'case
suite
suit'ing
suit'or
su'ki'ya'ki
sulk
sulk'i'er
sulk'i'est
sulk'i'ly
sulk'i'ness
sulky
sul'len
sul'len'ly
sul'len'ness
sul'lied
sul'ly
sul'ly'ing
sul'pha'nil'a'mide
sul'phate
sul'phide
sul'phon'a'mide
sulphur
sul'phur'ic
sul'phur'ous
sul'tan
sul'tana
sul'tan'ate
sul'tri'ly
sul'tri'ness
sul'try
sum
su'mac
sum'ma
sum'mand
sum'ma'ries
sum'mar'i'ly
sum'mar'i'ness
sum'ma'ri'za'tion
sum'ma'rize
sum'ma'rized
sum'ma'riz'ing
sum'ma'ry
sum'ma'tion
sum'ma'tion'al
summed
sum'mer
sum'mery
sum'ming
sum'ming-up
sum'mit
sum'mon
sum'mons
sump'tu'ary
sump'tu'ous
sump'tu'ous'ly
sump'tu'ous'ness
sun
sun'bathe
sun'bathed

sun'bath'er
sun'bath'ing
sun'beam
sun'bon'net
sun'burn
sun'burned
sun'burnt
sun'burst
sun'dae
sun'der
sun'der'ance
sun'di'al
sun'down
sun'dries
sun'dry
sun'fish
sun'flow'er
sung
sun'glass'es
sunk
sunk'en
sun'less
sun'light
sunned
sun'ni'er
sun'ni'est
sun'ni'ness
sun'ning
sun'ny
sun'shade
sun'shine
sun'spot
sun'stroke
sun'tan
sun'tanned
sup
su'per
su'per'a'bun'dance
su'per'a'bun'dant
su'per'an'nu'ate
su'per'an'nu'at'ed
su'per'an'nu'at'ing
su'per'an'nu'a'tion
su'perb
su'perb'ly
su'perb'ness
su'per'car'go
su'per'charge
su'per'charged
su'per'charg'er
su'per'charg'ing
su'per'cil'i'ous
su'per'cil'i'ous'ly
su'per'cil'i'ous'ness
su'per'con'ti'nent
su'per'ego
su'per'erog'a'to'ry
su'per'fi'cial
su'per'fi'ci'al'i'ties
su'per'fi'ci'al'i'ty
su'per'fi'cial'ly
su'per'fi'cial'ness
su'per'fine
su'per'flu'i'ty
su'per'flu'ous
su'per'flu'ous'ly
su'per'flu'ous'ness
su'per'glue
su'per'high'way
su'per'hu'man
su'per'im'pose
su'per'im'posed
su'per'im'pos'ing
su'per'im'po'si'tion
su'per'in'duce
su'per'in'tend
su'per'in'tend'ence
su'per'in'tend'en'cy
su'per'in'tend'ent
su'pe'ri'or
su'pe'ri'or'i'ty
su'pe'ri'or'ly
su'per'la'tive
su'per'la'tive'ly
su'per'la'tive'ness
su'per'man
su'per'mar'ket
su'per'nal
su'per'nat'u'ral
su'per'nat'u'ral'ism
su'per'nat'u'ral'ly
su'per'no'va
su'per'no'vae
su'per'nu'mer'ary
su'per'phos'phate
su'per'pow'er
su'per'scribe
su'per'script
su'per'scrip'tion
su'per'sede
su'per'sed'ed
su'per'sed'ing
su'per'son'ic
su'per'son'i'cal'ly
su'per'star
su'per'sti'tion
su'per'sti'tious
su'per'sti'tious'ly
su'per'sti'tious'ness
su'per'string
su'per'struc'ture
su'per'sym'met'ry
su'per'tank'er
su'per'vene
su'per'vened
su'per'ven'ing
su'per'ven'tion
su'per'vise
su'per'vised
su'per'vis'ing
su'per'vi'sion
su'per'vi'sor
su'per'vi'so'ry
su'pine
su'pine'ness
supped
sup'per
sup'ping
sup'plant
sup'plan'ta'tion
sup'ple
sup'ple'ment
sup'ple'men'tal
sup'ple'men'ta'ry
sup'ple'men'ta'tion
sup'ple'ness
sup'plest
sup'pli'ant
sup'pli'cant
sup'pli'cate
sup'pli'cat'ed
sup'pli'cat'ing
sup'pli'ca'tion
sup'pli'ca'to'ry
sup'plied
sup'pli'er
sup'plies
sup'ply
sup'ply'ing
sup'ply'side
sup'port
sup'port'able
sup'port'ably
sup'port'er
sup'port'ive
sup'pos'able
sup'pos'ably
sup'pose
sup'posed
sup'pos'ed'ly
sup'pos'ing
sup'po'si'tion
sup'po'si'tion'al'ly
sup'pos'i'to'ries
sup'pos'i'to'ry
sup'press
sup'press'i'ble
sup'pres'sion
sup'pres'sor
sup'pu'rate
sup'pu'rat'ed
sup'pu'rat'ing
sup'pu'ra'tion
su'prem'a'cist
su'prem'a'cy
su'preme
su'preme'ly
su'preme'ness
sur'cease
sur'charge

sur'charged
sur'charg'ing
sur'cin'gle
sure
su're'al'is'ti'cal'ly
sure-foot'ed
sure'ly
sure'ness
sur'er
sur'est
sure'ties
sure'ty
surf
sur'face
sur'faced
sur'fac'ing
surf'board
surfed
sur'feit
surf'er
surf'ing
surge
surged
sur'geon
sur'ger'ies
sur'gery
sur'gi'cal
sur'gi'cal'ly
surg'ing
sur'li'er
sur'li'est
sur'li'ly
sur'li'ness
sur'ly
sur'mise
sur'mised
sur'mis'ing
sur'mount
sur'mount'able
sur'name
sur'pass
sur'pass'able
sur'pass'ing
sur'plice
sur'plus
sur'plus'age
sur'pris'al
sur'prise
sur'prised
sur'pris'ing
sur'pris'ing'ly
sur're'al
sur're'al'ism
sur're'al'ist
sur're'al'is'tic
sur'ren'der
sur'rep'ti'tious
sur'rep'ti'tious'ly
sur'rep'ti'tious'ness
sur'rey
sur'ro'gate
sur'ro'gat'ed
sur'ro'gat'ing
sur'round
sur'round'ings
sur'tax
sur'veil'lance
sur'veil'lant
sur'vey
sur'vey'ing
sur'vey'or
sur'viv'al
sur'vive
sur'vived
sur'viv'ing
sur'vi'vor
sus'cep'ti'bil'i'ties
sus'cep'ti'bil'i'ty
sus'cep'ti'ble
sus'cep'ti'ble'ness
sus'cep'ti'bly
su'shi
sus'pect
sus'pend
sus'pend'er
sus'pense
sus'pen'sion
sus'pi'cion
sus'pi'cious
sus'pi'cious'ly
sus'pi'cious'ness
sus'tain
sus'tain'a'ble
sus'tain'er
sus'tain'ment
sus'te'nance
sut'tee
su'ture
su'tured
su'tur'ing
su'ze'rain
svelte
svelte'ly
svelte'ness
swab
swabbed
swab'bing
swad'dle
swad'dled
swad'dling
swag'ger
swag'ger'ing
Swa'hi'li
swain
swal'low
swam
swa'mi
swamp
swamp'i'er
swamp'i'est
swamp'i'ness
swampy
swan
swan dive
swank
swank'i'ly
swank'i'ness
swanky
swap
swapped
swap'ping
sward
swarm
swarth'i'er
swar'thi'est
swarth'i'ness
swarthy
swash'buck'ler
swash'buck'ling
swas'ti'ka
swat
swathe
swathed
swath'ing
swat'ted
swat'ter
swat'ting
sway
sway'able
sway'backed
swear
swear'er
swear'ing
sweat
sweat'er
sweat'i'ly
sweat'i'ness
sweat'ing
sweat'shirt
sweat'suit
sweaty
Swede
Swed'ish
sweep
sweep'ing
sweep'ing'ness
sweep'stakes
sweet
sweet-and-sour
sweet'bread
sweet'en
sweet'en'er
sweet'heart
sweet'ie
sweet'ish
sweet'ly
sweet'meat
sweet'ness
swell
swelled

swell'ing
swel'ter
swel'ter'ing
swept
swerve
swerved
swerv'ing
swift
swift'ly
swift'ness
swig
swigged
swig'ging
swill
swim
swim'mer
swim'ming
swim'ming'ly
swim'suit
swin'dle
swin'dled
swin'dler
swin'dling
swine
swing
swing'a'ble
swing'er
swing'ing
swin'ish
swipe
swip'ed
swip'ing
swirl
swirl'ing'ly
swirly
swish
swishy
Swiss
switch
switch'back
switch'blade
switch'board
swiv'el
swiv'elled
swiv'el'ling
swiz'zle
swoll'en
swoon
swoon'ed
swoon'ing'ly
swoop
swop
swopped
swop'ping
sword
swords'man
swore
sworn
swum
swung
syc'a'more
syc'o'phan'cy
syc'o'phant
syc'o'phan'tic
syc'o'phan'ti'cal
syl'la'bi
syl'lab'ic
syl'lab'i'cate
syl'lab'i'ca'tion
syl'lab'i'fi'ca'tion
syl'lab'i'fied
syl'lab'i'fy
syl'la'ble
syl'la'bub
syl'la'bus
syl'la'bus'es
syl'lo'gism
syl'lo'gis'tic
sylph
sylph-like
syl'van
sym'bi'o'sis
sym'bi'ot'ic
sym'bol
sym'bol'ic
sym'bol'i'cal
sym'bol'i'cal'ly
sym'bol'ism
sym'bol'ist
sym'bol'i'za'tion
sym'bol'ize
sym'bol'ized
sym'bol'iz'ing
sym'met'ric
sym'met'ri'cal
sym'met'ri'cal'ly
sym'met'ries
sym'me'try
sym'pa'thet'ic
sym'pa'thet'i'cal'ly
sym'pa'thies
sym'pa'thize
sym'pa'thized
sym'pa'thiz'er
sym'pa'thiz'ing
sym'pa'thiz'ing'ly
sym'pa'thy
sym'phon'ic
sym'pho'nies
sym'pho'ny
sym'po'sia
sym'po'si'um
symp'tom
symp'to'mat'ic
symp'to'mat'i'cal
symp'to'mat'i'cal'ly
syn'a'gog'al
syn'a'gog'i'cal
syn'a'gogue
sync
synch
syn'chro'nism
syn'chro'nis'tic
syn'chro'nis'ti'cal
syn'chro'nis'ti'cal'ly
syn'chro'ni'za'tion
syn'chro'nize
syn'chro'nized
syn'chro'niz'er
syn'chro'niz'ing
syn'chro'nous
syn'chro'nous'ly
syn'chro'nous'ness
syn'chro'tron
syn'co'pate
syn'co'pat'ed
syn'co'pat'ing
syn'co'pa'tion
syn'co'pa'tor
syn'co'pe
syn'cre'tic
syn'cre'tism
syn'di'cate
syn'di'cat'ed
syn'di'cat'ing
syn'di'ca'tion
syn'di'ca'tor
syn'drome
syn'ec'do'che
syn'ecol'o'gy
syn'er'gism
syn'er'gy
syn'od
syn'od'al
syn'o'nym
syn'on'y'mous
syn'on'y'my
syn'op'ses
syn'op'sis
syn'op'tic
syn'tac'tic
syn'tac'ti'cal
syn'tax
syn'the'ses
syn'the'sis
syn'the'sist
syn'the'size
syn'the'sized
syn'the'siz'er
syn'the'siz'ing
syn'thet'ic
syn'thet'i'cal
syn'thet'i'cal'ly
syph'i'lis
syph'i'lit'ic
sy'phon
sy'ringe
sy'ringed
sy'ring'ing
syr'up

syr'upy
system
sys'tem'at'ic
sys'tem'at'i'cal
sys'tem'at'i'cal'ly
sys'tem'a'ti'za'tion
sys'tem'a'tize
sys'tem'a'tized
sys'tem'a'tiz'er
sys'tem'a'tiz'ing
sys'tem'ic
sys'tem'i'cal'ly
sys'to'le
sys'tol'ic
syzy'gy

T

tab
tab'ard
tabbed
tab'bies
tab'bing
tab'by
tab'er'na'cle
tab'er'nac'u'lar
ta'ble
tab'leau
ta'bleau vi'vant
ta'bleaux
ta'bled
tab'le d'hôte
ta'ble'spoon'fuls
tab'let
ta'bling
tab'loid
ta'boo
ta'booed
ta'boo'ing
ta'bor
tab'o'ret
tab'u'lar
tab'u'lar'ly
tab'u'late
tab'u'lat'ed
tab'u'lat'ing
tab'u'la'tion
tab'u'la'tor
ta'chom'e'ter
tac'it
tac'it'ly
tac'it'ness
tac'i'turn
tac'i'tur'ni'ty
tack
tacked
tack'i'er
tack'i'est
tack'i'ness
tack'ing
tack'le
tack'led
tack'ler
tack'ling
tacky
ta'co
ta'cos
tact
tact'ful
tact'ful'ly
tact'ful'ness
tac'ti'cal
tac'ti'cal'ly
tac'ti'cian
tac'tics
tac'tile
tac'til'i'ty
tact'less
tact'less'ly
tact'less'ness
tad'pole
taf'fe'ta
taf'fy
tag
tagged
tag'ging
Ta'hi'tian
tail
tail'back
tailed
tail'gate
tail'gat'ed
tail'gat'ing
tail'less
tai'lor
tai'lored
tai'lor'ing
taint
taint'ed
ta'ka
take
take'away
tak'en
take-off
take'over
tak'er
tak'ing
ta'la
talc
tal'cum
tale
tal'ent
tal'ent'ed
tal'is'man
talk
talk'a'tive
talk'a'tive'ly
talk'a'tive'ness
talk'er
talk'ie
talk'i'er
talk'i'est
talky
tall
tal'lied
tal'lies
tall'ish
tal'low
tal'lowy
tal'ly
tal'ly'ho
tal'ly'ing
Tal'mud
Tal'mud'ic
Tal'mud'i'cal
tal'on
tal'oned
ta'ma'le
tam'a'rack
tam'a'rind
tam'a'risk
tam'ba'la
tam'bour
tam'bou'rine
tame
tame'able
tamed
tame'ly
tame'ness
Tam'il
tam'ing
tam-o'-shan'ter
tam'per
tam'pon
tan
tan'a'ger
tan'bark
tan'dem
tan'doori
tang
tan'ge'lo
tan'gen'cy

tan'gent
tan'gen'tial
tan'gen'tial'ly
tan'ge'rine
tan'gi'bil'i'ty
tan'gi'ble
tan'gi'ble'ness
tan'gi'bly
tang'i'er
tang'i'est
tan'gle
tan'gled
tan'gle'ment
tan'gling
tan'go
tan'goed
tan'go'ing
tangy
tank'age
tank'ard
tank'er
tanned
tan'nery
tan'nic
tan'nin
tan'ning
tan'ta'lize
tan'ta'lized
tan'ta'liz'ing
tan'ta'liz'ing'ly
tan'ta'mount
tan'trum
tap
tape
taped
ta'per
ta'per'ing'ly
tap'es'tried
tap'es'tries
tap'es'try
tape'worm
tap'ing
tap'i'o'ca
ta'pir
tapped
tap'pet
tap'ping
tar
tar'an'tel'la
ta'ran'tu'la
ta'ran'tu'lae
ta'ran'tu'las
tar'di'er
tar'di'est
tar'di'ly
tar'di'ness
tar'dy
tar'get
tar'get'ed
tar'get'ing
tar'iff
tar'mac'ad'am
tar'nish
tar'nish'a'ble
ta'ro
tar'ot
tar'pau'lin
tar'pon
tar'ra'gon
tarred
tar'ried
tar'ring
tar'ry
tar'ry'ing
tart
tar'tan
tar'tar
tar'tare
tar'tar'ic
tar'tar'ous
tart'ly
tart'ness
task
tas'sel
tas'selled
tas'sel'ling
taste
tast'ed
taste'ful
taste'ful'ly
taste'ful'ness
taste'less
taste'less'ly
taste'less'ness
tast'er
tast'i'er
tast'i'est
tast'i'ness
tast'ing
tasty
tat
tat'ted
tat'ter'de'ma'lion
tat'tered
tat'ters
tat'ti'er
tat'ti'est
tat'ting
tat'tle
tat'tled
tat'tle'tale
tat'tling
tat'too
tat'tooed
tat'too'ing
tat'too'ist
tat'ty
taught
taunt
taunt'ing'ly
Tau'rus
taut
tau'ten
taut'ly
taut'ness
tau'to'log'i'cal
tau'to'log'i'cal'ly
tau'tol'o'gies
tau'tol'o'gy
tav'ern
taw'dri'er
taw'dri'est
taw'dri'ly
taw'dri'ness
taw'dry
taw'ni'er
taw'ni'est
taw'ni'ness
taw'ny
tax
tax'abil'i'ty
tax'able
taxa'tion
tax-ex'empt
taxi
taxi'cab
taxi'der'mic
taxi'der'mist
taxi'der'my
tax'o'nom'i'cal
tax'o'nom'i'cal'ly
tax'on'o'mies
tax'on'o'mist
tax'on'o'my
tax'pay'er
tea
teach
teach'abil'i'ty
teach'able
teach'able'ness
teach'er
teach-in
teach'ing
teak
tea'ket'tle
teak'wood
teal
team
team-mate
team'ster
teamwork
tear
tear'ful
tear'ful'ly
tear'ful'ness
tear'ing
tear'jerk'er
teary
tease
teased

tea'sel
teas'er
teas'ing
tea'spoon
tea'spoon'ful
teat
tech'ne'tium
tech'ni'cal
tech'ni'cal'i'ties
tech'ni'cal'i'ty
tech'ni'cal'ly
tech'ni'cal'ness
tech'ni'cian
tech'nique
tech'no'cracies
tech'noc'ra'cy
tech'no'crat
tech'no'crat'ic
tech'no'log'ic
tech'no'log'i'cal
tech'no'log'i'cal'ly
tech'nol'o'gies
tech'nol'o'gist
tech'nol'o'gy
tec'ton'ic
ted'dies
ted'dy
te'di'ous
te'di'ous'ly
te'di'ous'ness
te'di'um
tee
teed
tee'ing
teem
teem'ing
teen'age
teen'ag'er
teen'i'er
teen'i'est
teens
teeny
teeny'bop'per
tee'pee
tee'ter
teeth
teethe
teethed
teeth'ing
tee'to'tal
tee'to'tal'ler
tee'to'tal'ism
tee'to'tal'ler
tee'to'tal'ly
Tef'lon
teg'u'ment
tele'cast
tele'cast'er
tele'cast'ing
tele'coms
tele'cot'tage
tele'gram
tele'graph
tele'graph'ese
tele'graph'ic
tele'graph'i'cal'ly
te'leg'ra'phy
tele'ki'ne'sis
tele'me'ter
te'lem'e'try
te'le'ol'o'gy
tele'path'ic
tele'path'i'cal'ly
te'lep'a'thist
te'lep'a'thy
tele'phone
tele'phoned
tele'phon'ic
tele'phon'ing
tele'pho'to
tele'print'er
tele'scope
tele'scoped
tele'scop'ic
tele'scop'ical'ly
tele'scop'ing
Tele'text
tele'thon
tele'vise
tele'vised
tele'vis'ing
tele'vi'sion
tel'ex
tell
tell'er
tell'ing
tell'tale
tel'lu'ri'um
Tel'star
te'mer'i'ty
temp
temped
tem'per
tem'pera
tem'per'a'bil'i'ty
tem'per'a'ble
tem'per'a'ment
tem'per'a'ment'al
tem'per'a'men'tal'ly
tem'per'ance
tem'per'ate
tem'per'ate'ly
tem'per'ate'ness
tem'per'a'ture
tem'pered
tem'per'er
tem'pest
tem'pes'tu'ous
tem'pes'tu'ous'ly
tem'pi
temp'ing
tem'plate
tem'ple
tem'po
tem'po'ral
tem'po'ral'i'ty
tem'po'ral'ly
tem'po'ral'ness
tem'po'rar'i'ly
tem'po'rar'i'ness
tem'po'rary
tem'po'ri'za'tion
tem'po'rize
tem'por'ized
tem'po'riz'er
tem'pori'z'ing
tem'po'riz'ing'ly
tempt
tempt'able
temp'ta'tion
tempt'ing
tempt'ing'ly
tempt'ress
ten
ten'a'bil'i'ty
ten'a'ble
ten'a'ble'ness
ten'a'bly
te'na'cious
te'na'cious'ly
te'na'cious'ness
te'nac'i'ty
ten'an'cies
ten'an'cy
ten'ant
ten'ant'able
tench
ten'den'cies
ten'den'cy
ten'den'tious
ten'den'tious'ly
ten'den'tious'ness
ten'der
ten'der'foot
ten'der-heart'ed
ten'der'ize
ten'der'ized
ten'der'iz'er
ten'der'iz'ing
ten'der'loin
ten'der'ly
ten'der'ness
ten'don
ten'dril
te'neb'ri'ous
ten'e'ment
ten'et
ten'fold
ten'ge
ten'nis

ten'on
ten'or
tense
tensed
tense'ly
tense'ness
ten'sile
ten'sil'i'ty
tens'ing
ten'sion
ten'sion'al
ten'sion'less
ten'si'ty
ten'sive
ten'ta'cle
ten'ta'cled
ten'tac'u'lar
ten'ta'tive
ten'ta'tive'ly
ten'ta'tive'ness
ten'ter'hooks
tenth
te'nu'i'ty
ten'u'ous
ten'u'ous'ly
ten'u'ous'ness
ten'ure
ten'ured
ten'u'ri'al
ten'u'ri'al'ly
te'pee
tep'id
te'pid'i'ty
tep'id'ness
te'qul'la
ter'bi'um
ter'cen'te'na'ries
ter'cen'te'nary
ter'cen'ten'ni'al
ter'gi'ver'sate
ter'i'ya'ki
ter'ma'gant
ter'mi'na'ble
ter'mi'nal
ter'mi'nal'ly
ter'mi'nate
ter'mi'nat'ed
ter'mi'nat'ing
ter'mi'na'tion
ter'mi'na'tive
ter'mi'na'tor
ter'mi'ni
ter'mi'no'log'i'cal
ter'mi'no'log'i'cal'ly
ter'mi'nol'o'gies
ter'mi'nol'o'gy
ter'mi'nus
ter'mite
tern
ter'na'ry
terp'sich'o're'an
ter'race
ter'raced
ter'rac'ing
ter'ra-cot'ta
ter'ra fir'ma
ter'rain
ter'ra'pin
ter'rar'i'um
ter'raz'zo
ter'res'tri'al
ter'res'tri'al'ly
ter'ri'ble
ter'ri'ble'ness
ter'ri'bly
ter'ri'er
ter'rif'ic
ter'rif'i'cal'ly
ter'ri'fied
ter'ri'fy
ter'ri'fy'ing
ter'ri'fy'ing'ly
ter'rine
ter'ri'to'ri'al
ter'ri'to'ri'al'i'ty
ter'ri'to'ries
ter'ri'to'ry
ter'ror
ter'ror'ism
ter'ror'ist
ter'ror'is'tic
ter'ror'i'za'tion
ter'ror'ize
ter'ror'ized
ter'ror'iz'er
ter'ror'iz'ing
ter'ror'less
ter'ry
terse
terse'ly
terse'ness
ter'ti'ary
tes'sel'late
tes'sel'lat'ed
tes'sel'lat'ing
tes'sel'la'tion
tes'ta'ment
tes'ta'men'ta'ry
tes'tate
tes'ta'tor
tes'ta'trix
tes'tes
tes'ti'cle
tes'tic'u'lar
test'i'er
test'i'est
tes'ti'fied
tes'ti'fy
tes'ti'fy'ing
tes'ti'ly
tes'ti'mo'ni'al
tes'ti'mo'nies
tes'ti'mo'ny
tes'ti'ness
tes'tis
tes'tos'ter'one
tes'ty
tet'a'nus
tetchy
tête-à-tête
teth'er
tet'ra'eth'yl
tet'ra'he'dron
Tex-Mex
text
text'book
tex'tile
tex'tu'al
tex'tur'al
tex'tur'al'ly
tex'ture
tex'tured
Thai
tha'lid'o'mide
thal'li'um
than
thane
thank
thank'ful
thank'ful'ly
thank'ful'ness
thank'less
thank'less'ly
thank'less'ness
thanks'giv'ing
that
thatch
thatch'er
thatch'ing
thaw
the
the'atre
the'atre'go'er
the'at'ri'cal
the'at'ri'cal'ness
the'at'ri'cal'i'ty
the'at'ri'cal'ly
thebe
thee
theft
their
theirs
the'ism
the'ist
the'is'tic
the'mat'ic
the'mat'i'cal'ly
theme
them'selves
then

thence
thence'forth
the'oc'ra'cies
the'oc'ra'cy
theo'crat
theo'crat'ic
theo'crat'i'cal
theo'crat'i'cal'ly
the'od'o'lite
theo'lo'gian
theo'log'ic
theo'log'i'cal
theo'log'i'cal'ly
the'ol'o'gies
the'ol'o'gy
the'o'rem
the'o'rem'at'ic
the'o'ret'ic
the'o'ret'i'cal
the'o'ret'i'cal'ly
the'o're'ti'cian
the'o'ries
the'o'rist
the'o'ri'za'tion
the'o'rize
the'o'rized
the'o'riz'er
the'o'riz'ing
the'o'ry
theo'soph'ic
theo'soph'i'cal
theo'soph'i'cal'ly
the'os'o'phist
the'os'o'phy
ther'a'peu'tic
ther'a'peu'ti'cal
ther'a'peu'ti'cal'ly
ther'a'peu'tics
ther'a'peu'tist
ther'a'pist
ther'a'py
there
there'about
there'abouts
there'af'ter
there'by
there'fore
there'in
there'of
there'up'on
therm
ther'mal
ther'mal'ly
ther'mo'dy'nam'ic
ther'mo'e'lec'tric
ther'mom'e'ter
ther'mo'met'ric
ther'mo'nu'cle'ar
ther'mo'plas'tic
ther'mos
ther'mo'stat
ther'mo'stat'ic
ther'mo'stat'i'cal'ly
the'sau'rus
these
the'ses
the'sis
thes'pi'an
they
thi'a'mine
thick
thick'en
thick'en'er
thick'et
thick'et'ed
thick-head'ed
thick'ish
thick'ly
thick'ness
thick'set
thick-skinned
thief
thieve
thieved
thiev'ery
thieves
thiev'ing
thiev'ish
thiev'ish'ness
thigh
thim'ble
thim'ble'ful
thin
thine
thing
thing'a'ma'bob
thing'um'mies
thing'um'my
think
think'er
think'ing
thin'ly
thinned
thin'ner
thin'ness
thin'nest
thin'ning
thin-skinned
third
third'ly
thirst
thirst'i'er
thirst'i'est
thirst'i'ly
thirst'i'ness
thirsty
thir'teen
thir'teenth
thir'ties
thir'ti'eth
thirty
this
this'tle
this'tle-down
thith'er
thong
tho'ra'ces
tho'rac'ic
tho'rax
tho'ri'um
thorn
thorn'i'er
thorn'i'est
thorn'i'ness
thorny
thor'ough
thor'ough'bred
thor'ough'fare
thor'ough'go'ing
thor'ough'ly
thor'ough'ness
those
thou
though
thought
thought'ful
thought'ful'ly
thought'ful'ness
thought'less
thought'less'ly
thought'less'ness
thou'sand
thou'sandth
thrall
thral'dom
thrash
thrash'er
thrash'ing
thread
thread'bare
thread'i'ness
thready
threat
threat'en
threat'en'ing'ly
three
three-decker
three'fold
three'piece
three'quar'ter
three'score
three'some
three-wheeler
thren'o'dy
thresh
thresh'er
thresh'old
threw
thrice
thrift

thrift'i'er
thrift'i'est
thrift'i'ly
thrift'i'ness
thrift'less
thrifty
thrill
thril'ler
thrill'ing
thrive
thrived
thriven
thriv'ing
throat
throat'i'er
throat'i'est
throat'i'ly
throat'i'ness
throaty
throb
throbbed
throb'bing
throe
throm'bo'ses
throm'bo'sis
throne
throng
throt'tle
throt'tled
throt'tling
through
through'out
through'put
through'way
throve
throw
throw'away
throw'back
throw'ing
thrown
thrum
thrummed
thrum'ming
thrush
thrust
thrust'ing
thru'way
thud
thud'ded
thud'ding
thug
thug'gery
thug'gish
thu'li'um
thumb
thumb'nail
thumb'screw
thumb'tack
thump'ing
thun'der
thun'der'bolt
thun'der'clap
thun'der'cloud
thun'der'head
thun'der'ous
thun'der'show'er
thun'der'storm
thun'der'struck
thun'dery
thus
thwack
thwart
thy
thyme
thy'mus
thy'roid
thy'self
ti
ti'ara
Ti'bet'an
tib'ia
tic
tick
tick'er
tick'et
tick'ing
tick'le
tick'led
tick'ling
tick'lish
tick'lish'ness
tick-tack-toe
ti'dal
tid'dly'winks
tide
tide'land
tide'mark
tide'water
ti'died
ti'di'er
ti'di'est
ti'di'ly
ti'di'ness
ti'dings
ti'dy
ti'dy'ing
tie
tie'back
tie-break
tie-break'er
tied
tie-in
tier
tiff
ti'ger
ti'ger'ish
tight
tight'en
tight-fist'ed
tight-lipped
tight'ly
tight'ness
tight'rope
tight'wad
ti'gress
til'de
tile
tiled
til'ing
till
till'able
till'age
til'ler
tilt
tilt'ed
tim'bal
tim'bale
tim'ber
tim'bered
tim'ber'line
tim'bre
tim'brel
time
time-con'sum'ing
timed
time'frame
time-hon'oured
time'keep'er
time'less
time'less'ness
time'ly
time'out
time'piece
tim'er
time'scale
time'serv'er
time-share
time-shar'ing
time'ta'ble
time'work
time'work'er
time'worn
tim'id
tim'id'i'ty
tim'id'ly
tim'id'ness
tim'ing
tim'or'ous
tim'or'ous'ly
tim'or'ous'ness
tim'o'thy
tim'pa'ni
tim'pa'nist
tin
tinc'ture
tinc'tur'ing
tin'der
tin'der'box
tine
tin'foil

tinge
tinged
tinge'ing
tin'gle
tin'gled
tin'gling
tin'gly
ti'ni'er
ti'ni'ness
tink'er
tin'kle
tin'kled
tin'kling
tinned
tin'ni'er
tin'ni'est
tin'ni'ly
tin'ni'ness
tin'ning
tin'ny
tin'sel
tin'selled
tin'sel'ling
tint
tint'er
tint'ing
ti'ny
tip
tipped
tip'pet
tip'ping
tip'ple
tip'pled
tip'pler
tip'pling
tip'si'er
tip'si'est
tip'si'ly
tip'si'ness
tip'ster
tip'sy
tip'toe
tip'toed
tip'toe'ing
tip'top

ti'rade
tire
tired
tire'less
tire'less'ly
tire'some
tire'some'ness
tir'ing
tis'sue
ti'tan
ti'tan'ic
ti'ta'ni'um
tit'bit
tithe
tithed
tith'ing
ti'tian
tit'il'late
tit'il'lat'ed
tit'il'lat'ing
tit'il'la'tion
ti'tle
ti'tled
ti'tle-tat'tle
tit'mouse
tit'ter
tit'ter'ing
tit'u'lar
tiz'zy
to
toad
toad'ies
toad'stool
toady
toad'y'ing
toad'y'ism
toast
toast'er
toast'mas'ter
toast'mis'tress
to'bac'co
to'bac'co'nist
to'bog'gan
to'bog'ganed
to'bog'gan'ing

toc'ca'ta
toc'sin
to'day
tod'dies
tod'dle
tod'dled
tod'dler
tod'dling
tod'dy
to-do
toe
toea
toed
toe'hold
toe'ing
toe'nail
tof'fee
tofu
tog
to'ga
to'geth'er
to'geth'er'ness
togged
tog'ging
tog'gle
tog'gled
tog'gling
toil
toil'er
toi'let
toi'let'ries
toi'let'ry
toil'some
to'ing and fro'ing
to'ken
to'ken'ism
to'lar
told
tole
tol'er'a'bil'i'ty
tol'er'a'ble
tol'er'a'ble'ness
tol'er'a'bly
tol'er'ance
tol'er'ant

tol'er'ant'ly
tol'er'ate
tol'er'at'ed
tol'er'at'ing
tol'er'a'tion
tol'er'a'tive
toll
toll'booth
tolled
toll'house
toll'ing
tom'a'hawk
to'ma'to
to'ma'toes
tomb
tom'boy
tom'boy'ish
tomb'stone
tom'cat
tome
tom'fool'ery
tom'my'rot
to'mor'row
tom'tit
tom-tom
ton
ton'al
to'nal'i'ty
ton'al'ly
tone
tone'less
tone'less'ly
ton'er
tongue
tongue-lash
tongue-tied
ton'ic
to'night
ton'nage
tonne
ton'neau
ton'sil
ton'sil'lec'to'my
ton'sil'li'tis
ton'so'ri'al

ton'sure
ton'sured
ton'sur'ing
ton'tine
too
took
tool
tool'mak'er
toot
tooth
tooth'ache
tooth'brush
tooth'i'er
tooth'i'est
tooth'i'ness
tooth'less
tooth'paste
tooth'pick
tooth'some
toothy
top
to'paz
top'coat
top-dress'ing
tope
toped
to'pee
top'er
top-heavy
to'pi'ary
top'ic
top'i'cal
top'i'cal'i'ty
top'ing
top'knot
top'less
top'most
to'pog'ra'pher
top'o'graph'i'cal
top'o'graph'i'cal'ly
to'pog'ra'phy
top'o'log'i'cal
to'pol'o'gy
topped
top'per
top'ping
top'ple
top'pled
top'pling
top'sail
top-se'cret
top'soil
top'sy-tur'vy
toque
tor
torch
torch'bear'er
torch'light
tore
tor'e'a'dor
to're'ro
tor'ment
tor'ment'ing
tor'men'tor
torn
tor'nad'ic
tor'na'do
tor'na'does
tor'na'dos
tor'pe'do
tor'pe'doed
tor'pe'does
tor'pe'do'ing
tor'pid
tor'pid'i'ty
tor'pid'ly
tor'por
torque
tor'rent
tor'ren'tial
tor'rid
tor'rid'i'ty
tor'rid'ly
tor'rid'ness
tor'sion
tor'sion'al
tor'so
tort
torte
tor'til'la
tor'toise
tor'toise'shell
tor'to'ni
tor'tu'ous
tor'tu'ous'ly
tor'tu'ous'ness
tor'ture
tor'tured
tor'tur'er
tor'ture'some
tor'tur'ing
toss
toss'ing
tot
to'tal
to'tal'i'tar'i'an
to'tal'i'tar'i'an'ism
to'tal'i'ty
to'tal'i'za'tor
to'talled
to'tal'ling
to'tal'ly
tote
tot'ed
to'tem
to'tem'ic
to'tem'ism
to'tem'ist
to'tem'is'tic
tot'ing
tot'ted
tot'ter
tot'tor'ing
tot'ting
tou'can
touch
touch'a'ble
touch'down
tou'ché
touched
touch'i'er
touch'i'est
touch'i'ness
touch'ing
touch'ing'ly
touch-type
touch-typed
touch-typ'ing
touchy
tough
tough'en
tough'ness
tou'pee
tour
tour de force
tour'ism
tour'ist
tour'isty
tour'ma'line
tour'na'ment
tour'ne'dos
tour'ney
tour'ni'quet
tou'sle
tou'sled
tout
tout'er
tow
tow'age
to'ward
towards
tow'boat
tow'el
tow'elled
tow'el'ling
tow'er
tow'ered
tow'er'ing
tow-head'ed
town
towns'folk
town'ship
towns'peo'ple
tox'aemia
tox'ic
tox'ic'i'ty
tox'i'co'log'i'cal
tox'i'co'log'i'cal'ly
tox'i'col'o'gist
tox'i'col'o'gy

tox'in
tox'oid
toy
toy'boy
trace
trace'a'ble
trace'a'bly
traced
trac'er
trac'ery
tra'chea
tra'che'ae
tra'che'ot'o'mies
tra'che'ot'o'my
tra'cho'ma
trac'ing
track
track-and-field
track'er
track'suit
tract
trac'ta'bil'i'ty
trac'ta'ble
trac'ta'ble'ness
trac'ta'bly
trac'tion
trac'tion'al
trac'tive
trac'tor
trade
trad'ed
trade'mark
trade-off
trad'er
trades'man
trades'peo'ple
trad'ing
tra'di'tion
tra'di'tion'al
tra'di'tion'al'ism
tra'di'tion'al'ist
tra'di'tion'al'ly
tra'duce
tra'duced
tra'duce'ment
tra'duc'ing
traf'fic
traf'ficked
traf'fick'er
traf'fick'ing
tra'ge'di'an
tra'ge'di'enne
trag'e'dies
trag'e'dy
trag'ic
trag'i'cal
trag'i'cal'ly
tragi'com'e'dies
tragi'com'e'dy
tragi'com'ic
trail
trail'blaz'er
trail'blaz'ing
trail'er
train
train'able
train'ee
train'er
train'ers
train'ing
traipse
traipsed
traips'ing
trait
trai'tor
trai'tor'ous
trai'tor'ous'ly
tra'jec'to'ries
tra'jec'to'ry
tram'mel
tram'melled
tram'mel'ling
tramp'ing
tram'ple
tram'pled
tram'pling
tram'po'line
tram'po'lin'ist
trance
tranche
tran'nie
tran'nies
tran'ny
tran'quil
tran'quil'li'ty
tran'quil'lize
tran'quil'lized
tran'quil'liz'er
tran'quil'liz'ing
tran'quil'ly
tran'quil'ness
trans'act
trans'ac'tion
trans'ac'tion'al
trans'ac'tor
trans'at'lan'tic
trans'ceiv'er
tran'scend
tran'scen'dence
tran'scend'ent
tran'scen'den'tal
tran'scen'den'tal'ly
trans'con'ti'nen'tal
tran'scribe
tran'scribed
tran'scrib'er
tran'scrib'ing
tran'script
tran'scrip'tion
tran'scrip'tion'al
tran'scrip'tive
tran'sect
tran'sept
tran'sep'tal
trans'fer
trans'fer'a'ble
trans'fer'al
trans'fer'ence
trans'ferred
trans'fer'ring
trans'fig'u'ra'tion
trans'fig'ure
trans'fig'ured
trans'fig'ure'ment
trans'fig'ur'ing
trans'fix
trans'fixed
trans'fix'ing
trans'fix'ion
trans'form
trans'form'able
trans'for'ma'tion
trans'form'a'tive
trans'form'er
trans'fus'able
trans'fuse
trans'fused
trans'fus'ible
trans'fus'ing
trans'fu'sion
trans'gress
trans'gres'sion
trans'gres'sive
trans'gres'sor
tran'sience
tran'sient
tran'sis'tor
tran'sis'tor'ize
tran'sis'tor'ized
tran'sis'tor'iz'ing
trans'it
tran'si'tion
tran'si'tion'al
tran'si'tion'al'ly
tran'si'tive
tran'si'tive'ly
tran'si'tive'ness
tran'si'tiv'i'ty
tran'si'to'ri'ly
tran'si'to'ri'ness
tran'si'to'ry
trans'lat'abil'i'ty
trans'lat'able
trans'late
trans'lat'ed
trans'lat'ing
trans'la'tion
trans'la'tion'al
trans'lat'or
trans'lit'er'ate

trans'lit'er'at'ed
trans'lit'er'at'ing
trans'lit'er'a'tion
trans'lu'cence
trans'lu'cen'cy
trans'lu'cent
trans'lu'cent'ly
trans'mi'grate
trans'mi'grat'ed
trans'mi'grat'ing
trans'mi'gra'tion
trans'mi'gra'tor
trans'mi'gra'to'ry
trans'mis'si'bil'i'ty
trans'mis'si'ble
trans'mis'sion
trans'mis'sive
trans'mis'siv'i'ty
trans'mit
trans'mit'ta'ble
trans'mit'tal
trans'mit'ted
trans'mit'ter
trans'mit'ting
trans'mut'a'bil'i'ty
trans'mut'a'ble
trans'mut'a'bly
trans'mu'ta'tion
trans'mute
trans'mut'ed
trans'mut'er
trans'mut'ing
trans'o'ce'an'ic
tran'som
tran'son'ic
trans'pa'cif'ic
trans'par'en'cies
trans'par'en'cy
trans'par'ent
trans'par'ent'ly
trans'par'ent'ness
tran'spi'ra'tion
tran'spire
tran'spired
tran'spir'ing
trans'plant
trans'plant'able
trans'plan'ta'tion
trans'port
trans'port'abil'i'ty
trans'port'able
trans'por'ta'tion
trans'port'er
trans'pos'able
trans'pose
trans'posed
trans'pos'ing
trans'po'si'tion
trans'put'er
trans'scen'den'tal
trans'sexu'al
trans'ship
trans'ship'ment
trans'shipped
trans'ship'ping
trans'verse
trans'verse'ly
trans'ves'tism
trans'ves'tite
trap
trap'door
tra'peze
tra'pe'zia
tra'pe'zi'um
trap'e'zoid
trapped
trap'per
trap'ping
trap'pings
trap'shoot'ing
trash
trash'i'er
trash'i'est
trash'i'ness
trashy
trat'to'ria
trau'ma
trau'mat'ic
trau'mat'i'cal'ly
trau'ma'tize
tra'vail
tra'vel
trav'elled
trav'el'ler
trav'el'ling
trav'e'logue
tra'vers'able
tra'vers'al
trav'erse
trav'ersed
trav'ers'ing
trav'es'ties
trav'es'ty
trawl
trawl'er
tray
treach'er'ies
treach'er'ous
treach'er'ous'ly
treach'er'ous'ness
treach'ery
tread
tread'ing
trea'dle
tread'mill
trea'son
trea'son'able
trea'son'ably
trea'son'ous
treas'ur'able
treas'ure
treas'ured
treas'ur'er
treas'ur'ies
treas'ur'ing
treas'ury
treat
treat'able
trea'ties
trea'tise
treat'ment
trea'ty
tre'ble
tre'bled
tre'bling
tre'bly
tree
tree'less
tre'foil
trek
trekked
trek'king
trel'lis
trem'ble
trem'bled
trem'bling
trem'bly
tre'men'dous
tre'men'dous'ly
tre'men'dous'ness
trem'o'lo
trem'or
trem'or'ous
trem'u'lous
trem'u'lous'ly
trem'u'lous'ness
trench
trench'an'cy
trench'ant
trench'ant'ly
trench'er
trend
trend'i'er
trend'i'est
trend'set'ter
trendy
tre'pan
trep'an'a'tion
tre'panned
tre'pan'ning
tre'phine
trep'i'da'tion
tres'pass
tres'pass'er
tress
tress'es
tres'tle
tri'ad
tri'ad'ic
tri'al

tri'alled
tri'al'ling
tri'an'gle
tri'an'gu'lar
tri'an'gu'lar'i'ty
tri'an'gu'lar'ly
tri'an'gu'late
tri'an'gu'lat'ed
tri'an'gu'lat'ing
tri'an'gu'la'tion
trib'al
trib'al'ism
tribe
tribes'man
tribes'woman
trib'u'la'tion
tri'bu'nal
trib'une
trib'u'tar'ies
trib'u'tar'i'ly
trib'u'tary
trib'ute
trice
tri'ceps
trich'i'no'sis
tri'chot'o'my
trick
trick'ery
trick'i'er
trick'i'est
trick'i'ly
trick'i'ness
trick'le
trick'led
trick'ling
trick'ster
tricky
tri'col'our
tri'cus'pid
tri'cy'cle
tri'dent
tri'den'tate
tri'di'men'sion'al
tried
tri'en'ni'al
tri'en'ni'um
tri'er
tries
tri'fle
tri'fled
trif'ler
tri'fling
tri'fling'ness
tri'fo'cals
trig'ger
trig'o'no'met'ric
trig'o'no'met'ri'cal
trig'o'no'met'ri'cal'ly
trig'o'nom'e'try
tri'lin'gual
trill
tril'lion
tril'lionth
tril'o'gies
tril'o'gy
trim
tri'ma'ran
tri'mes'ter
tri'mes'tral
tri'mes'tri'al
trim'ly
trimmed
trim'mer
trim'mest
trim'ming
trim'ness
tri'month'ly
trinh
tri'ni'tro'tol'u'ene
trin'ket
trio
trip
tri'par'tite
tripe
trip'ham'mer
tri'ple
tri'pled
tri'plet
trip'li'cate
trip'li'cat'ed
trip'li'cat'ing
trip'li'ca'tion
tri'pling
tri'ply
tri'pod
tripped
trip'per
trip'ping
trip'tych
tri'sect
tri'sec'tion
tri'sec'tor
trite
trite'ly
trite'ness
tri'ti'um
trit'u'rate
tri'umph
tri'um'phal
tri'um'phal'ism
tri'um'phal'ist
tri'um'phant
tri'um'phant'ly
tri'um'vi'rate
triv'et
triv'ia
triv'i'al
triv'i'al'i'ties
triv'i'al'i'ty
triv'i'al'i'za'tion
triv'i'al'ize
triv'i'al'ized
triv'i'al'iz'ing
triv'i'al'ly
tri'week'ly
tro'cha'ic
tro'che
tro'chee
trod
trod'den
trog'lo'dyte
troi'ka
Tro'jan
troll
trol'ley
trol'lop
trom'bone
trom'bon'ist
troop
troop'er
tro'phies
tro'phy
trop'ic
trop'i'cal
trop'o'sphere
trot
troth
trot'ted
trot'ter
trot'ting
trou'ba'dour
trou'ble
trou'bled
trou'ble'mak'er
trou'ble'mak'ing
trou'ble'shoot'er
trou'ble'some
trou'bling
trough
trounce
trounced
trounc'ing
troupe
trouped
troup'er
troup'ing
trou'sers
trous'seau
trous'seaux
trout
trove
trow'el
tru'an'cies
tru'an'cy
tru'ant
truce
truck
truck'age
truck'er
truck'ing

truckle
truck'led
truck'ling
truck'load
truc'u'lence
truc'u'lent
truc'u'lent'ly
trudge
trudged
trudg'ing
true
true'ness
tru'er
tru'est
truf'fle
tru'ism
tru'is'tic
tru'ly
trump
trump'er'y
trum'pet
trum'pet'ed
trum'pet'er
trum'pet'ing
trun'cate
trun'cat'ed
trun'cat'ing
trun'ca'tion
trun'cheon
trun'dle
trun'dled
trun'dling
trunk
truss
truss'ing
trust
trus'tee
trus'tee'ship
trust'ful
trust'ful'ly
trust'i'er
trust'i'est
trust'i'ness
trust'ing'ly
trust'wor'thi'ly
trust'wor'thi'ness
trust'wor'thy
trusty
truth
truth'ful
truth'ful'ly
truth'ful'ness
try
try'ing
try'sail
tryst
tsar
tsa'ri'na
tsar'ist
tset'se flies
tset'se fly
tsu'na'mi
tub
tu'ba
tu'bal
tub'bi'er
tub'bi'est
tub'bi'ness
tub'by
tube
tubed
tube'less
tu'ber
tu'ber'cle
tu'ber'cu'lar
tu'ber'cu'lin
tu'ber'cu'lo'sis
tube'rose
tu'ber'ous
tub'ing
tu'bu'lar
tu'bule
tuck
tuck-point
tuft
tuft'ed
tug
tugged
tug'ging
tu'grik
tu'i'tion
tu'la'rae'mia
tu'lip
tulle
tum'ble
tum'bled
tum'ble'down
tum'bler
tum'ble'weed
tum'bling
tum'brel
tum'bril
tu'mes'cent
tu'mid
tu'mid'i'ty
tum'mies
tummy
tu'mour
tu'mor'ous
tu'mult
tu'mul'tu'ous
tu'mul'tu'ous'ly
tu'mul'tu'ous'ness
tun
tu'na
tun'able
tun'dra
tune
tune'able
tuned
tune'ful
tune'less
tune'less'ly
tun'er
tung'sten
tu'nic
tun'ing
tun'nel
tun'nelled
tun'nel'ling
tun'nies
tunny
tuque
tur'ban
tur'baned
tur'bid
tur'bid'i'ty
tur'bid'ness
tur'bine
tur'bo
tur'bo'charged
tur'bo'fan
tur'bo'jet
tur'bo'prop
tur'bot
tur'bu'lence
tur'bu'len'cy
tur'bu'lent
tu'reen
turf
tur'gid
tur'gid'i'ty
tur'gid'ness
Turk
tur'key
Turk'ish
tur'mer'ic
tur'moil
turn
turn'about
turn'around
turn'coat
turn'ing
tur'nip
turn'key
turn'off
turn'out
turn'over
turn'pike
turn'stile
turn'ta'ble
tur'pen'tine
tur'pi'tude
turps
tur'quoise
tur'ret
tur'tle
tur'tle'dove
tur'tle'neck
turves

tusk
tusked
tus'sle
tus'sled
tus'sling
tus'sock
tu'te'lage
tu'tor
tu'tor'age
tu'tored
tu'to'ri'al
tu'tor'ing
tut'ti-frut'ti
tu'tu
tu-whit tu-whoo
tux'e'do
twad'dle
twain
twang
twang'ing
twangy
tweak
tweed
tweed'i'ness
tweedy
tweet
tweet'er
tweeze
tweezed
tweez'ers
tweez'ing
twelfth
twelve
twelve-month
twen'ties
twen'ti'eth
twen'ty
twerp
twice
twid'dle
twid'dled
twid'dling
twig
twig'gy
twi'light
twi'lit
twill
twilled
twin
twine
twined
twinge
twinged
twin'ing
twin'kle
twin'kled
twin'kling
twinned
twin'ning
twirl
twirl'er
twirly
twist
twist'er
twisty
twit
twitch
twitch'er
twitchy
twit'ted
twit'ter
twit'tery
'twixt
two
two-faced
two-fist'ed
two'fold
two-handed
two-ply
two-sid'ed
two-some
two-time
ty'coon
ty'ing
tyke
tym'pa'ni
tym'pan'ic
tym'pa'nist
tym'pa'num
type
type'cast
typed
type'face
type'script
type'set
type'set'ter
type'write
type'writ'er
type'writ'ing
type'writ'ten
ty'phoid
ty'phoon
ty'phus
typ'i'cal
typ'i'cal'i'ty
typ'i'cal'ly
typ'i'cal'ness
typ'i'fi'ca'tion
typ'i'fied
typ'i'fy
typ'i'fy'ing
typ'ing
typ'ist
ty'pog'ra'pher
ty'po'graph'ic
ty'po'graph'i'cal
ty'po'graph'i'cal'ly
ty'pog'ra'phy
ty'pol'o'gy
ty'ran'nic
ty'ran'ni'cal
ty'ran'ni'cal'ly
tyr'an'nies
tyr'an'nize
tyr'an'nized
tyr'an'niz'er
tyr'an'niz'ing
tyr'an'nous
tyr'an'ny
ty'rant
tyre
ty'ro
tzar
tza'ri'na
tzar'ist

U

ubiq'ui'tous'ly
ubiq'ui'tous'ness
ubiq'ui'ty
ubuiq'ui'tous
ud'der
ug'li'er
ug'li'est
ug'li'ly
ug'li'ness
ug'ly
uke'le'le
Ukrai'ni'an
uku'le'le
ul'cer
ul'cer'ate
ul'cer'at'ed
ul'cer'at'ing
ul'cer'a'tion
ul'cer'ous
ul'ster
ul'te'ri'or
ul'te'ri'or'ly
ul'ti'ma
ul'ti'mate

ul'ti'mate'ly
ul'ti'mate'ness
ul'ti'ma'tum
ul'ti'mo
ul'tra
ul'tra'ma'rine
ul'tra'mod'ern
ul'tra'son'ic
ul'tra'sound
ul'tra'vi'o'let
ul'u'late
ul'u'la'tion
um'bel
um'ber
um'bil'i'cal
um'bra
um'brage
um'bra'geous
um'bra'geous'ly
um'brel'la
umi'ak
um'laut
um'pire
um'pired
um'pir'ing
ump'teen
ump'teenth
un'abashed
un'able
un'abridged
un'ac'cept'able
un'ac'cept'ably
un'ac'com'pa'nied
un'ac'count'able
un'ac'count'a'bly
un'ac'count'ed
un'ac'cus'tomed
un'ac'knowl'edged
un'ac'quaint'ed
un'adorned
un'adul'ter'at'ed
un'ad'vised
un'ad'vis'ed'ly
un'ad'vis'ed'ness
un'af'fect'ed
un'af'fect'ed'ly
un'af'fect'ed'ness
un'afraid
un'aid'ed
un'aligned
un'al'loyed
un'al'ter'able
un'al'tered
un'am'bi'tious
un-Amer'i'can
una'nim'i'ty
unan'i'mous
unan'i'mous'ly
unan'i'mous'ness
un'an'nounced
un'an'swer'able
un'an'swered
un'ap'peal'able
un'ap'peal'ing
un'ap'pe'tiz'ing
un'ap'pre'ci'at'ed
un'ap'pre'ci'a'tive
un'ap'proach'able
un'ap'pro'pri'at'ed
un'ar'gu'able
un'ar'gu'ably
un'armed
un'a'shamed
un'asham'ed'ly
un'asked
un'aspir'ing
un'as'sail'able
un'as'sailed
un'as'sist'ed
un'as'sum'ing
un'at'tached
un'at'tain'able
un'at'tained
un'at'tended
un'at'trac'tive
un'au'thor'ized
un'avail'able
un'avail'ably
un'avail'ing
un'avoid'abil'i'ty
un'avoid'able
un'avoid'ably
un'aware
un'aware'ness
un'awares
un'backed
un'bal'anced
un'ban
un'banned
un'ban'ning
un'bar
un'barred
un'bar'ring
un'bear'able
un'bear'able'ness
un'bear'ably
un'beat'able
un'beat'en
un'be'com'ing
un'be'known
un'be'knownst
un'be'lief
un'be'liev'able
un'be'liev'ably
un'be'liev'er
un'be'liev'ing
un'bend
un'bend'ed
un'bend'ing
un'bend'ing'ness
un'bent
un'bi'ased
un'bid'den
un'bind
un'bind'ing
un'bleached
un'blem'ished
un'blink'ing
un'block
un'blush'ing
un'bolt
un'bolt'ed
un'boned
un'born
un'bos'om
un'bound
un'bound'ed
un'bound'ed'ness
un'bowed
un'brace
un'break'able
un'bred
un'bri'dle
un'bri'dled
un'bro'ken
un'buck'le
un'buck'led
un'buck'ling
un'bun'dle
um'bundl'ing
un'bur'den
un'bur'ied
un'but'ton
un'but'toned
un'but'ton'ing
un'called-for
un'can'ni'est
un'can'ni'ly
un'can'ni'ness
un'can'ny
un'cap
un'capped
un'cap'ping
un'cared-for
un'car'ing
un'ceas'ing
un'ceas'ing'ly
un'ceas'ing'ness
un'cer'e'mo'ni'ous
un'cer'tain
un'cer'tain'ly
un'cer'tain'ness
un'cer'tain'ties
un'cer'tain'ty
un'chain
un'chal'lenged
un'change'able
un'changed
un'chang'ing
un'char'ac'ter'is'tic

un'charged
un'char'i'ta'ble
un'char'i'ta'bly
un'chart'ed
un'chart'ered
un'checked
un'chris'tian
un'cial
un'ci'form
un'cir'cum'cised
un'ci'nate
un'ci'nus
un'civ'il
un'civ'i'lized
un'civ'il'ly
un'clad
un'claimed
un'clasp
un'class'i'fi'a'ble
un'clas'si'fied
un'cle
un'clean
un'clean'li'ness
un'clean'ly
un'clean'ness
un'clear
un'clench
un'clip
un'clothe
un'clothed
un'clut'tered
un'coil
un'col'oured
un'combed
un'com'fort'able
un'com'fort'ably
un'com'mit'ted
un'com'mon
un'com'mon'ly
un'com'mon'ness
un'com'mu'ni'ca'tive
un'com'plain'ing
un'com'plain'ing'ly
un'com'pli'cat'ed
un'com'pre'hend'ing
un'com'pro'mised
un'com'pro'mis'ing
un'con'cern
un'con'cerned
un'con'cern'ed'ly
un'con'di'tion'al
un'con'di'tion'al'ly
un'con'firmed
un'con'for'mi'ty
un'con'ge'ni'al
un'con'nect'ed
un'con'quer'a'ble
un'con'quered
un'con'scion'a'ble
un'con'scion'a'bly
un'con'scious
un'con'scious'ly
un'con'scious'ness
un'con'sid'ered
un'con'sti'tu'tion'al
un'con'strained
un'con'test'ed
un'con'trol'la'ble
un'con'trol'la'bly
un'con'trolled
un'con'ven'tion'al
un'con'vinced
un'con'vinc'ing
un'con'vinc'ing'ly
un'cooked
un'co'op'er'a'tive
un'co'or'di'nat'ed
un'cork
un'count'ed
un'cou'ple
un'cour'te'ous
un'couth
un'couth'ly
un'couth'ness
un'cov'er
un'cov'ered
un'crit'i'cal
un'crit'i'cal'ly
un'crowned
unc'tion
unç'tu'ous
un'cul'ti'vat'ed
un'cul'tured
un'dam'aged
un'dat'ed
un'daunt'ed
un'daunt'ed'ly
un'daunt'ed'ness
un'de'ceived
un'de'ceiv'ing
un'de'cid'ed
un'de'cid'ed'ness
un'de'fin'a'ble
un'de'fined
un'de'mand'ing
un'dem'o'crat'ic
un'de'mon'stra'tive
un'de'ni'a'ble
un'de'ni'a'ble'ness
un'de'ni'a'bly
un'de'nied
un'de'pend'a'bil'i'ty
un'de'pend'a'ble
un'der
un'der'achiev'er
un'der'achieve'ment
un'der'act
un'der'age
un'der'arm
un'der'bel'lies
un'der'bel'ly
un'der'bid
under'bid'der
under'body
under'bodies
under'bred
under'breeding
under'buy
un'der'car'riage
un'der'charge
un'der'class
un'der'clothes
un'der'cloth'ing
un'der'coat
un'der'coat'ing
un'der'cov'er
un'der'cur'rent
un'der'cut
un'der'cut'ting
un'der'de'vel'oped
un'der'dog
un'der'done
un'der'em'ployed
un'der'es'ti'mate
un'der'es'ti'mat'ed
un'der'es'ti'mat'ing
un'der'es'ti'ma'tion
un'der'ex'pose
un'der'fed
un'der'foot
un'der'gar'ment
un'der'go
un'der'goes
un'der'go'ing
un'der'gone
un'der'grad'u'ate
un'der'ground
un'der'growth
un'der'hand
un'der'hand'ed
un'der'lain
un'der'lay
un'der'lie
un'der'line
un'der'lined
un'der'ling
un'der'lin'ing
un'der'ly'ing
un'der'manned
un'der'mine
un'der'mined
un'der'min'ing
un'der'most
un'der'neath
un'der'nour'ished
un'der'paid
un'der'pass
un'der'pin
un'der'pinned
un'der'pin'ning

un'der'play
un'der'pop'u'lat'ed
un'der'priv'i'leged
un'der'rate
un'der'rat'ed
un'der'rat'ing
un'der'score
un'der'scored
un'der'scor'ing
un'der'sea
un'der'sell
un'der'shirt
un'der'shoot
un'der'side
un'der'signed
un'der'sized
un'der'slung
un'der'sold
un'der'stand
un'der'stand'a'ble
un'der'stand'a'bly
un'der'stand'ing
un'der'state
un'der'stat'ed
un'der'state'ment
un'der'stat'ing
un'der'stood
un'der'stud'ied
un'der'stud'ies
un'der'study
un'der'stud'y'ing
un'der'take
un'der'tak'en
un'der'tak'er
un'der'tak'ing
un'der-the-
coun'ter
un'der'tone
un'der'took
un'der'tow
un'der'val'ue
un'der'val'ued
un'der'val'u'ing
un'der'wa'ter
un'der'wear
un'der'weight
un'der'went
un'der'whelmed
un'der'world
un'der'write
un'der'writ'er
un'der'writ'ing
un'der'writ'ten
un'der'wrote
un'de'served
un'de'sign'ing
un'de'sir'a'bil'i'ty
un'de'sir'a'ble
un'de'sir'a'ble'ness
un'de'sir'a'bly
un'de'tect'ed
un'de'ter'mined
un'de'vel'oped
un'did
un'dif'fer'en'ti'at'ed
un'dig'ni'fied
un'di'lut'ed
un'dip'lo'mat'ic
un'di'rec'ted
un'dis'ci'plined
un'dis'closed
un'dis'cov'ered
un'dis'guised
un'dis'mayed
un'dis'posed
un'dis'put'ed
un'dis'tin'guished
un'di'vid'ed
un'dis'turbed
un'do
un'does
un'do'ing
un'done
un'doubt'ed
un'doubt'ed'ly
un'doubt'ing
un'dress
un'dressed
un'dress'ing
un'due
un'du'lant
un'du'late
un'du'lat'ed
un'du'lat'ing
un'du'la'tion
un'du'la'tory
un'du'ly
un'dy'ing
un'earned
un'earth
un'earth'li'ness
un'earth'ly
un'ease
un'eas'i'ly
un'eas'i'ness
un'easy
un'eat'able
un'eco'nom'ic
un'eco'nom'i'cal
un'ed'u'cat'ed
un'emo'tion'al
un'emo'tion'al'ly
un'em'ploy'a'ble
un'em'ployed
un'em'ploy'ment
un'end'ing
un'en'dur'able
un'en'vi'able
un'equal
un'equalled
un'equal'ly
un'equiv'o'cal
un'equiv'o'cal'ly
un'err'ing
un'err'ing'ly
un'es'sen'tial
un'eth'i'cal
un'eth'i'cal'ly
un'even
un'even'ly
un'even'ness
un'event'ful
un'event'ful'ly
un'ex'am'pled
un'ex'cep'tion'a'ble
un'ex'cep'tion'al
un'ex'cit'ing
un'ex'pect'ed
un'ex'pect'ed'ly
un'ex'pect'ed'ness
un'ex'plained
un'ex'pres'sive
un'fail'ing
un'fail'ing'ly
un'fair
un'fair'ly
un'fair'ness
un'faith'ful
un'faith'ful'ly
un'faith'ful'ness
un'fa'mil'iar
un'fa'mil'i'ar'i'ty
un'fash'ion'able
un'fast'en
un'fath'om'able
un'fa'vour'able
un'fa'vour'a'bly
un'fed
un'feel'ing
un'feel'ing'ly
un'feel'ing'ness
un'feigned
un'fet'ter
un'fet'tered
un'fin'ished
un'fit
un'fit'ness
un'fit'ted
un'fit'ting
un'flag'ging
un'flap'pa'ble
un'flat'ter'ing
un'flinch'ing
un'fold
un'fore'seen
un'for'get'ta'ble
un'for'get'ta'bly
un'for'giv'able
un'for'giv'ing
un'formed

un'for'tu'nate
un'for'tu'nate'ly
un'for'tu'nate'ness
un'found'ed
un'fre'quent'ed
un'friend'li'er
un'friend'li'est
un'friend'li'ness
un'friend'ly
un'frocked
un'fruit'ful
un'furl
un'fur'nished
un'gain'li'ness
un'gain'ly
un'gen'er'ous
un'god'li'ness
un'god'ly
un'gov'ern'a'ble
un'grace'ful
un'gra'cious
un'gra'cious'ly
un'gra'cious'ness
un'gram'mat'i'cal
un'grate'ful
un'grate'ful'ly
un'grate'ful'ness
un'green
un'grudg'ing
un'guard'ed
un'guard'ed'ly
un'guent
un'ham'pered
un'handy
un'hap'pi'er
un'hap'pi'est
un'hap'pi'ly
un'hap'pi'ness
un'hap'py
un'harmed
un'health'i'er
un'health'i'est
un'health'i'ness
un'healthy
un'heard
un'heed'ed
un'heed'ful
un'heed'ing
un'help'ful
un'her'ald'ed
un'hes'i'tat'ing
un'hes'i'tat'ing'ly
un'hinge
un'hinged
un'hing'ing
un'ho'li'ness
un'ho'ly
un'hook
un'hur'ried
un'hur'ried'ly
un'hurt
un'hy'gien'ic
uni'cel'lu'lar
uni'corn
uni'cy'cle
un'iden'ti'fi'able
un'iden'ti'fied
uni'fi'ca'tion
uni'fied
uni'form
uni'formed
uni'form'i'ty
uni'form'ly
uni'form'ness
uni'fy
uni'fy'ing
uni'lat'er'al
uni'lat'er'al'ism
uni'lat'er'al'ly
un'imag'i'na'ble
un'imag'i'na'tive
un'im'paired
un'im'peach'a'ble
un'im'peach'a'bly
un'im'ped'ed
un'im'por'tance
un'im'por'tant
un'im'pressed
un'im'pres'sive
un'im'proved
un'in'hab'it'able
un'in'hab'it'ed
un'in'hib'it'ed
un'ini'ti'at'ed
un'in'spir'ing
un'in'tel'li'gent
un'in'tel'li'gi'ble
un'in'tel'li'gi'bly
un'in'ten'tion'al
un'in'ten'tion'al'ly
un'in'ter'est'ed
un'in'ter'est'ing
un'in'ter'rupt'ed
un'ion
un'ion'ism
un'ion'ist
un'ion'i'za'tion
un'ion'ize
un'ion'ized
un'ion'iz'ing
unique
unique'ly
unique'ness
uni'sex
uni'son
unit
unite
unit'ed
unit'ing
uni'ty
uni'va'lent
uni'valve
uni'ver'sal
uni'ver'sal'i'ty
uni'ver'sal'ly
uni'ver'sal'ness
uni'verse
uni'ver'si'ties
uni'ver'si'ty
un'just
un'jus'ti'fi'able
un'jus'ti'fi'ably
un'jus'ti'fied
un'just'ly
un'just'ness
un'kempt
un'kind
un'kind'ly
un'kind'ness
un'know'able
un'know'ing
un'know'ing'ly
un'known
un'law'ful
un'law'ful'ly
un'law'ful'ness
un'lead'ed
un'learn
un'learned
un'learn'ed
un'learnt
un'leash
un'leav'ened
un'less
un'let'tered
un'like
un'like'li'hood
un'like'li'ness
un'like'ly
un'like'ness
un'lim'ber
un'lim'it'ed
un'list'ed
un'lit
un'load
un'lock
un'looked-for
un'loose
un'loos'en
un'lov'able
un'loved
un'love'ly
un'lov'ing
un'luck'i'est
un'luck'i'ly
un'luck'i'ness
un'lucky
un'made
un'make
un'mak'er

un'mak'ing
un'man'ly
un'manned
un'man'ner'ly
un'marked
un'mar'ried
un'mask
un'matched
un'mean'ing
un'mean'ing'ly
un'men'tion'a'ble
un'mer'ci'ful
un'mer'ci'ful'ly
un'mind'ful
un'mis'tak'a'ble
un'mis'tak'a'bly
un'mit'i'gat'ed
un'mo'lest'ed
un'moved
un'mu'si'cal
un'named
un'nat'u'ral
un'nat'u'ral'ly
un'nat'u'ral'ness
un'nec'es'sar'i'ly
un'nec'es'sary
un'nerve
un'nerved
un'nerv'ing
un'no'ticed
un'num'bered
un'ob'jec'tion'a'ble
un'ob'served
un'ob'tain'able
un'ob'tru'sive
un'ob'tru'sive'ly
un'oc'cu'pied
un'of'fi'cial
un'of'fi'cial'ly
un'or'gan'ized
un'or'tho'dox
un'pack
un'paid
un'pala't'able
un'par'al'leled
un'par'don'a'ble
un'par'lia'men'ta'ry
un'pick
un'pleas'ant
un'pleas'ant'ly
un'pleas'ant'ness
un'plug
un'plugged
un'plug'ging
un'plumbed
un'pol'lut'ed
un'pop'u'lar
un'pop'u'lar'i'ty
un'prec'e'dent'ed
un'pre'dic'ta'bil'i'ty
un'pre'dict'able
un'pre'dic'ta'bly
un'prej'u'diced
un'pre'pared
un'pre'pos'sess'ing
un'pre'ten'tious
un'prin'ci'pled
un'print'a'ble
un'pro'duc'tive
un'pro'fes'sion'al
un'prof'it'a'ble
un'prom'is'ing
un'pro'nounce'able
un'pro'tect'ed
un'pro'voked
un'pun'ished
un'qual'i'fied
un'qual'i'fied'ly
un'ques'tion'able
un'ques'tion'ably
un'ques'tioned
un'ques'tion'ing
un'ques'tion'ing'ly
un'quote
un'quot'ed
un'rav'el
un'rav'elled
un'rav'el'ling
un'read
un'read'able
un'read'i'ness
un'ready
un'real
un're'al'is'tic
un're'al'is'ti'cal'ly
un're'al'i'ty
un'rea'son'able
un'rea'son'able'ness
un'rea'son'a'bly
un'rea'son'ing
un'rec'og'niz'able
un'rec'og'nized
un're'con'struct'ed
un're'cord'ed
un're'fined
un're'gen'er'ate
un're'hearsed
un're'lat'ed
un're'lent'ing
un're'li'abil'i'ty
un're'li'able
un're'lieved
un're'mark'able
un're'mit'ting
un're'mit'ting'ly
unre'pen'tant
un'rep're'sen'ta'tive
un're'quit'ed
un're'served
un're'serv'ed'ly
un're'solved
un'rest
un're'strained
un're'strain'ed'ly
un're'strict'ed
un're'ward'ed
un're'ward'ing
un'ri'valled
un'roll
un'ruf'fled
un'ru'li'ness
un'ru'ly
un'sad'dle
un'sad'dled
un'sad'dling
un'safe
un'said
un'sale'able
un'san'i'ta'ry
un'sat'is'fac'to'ry
un'sat'is'fied
un'sat'is'fy'ing
un'sat'u'rat'ed
un'sa'voury
un'scathed
un'sched'uled
un'schooled
un'sci'en'tif'ic
un'scram'ble
un'screw
un'script'ed
un'scru'pu'lous
un'seal
un'sea'son'able
un'sea'son'ably
un'seat
un'se'cured
un'see'ing
un'seem'li'ness
un'seem'ly
un'seen
un'seg're'gat'ed
un'self'ish
un'self'ish'ly
un'self'ish'ness
un'set'tle
un'set'tled
un'set'tling
un'shak'able
un'shake'able
un'shak'ably
un'shak'en
un'shav'en
un'sheathe
un'shod
un'sight'li'ness
un'sight'ly
un'signed
un'skilled
un'skil'ful

un'smil'ing
un'smil'ing'ly
un'snap
un'snapped
un'snap'ping
un'snarl
un'so'cia'ble
un'so'cial
un'sold
un'so'lic'it'ed
un'solved
un'so'phis'ti'cat'ed
un'sought
un'sound
un'sound'ness
un'spar'ing
un'speak'able
un'speak'ably
un'spec'i'fied
un'spec'tac'u'lar
un'spoiled
un'spoilt
un'spok'en
un'sport'ing
un'spot'ted
un'sta'ble
un'sta'ble'ness
un'stat'ed
un'stead'i'ly
un'steady
un'stop
un'stop'pa'ble
un'stopped
un'stop'ping
un'stressed
un'struc'tured
un'strung
un'stuck
un'stud'ied
un'sub'stan'ti'at'ed
un'suc'cess'ful
un'suc'cess'ful'ly
un'suit'able
un'suit'ably
un'suit'ed
un'sul'lied
un'sung
un'sup'port'ed
un'sure
un'sur'passed
un'sur'pris'ing
un'sur'pris'ing'ly
un'sus'pect'ed
un'sus'pect'ing
un'sweet'ened
un'swerv'ing
un'sym'pa'the'tic
un'tamed
un'tan'gle
un'tan'gled
un'tan'gling
un'tapped
un'taught
un'ten'a'ble
un'think'able
un'think'ing
un'think'ing'ly
un'ti'di'er
un'ti'di'est
un'ti'di'ly
un'ti'di'ness
un'ti'dy
un'tie
un'tied
un'til
un'time'li'ness
un'time'ly
un'tir'ing
un'tir'ing'ly
un'to
un'told
un'touch'able
un'touched
un'to'ward
un'trained
un'tram'melled
un'treat'ed
un'tried
un'troub'led
un'true
un'trust'wor'thy
un'truth
un'truth'ful
un'truth'ful'ly
un'tu'tored
un'ty'ing
un'us'able
un'used
un'usu'al
un'usu'al'ly
un'usu'al'ness
un'ut'ter'able
un'ut'ter'ably
un'var'nished
un'vary'ing
un'veil
un'waged
un'want'ed
un'war'i'ness
un'war'rant'ed
un'wary
un'wa'ver'ing
un'wel'come
un'well
un'whole'some
un'wield'i'ness
un'wieldy
un'will'ing
un'will'ing'ly
un'will'ing'ness
un'wind
un'wind'ing
un'wise
un'wise'ly
un'wit'ting
un'wit'ting'ly
un'wont'ed
un'work'able
un'world'li'ness
un'world'ly
un'wor'thi'ly
un'wor'thi'ness
un'wor'thy
un'wound
un'wrap
un'wrapped
un'wrap'ping
un'writ'ten
un'yield'ing
un'zip
un'zipped
un'zip'ping
up
up-and-com'ing
up-and-down
up'beat
up'braid
up'bring'ing
up'com'ing
up'coun'try
up'date
up'dat'ed
up'dat'ing
up-front
up'grade
up'grad'ed
up'grad'ing
up'heav'al
up'heave
up'held
up'hill
up'hold
up'hold'er
up'hold'ing
up'hol'ster
up'hol'stery
up'keep
up'land
up'mar'ket
up'most
up'on
upped
up'per
up'per class
up'per'cut
up'per'most
up'ping
up'pish
up'pish'ness
up'pi'ty

up'raise
up'raised
up'rais'ing
up'rear
up'right
up'right'ness
up'ris'ing
up'roar
up'roar'i'ous
up'root
up'set
up'set'ting
up'shot
up'side
up'si'lon
up'stage
up'staged
up'stag'ing
up'stairs
up'stand'ing
up'start
up'state
up'stream
up'surge
up'swing
up'take
up'tight
up-to-date
up'town
up'turn
up'ward
up'wards
urae'mia
ura'ni'um
ur'ban
ur'bane
ur'bane'ly
ur'bane'ness
ur'ban'i'ty
ur'ban'i'za'tion
ur'ban'ize
ur'ban'ized
ur'ban'iz'ing
ur'chin
Ur'du
ure'ter
ure'thra
urge
urged
ur'gen'cy
ur'gent
ur'gent'ly
urg'ing
uri'nal
uri'nal'y'sis
uri'nary
uri'nate
uri'nat'ed
uri'nat'ing
uri'na'tion
urine
urn
uro'log'ic
urol'o'gy
us
us'a'bil'i'ty
us'a'ble
us'a'ble'ness
us'age
use
used
use'ful
use'ful'ly
use'ful'ness
use'less
use'less'ly
use'less'ness
us'er
ush'er
ush'er'ette
us'ing
usu'al
usu'al'ly
usu'rer
usu'ri'ous
usurp
usur'pa'tion
usurp'er
usu'ry
uten'sil
uter'us
util'i'tar'ian
util'i'ties
util'i'ty
uti'li'za'tion
uti'lize
uti'lized
uti'liz'ing
ut'most
ut'ter
ut'ter'able
ut'ter'ance
ut'ter'ly
ut'ter'most
uvu'la
uvu'lar
ux'o'ri'ous
ux'o'ri'ous'ness

V

va'can'cies
va'can'cy
va'cant
va'cant'ly
va'cate
va'cat'ed
va'cat'ing
va'ca'tion
vac'ci'nate
vac'ci'nat'ed
vac'ci'nat'ing
vac'ci'na'tion
vac'cine
vac'il'late
vac'il'lat'ed
vac'il'lat'ing
vac'il'la'tion
vac'il'la'tor
va'cu'i'ty
vac'u'ous
vac'u'ous'ness
vac'u'um
vag'a'bond
vag'a'bond'age
va'ga'ries
va'gar'i'ous
va'gary
va'gi'na
vag'i'nal
va'gran'cy
va'grant
vague
vague'ly
vague'ness
vain
vain'glo'ri'ous
vain'glo'ry
vain'ly
vain'ness
val'ance
val'anced
vale
val'e'dic'tion
val'e'dic'to'ri'an
val'e'dic'to'ry
va'lence
va'len'cies
va'len'cy
val'en'tine
val'et
val'iant
val'iant'ly

val'iant'ness
val'id
val'i'date
val'i'dat'ed
val'i'dat'ing
val'i'da'tion
va'lid'i'ty
val'id'ly
val'id'ness
va'lise
val'ley
val'leys
val'our
val'or'i'za'tion
val'or'ize
val'or'ous
val'or'ous'ly
val'u'a'ble
val'u'a'ble'ness
val'u'a'bly
val'u'a'tion
val'u'a'tion'al
val'ue
val'ued
val'ue'less
val'u'er
val'u'ing
valve
valve'less
val'vu'lar
va'moose
vam'pire
vam'pir'ic
va'na'di'um
van'dal
van'dal'ism
van'dal'ize
van'dal'ized
van'dal'iz'ing
vane
vaned
vane'less
van'guard
va'nil'la
van'ish
van'i'ties
van'i'ty
van'quish
van'quish'a'ble
van'quish'er
van'tage
vap'id
va'pid'i'ty
vap'id'ly
vap'id'ness
va'por'ize
va'por'iz'er
va'por'ous
va'por'ous'ly
va'pour
va'pour'er
va'pour'ish
va'pour'i'za'tion
vari'abil'i'ty
vari'able
vari'able'ness
vari'ably
vari'ance
vari'ant
vari'a'tion
vari'a'tion'al
vari'a'tion'al'ly
vari'col'oured
var'i'cose
var'i'cos'i'ty
var'ied
var'ied'ness
var'ie'gate
var'ie'gat'ed
var'ie'gat'ing
var'ie'ga'tion
va'ri'etal
va'ri'etal'ly
va'ri'eties
va'ri'ety
var'i'o'rum
var'i'ous
var'i'ous'ly
var'i'ous'ness
var'mint
var'nish
var'si'ties
var'si'ty
vary
vary'ing
vary'ing'ly
vas'cu'lar
vas'cu'lar'i'ty
vase
va'sec'to'mies
vas'ec'to'my
va'so'mo'tor
vas'sal
vas'sal'age
vast
vast'ly
vast'ness
vat
Vati'can
vat'ted
vat'ting
vaude'ville
vaude'vil'lian
vault
vault'ed
vault'er
vault'ing
vaunt
vaunt'er
veal
vec'tor
vec'to'ri'al
veer
veer'ing
ve'gan
veg'e'ta'ble
veg'e'tal
veg'e'tar'i'an
veg'e'tar'i'an'ism
veg'e'tate
veg'e'tat'ed
veg'e'tat'ing
veg'e'ta'tion
veg'e'ta'tion'al
veg'e'ta'tive
veg'gie
ve'he'mence
ve'he'men'cy
ve'he'ment
ve'he'ment'ly
ve'hi'cle
ve'hic'u'lar
veil
veiled
veil'ing
vein
vein'ing
veiny
veld
veldt
vel'lum
ve'loc'i'ties
ve'loc'i'ty
vel'our
ve'lum
vel'vet
vel'vet'een
vel'vet'like
vel'vety
ve'nal
ve'nal'i'ty
ve'nal'ly
ve'na'tion
ve'na'tion'al
vend'able
vend'er
ven'det'ta
vend'ibil'i'ty
vend'ible
vend'or
ve'neer
ve'neer'ing
ven'er'a'bil'i'ty
ven'er'a'ble
ven'er'a'ble'ness
ven'er'a'bly
ven'er'ate
ven'er'a'tion
ven'er'a'tor
ve'ne're'al

venge'ance
venge'ful
venge'ful'ness
ve'ni'al
ve'ni'al'i'ty
ve'ni'al'ly
ven'i'son
ven'om
ven'om'ous
ven'om'ous'ly
ven'om'ous'ness
ve'nous
ve'nous'ly
ve'nous'ness
vent
vent'ed
ven'ti'late
ven'ti'lat'ed
ven'ti'lat'ing
ven'ti'la'tion
ven'ti'la'tor
vent'ing
ven'tral
ven'tri'cle
ven'tri'lo'qui'al
ven'tril'o'quism
ven'tril'o'quist
ven'tril'o'quize
ven'tril'o'quized
ven'tril'o'quiz'ing
ven'ture
ven'tured
ven'ture'some
ven'tur'ing
ven'tur'ous
ven'ue
ve'ra'cious
ve'ra'cious'ness
ve'rac'i'ties
ve'rac'i'ty
ve'ran'da
ve'ran'dah
verb
ver'bal
ver'bal'i'za'tion
ver'bal'ize
ver'bal'ized
ver'bal'iz'ing
ver'bal'ly
ver'ba'tim
ver'be'na
ver'bi'age
ver'bose
ver'bose'ness
ver'bos'i'ty
ver'bo'ten
ver'dan'cy
ver'dant
ver'dict
ver'di'gris
ver'dure
ver'dured
ver'dur'ous
verge
verged
verg'er
verg'ing
ver'i'fi'abil'i'ty
ver'i'fi'able
ver'i'fi'able'ness
ver'i'fi'ca'tion
ver'i'fied
ver'i'fi'er
verify
ver'i'fy'ing
ver'i'ly
ver'i'si'mil'i'tude
ver'i'ta'ble
ver'i'ta'ble'ness
ver'i'ta'bly
ver'i'ties
ver'i'ty
ver'juice
ver'meil
ver'mi'cel'li
ver'mic'u'lar
ver'mic'u'late
ver'mi'form
ver'mi'fuge
ver'mil'ion
ver'min
ver'min'ous
ver'mouth
ver'nac'u'lar
ver'nac'u'lar'ism
ver'nal
ver'nal'ly
ver'ni'er
ver'ru'ca
ver'sa'tile
ver'sa'til'i'ty
verse
versed
ver'si'fi'ca'tion
ver'si'fied
ver'si'fy
ver'si'fy'ing
ver'sion
ver'sion'al
ver'so
ver'sus
ver'te'bra
ver'te'brae
ver'te'bral
ver'te'brate
ver'tex
ver'tex'es
ver'ti'cal
ver'ti'cal'i'ty
ver'ti'cal'ly
ver'ti'ces
ver'tig'i'nous
ver'ti'go
verve
very
ves'i'cant
ves'i'cle
ves'pers
ves'sel
ves'tal
vest'ed
ves'ti'bule
ves'tige
ves'tig'i'al
ves'tig'i'al'ly
vest'ment
vest-pock'et
ves'tries
ves'try
vet
vetch
vet'er'an
vet'er'i'nar'i'an
vet'er'i'nary
ve'to
ve'toed
ve'to'er
ve'toes
ve'to'ing
vet'ted
vet'ting
vex
vex'a'tion
vex'a'tious
vexed
vex'ing
via
vi'a'bil'i'ty
vi'a'ble
vi'a'bly
via'duct
vi'al
vi'and
vi'bran'cy
vi'brant
vi'bra'phone
vi'brate
vi'brat'ed
vi'brat'ing
vi'bra'tion
vi'bra'to
vi'bra'tor
vi'bra'to'ry
vi'bur'num
vic'ar
vic'ar'age
vi'car'i'ous
vi'car'i'ous'ly
vi'car'i'ous'ness
vice

vice ad'mi'ral
vice chan'cel'lor
vice-pres'i'den'cy
vice-pres'i'dent
vice-pres'i'den'tial
vice'regal
vice'roy
vice'roy'al'ty
vice ver'sa
vi'chys'soise
vi'cin'i'ties
vi'cin'i'ty
vi'cious
vi'cious'ly
vi'cious'ness
vi'cis'si'tude
vic'tim
vic'tim'i'za'tion
vic'tim'ize
vic'tim'ized
vic'tim'iz'ing
vic'tor
Vic'to'rian
vic'to'ries
vic'to'ri'ous
vic'to'ri'ous'ly
vic'to'ri'ous'ness
vic'to'ry
vict'ual
vi'cu'na
vid'eo
vid'eo cas'sette
video'con'fer'enc'ing
vid'eo'tape
Vid'eo'tex
vid'eo'text
vie
vied
vi'er
Vi'et'nam'ese
view
View'da'ta
view'er
view'find'er
view'point
vig'il
vig'i'lance
vig'i'lant
vig'i'lan'te
vig'i'lan'tism
vi'gnette
vig'or'ous
vig'or'ous'ly
vig'our
Vi'king
vile
vile'ly
vil'er
vil'est
vil'i'fi'ca'tion
vil'i'fied
vil'i'fy
vil'i'fy'ing
vil'la
vil'lage
vil'lag'er
vil'lain
vil'lain'ies
vil'lain'ous
vil'lain'ous'ly
vil'lain'ous'ness
vil'lainy
vil'lein
vil'lous
vim
vin'ai'grette
vin'ci'bil'i'ty
vin'ci'ble
vin'di'cate
vin'di'cat'ed
vin'di'cat'ing
vin'di'ca'tion
vin'di'ca'tor
vin'dic'tive
vin'dic'tive'ly
vin'dic'tive'ness
vin'e'gar
vin'e'gary
vin'er'ies
vin'ery
vine'yard
vi'ni'cul'ture
vi'nous
vin'tage
vint'ner
vi'nyl
vi'ol
vi'o'la
vi'o'la'bil'i'ty
vi'o'la'ble
vi'o'late
vi'o'lat'ed
vi'o'lat'ing
vi'o'la'tion
vi'o'la'tor
vi'o'lence
vi'o'lent
vi'o'lent'ly
vi'o'let
vi'o'lin
vi'o'lin'ist
vi'o'list
vi'o'lon'cel'list
vi'o'lon'cel'lo
vi'per
vi'ra'go
vi'ral
vire'ment
vir'eo
vir'gin
vir'gin'al
vir'gin'al'ly
vir'gin'i'ty
Vir'go
vir'gule
vir'ile
vi'ril'i'ty
vi'rol'o'gist
vi'rol'o'gy
vir'tu'al
vir'tu'al'ly
vir'tue
vir'tu'o'si
vir'tu'os'i'ty
vir'tu'o'so
vir'tu'ous
vir'tu'ous'ly
vir'tu'ous'ness
vir'u'lence
vir'u'len'cy
vir'u'lent
vir'u'lent'ly
vi'rus
vi'rus'es
vi'sa
vis'age
vis-à-vis
vis'cera
vis'cer'al
vis'cid
vis'cid'i'ty
vis'cid'ly
vis'cid'ness
vis'cose
vis'cos'i'ties
vis'cos'i'ty
vis'count
vis'count'ess
vis'cous
vis'i'bil'i'ty
vis'i'ble
vis'i'bly
vi'sion
vi'sion'ar'ies
vi'sion'ary
vis'it
vis'i'tant
vis'it'a'tion
vis'it'ed
vis'it'ing
vis'i'tor
vi'sor
vis'ta
vis'u'al
vis'u'al'iza'tion
vis'u'al'ize
vis'u'al'ized
vis'u'al'iz'ing
vis'u'al'ly
vi'tal

vi'tal'i'ty
vi'tal'iza'tion
vi'tal'ize
vi'tal'ized
vi'tal'iz'ing
vi'tal'ly
vi'tals
vi'ta'min
vi'ti'ate
vi'ti'at'ed
vi'ti'at'ing
vi'ti'a'tion
vit're'os'i'ty
vit're'ous
vit'ri'fi'a'ble
vit'ri'fi'ca'tion
vit'ri'fied
vit'ri'fy
vit'ri'fy'ing
vit'ri'ol
vit'ri'ol'ic
vi'tu'per'ate
vi'tu'per'at'ed
vi'tu'per'at'ing
vi'tu'per'a'tion
vi'tu'per'a'tive
vi'va
vi'va'cious
vi'va'cious'ly
vi'vac'i'ty
vi'var'i'um
vi'va vo'ce
viv'id
viv'id'ly
viv'id'ness
viv'i'fi'ca'tion
viv'i'fied
viv'i'fy
viv'i'fy'ing
vi'vip'ar'ous
vivi'sect
viv'i'sec'tion
vivi'sec'tion'ist
vix'en
viz
vi'zier
vi'zor
vo'cab'u'lar'ies
vo'cab'u'lary
vo'cal
vo'cal'ic
vo'cal'ist
vo'cali'za'tion
vo'cal'ize
vo'cal'ized
vo'cal'iz'ing
vo'ca'tion
vo'ca'tion'al
vo'ca'tion'al'ly
voc'a'tive
vo'cif'er'ate
vo'cif'er'ous
vo'cif'er'ous'ly
vod'ka
vogue
vogu'ish
voice
voiced
voice'less
voice-over
voice'print
voic'ing
void
void'able
voile
vol'a'tile
vol'a'til'i'ty
vol-au-vent
vol'can'ic
vol'can'i'cal'ly
vol'ca'no
vol'ca'noes
vol'ca'nos
vole
vo'li'tion
vol'ley
vol'ley'ball
vol'leyed
vol'ley'ing
vol'leys
volt
volt'age
vol'ta'ic
vol'u'bil'i'ty
vol'u'ble
vol'u'bly
vol'ume
vo'lu'mi'nous
vo'lu'mi'nous'ly
vo'lu'mi'nous'ness
vol'un'tar'i'ly
vol'un'tary
vol'un'teer
vo'lup'tu'ary
vo'lup'tu'ous
vo'lup'tu'ous'ly
vo'lup'tu'ous'ness
vo'lute
vom'it
vom'it'ed
vom'it'ing
voo'doo
voo'doo'ism
voo'doo'ist
voo'doo'is'tic
vo'ra'cious
vo'ra'cious'ly
vo'rac'i'ty
vor'tex
vor'tex'es
vor'ti'ces
vos'tro
vo'ta'ries
vo'ta'ry
vote
vot'ed
vot'er
vot'ing
vo'tive
vouch
vouch'er
vouch'safe
vouch'safed
vouch'saf'ing
vow
vow'el
vox pop
vox po'pu'li
voy'age
voy'aged
voy'ag'er
voy'ag'ing
vo'yeur
vo'yeur'ism
voy'eur'is'tic
vul'can'i'za'tion
vul'can'ize
vul'can'ized
vul'can'iz'ing
vul'gar
vul'gar'ism
vul'gar'i'ty
vul'gar'iza'tion
vul'gar'ize
vul'gar'ized
vul'gar'iz'ing
vul'ner'a'bil'i'ty
vul'ner'a'ble
vul'ner'a'bly
vul'pine
vul'ture
vul'tur'ine
vul'tur'ous
vul'va
vul'val
vul'vi'form
vul'vi'tis
vy'ing

W

wab'ble
wab'bler
wab'bly
wack'i'er
wack'i'est
wack'i'ly
wack'i'ness
wacky
wad
wad'ded
wad'ding
wad'dle
wad'dled
wad'dler
wad'dling
wad'dly
wade
wad'ed
wad'er
wad'ing
wa'fer
waf'fle
waf'fled
waf'fling
waft
wag
waged
wa'ger
wagged
wag'gery
wag'ging
wag'gish
wag'gish'ly
wag'gle
wag'gled
wag'gling
wag'ing
wag'on
wag'tail
wa'hi'ne
waif
wail
wain'scot
wain'scot'ing
wain'wright
waist
waist'band
waist'coat
waist'line
wait
wait'er
wait'ing
wait'ress
waive
waived
waiv'er
waiv'ing
wake
waked
wake'ful
wake'ful'ly
wake'ful'ness
wak'en
wak'ing
wale
wal'ing
walk
walk'about
walk'er
walk'ie-talk'ie
Walk'man
walk'out
walk'over
walk'way
wall
wal'la'bies
wal'la'by
wall'board
wal'let
wall'flow'er
wal'lop
wal'loped
wal'lop'ing
wal'low
wall'pa'per
wal'nut
wal'rus
waltz
wam'pum
wan
wand
wan'der
wan'der'er
wan'der'lust
wane
waned
wan'gle
wan'gled
wan'gling
wan'ing
wan'ly
wan'na'bee
wan'ner
wan'ness
want
want'ing
wan'ton
wan'ton'ly
war
war'ble
war'bled
war'bler
war'bling
ward
war'den
ward'er
ward'ress
ward'robe
ware
ware'house
ware'hous'ing
war'fare
war'head
war-horse
war'i'er
war'i'est
war'i'ly
war'i'ness
war'like
war'lock
warm
warm-blood'ed
warm'er
warm'est
warm-heart'ed
warm'ly
war'mong'er
warmth
warn
warn'ing
warp
war'path
war'rant
war'ran'ties
war'ran'ty
warred
war'ren
war'ring
war'ri'or
war'ship
wart
wart'hog
war'time
wary
was
wash
wash'able
wash'ba'sin
wash'bowl
wash'cloth

wash'er
wash'ing
wash'out
wash'room
wash'stand
wash'tub
washy
wasp
wasp'ish
was'pish'ness
was'sail
wast'age
waste
waste'bas'ket
wast'ed
waste'ful
waste'ful'ly
waste'land
waste'pa'per
wast'er
wast'ing
wast'rel
watch
watch'dog
watch'er
watch'ful
watch'ful'ly
watch'ful'ness
watch'man
watch'tow'er
watch'word
wa'ter
wa'ter'borne
wa'ter'col'our
wa'ter'course
wa'ter'cress
wa'tered
wa'ter'fall
wa'ter'fowl
wa'ter'front
wa'ter'i'ness
wa'ter'ing
wa'ter'less
wa'ter lev'el
wa'ter lil'ies
wa'ter lily
wa'ter'line
wa'ter'logged
wa'ter main
wa'ter'mark
wa'ter'mel'on
wa'ter'pow'er
wa'ter'proof
wa'ter'shed
wa'ter'side
wa'ter'spout
wa'ter'tight
wa'ter'way
wa'ter'wheel
wa'ter'works
wa'tery
watt
watt'age
wat'tle
wat'tled
wave
waved
wave'length
wave'let
wa'ver
wav'i'er
wav'i'est
wav'i'ly
wav'i'ness
wav'ing
wavy
wax
waxed
wax'en
wax'i'er
wax'i'est
wax'i'ness
wax'ing
wax'wing
wax'work
waxy
way
way'far'er
way'far'ing
way'laid
way'lay
way'lay'ing
way-out
way'side
way'ward
we
weak
weak'en
weak-kneed
weak'li'er
weak'li'ness
weak'ling
weak'ly
weak'ness
weal
wealth'i'er
wealth'i'est
wealth'i'ness
wealthy
wean
weap'on
weap'on'ry
wear
wear'able
wea'ried
wear'i'er
wear'i'est
wea'ri'ly
wea'ri'ness
wear'ing
wea'ri'some
wea'ry
wea'ry'ing
wea'sel
weath'er
weath'er'a'bil'i'ty
weath'er-beat'en
weath'er'cock
weath'er'glass
weath'er'ing
weath'er'man
weath'er'proof
weath'er'vane
weave
weaved
weav'er
weav'ing
web
webbed
web'bing
we'ber
web-foot'ed
wed
wed'ded
wed'ding
wedge
wedged
wedg'ing
wed'lock
weed
weed'i'er
weed'i'ness
weedy
week
week'day
week'end
week'lies
week'ly
wee'ni'er
wee'ni'est
wee'ny
weep
weep'ing
weepy
wee'vil
weft
weigh
weight
weight'i'er
weight'i'est
weight'i'ness
weight'less'ness
weighty
weir
weird
weird'er
weird'est
weird'ly
weird'ness
weirdo

wel'come
wel'comed
wel'com'ing
weld
weld'er
wel'fare
well
wellie
wellies
well'spring
welly
Welsh
wel'ter
wel'ter'weight
wen
wench
wend
went
wept
were
were'wolf
were'wolves
west
west'bound
west'er'ly
west'ern
west'ern'i'za'tion
west'ern'ize
west'ern'ized
west'ern'iz'ing
west'ern'most
west'ward
west'wards
wet
wet'ly
wet'ness
wet'ted
wet'ter
wet'test
wet'ting
whack
whale
whaled
whal'er
whal'ing
wham'my
wharf
wharf'age
wharves
what
what'ev'er
what'not
what'so'ev'er
wheal
wheat
whee'dle
whee'dled
whee'dling
wheel
wheel'bar'row
wheel'base
wheel'chair
wheeled
wheel'er-deal'er
wheel'house
wheel'ie bin
wheel'ing
wheel'wright
wheeze
wheezed
wheez'i'ness
wheez'ing
wheezy
whelk
whelp
when
whence
when'ev'er
where
where'a'bouts
where'as
where'by
where'fore
where'in
where'of
where'on
where'so'ev'er
where'to
where'up'on
wher'ev'er
where'with
where'with'al
wher'ry
whet
wheth'er
whet'stone
whet'ted
whet'ting
whew
whey
which
which'ev'er
whiff
while
whiled
whil'ing
whim
whim'per
whim'si'cal
whim'sies
whim'sy
whine
whin'ed
whin'ing
whin'nied
whin'ny
whin'ny'ing
whip
whip'lash
whipped
whip'per'snap'per
whip'pet
whip'ping
whip'poor'will
whir
whirl
whirl'i'gig
whirl'pool
whirl'wind
whirr
whirred
whir'ring
whisk
whisk'er
whis'kery
whis'key
whis'keys
whis'kies
whis'ky
whis'per
whist
whis'tle
whis'tled
whis'tler
whis'tling
whit
white
white'bait
whit'ed
whit'en
whit'ened
white'ness
whit'en'ing
white'out
whit'er
white'wash
whith'er
whit'ing
whit'ish
whit'tle
whit'tled
whit'tling
whiz
whizz
whizzed
whiz'zes
whiz'zing
who
whoa
who'dun'it
who'dun'nit
who'ev'er
whole
whole'heart'ed
whole'heart'ed'ly
whole'ness
whole'sale
whole'sal'er
whole'sal'ing
whole'some

whole-wheat
whol'ly
whom
whom'ev'er
whom'so'ev'er
whoop
whoo'pee
whoop'ing
whoosh
whop'per
whop'ping
whore
whore'house
whore'monger
whor'ish
whorl
whorled
whose
who'so'ev'er
why
wick
wick'ed
wick'ed'ly
wick'ed'ness
wick'er
wick'er'work
wick'et
wide
wide-an'gle
wide-awake
wide-eyed
wide'ly
wid'en
wid'er
wide-rang'ing
wide'spread
wid'est
widg'eon
wid'ow
wid'ow'er
wid'ow'hood
width
wield
wield'er
wieldy

wie'ner
wife
wife'li'ness
wife'ly
wig
wigged
wig'gle
wig'gled
wig'gli'est
wig'gling
wig'gly
wig'wag
wig'wagged
wig'wag'ging
wig'wam
wild
wild'cat
wil'de'beest
wil'der'ness
wild-eyed
wild'fire
wild'fowl
wild'ing
wild'life
wild'ling
wild'ly
wild'ness
wild'wood
wile
wil'ful
wil'ful'ly
will
willed
will'ing
wil'ling'ly
will'ing'ness
will-o'-the-wisp
wil'low
wil'lowy
will'pow'er
wil'ly-nil'ly
wilt
wily
wimp
wimp'le

wimpy
win
wince
winch
Win'ches'ter disk
winc'ing
winc'ingly
wind
wind'bag
wind'blown
wind'break
wind'burnt
wind'cheater
wind'ed
wind'fall
wind'i'er
wind'i'est
wind'i'ness
wind'ing
wind'jam'mer
wind'lass
wind'mill
win'dow
win'dow'pane
win'dow-shop
win'dow-shopped
win'dow'sill
wind'pipe
wind'sail
wind'screen
wind'shield
wind'sock
wind'storm
wind'surf
wind'surf'er
wind'surf'ing
wind-up
wind'ward
windy
wine
wined
win'ery
winged
wing'span
wing'spread

win'ing
win'kle
win'na'ble
win'ner
win'ning
win'ning
win'now
win'some
win'ter
win'ter'green
win'ter'er
win'ter'ish
win'ter'time
win'ter'y
win'tri'ness
win'try
wipe
wiped
wip'er
wip'ing
wire
wired
wire-haired
wire'less
wire'tap
wire'tapped
wire'tap'per
wire'tap'ping
wir'i'er
wir'i'ness
wir'ing
wiry
wis'dom
wise
wise'crack
wised
wise'ly
wis'er
wis'est
wish'bone
wish'ful
wish'ful'ly
wishy-washy
wis'ing
wisp

wisp'i'er
wisp'i'est
wispy
wis'te'ria
wist'ful
wist'ful'ly
wist'ful'ness
wit
witch
witch'craft
witch'ery
witch ha'zel
witch'ing
with'al
with'draw
with'draw'al
with'draw'ing
with'drawn
with'drew
with'er
with'held
with'hold
with'hold'ing
with'in
with'out
with'stand
with'stand'ing
with'stood
wit'less
wit'ness
wit'ti'cism
wit'ti'er
wit'ti'est
wit'ti'ly
wit'ti'ness
wit'ting
wit'ting'ly
wit'ty
wives
wiz'ard
wiz'ard'ry
wiz'en
wiz'ened
woad
wob'ble
wob'bled
wob'bling
wob'bly
woe
woe'be'gone
woe'ful
woe'ful'ly
wok
woke
wok'en
wolf
wolf'hound
wolf'ram
wol'ver'ine
wolves
wom'an
wom'an'hood
wom'an'ish
wom'an'iz'er
wom'an'iz'ing
wom'an'kind
wom'an'li'ness
wom'an'ly
womb
wom'bat
wom'en
wom'en'folk
won
won'der
won'der'ful
won'der'ful'ly
won'der'land
won'der'ment
won'drous
wonk
wont
won't
wont'ed
woo
wood
wood'bine
wood'chuck
wood'cock
wood'craft
wood'cut'ter
wood'ed
wood'en
wood'en-head'ed
wood'en'ly
wood'i'er
wood'i'est
wood'land
wood lice
wood louse
wood'peck'er
wood'pile
wood'shed
woods'man
woodsy
wood'wind
wood'work
wood'worm
woody
woo'er
woof
woof'er
wool
wool'gath'er'ing
wool'len
wool'li'er
wool'lies
wool'li'est
wool'li'ness
wool'ly
wool'ly-head'ed
woo'zi'er
woo'zi'est
wooz'i'ly
wooz'i'ness
woozy
word
word'i'er
word'i'est
word'i'ly
word'i'ness
word'ing
word'less
word-per'fect
word'play
word pro'cess'ing
word pro'cess'or
wordy
wore
work
work'abil'i'ty
work'able
work'a'day
work'a'hol'ic
work'bench
work'book
work'day
worked-up
work'er
work'fare
work'folk
work'force
work'horse
work'house
work'ing
work'ing'man
work'load
work'man
work'man'like
work'man'ship
work'out
work'room
work'shop
work'ta'ble
world
world-class
world'li'er
world'li'est
world'li'ness
world'ly
world'ly-wise
world-wea'ry
world'wide
worm
worm-eat'en
worm'i'er
worm'i'est
worm'wood
wormy
worn
worn-out

wor'ried
wor'ried'ly
wor'ri'or
wor'ries
wor'ri'some
wor'ry
wor'ry'ing
wor'ry'wart
worse
wors'en
worship
wor'ship'ful
wor'ship'fully
wor'ship'ped
wor'ship'per
wor'ship'ping
worst
wor'sted
worth
wor'thi'er
wor'thies
wor'thi'est
wor'thi'ly
wor'thi'ness
worth'less
worth'less'ness
worth'while
wor'thy
would
would-be
wound
wound'ed
wove
wov'en
wow
wrack
wraith
wran'gle
wran'gled
wran'gler
wran'gling
wrap
wrap'around
wrapped
wrap'per
wrap'ping
wrap'round
wrath
wrath'ful
wreak
wreath
wreathe
wreathed
wreath'ing
wreck
wreck'age
wreck'er
wren
wrench
wrest
wres'tle
wres'tled
wres'tler
wres'tling
wretch
wretch'ed
wretch'ed'ly
wretch'ed'ness
wri'er
wri'est
wrig'gle
wrig'gled
wrig'gler
wrig'gling
wrig'gly
wright
wring
wring'er
wring'ing
wrin'kle
wrin'kled
wrin'klies
wrin'kling
wrin'kly
wrist
wrist band
wrist'watch
writ
write
writ'er
writho
writhed
writh'ing
writ'ing
writ'ten
wrong
wrong'do'er
wrong'do'ing
wronged
wrong'ful
wrong'ful'ly
wrong-head'ed
wrong'ly
wrote
wrought
wrung
wry
wry'ly
wry'neck
wry'ness
wul'fen'ite
wun'der'kind
wurst
wych elm
wych hazel
wy'vern

XYZ

xan'thate
xan'thene
xan'thic
xan'tho'ma
xan'thous
xe'bec
xe'non
xe'no'phobe
xe'no'pho'bia
xe'no'pho'bic
Xer'ox
xer'oxed
xer'ox'ing
x-ra'di'a'tion
x-ray
xy'lem
xy'lo'graph
xy'log'ra'phy
xy'loid
xy'lo'phone
xy'lo'phon'ist
x-rated
xu
yacht
yacht'ing
yachts'man
yachts'wom'an
yah
ya'hoo
yak
yam
yam'mer
yang
yank
Yan'kee
yap
yapped
yap'ping
yard'age
yard'arm
Yar'die
yard'stick
yar'mul'ke
yarn

yar'row
yash'mak
yaw
yawl
yawn
ye
yea
yeah
year
year'book
year'ling
year'long
year'ly
year'lies
yearn
yearn'er
yearn'ing
year-round
yeast
yeasty
yell
yel'low
yel'low'bird
yel'low fe'ver
yel'low'ham'mer
yel'low'ish
yel'low jack'et
yelp
Ye'me'ni
yen
yenned
yen'ning
yeo'man
yes
ye'shi'va
yes-man
yes'ter'day
yes'ter'year
yet
ye'ti
yew
Y-fronts
Yid'dish
yield
yield'ing
yield'ing'ly
yin
yin and yang
yip'pee
yips
ylang-ylang
yo
yo'delled
yo'del'ler
yo'del'ling
yo'ga
yog'hurt
yo'gi
yo'gurt
yoke
yoked
yo'kel
yok'ing
yolk
yomp
yon
yon'der
yonks
yore
you
young
young'er
young'ish
young'ling
young'ster
your
yours
your'self
your'selves
youth
youth'ful
youth'ful'ly
youth'ful'ness
yowl
yo-yo
yo-yoed
yo-yo'ing
yt'ter'bi'um
yt'tri'um
yuan
yuc'ca
yuck
Yu'go'slav
Yu'go'sla'vi'an
yuk
yule
yule'tide
yum'my
yup'pie
zaire
zap
zapped
zap'per
zap'ping
zeal
zeal'ot
zeal'ous
zeal'ous'ly
ze'bra
ze'bu
Zen
ze'nith
zeph'yr
zep'pe'lin
ze'ro
ze'roes
ze'ros
zest
zest'ful
zest'ful'ly
zesty
zig'zag
zig'zagged
zig'zag'ging
zilch
zil'lion
zinc
zin'cate
zinc'oid
zinc'ous
zincy
zinky
zin'nia
Zi'on
Zi'on'ism
Zi'on'ist
zip
zipped
zip'per
zip'pi'er
zip'pi'est
zip'ping
zip'py
zir'con
zir'co'ni'um
zit
zith'er
zlo'ty
zo'di'ac
zo'di'a'cal
zom'bie
zon'al
zon'al'ly
zone
zoned
zone'time
zon'ing
zonked
zoo
zoo'ge'og'ra'phy
zo'o'log'ical
zo'ol'o'gist
zo'ol'o'gy
zoom
zoos
zouk
zounds
zuc'chet'to
zuc'chi'ni
Zu'lu
zwie'back
zy'gote